청소년문화론

권이종 · 김천기 · 이상오

KNOWLEDGE COMMUNITY 공동체

머리말

최근 매스컴을 통하여 미국 뉴욕 전철역과 전 세계에서 남녀노소와 인종을 떠나서 팬티바람으로 돌아다니는 사람들과, 청소년들의 귀걸이, 높은 굽의 신발, 다양한 헤어스타일을 보면서 사람들은 청소년들을 어떻게 생각할까? 최근 기성세대들이 한자리에 모이면 대화가 이어지는 가운데에서 자연스럽게 "요즘 젊은 학생들과 자녀들이 이야기 하는 내용이나 노래들은 너무 빨라서 전혀 이해할 수 없다"라는 이야기가 나온다. 또한 일본과 OECD나라들의 청소년 중에서 청소년용 코스메틱(cosmetic)이 고가의 상품으로 생산되며, 청소년들이 자기분에 넘치는 사치와 과소비를 하는 것과, 길거리에서 청소년들의 복장을 보면 잠옷인지 레깅스인지 구분할 수 없는 층층의 옷들을 입고 다니는데 대하여 기성세대들은 어떻게 생각하는가?

우리나라의 청소년 정책과 청소년학은 학문 사이에서 토론된 역사가 비교적 짧았고, 특히 대학에서 청소년문화를 다룬 것은 얼마 되지 않아 짧은 역사를 가지고 있다. 그럼에도 불구하고 우리나라의 청소년 정책은 다른 여느 나라에 못지 않게 발전되었고 청소년 분야의 연구가 활발히 이루어지고 있는 실정이다.

특히 최근 4년제 대학뿐만 아니라 모든 대학에서도 청소년에 대한 연구가 활발하게 이루어지고 있으며, 청소년지도사는 물론, 청소년 관련 기관 및 시설에서 일하고자 하는 젊은 계층이 대단히 많아졌다. 이러한 사회적 요구에 의하여 최근 대학에서 청소년 분야를 공부하는 학생들이 많아져 이 책을 교재로 집필하게 된 것이다.

우리가 살고 있는 현대사회는 참으로 어지러울 정도로 빨리 변하고 있다. 우리나라도 예외일 수는 없다. 다른 선진국은 산업화의 과정을 수백년 걸려서 성공하였던 반면, 우리나라는 50년만에 급속한 성장을 가져왔기 때문에 급격한 사회구조 변화는 세계 어느 나라에서도 찾아볼 수 없는 현상이며, 이러한 공간에서 성장하고 있는 우리 청소년들의 정신 · 신체적인 균형 발달과 역할 수행 및 사회적응에서 겪는 어려움은 상상을 초월하고 있다. 또한 정보 및 지식의 빠른 증가와 세분화 · 전문화는 청소년들의 배움의 과정을 어렵게 만들 뿐만 아니라 청소년기를 점점 더 연장시키고 있다. 청소년들이 이전보다 더 긴 주변인 역할과 사회참여의 소외현상 등으로 주체성 확립은 물론 청소년 문화 형성에도 큰 혼란을 겪고 있다.

최근 우리 사회에서도 청소년문화에 대한 관심이 매우 많아졌다. 청소년의 개념과 특성이 그러하듯이 청소년문화도 성, 지역, 나라 또는 개인의 관념, 가치, 이데올로기에 따른 이질성과 다양성을 이해하여야 한다. 특히 최근의 청소년들은 톡톡 튀는 아이디어와 다양한 문화적 끼도 독자적인 문화를 만들어 가고 있다. 과거에는 청소년문화를 소비문화 중심으로 이해하여 왔으나, 최근에는 문화생산의 주체자로서 폭넓은 문화 참여기회와 활동을 하고 있다. 또한 세계 여러 나라에서 주 5일제 수업의 실시로 인한 여가시간의 증가, 학교에서의 체험학습에 대한 요구 증대 등 청소년문화의 육성에 적극성을 띠어야 함을 시사한다.

이러한 과정에서 청소년기는 다양한 문화적 갈등이 많이 발생하는 시기이므로 청소년문화에 대한 기성세대의 올바른 이해가 그 어느 때보다도 필요하다. 청소년들은 신체 · 생리 · 인지 · 문화 등 급격한 변화로 자신들이 누구이며, 무엇을 해야 하며, 자신의 삶의 목표를 무엇으로 결정해야 하는지 등 어려운 문화의 문제를 선택해야 하는 시기에 처해 있다. 따라서 건전한 청소년문화의 육성은 어느 시대, 어느 나라에서나 중요시되고 있다.

이러한 관점에서 본 서는 총 4장으로 구성되었다. 그 내용은 제1장에서 청소년문화에 대한 일반적인 사항으로 청소년의 개념, 특성과 청소년문화의 개념, 유형, 특성을 다루었고, 제2장에서는 주로 청소년문화의 유형을 청소년과 소비문화, 사이버문화, 성문화, 단체문화, 여가문화와 언어문화, 음악문화와 의상문화, 춤문화와 또래문화, 세계화 문화, 새터민 문화 등으로 다루었으며, 제3장에서는 청소년문화의 이해를 사회학적, 철학적, 심리학적, 인류학적, 생태학적, 사회복지학적, 그리고 포스트모던적 관점에서 다루었다. 제4장에서는 청소년문화의 전망으로 청소년문화와 시설, 청소년문화와 정책과제, 청소년문화와 미래의 전망에 대하여 정리하였다.

이 책을 집필하는데 있어서 다음과 같은 점을 분명히 밝히고자 한다.

첫째, 본 서는 주로 대학에 다니는 학생들을 염두에 두고 집필하였다.

둘째, 책의 집필과정에서 세 분의 학자들이 공동으로 집필하였기 때문에 청소년문화를 다루는 철학, 이념, 시각차의 불일치성으로 인하여 다소 논리성, 일관성과 체계성을 유지하는 데 어려움이 있었음을 독자들이 이해하여야 한다.

셋째, 본 서는 대학생을 염두에 두고 집필되었으나 아동 및 청소년의 행동을 과학적으로 연구하는 학생 · 교사 · 청소년 전문가 · 부모 · 청소년 그리고 청소년문화 육성에 관심이 있는 모든 분들에게 유용한 자료가 되기를 기대한다.

글을 쓰는 사람들의 공통점은 글을 쓰고 난 뒤 자기 글에 대하여 만족한 사람은 아무도 없다는 것이다. 우리 집필진도 원고를 탈고하면서 부족한 점이나 논리적인 면에서 문제점이 많은 줄 알고 있으나, 독자 여러분들의 솔직한 비판과 충고를 받아들여 앞으로 좋은 책이 되도록 노력할 것을 약속한다.

이 책이 출간될 수 있도록 기회를 준 공동체 출판사 김동훈 사장과 그리고 관계직원들에게 이 자리를 빌어 감사드린다.

2010년 2월

공동 집필자

Contents

Contents

CHAPTER 01

청소년문화의 성격

CHAPTER 01

청소년문화의 성격

1. 청소년의 어원 · 개념 · 특성

청소년문화를 올바로 이해하려면 먼저 청소년에 대한 어원 · 개념 · 특성을 이해하여야 하기 때문에 이 분야부터 글을 쓰기 시작한다.

1) 청소년의 어원

청소년에 대한 관심이 최근에 매우 고조되고 있지만 사춘기에 해당되는 시기를 인생 전체 중에서 구별하여 중요하게 연구하는 것은 전혀 새로운 것이 아니다. 청소년기의 개념과 특징에 대한 연구는 기독교 출현보다도 몇 세기 전 이집트의 문헌에서부터 거슬러 올라간다.

인간 본성에 관해 고대 그리스 시대를 조명해 보면, 플라톤은 아동기부터 청년기에 걸친 인간의 사회화에 대해 언급하고 있는데 그는 다른 시기보다도 이 시기는 습관에 의해 성격이 형성되기 쉽다고 지적하고 있다. 또한 그는 젊은이들의 성격은 삶의 과정 동안 매우 변하기 쉽다라는 점도 인정했다. 그는 소년들이 흥분하기 쉬운 성격 때문에 18세 이전에는 음주를 금해야 한다고 조언했으며 그것은 불 위에 기름을 끼얹는 격이라고 하였다. 또한 청소년들은 논쟁을 위한 논쟁에 빠지기 쉽다고 경고하는데 플라톤은 젊은이들의 열정에 대해 논평하기를, 그들은 온갖 노력을 다 기울이며 지혜를 처음 대한 기쁨에 빠져 다른 사람이 귀찮아할 정도로 논쟁을 즐긴다고 하였다.

킬(Norman Kiell)은 자신의 저서 『청년기의 보편적 경험(The Universal Experience of Adolescence)』에서 청소년기의 일반적 개념과 특성에 대해 다음과 같이 언급하고 있다.

> 젊은이들은 성격상 행동으로 옮기고 욕망을 갈구하며 그 욕망에만 몰두하기 쉽다. 젊은이들의 가장 왕성한 욕망이 육체적 욕망인 성욕인데 그들은 성욕에 대한 자제력이 거의 없다. 그들은 변덕스럽고 열정적인가 하면 일시적이기도 하다. 즉, 환자의 갈증이나 허기처럼 격하기는 하지만 지속적이지는 못하다. 그들은 열정이 강하나 화내기 쉽고 충동을 억제하지 못하며 열정의 노예들인 젊은이들은 야망을 잠시 보류하는 적이 거의 없으며 상처를 참는다는 생각도 할 수 없다. 젊은이들은 금전보다 명예와 승리를 추구하는데 그 이유는 부족함을 경험해 보지 못했기 때문이다. 사기꾼들을 만날 기회도 없어서 젊은이들은 앞뒤 가리지 않고 동정적이며, 속임을 당한 일도 없기에 남을 잘 믿는다. 그들은 큰 포부를 지녔으나 인생에 대한 좌절의 경험이 없기에 불가능을 알지 못한다.

아리스토텔레스는 인간의 성장기를 각 7년씩 3단계로 구분했다. 첫 번째 7년은 유아기(infancy), 7세부터 사춘기 전까지는 소년기(boyhood), 사춘기에서 21세까지가 청년기(youngmanhood)이다. 그는 어린이는 동물들과 마찬가지로 쾌락 욕구원칙에 따른다고 한다. 즉, 어린이와 동물은 쾌락을 추구한다. 어린이들은 자발적 행동능력은 지니고 있으나 선택능력은 없다. 즉, 행동들은 우리가 자발성이라고 부르는 순간적 충동으로 행해지지만 선택된 행동들은 아니다.

그러나 청소년기의 중요한 개념과 특성 중의 하나는 선택능력의 발달이다.

아리스토텔레스와 다른 그리스 철학자들의 특성이었던 예리한 이론적 논증과 경험주의적 관찰은 고대 기독교 신학의 등장 이후로 빛을 잃었음에도 불구하고 '인생의 단계(ages of life)'라는 개념은 상당한 위치를 획득했었다. 즉, 유년기(childhood), 소년기(puerility), 청춘기(adolescence), 청년기(youth), 노년기(senility), 말년기(old age) 같은 용어들은 '인생의 단계'를 나타낸다.

우리 선조들이 써왔던 '단계(ages)', '삶의 단계(ages of life)', '인간의 단계(ages of man)'라는 단어들은 과학에서부터 일상생활에 이르기까지 많이 상용되고 일반화되어 긍정적인 개념들로 연상된다.

콘스탄틴(Constantine)에 따르면 청소년기는 21세의 성체식에서 끝나며, 이시도르(Isidore)에 따르면 28세까지 이어진다. 그리고 30~35세까지 지속될 수도 있다. 이시도르(Isidore)는 이 시기에 자손을 낳을 수 있는 능력이 생기므로 청소년기라는 이름이 붙여졌다고 주장한다. 또한 팔, 다리는 유연하고 계속 성장하며 자연적으로 강하고 활력에 넘치게 된다. 또한 이 시기에 인간의 성장은 완성된다.

청년기를 오늘날에는 언제로 볼 것인가 하는 문제를 성인의 의무에서 벗어난 자유의 시기로 표현한다. 명확한 단계 구별의 개념은 시각예술 분야에서도 14C~18C까지는 많이 언급되는 주제였다. 14C의 이탈리아 프레스군화의 내용은 그 대표적이다.

> 먼저 장난감의 단계이다. 아이들은 목마, 인형, 풍차, 끈에 매단 새 등을 갖고 논다. 다음은 학습의 단계이다. 남학생들은 책읽기와 필기구 사용법을 배우고 여학생들은 물레 사용법을 배운다. 다음은 연애기 단계이다. 이때는 축제를 벌이며 소년, 소녀들은 데이트를 하며 사랑의 구애를 하고 5월의 결혼축제를 즐긴다. 다음 단계는 전쟁과 기사도의 단계로서 남자는 무장을 한다. 마지막으로 앉아서 일하는 단계인데 법률가, 과학자, 학자들은 늙고 수염난 모습으로 구식의 옷을 입고 난롯가 옆 책상에 앉아있다. 삶의 단계들은 단지 생물학적 단계에만 머무른 것이 아니라 사회적 상호관계와 역할에 관계된다.

『기독교 부모들의 성무일과(聖務日課)(The Office of Christian Parents)』라는 17C 서적에서 인생은 6단계로 나뉘어진다. 즉, 유아기(infancy : 출생~7세), 유년기(childhood : 7~14세), 청년기(youth : 14~28세), 장년기(manhood : 28~50세), 중년기(gravity : 50~70세), 노년기(old age : 70세 이상)가 그것이다. 청년기가 14세에서 28세로 인식되었다는 점이 특이하다.

중요한 점은 그때나 지금이나 젊은이들이 변덕스럽고 오만하며 불안정하고 친구의 태도에 민감하며 비이성적이며 인생의 큰 문제를 의식하지 못한다는 것은 공통된 견해였다. 위의 책 속에서 한 목사는 젊은이들을 위한 장례식 설교에서 청춘을 키와 돛, 선원도 없이 대양에 표류된 선박과도 같다고 비유

했다. 또 다른 목사는 지적하길, 사람은 어느 시절에는 죄를 짓고 있지만 젊은이는 특히 온갖 해악과 탐욕, 정욕에 대한 헛된 망상을 가지고 있다고 설교했다.

그러나 이 책에서는 젊은이의 긍정적인 측면도 언급되고 있다. 젊은이는 부분마다 활력이 넘치고 신선함을 느끼며 기억력이 증대되고 자연스런 활력을 지니고 있다. 또한 이 책에서는 젊음이 자연적이고도 도덕적인 심신의 틀 안에서 활동하기에 최적이라는 것을 강조하며 젊은 시절엔 강건함과 활력, 순수한 양심, 어른들보다도 따뜻한 마음을 지닌다고 지적한다. 그러나 17세기의 젊은이들이 겪는 가장 큰 위험은 '죄악(sinfulness)'이었으며 종교에 의해 교정수단이 되었다. 훗날 스미스(Steven Smith)는 "젊음에 대한 근대적 개념과 현대적 개념은 (중요한 차이점이 있지만) 둘 다 '자기 정체성의 위기(identity crisis)'를 포함하고 있다는 점에서 공통점이 있다"고 했다.

그러나 청소년기의 심리적 복잡성에 대한 맹목적이고 더욱 낭만적인 선입견은 아직 없었으며, 17세기 젊은이들은 어른들처럼 존중받지 못하는 때였고 젊은이들에 대한 대중적인 개념은 19세기 말에 와서야 나타났다. 물론 17세기의 기본적 원리는 원초적으로 불안정한 젊은이들이 그들의 충동을 제어함을 익히는 데 도움을 주었다.

2) 청소년의 개념

청소년의 개념 정의는 결코 용이하지 않다. 왜냐하면 개념 정의가 각 시대에 따라 다르게 정의되어 왔으며 학문영역과 학자에 따라, 나라 또는 국가의 통치이념과 사회체제에 따라, 관련법규에 따라 다르게 규정되기 때문이다. 그러므로 여기서는 여러 학자들이 정의한 청소년의 개념을 영역별로 간략하게 소개한 다음, 이를 종합해서 정의해 보고자 한다.

우선 정범모는 청소년 개념을 사춘기와 청년기를 통칭하여 청년이라 하고, 보통 12~14세경에 시작되며 연령에 관계없이 결혼과 직업의 책임을 성취할 때까지 계속된다고 하였다.

한편 우리나라 청소년관련법규는 해당법규에 따라 다양하게 규정하고 있다. 즉, 민법은 20세 미만을 미성년으로 아동복지법은 18세 미만을 요보호대상으로, 근로기준법에서는 근로소년을 18세 미만으로, 소년법에서는 20세 미만을 범죄소년으로 규정하고 있는데 연령층은 대체로 12~13세로부터 20세경까지로 보고 있다.

심리학에서는 청소년을 14~15세경부터 22~23세까지로 규정하고, 소년을 초등학교까지의 연령에 해당된다고 설명한다. 버기스(Bergius)와 로스(Roth)의 심리학적 견해에 따르면, 사춘기와 청소년 개념은 서로 밀접한 의미를 내포하고 있다. 이를 보면 12~20세까지의 급성장기간이 청소년기이다. 심리학자 오즈벨(D. P. Ausubel)은 청소년 개념을 완성상황으로 보지 않고 계속적인 성장과정으로 보았다.

생물학에서 보는 청소년기란 육체적으로 균형있게 발달하는 시기를 말하는데, 이것은 사회·문화적 특성과 남녀의 연령에 따라 다르게 나타난다. 즉, 생물학에서 청소년기란 성인으로 성장해가는 제2의 증세인 신체적·생리적 성숙의 특징이 나타나는 시기로, 특히 성적 성숙은 여자의 경우 12~13세에 시작되고 남자는 14~15세에 시작되며 육체적 성장은 일반적으로 여자의 경우 18~20세에, 남자의 경우는 20~22세에 끝난다고 본다.

사회학에서 보는 개념은 특히 독일사회학자 셀스키(H. Schelsky)의 저서『회의세대』에서 다루어졌다. 그는 청소년기를 '회의세대'로 보고 청소년의 개념을 다음과 같이 정의하였다.

> "청소년은 인간의 행동발달단계로서 아동의 역할행동은 더 이상 수행하지 않으나 성인의 역할과 행동을 수행하기에는 아직 이른 단계에 있는 자이다. 이러한 행동의 미성숙으로 사회체제들은 청소년들에게 교육·정치·경제 등 교육받을 기회를 제공하여야 한다."

셀스키의 연구에서는 청소년기의 연령을 14~25세로 규정하고 있다. 독일의 사회교육학자 푀겔러(F. Pöggeler)는 인간성장 중에 청소년기만을 따로 떼어 개념화할 수 없으며 '이것이 청소년이다'라고 정의할 수 없고, 청소년기는 단지 성취인이 되어가는 과정으로 보았다.

이외에 자유권·자율·믿음·윤리 등의 개념을 기준으로 청소년을 규정하는 철학·인류학적 접근 및 종교학적 청소년의 개념이 있다.

결국 '청소년'의 개념은 자연과학처럼 명확히 정의하기가 거의 불가능함을 알 수 있다. 육체적·정신적 발달과정은 한 나라의 사회·문화수준 척도에 따라 다르며 생물학적 측면에서의 사춘기와의 연계 등 학문영역에 따라 다양하게 규정되기 때문에 그 한계를 분명하게 규정할 수 없다.

위의 모든 내용들을 종합하여 청소년의 개념을 정리해 보면 청소년은 아동과 성인의 중간, 즉 신체적·정신적·사회적으로 아동에서 성인으로 되어가는 과도기적 존재로서 대략 9~13세에서부터 22~24세의 연령에 해당하는 자라고 할 수 있다. 그러나 청소년기의 교육·지도·육성·보호라는 관점에서 볼 때 그 이하의 연령까지도 청소년의 범주에 포함시켜야 할 것이다. 우리나라의 청소년기본법에서는 청소년의 개념을 9~24세로 규정하고 있다.

3) 청소년의 특성

청소년의 개념을 살펴본 바와 같이 청소년기는 아동기로부터 성인기로 전환해가는 '과도기'이기 때문에 청소년들은 아동과 성인의 특성을 동시에 갖고 있다. 그 결과 청소년의 특성도 한마디로 명확하게 표현할 수 없다. 그리고 청소년 각 개인마다 성장·발달의 차가 있기 때문에 청소년기의 해당 연령에 있는 자라고 해도 반드시 똑같은 발달과 특징이 나타난다고 말할 수 없다. 특히 사춘기의 시작연령 및 발달속도와 기간은 선진국·후진국, 도시·농촌 지역, 부모의 직업과 교육수준, 영양섭취, 생활양식, 성장환경 등에 따라 차이를 보인다.

따라서 여기에서는 청소년기의 특성을 일반적인 특징에 국한시켜 생리·신체적 특징과 사회심리·정신적 특징으로 나누어 간략하게 살펴보기로 한다.

청소년기의 신체·생리적 특징은 한마디로 남자는 남성으로, 여자는 여성으로서의 신체적 성숙이 이루어지는 데서부터 시작된다. 즉, 청소년기가 되면

신장과 체중, 흉위가 급격히 늘어나고 이 시기의 가장 중요한 변화라고 할 수 있는 성적인 성숙과 성의식의 변화현상이 나타난다. 남녀 모두 성기능의 발달이 현저하게 나타나며 남녀 간의 신체·외모나 기능에 있어서 뚜렷한 차이를 보이는 2차 성징이 나타난다. 그러면서 이들에게는 남성의식과 여성의식이 높아져 남자는 남성답게 여자는 보다 여성답게 된다. 이러한 신체적 특징의 발달속도는 남녀 청소년 모두 똑같은 것은 아니다.

슈틀레보르트(Schutleworth)는 남녀 청소년 간의 성장속도를 빠른 경우와 늦은 경우로 구분하여 비교·제시하였다.

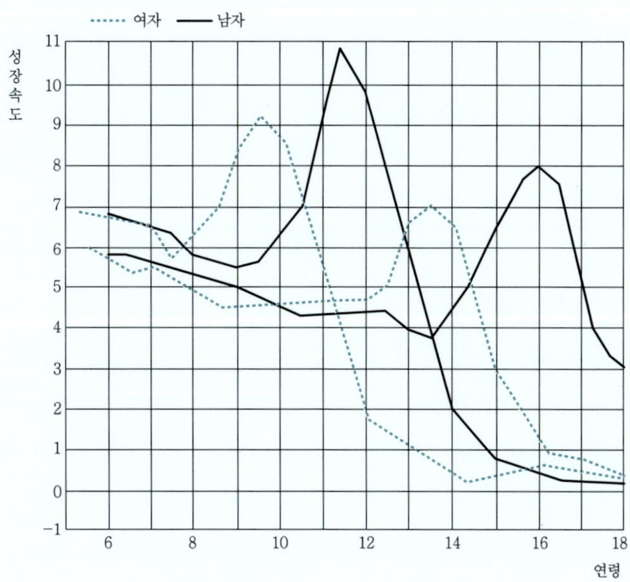

❙그림 1-1❙ 사회복지행정의 영역남녀 청소년의 성장속도의 차이

출처 : Schenk-Danzinger, Entwicklungspsychologic, Wien(1970). P. 189.

❙그림 1−1❙에서 나타나 있듯이 남녀 청소년의 성장속도를 보면 빠른 성장의 경우 8세경에 비슷한 속도로 성장하다가 여아가 9~11세까지 남아보다 급격히 빠른 성장을 보여 10세 반에 최고의 성장분포를 보이고 있다. 그러다가 11세경에 남녀아 모두 비슷한 성장분포를 보이고 그 이후부터, 즉 11~16

세까지는 남아가 급속하게 성장하기 시작하여 12세 반이 될 때 성장속도가 최고에 이르고 있다.

한편 조금 늦게 성장하는 경우에 있어서 남녀의 성장속도는 여아가 12세경부터 점차 빨라지기 시작하여 14세 반경에 최고의 성장속도를 나타내는 반면 남아는 17세 때 가장 빠른 성장속도를 나타내고 있다.

그리고 ❙그림 1－1❙을 분석해 보면, 남녀아 모두 조숙자의 경우는 성장속도가 급속히 빨라지며 비교적 일찍 끝나지만 만숙자는 성장속도의 곡선이 그다지 급격하지 않으며 어느 정도 오랜 기간에 걸쳐 지속적이고 완만한 성장을 나타내 보임을 알 수 있다.

이 시기에 대부분의 청소년들은 자신의 신체적·성적 변화에 대해 어떻게 적응해야 될지를 몰라 당황하고 수치감과 불안감을 느낀다. 또한 신체 각 부분의 불균형적 발달로 인해 정서적으로 가장 불안정한 상태에 놓이게 되는데, 이 결과 심리적 측면에 다양한 영향을 미침으로써 많은 부적응현상을 가져온다.

그 결과 사회심리·정서적 특징으로는 무엇보다도 빠른 생리적 변화에 따른 자신감의 상실과 심각한 정서불안현상을 들 수 있다. 정서는 모든 행동의 기초로서 행동의 표출방법과 방향을 규정짓고 나아가서는 모든 정신생활을 지배한다. 청소년기 초기에는 민감하고도 성적 색채가 강한 정서의 변화로 극심한 감정변화와 외계의 자극·대상에 대한 과민반응을 나타내고 공연히 신경질을 부린다든지 무엇에 쫓기는 듯한 불안과 공포감에 휩싸이기도 한다. 그러나 청소년기 중·후기에는 격심한 정서의 표출보다는 자아의식의 고양과 아울러 고독을 즐기고 낭만적·감상적 경향을 보인다. 그러나 점차 자기도피에 빠지는 일이 없어 현실을 직시하고 자신의 주관을 객관적으로 평가하는 등 정서적으로 성숙되어간다.

한편 청소년기의 가장 두드러진 사회심리적 특징은 자아 정체성의 확립과 독립의 요구에 따른 '심리적 이유기'의 현상이다. 청소년기가 되면 타인이나 외계사물과의 종속적 관계에서 벗어나 점차 감춰져 있던 내면세계에 눈을 뜨기 시작하여 자아를 찾고 자기를 발견하며 독립적인 자아형성을 희구한다.

이에 청소년들은 정신적 의존관계에 있는 부모로부터 이탈하여 자기 자신의 판단과 책임에 따른 독립된 행동을 하려 한다. 이러한 자아의식의 발달과 독립심으로 말미암아 부모에 대한 신뢰감이나 존경심이 줄고 자립적·독립적 인간관계가 가능한 교우나 동료집단관계를 중요시하게 된다. 즉, 청소년기는 청소년 자신이 자주적으로 선택한 친구와 상호대응·수평적 입장에서 자신의 내면적 생활에 대한 의견을 교환하는 친구에의 의존도가 높은 시기이다. 그러므로 이때 독립적으로 성장하고자 하는 자아가 성인들로부터 거부당하거나 청소년 자신의 가치 및 이상과 맞지 않는 기성세대의 가치·제도·관습을 강요당할 경우, 청소년들은 자신의 정신적 자주성을 강하게 주장하면서 스스로 자기만의 세계와 탈출구를 찾아간다.

그런데 청소년은 이미 어린이도 또 완전한 성인도 아닌 중간인의 위치에 있으므로 한편으로는 기성세대에게 의존하고 싶은 무의식적 욕구를 동시에 지니고 있다. 하지만 청소년기에 자아정체감을 형성하지 못하면 자신의 역할에 대한 혼란이 일어나 영웅과 같은 인물을 맹목적으로 추종하거나 비합리적 집단행동을 하게 된다. 따라서 청소년은 아이로 취급하면 화를 내지만 반대로 어른 취급을 하면 불안해 하며 이 두 욕구 간의 갈등으로 '이유없는 반항'을 보이기도 한다.

그러나 청소년기에 자아정체감을 형성하지 못하면 자신의 역할에 대한 혼란이 일어나 영웅과 같은 인물을 맹목적으로 추종하거나 비합리적 집단행동을 하게 된다. 또한 청소년 자신의 극단적 이상주의와 현실부정·현실도피 경향 간에 아무런 타협점을 찾지 못하면 자기부정 혹은 사회부정을 선택하게 된다.

마지막으로 청소년기의 정신적 특징으로는 지능의 발달을 들 수 있다. 청소년기는 지적인 문제해결능력이 최고수준에 도달, 통찰력·판단력은 물론 사고력으로서의 추상력과 논리성에 있어서도 상당한 수준에 이르게 된다. 그리고 상상력과 철학적 사고의 발달로 문학이나 예술에 대한 흥미가 높아지고 선·악과 가치기준에 대한 탐구심이 증대한다. 이에 청소년은 보다 고차원적·지적인 세계를 희구하고 풍부한 미래상을 그리며 양적·질적 발달을 동시에 추구한다.

그런데 청소년의 지적 기능과 사고가 정열적이고 적극적이긴 하나 현실생활에 기초를 둔 것이라기보다는 추상적·관념적·이상적 사회를 척도로 한 경향이 강하여 성인들의 사상적 특징과 다른 몇 가지 특성을 가진다. 즉, 청소년기에는 시대사조의 영향을 받기 쉽고 독선주의와 흑백논리 및 극단적 사상에 빠지기 쉬우며 경험·실증적 기초의 부족으로 주위의 감언이설이나 선동에 휩쓸리기 쉽고 추상적 경향을 보인다. 이렇듯 청소년기가 인간의 정신발달에 있어서 차지하고 있는 비중이 매우 크다.

이 시기는 단순한 신체·생리적 성장뿐만 아니라 정신적·사회적 성숙 등 다양한 변화와 발달의 양상과 정신생활에서의 급격한 변화와 혼란, 그리고 반항 때문에 이 시기를 '제2의 탄생기', '제2의 반항기', '질풍노도의 시기' 등의 여러 가지 상징적 표현을 한다. 예컨대 청소년 시기에 원만하게 자아를 확립하지 못하고 자아 정체성이 흔들리게 되면 현실부정, 현실도피, 친구부정, 더 나아가 자기부정, 가정부정, 학교·사회·국가부정의 태도를 갖게 된다. 이는 자기파괴현상으로도 이어진다.

따라서 십대 청소년들이 이 어려운 고비를 무사히 넘길 수 있도록 도와주는 것이 기성세대가 해야 할 최선의 과업이다. 청소년 시기의 모순과 혼란, 이유없는 반항, 과도한 비판의식, 지나친 자아의식 등은 성년으로 성장해가는 과정에서 나타나는 일종의 발전징후이다. 이러한 과도기에 처한 청소년들이 올바른 자아 정체성을 확립하고 사회 속에서 조화된 생활을 영위하며 현실과 이상의 괴리를 잘 극복해낼 수 있는 발전적인 방향으로 성장해 갈 수 있게 도와주는 것이 청소년지도의 임무며 최대과제이다.

2. 청소년문화의 개념 및 중요성

1) 청소년문화의 개념

인간은 환경에 적응하는 방법으로 문화를 창조하여 온 문화적 동물로서 문화 없이는 생존할 수 없다. 문화란 기본적으로는 우리들의 삶의 전체를 집약한 것으로서 삶을 전체적으로 볼 수 있는 통찰력이나 의식·태도 등을 의미한다.

영국의 문화인류학자 타일러(E. Tyler)는 문화를 지식과 신앙·예술·도덕과 법·습성·능력·사회의 구성원으로서 습득한 습관 등을 포함하는 복합적인 전체라고 정의하였으며, 보아스(Boas)와 베네딕트(Benedict), 크뢰버(Kroeber) 등은 문화를 이념의 체계로 보았다.

포괄적이고 일반적인 문화의 정의를 보면, '문화란 곧 특정한 사회의 성원들이 생활하는 데 있어서 제반 문제에 대처할 수 있도록 사회성원 간에 공유하고 있는 학습에 의해 사회적으로 전승된 사물과 지식, 언어와 가치관, 규범 등을 일컫는다'라고 정의되고 있다. 그러므로 문화는 지식과 신앙·기술·가치관·규범·언어 등을 그 구성요소로 하고 있으며 일반적인 문화의 특징으로는 다음의 여섯 가지를 들 수 있다.

첫째, 문화란 본능의 소산이 아닌 학습의 결과이고, 둘째, 사회나 집단 구성원에 의해 공유되고 있으며, 셋째, 문화는 전승되며 그 과정에서 축적·변화·발전하는 것이고, 넷째, 우리의 감정과 사유·인지·언어·몸짓 등 인간의 삶을 포괄하며, 다섯째, 문화는 종합적인 것이고, 여섯째, 인간의 행위와 경험의 어느 특정한 국면을 선택하여 강조한다는 것이다.

한 사회 내의 문화는 물질·비물질 문화, 상부·하부구조 문화, 보편·특수 문화로 구분될 수 있으며, 특히 연령·계층·직업·지역·이념 등에 따라 많은 특유한 하위문화가 형성될 수 있다.

청소년문화는 청년기에 있는 젊은 세대들이 그들 나름의 행동방식과 생활양식을 모태로 하여 형성한 독특한 문화로서 전체사회 문화나 주도(주류)문화에 대하여 하나의 부분을 이루기 때문에 부분문화 또는 하위문화를 형성한다. 또한 청소년 하위문화는 청소년들에게 특이하게 존재한다고 생각되는 가치관 및 태도 등을 의미하는 것으로서 외부적으로 관찰할 수 있는 언어 · 복장 · 행동 등의 외부적인 문화가 있는가 하면 정신세계의 방향을 제시해 주는 이념적이고 이상적인 문화가 있다.

한편 청소년은 주변인의 위치에서 자신의 존재와 위치에 대해 의문을 갖게 되고 정체감의 위기를 경험하게 됨으로써 자신들의 존재를 시위하고 싶은 충동을 통하여 청소년문화를 형성하게 된다. 즉, 청소년문화는 처지가 비슷한 성장과정에 있는 청소년들이 자신들의 정체감을 찾으려는 몸부림이라 할 수 있다. 그러므로 일반적으로 청소년문화는 '청소년들이 처한 전환기적이고 과도기적인 상황하에서 청소년의 자아정립과 관련된 불안과 혼란과 동요를 동료집단에의 귀속의식을 통한 안정감 등을 토대로 보상적으로 회복하고자 하는 노력의 결정'이라고도 정의할 수 있다.

2) 청소년문화의 중요성

청소년문화는 그 자체로서 매우 중요한 의미를 지닌다. 즉, 청소년문화는 청소년들이 갖고 있는 유일한 사고와 이념 · 감정 · 장래포부 · 이상 등을 나타내는 수단으로서 그들로 하여금 청소년문화를 통하여 자기들만의 독자적인 생활과 세계를 체험하게 하고 그때 자기가 누구인가를 발견하고 자아 정체성을 확립하게 하며 그들 내부에 내재해 있는 사상 · 감정 · 잠재능력 등을 자유롭게 표현하게 함으로써 또한 그것들을 스스로 창조하도록 한다는 점에서 매우 중요하다.

청소년문화의 중요성을 최초로 강조하고 이를 적극적으로 장려한 독일의 교육개혁자 비네켄(Gustav Wyneken)은 청소년문화의 중요성을 구체화하여 독자적인 언어 · 사상 · 복장 · 생활형태 등을 정당화하였다. 그리고 청소년문화는 청소년들이 자아 정체성을 표현하는 과정이자 예술적인 생산활동으로 보아야 하기 때문에 그들의 문화형성에 기성세대들이 깊이 개입하거나 어떠한 형태로든 강한 영향력을 행사해서는 안 된다고 하였다.

또한 케니스톤(Kenneth Keniston)은 청소년문화란 젊은이들을 해방시키는 것으로 보고 있다. 즉, 그는 과거의 통념들을 무비판적으로 받아들이는 것으로부터 해방시키고 어린 시절의 미신으로부터 해방시키고 그들의 느낌을 보다 자유스럽게 표현할 수 있도록 해방시키며 권위에의 불합리한 예속으로부터 해방시키는 것을 청소년문화로 간주한다. 그는 청소년들이 청소년문화를 통하여 이렇게 해방될 때 그들은 보다 인간적이고 창조적이며 자유인이 될 것이라고 하면서 청소년문화의 형성을 옹호해야 한다고 강조하였다.

이렇게 볼 때 청소년문화는 청소년 자신을 바람직한 삶의 방향으로 유도할 뿐만 아니라 성인주도 문화에 새로운 자극을 주며 그 사회가 앞으로 지향해야 할 방향에 가장 민감한 반응을 보인다는 점에서 그 중요성이 대단히 크다고 할 수 있다. 그러므로 청소년들에게 그들만이 갖고 있는 사상·감정·숨겨진 세계를 마음껏 표현·표출할 수 있는 기회, 즉 독자적인 문화창조 및 문화활동의 기회가 주어질 수 있도록 성인들은 청소년문화에 대한 부정적인 선입견이나 편견을 버리고, 창조적이고 진보적인 청소년문화가 형성되도록 기회를 부여하고 지원해야 한다.

3. 청소년문화의 유형

청소년문화는 문화창조 주체자의 연령·주거지역·계층·이념·소속집단에 따라 다르고 또 학자들의 견해에 따라 매우 다양하게 분류될 수 있으므로 그 영역을 일관성있게 정리할 수는 없다. 그러므로 여기서는 몇몇 학자들이 분류한 청소년문화 유형을 제시하고 청소년문화 유형 및 내용에 대한 실질적인 이해를 돕기 위해 몇 가지 실제 청소년문화를 구체적으로 소개하기로 한다.

정규 고등학교 재학생 집단이 갖는 독자적인 성격이나 행동양식이라 할 수 있는 고교생 문화를 남정걸(1994)은 ① 대학진학을 위해 학업에 몰두함으로써 형성되는 학구적 문화, ② 실업계 고등학교에서 직업준비를 함으로써 형성되는 직업문화, ③ 대학진학 위주의 학구적 문화와 취업을 목적으로 하는 직업문화에서 제외된 고교생이 형성하는 소외문화, ④ 욕구가 강한 청소년기에 욕구를 충족시키지 못했거나 학업성취 수준에 미달한 청소년들이 좌절을 경험함으로써 형성하는 비행문화의 네 가지 문화로 분류하였다.

또한 이재창(1985)은 ① 전형적인 청소년문화의 상징처럼 생각되고 있는 팝음악과 그와 결부되어 있는 춤, ② 티셔츠 · 펑크머리 · 통기타 등 청소년 사이에서 유행하는 특이한 유행문화, ③ 미팅 · 고교클럽 · 은어 등 다양한 내용의 특이한 생활양식, ④ 성인들의 기성문화에 대한 불만과 반항심을 반영하는 생활양식으로 청소년문화를 분류하고 있다.

한편 오인탁(1985)은 대학생 문화를 ① 노래를 통하여 청소년들의 사랑 · 꿈 · 낭만과 세계에 대한 비판의식을 표현하는 노래문화, ② 대학생들의 세계를 반영하고 자기표현의 고유한 상징으로 은어를 사용하는 언어문화, ③ 서클 및 봉사 모임에 참여하여 활동하는 것 이외에 학생운동으로 통칭되는 대학생의 의사표현과 참여활동으로 이루어진 참여문화 등으로 분류했다.

이밖에도 청소년문화를 유형화하는 기준은 시각과 관점의 차이에 따라 달라질 것이다. 김신일(1992)은 청소년문화를 보는 입장을 다음과 같이 다섯 가지로 분류하고 있다.

첫째, 청소년문화를 '미숙한 문화'로 보는 입장이다. 이것은 '어른의 시각'이라고 이름 붙일 수 있는 시각이다. 부모와 같은 입장에 서있는 어른들의 눈에는 언제나 청소년들은 모자라고 미숙하게만 생각되는 것이다. 그들에게 문화라고 이름 붙일 만한 것도 없지만 소위 문화라는 것이 있다 해도 그것은 아직 미숙하고 모자라는 것에 불과하다는 생각이다.

둘째, 청소년문화를 '비행문화'로 보는 입장이다. 청소년들이란 공부나 일보다는 놀기를 좋아하고, 어른 몰래 나쁜 짓 하기를 즐긴다는 것이다. 이렇게 보는 입장에서는 청소년들을 항상 부모나 교사 또는 성인들의 감독하에 두어야 한다고 믿으며 청소년들끼리 놔두면 언제나 문제를 일으킨다고 생각한다.

셋째, 청소년문화를 '하위문화'로 보는 입장이다. 사회 전체의 문화 가운데 한 부분을 이루는 문화라는 뜻이다. 연령에 따라서도 아동문화, 청소년문화, 성인문화, 노인문화 등으로 나눌 수 있고 각각은 하위문화가 된다. 하위문화로서의 청소년문화는 한국 사회문화의 한 부분을 구성하는 것으로서 청소년이라는 연령집단에 적합한 문화요소로 이루어져 있다. 각 연령집단마다 그 연령에 걸맞는 문화를 가지고 있는 것이므로 청소년들에게 그들의 문화가 존재하는 것은 지극히 당연한 일로 간주된다.

넷째, 청소년문화를 '대항문화(counter-culture)' 또는 '반(反)문화'로 보는 입장이다. 즉, 기성세대의 문화를 주류(主流)문화라고 하면 청소년문화는 반주류문화가 된다. 청소년들은 기성세대의 문화를 거부하고 자신들의 새로운 문화를 대안으로 내세우면서 개혁과 변화를 요구한다. 새로운 세대가 기성세대에게 비판을 가하고 반항하는 것은 그들이 미숙하거나 삐뚤어졌기 때문이 아니고 기성세대와는 다른 인생관과 역사관을 가지고 있어서 부모세대와는 다른 삶의 방식을 추구하기 때문이라는 것이다. 청소년들은 기성세대의 문화를 일단 거부하고, 자신들의 세대의 독특한 문화를 형성하려는 성향을 가지고 있다.

다섯째, 청소년문화를 '새로운 문화'로 보는 시각이다. '새 술은 새 부대에'라는 식으로 새로운 세대는 그들 나름의 새로운 문화를 창조, 형성하여 살아간다는 것이다. 그러므로 오늘의 청소년들이 보여주는 이상한 몸짓과 말투, 이상스러운 옷차림, 도저히 이해할 수 없는 남녀 간의 행동, 한심스러운 인생관 등은 어른들의 눈에나 이상스럽고 한심스럽게 보이는 것이지 청소년 자신들에게는 자연스럽고 정상적인 행동인 것이다. 즉, 이것은 그들이 가지고 살아갈 그들 세대의 문화로 인정하여야 한다는 것이다. 사회는 세대를 거듭하면서도 핵심적인 문화요소는 크게 변하지 않고 항상 유지·보존되지만 세대가 바뀌어감에 따라 새로운 문화요소가 생성되어 문화에 변화를 가져온다. 이러한 변화가 없으면 과거의 오랜 전통시대가 그랬듯이 사회는 발전을 모르고 침체상태에 빠지게 된다. 이런 시각에서 바라보면 청소년문화는 한 사회의 생동적 발전을 위하여 없어서는 안 될 귀중한 자극인 동시에 활력소인 것이다.

4. 청소년문화에 관한 저서

다음은 청소년문화를 연구하는 논의들에 도움이 되고자 청소년문화와 관련된 자료들을 소개한다. 한국청소년개발원, 『청소년문화론』, 1998 / 한준상, 『청소년학 연구』, 1999 / 이연, 『일본대중문화베끼기』, 1998 / 정문수 외, 『청소년을 통해 본 유럽문화』, 2002 / 한국청소년개발원, 『청소년의 소비문화연구』, 1997 / 한국청소년개발원, 『의복문화와 소비』, 2003 / 한국청소년개발원, 『청소년의 음식문화와 소비』, 2003 / 한국청소년개발원, 『청소년 정보문화 수용실태 연구』, 2004 / 한국청소년개발원, 『청소년 대중문화의 수용실태와 대책』, 1999 / 이장형, 『청소년문화와 기독교윤리』, 2003 / 김영지, 『저소득층 청소년문화의 실태와 문화적 권리 신장 방안 연구』, 2000 / 한국정신문화연구원, 『한국청소년문화 : 심리-사회적 형성요인』, 1997 / 한국정신문화연구원, 『한국청소년문화』, 1999 / 김광웅, 『한국청소년문화 : 변화와 연속』, 1998 / 황복규 외, 『청소년문화의 변천과정』, 1992 / 북스라인, 『청소년문화(요점)』, 2007 / 예하문화사, 『소년문화(요점)』, 2006 / 노용오, 『청소년문화론』, 2005 / 정하성, 『신청소년문화론』, 2006 / 한국청소년개발원, 『청소년문화론』, 2006 / 정하성, 『여러 나라 사람들의 삶』, 2009 / 권이종, 『청소년문화와 정책』, 1989 외 국내외 서적을 수십 편 더 소개할 수 있으나 집필 편의상 생략한다.

5. 현대 청소년문화의 보편적 특성

청소년문화의 보편적 특성은 개인주의적 현상, 성 구분의 동질화 현상, 그리고 라이프스타일의 다원화 등을 지적하고 있다. 최윤진(1992)은 청소년들의 가치관, 의식, 생활양식 속에서 여러 가지 대표적인 특성들을 다음과 같이 구분하여 정리하고 있다.

1) 개인주의적 성향

인생관이나 직업관에서 집합주의나 사회중심의 가치관이 약화되어가면서 개인중심적 가치가 점점 증가하고 있다. 인생의 목표를 집단이나 사회에 기여하는 것에서 찾기보다는 자신의 인생을 즐겁고 보람있게 사는 것에 두는 청소년들이 점점 증가하고 있다. 직업생활에서도 생계유지의 수단이라기보다는 개인의 발전과 자아실현의 장소로 간주하여 그에 맞는 직업을 선택하기도 한다. 특히 학교사회에서도 개인주의 성향을 많이 찾아볼 수 있는데 일본과 OECD 여러 나라, 그리고 우리나라 학생들도 학교에 가는 것을 매우 싫어하는 경향이 증가하고 있다. 이러한 점을 개인주의적 성향이라고 말할 수 있겠다.

2) 현실주의적 성향

사회적 지위상승이나 목적달성을 중요시하거나 미래지향적인 가치관, 생활양식을 추구하는 것보다는 현실중심의 가치로 변화하고 있다. 예를 들면, 기성세대가 강조하고 있는 근검절약, 인내, 성실 등의 과거적인 가치는 퇴색해 가고 현재의 삶과 즐거움을 추구하는 성향이 강해지고 있다. 이러한 특징은 청소년들의 직업관, 여가관, 인생관 등 모든 분야에서 나타나고 있다. 예를 들면, 보수가 높아도 3D직종을 기피하는 현상이라든가 직업선택 면에서 자율적 권한의 부여와 여가조건 등이 점차 많이 고려되고 있다. 특히 주 5일제 근무와 수업 등으로 다양한 취미활동과 특히 동아리활동에 대한 관심이 많아지고 있다.

3) 자기표현주의

과거의 절대적 빈곤사회에서 결핍가치지향은 어느 정도 충족된 오늘날에는 차별동기에 의한 가치성향, 개별적 취향, 개성에 따른 욕구충족의 다양화 등 모든 면에서 개별화의 특성을 나타내고 있다. 예를 들면, 직업선택에서 남녀 구분이 점점 적어지고 파격적인 의상착용, 메이크업, 헤어스타일 등의 개성있는 연출 등을 통해서 자기표현이나 욕구방식을 과감하게 표현하고 있다.

4) 영상세대로서의 특성

인터넷과 TV 등 영상매체의 홍수 속에서 자라고 있는 근대 청소년들은 과거에 비해서 매우 창의적이고 감수성이 풍부한 특징을 가지고 자라고 있다. 길게 생각하거나 어려운 환경을 싫어하고 재밌고 즉각적인 반응을 추구한다. 이러한 점을 나타내고 있는 것이 10대들의 은어와 축약형 언어들, 패스트푸드 등을 선호하는 청소년들의 음식취향, 음료수 취향, 이성교제의 양상 등이다. 특히 최근에는 컴퓨터 통신문화의 발달로 가상공간에서 이루어지는 새로운 생활양식이 하루가 다르게 변해가고 있다. 이들의 보편적 특성은 인내심이 부족하다든지 공동체의식 등이 기성세대에 비하여 결여되어있다는 점이다. 그러나 다른 한편으로는 풍부한 감수성과 창의성, 다양한 개성추구와 융통성이 있고 탄력적인 사고방식 등은 앞으로 점점 다원화되어가는 새로운 사회에 없어서는 안 되는 소중한 인재들이다.

청소년문화는 각기 특성을 지니고 있으며 문화적 시대, 구성원, 환경에 따라 발전되거나 퇴보되기도 한다. 우리나라 청소년문화의 특성도 한마디로 표현할 수 없으나 청소년 세대가 소비문화의 일정 부분을 점유하고 있지만, 새로운 형태의 주변문화를 생산해내기도 한다. 아울러 오늘의 청소년문화는 기성세대의 문화적 특성과 청소년의 창조적 특성이 혼합된 과도기적 문화라고 할 수 있다.

CHAPTER 02

청소년문화의 유형

CHAPTER 02

청소년문화의 유형

1. 청소년과 소비문화

이 장에서는 먼저 소비에 대한 개념 변화와 소비에 대한 사회학자들의 관점을 살펴보고자 한다. 그리고 청소년의 소비실태와 소비 특성을 알아보고, 10대에 대한 광고마케팅 전략을 살펴보고자 한다. 끝으로 청소년 소비의 교육학적 의미를 탐색할 필요성을 제기하고자 한다.

1) 소비에 대한 이론적 관점

(1) 소비 개념의 변화

소비문화라는 용어는 1920년대 미국에서 처음 사용되었으며, 보통 대량생산과 대량 소비사회 속에서 살아가는 사람들의 생활양식을 뜻한다. 우리가 중요하게 봐야 할 점은 후기산업자본주의 사회(소비자본주의 사회)로 이행하는 변화를 기점으로 소비의 사회적 인식과 의미가 달라졌다는 점이다. 산업자본주의 사회에서 소비는 프로테스탄트 윤리의 영향하에 다분히 부정적으로 인식되었지만, 후기산업사회로 이행하면서 소비에 대한 인식은 근본적으로 변화하였다. 후기산업사회에서 소비 또는 소비행위는 단순히 상품 그 자체의 구매행위만을 의미하는 것이 아니라, 자신의 정체성이나 이미지를 창출하는 수단이며, 자신과 타인을 구별짓는 수단이기도 하다. 소비는 더 이상 경제행위에만 국한된 의미가 아니라, 더 포괄적인 사회적 행위를 의미하는 것이며, 한 사회를 읽는 가장 중요한 키워드이기도 하다(이선민, 2009).

> 예전 같으면 (영화를) 감상하고, (사람을) 좋아하고, (예술작품을) 즐기고, (학문을) 한다고 했을텐데, 요즘은 이 모든 술어들이 마치 영어의 do동사 쓰듯, '소비'라는 한마디로 환원시켜버린다. 현대사회에서 우리는 뭐든지 다 소비한다. 소비라는 용어가 일상적으로 사용되었다는 사실 자체가 새로운 사회의 출현을 예감케 한다(박정자, 2006).

박미령(2006)에 의하면, 오늘날 소비자들은 물건 그 자체 이외에도 이미지까지 소비한다.

> 현대사회에서 소비자가 상품을 소비한다는 것은 물건 자체가 갖는 물리적 효용에만 만족한다는 것을 뜻하는 것은 아니다. 그들은 물건의 모습을 바깥으로 드러내 보여주는 디자인(외형, 외관, 모습), 물건에 붙은 라벨과 브랜드 이름, 물건을 쓸 때 만들어지는 분위기와 이미지를 소비한다(박미령, 2006).

이렇듯 현대사회에서 소비는 어떠한 소비대상을 사람들의 눈에 보이고 손에 만져지는 실제 물건이 아닌 '문화적 기호'로 사람들에게 인식되고 있는 것이다.

다음 절에서는 소비에 대한 사회학자들의 관점을 살펴보기로 하자.

(2) 소비문화에 대한 관점

① 베블렌의 관점 : 과시소비

소비의 상징적 차별성과 계급 정체성을 연관시킨 선구적 작업을 한 학자는 베블렌(Veblen, 2005)이다. 베블렌은 당대 미국사회 전반에 확산되고 있는 과시적 소비를 병리적 현상으로 보고, 그것을 주도하는 유한계급을 비판하였다. 베블렌은 사람들이 자신의 사회적 지위를 드러내고 인정받기 위한 소비를 과시적 소비라 하였는데, 그것의 본질적 특징은 재화, 용역의 사용으로부터 효용을 얻기보다는 사치나 낭비 그 자체로부터 효용을 얻는 것으로 남에게 보이기 위한 지출이라는 것이다. 즉, 과시적 소비 스타일은 모든 유용성으로부터의 절제와 거리두기에 달려있다. 베블렌은 상품이 사회적 지위의 상징적 징표로서 상류층의 고급취향을 과시하기 위한 목적으로 사용되는 방식을 분석하고자 하였다.

② 부르디외의 관점 : 구별짓기

베블렌 이후 사회학자들은 어떻게 각각의 계급이 소비행위를 통해 정체성을 형성하고 계급 간 구별을 지우려고 하는지 혹은 어떻게 특정 상품이 특정 계급의 정체성 기호로서 작용하는지를 구체적으로 분석하고자 하였다. 그 대표적인 학자의 하나가 부르디외(Bourdieu, 1995)이다.

사람들이 음식, 의복, 인테리어, 스포츠, 음악, 회화 등 일상생활의 다양한 소비영역에서 소비방식에 있어 차이를 보이고 있다면, 그것은 바로 취향이 서로 다르기 때문일 것이다. 그런데 부르디외는 취향이 단지 개인적인 선택이 아니라, 사회화된 계급적 아비투스(무의식으로 몸에 밴 습성)의 산물임을 밝히고자 하였다. 부르디외는 취향을 서로 대립적인 '사치취향'(또는 순수취향)과 '대중적 취향'으로 구분한다. 사치취향은 형식을 중시하고 무사무욕적이고 반성적이면서 현실생활의 절박한 필요로부터 거리를 둘 수 있는 초연함을 나타낸다. 반면 대중적 취향은 형식보다는 일상생활에서의 실제적 필요와 기능을 강조하며 보다 물질적이고 감각적이다. 음식소비의 예를 들자면, 식품의 종류, 음식의 양과 질, 격식을 갖춘 식사와 격의 없는 편안한 식사, 요리를 내놓는 방식, 식사방법과 매너 등에 대한 강조 등에서 계급 간에 취향의 차이를 보인다. 지배계급에 의해 사치취향은 정통적 취향으로, 민중계급의 대중적 취향은 야만적 취향으로 인식되고 차별화된다.

취향이 중요한 것은, 그것에 의해 구성되는 상이한 생활양식들이 사회적 지위를 상징적으로 표현하고, 또 상징적으로 인지하게 된다는 점이다.

'소비'는 상품을 중심으로 이루어지지만, 우리는 상품 그 자체만을 소비하지는 않는다. 소비되는 것은 물질성을 지닌 상품 그 이상이다. 우리가 소비하는

> 모든 상품들 속에는 계급과 취향과 위계가 있으며, 소비한다는 것은 그것들 모두를 하나의 '기호'로서 드러내고 과시하면서 소비한다는 것을 의미한다(권용선, 2007).

이렇듯 사람들의 생활양식을 인식하고, 분류하고 평가할 수 있도록 해주는 것이 바로 취향이기도 하다. 결국 소비행위가 중요한 것은 소비행위가 취향을 통해서 이루어지며, 사람들은 그러한 취향을 통해서 사람들의 정체성을 인식하고 평가하며 귀속적 판단을 한다는 점이다.

③ 보드리야르의 관점 : 기호의 소비

프랑스 사회학자 보드리야르(Baudrillard)는 '기호의 소비'와 '차별의 기호'의 개념으로 분석하고 있다. 보드리야르(Baudrillard, 1991)는 『소비의 사회』에서 사물의 지위에 언급하면서 "현대사회에서는 사물이 필요에 의해 소비되는 것이 아닌 상상에 의해 소비가 되는 사물의 의미작용에서의 변화"를 지적하고 있다. 그는 현대사회에서의 소비를 사물에 대한 결여의 욕구(사용가치)가 아니라 사회적 의미화된 욕구(기호가치)를 해소한다는 것이다. 이에 대해 '소비활동은 의미를 갖게 되는 코드에 기초한 의미작용 및 커뮤니케이션의 과정'이라고 말하고 있다.

> 소비자들이 소비하는 것은 상품에 내재된 사용가치가 아니라 사회적으로 구성되는 차이표시 기호이다. 소비는 집단정체성을 표시하고 확인하는 행위이며, 그것을 통해서 정체성이 형성되고 유지된다(보드리야르, 1991).

보드리야르(Baudrillard)는 『사물의 체계』에서 사물의 의미작용의 변화에 대해 "사물의 객관적인 체계화에서 주관적인 체계화"로 설명하고 있다. 이것은 어떤 의미일까? 이는 광고 속의 이데올로기적 체계에서 그 의미를 찾을 수 있다. 광고는 상품에 문화적으로 구성된 세계의 표현을 특정한 광고의 틀 속에 결합시킴으로써 의미를 이전시킨다. 이로써 상징적 등가성이 성공적으로 확립되면, 시청자들과 독자는 문화적으로 구성된 세계에 존재한다고 알고 있는 일정한 속성들을 상품에 귀속시키며, 소비자는 은유로서 상품을 보고 광고에서 상징하고자 하는 것과 똑같다고 생각하며, '어울리는 것'으로 생각하게 된다(박미령, 2006, 이선민, 2009 재인용). 따라서 상품을 생산하는 업체나 광고들은 사람들이 이미 알고 있는 세계의 속성들, '아름답다', '섹시하다' 등을 상품의 속성들에 내재시킴으로써 그 이미지와 상품을 결합시키는 의미화 작업을 한다.

④ 지루의 관점

미국사회에서 지난 30년간 시장이데올로기인 신자유주의의 강력한 영향으로 사회질서의 모든 측면이 시장에 의해 틀지어지고, 모든 것이 시장의 논리로 인식하고 평가하는 관념이 강력해졌다는 것이 미국 교육사회학자 앙리 지루(A. Giroux)의 지적이다. "경제적 담론이 사회정의를 압도하고 있으며, 신자유주의적 담론이 유행하면서 이것이 더욱 강화되고 있다"(Giroux, 2009 : 266). 신자유주의적 담론에서는 인간의 모든 행동과 영역들이 경제체제 안으로 흡수될 수 있고 또한 흡수되어야 한다는 주장이 강력한 힘을 얻고 있다는 것이다.

지루는 민주주의가 시장정체성, 소비가치 및 소비관계와 동일시되는 위험스러운 상황이 전개되었다고 비판한다. 그리하여 정의, 평등, 인간존엄성의 가치는 빈약해지고, 대신 소비가 시민성의 인증마크가 되었고, 개인적 경쟁과 사적 책임(사회적 책임이 아닌)이 사람들을 위한 새로운 복음으로 고양되었다는 것이다. 그에 의하면, 신자유주의 이데올로기가 지배적인 미국사회에서 소비자 사회에 동참할 수 있는 사람에게는 시민이라는 보호막으로 보답하는 반면에, 소비자가 될 수 없는 사람들은 '실패한 존재'나 심지어는 '처분될 수 있는 대상'(처벌하거나 감옥에 수감)으로 그 가치가 규정되었다. 이제 시장가치가 공적 가치를 지배하는 상황하에서 인간을 비시장적 가치, 예를 들어 신뢰, 사랑, 성실, 열정, 존경, 예의, 용기, 시민성 등과 같은 가치들로 규정할 수 있는 언어는 그 힘을 잃어버리게 되었다(Giroux, 2009 : 284). 이렇듯 지루가 보기에 소비와 시장가치의 만연은 인간적인 삶에 위협이 되고 있는 것이다.

2) 청소년의 소비실태와 소비 특성

(1) 청소년 소비자의 특성

① 기하급수적으로 증가하고 있는 어린 청소년들의 소비

미국의 경우를 보면, 식품시장, 의류시장, 게임시장, 신발시장, 음악시장, 영화시장, 장난감 시장, 텔레비전 방송시장, 스포츠 시장, 학용품 시장, 온라인소매시장, 건강 및 화장품 시장, 여행시장 등 어린 청소년들을 타깃으로 하고 있는 모든 시장들이 급성장하고 있다(Schor, 2005). 쇼어(Schor, 2005)가 인용한 제임스 맥닐의 보고서에 따르면, 아이들이 소비에 지출하는 돈이 해년마다 엄청나게 증가하고 있다. 1989년에 4~12세 아동은 모두 61억 달러어치의 상품을 구매했지만, 1997년에는 234억 달러, 2002년에는 300억 달러어치를 구매한 것으로 나타났다. 10년 남짓 사이 아이들의 구매력이 400% 증가한 것이다. 아이들이 가장 많이 구매한 것은 사탕과 과자, 음료였고, 두 번째는 장난감이었으며 의류는 빠른 성장률을 보였다. 한편 12~19세의 아이들은 지출이 훨씬 많은 것으로 나타났다. 2002년, 이들의 지출은 1,700억 달러에 달했다. 1인당 1주일에 101달러를 쓴 셈이다.

트렌드와 스타일이 십대에서 어린이들로 빠르게 전파되고 있기 때문에 십대시장이 갖는 중요성은 엄청 커지고 있다. 십대들은 트윈 세대와 어린이 세대의 향후 소비행동을 알려주는 중요한 지표가 되고 있다.

어린이들이 소비자가 되는 나이가 낮아지고 있는데, 6~12세 어린이들은 1주일에 2~3회 상점을 찾고 있으며 갈 때마다 6개 정도의 물건을 구입하고, 그 가운데 80%의 아이들은 부모와 함께 정기적으로 쇼핑을 한다. 하지만 아이들은 혼자서도 쇼핑하기도 하는데, 4명 가운데 1명이 초등학교 입학 전에 혼자 쇼핑해본 경험이 있으며 처음으로 혼자 쇼핑한 연령은 8세인 것으로 추정되고 있다. 종종 어린 소비자들은 가족들이 사용할 물건을 구입하기도 하는데 특히 한부모가정인 경우 더욱 그러하다.

미국에는 어린이 전용쇼핑센터가 생기기도 하였다. 1996년 세계 최초로 아이들만이 출입할 수 있는 어린이 전용쇼핑센터가 미국 조지아주에 문을 열어 큰 성공을 거두었다. 그 쇼핑센터가 내건 컨셉은 '아이들 마을'이라는 것으로 미국 전역에 퍼지게 되었다(Schor, 2005).

② 브랜드의 노예가 되어버린 아이들

2001년 니켈로던의 조사에 따르면 10세 어린이들은 평균 300~400개 가량의 브랜드 이름을 알고 있었다. 8~14세 어린이들의 92%가 무엇인가를 사달라고 할 때 특정 브랜드 이름을 댔으며 89%는 "내가 좋아하는 브랜드를 찾으면 끝까지 그것을 고집한다"고 말했다(Shor, 2005).

아이들이 브랜드를 점점 중요하게 생각하는 까닭은 무엇일까? 아이들의 심리는 무엇일까?

그에 대한 직접적인 연구는 찾아보기 어렵지만, 중요한 한 가지는 기업들이 브랜드를 보드리야르가 말한 바로 그 기호(sign)로 변화시키고, 그것을 광고를 통해 아이들에게 전파하기 때문이다. 기업들은 긍정적인 이미지를 창출하기 위해 수십억달러를 투자해 문화적으로 높이 평가받고 있는 이미지, 감정, 감각과 자사제품을 연관지으려 애쓰고 있다. 청소년시장의 경우 더욱 그러하다. 제품들이 너무 비슷하여 상표가 없으면 거의 구분할 수 없다. 탄산음료, 패스트푸드, 사탕, 운동화, 청바지, 음악, 영화에서도 모방이 빈번히 이루어지고 있다.

아이들은 디자이너 옷과 사치품을 열망한다. 1990년대 중반 6~10세 소녀들이 패션과 브랜드에 많은 관심을 기울이기 시작하게 된 것은 커다란 변화이다. 아이들은 통굽 신발과 검은색 의류같이 트렌디한 스타일을 원했고, 힐피거와 도나카란 브랜드를 원하기 시작했다. 이에 맞추어 아르마니와 캘빈 클라인 같은 고급 브랜드들은 어린이 상품을 출시하기 시작했고, 버버리 역시 버버리 키즈를 출시했다. 고급품을 추구하는 경향은 디자이너 브랜드에 한정된 것이 아니었다. 1990년대 장난감 리서치 협회는 이렇게 보고했다.

> 아이들은 컴퓨터 소프트웨어, 휴대전화, VCR, 이메일, 입체음향 장치, 침실용 전자레인지(자신의 방에서 영화를 보면서 팝콘을 만들어 먹기 위한)같이 보다 값비싼 장난감들을 원하기 시작했고, 부모들은 이러한 품목을 사들이고 있다(Schor, 2005 : 40 재인용).

(2) 청소년의 소비실태

① 소비의 우선순위

중·고등학생들의 소비영역에서 가장 중요시되는 항목을 보면, 1순위가 오락비, 2순위가 옷, 3순위가 '친구들과의 회식비', 4순위가 서적 및 음반, 5순위가 '신발로 조사되었다(한국청소년정책연구원, 2003). 청소년들의 소비영역별 소비규모가 배경변인별로는 어떤 차이를 나타낼까? 한국청소년개발원(2003)의 조사결과를 살펴보자.

먼저 성별에 따른 연평균 지출액을 소비항목별로 비교해 보면, '옷', '가방', '향수, 화장품', '액세서리, 팬시용품', '인터넷 서비스', 그리고 '오락비' 항목의 소비규모가 남녀 간에 유의미한 차이를 나타냈다. '옷', '가방', '향수, 화장품', '액세서리, 팬시용품'에 대한 지출액은 여자가 남자보다 더 많았던 반면, '인터넷 서비스 이용료'와 '오락비'로는 남자가 여자보다 더 많은 액수를 지출한 것으로 나타났다.

남녀의 소비규모를 다시 순서대로 정리해 놓은 것이 <표 2-1>이다. <표 2-1>과 같이 남자는 '오락비'에 가장 많은 돈을 쓰고 있는데 비해, 여자는 '외식비' 지출액이 가장 많았고, 전체 소비규모는 여자가 남자보다 큰 것을 알 수 있다.

〈표 2-1〉 성별에 따른 소비규모 순위 (단위 : 원)

순 위	남 자		여 자	
	소비항목	연평균지출액	소비항목	연평균지출액
1	오락비	528,811.92	외식비	671,467.16
2	외식비	377,282.98	옷	365,436.57
3	옷	277,840.51	오락비	357,071.64
4	신발	123,498.90	액세서리, 팬시용품	121,665.11
5	인터넷 서비스	105,638.15	신발	119,030.78
6	서적, 음반	103,802.43	서적, 음반	92,558.40
7	액세서리, 팬시용품	50,487.64	가방	75,167.91

8	가방	49,746.14	인터넷 서비스	57,887.69
9	향수, 화장품	21,972.96	향수, 화장품	54,429.29
합 계		1,639,081.63		1,914,714.55

출처 : 한국청소년개발원(2003).

학교급에 따른 청소년들의 소비규모의 차이는 '옷', '신발', '가방', '외식비' 항목에서 유의미한 것으로 나타났다. 청소년들이 '옷'에 소비한 연평균 지출액은 인문계 고등학생이 459,149원으로 가장 많았고 실업계 고등학생이 312,027원, 중학생이 259,677원으로 고등학생이 중학생보다 '옷'에 대한 소비규모가 더 큰 것을 알 수 있다.

다음으로 '가방'에 소비한 연평균 지출액은, 인문계 고등학생이 98,088원, 실업계 고등학생이 55,244원, 중학생이 47,512원으로 학교급에 따라 차이를 나타냈다. '외식비' 소비규모는 학교급에 따라 차이를 보였는데, 연평균 '외식비'로 실업계 고등학생이 1,195,217원, 인문계 고등학생이 405,203원, 중학생이 288,813원을 소비했다.

<표 2-2>에는 학교급별 소비규모의 순위가 제시되어 있다. <표 2-2>에서 보는 바와 같이, 실업계 고등학교의 경우 전체 소비규모가 2,613,365원으로 중학교의 1,434,855원과 인문계 고등학교의 1,850,045원에 비해 월등히 크고, '외식비'에 지출액이 편중되어 있으며, '서적, 음반' 구입 등 문화생활을 위한 소비는 적은 독특한 소비형태를 나타냈다. 반면 실업계 고등학생이 '인터넷서비스'에 지출한 돈은 중학교나 인문계 고등학교에 비해 상대적으로 많은 것을 알 수 있다.

〈표 2-2〉 학교급에 따른 소비규모 순위 (단위 : 원)

순 위	중학교		인문계 고등학교		실업계 고등학교	
	소비항목	연평균 지출액	소비항목	연평균 지출액	소비항목	연평균 지출액
1	오락비	443,985.92	옷	459,149.15	외식비	1,195,216.91
2	외식비	288,813.28	오락비	427,291.53	오락비	585,254.42
3	옷	259,677.23	외식비	405,203.39	옷	312,026.50
4	신발	111,113.26	신발	158,210.17	인터넷 서비스	130,736.40
5	서적, 음반	97,356.22	서적, 음반	116,745.76	신발	119,717.31
6	인터넷 서비스	86,589.15	가방	98,088.14	액세서리, 팬시용품	90,260.08
7	액세서리, 팬시용품	73,137.56	액세서리, 팬시용품	76,398.31	서적, 음반	80,787.28
8	가방	47,511.74	인터넷 서비스	62,241.36	가방	55,243.82
9	향수, 화장품	26,670.77	향수, 화장품	46,716.95	향수, 화장품	44,122.26
합 계		1,434,855.13		1,850,044.76		2,613,364.98

출처 : 한국청소년개발원(2003).

거주지역에 따른 소비규모의 차이는 '신발'과 '인터넷 서비스 이용료' 두 항목에서만 나타났다. 대도시 청소년들이 '신발' 구입에 사용한 연평균 지출액은 144,400원으로 중소도시 102,661원, 읍면지역 107,535원보다 많았고, 거주지역에 따라 '신발'의 소비규모는 차이를 보였다. 또한 대도시가 중소도시, 읍면지역과 각각 유의미한 차이를 나타났다. 한편 '인터넷 서비스 이용료'도 거주지역에 따라 차이가 있는 것으로 나타냈다. 읍면지역 청소년들이 연평균 137,621원을 지출해 가장 많고 그 다음으로 중소도시에서 73,831원을, 대도시에서 68,586원을 지출한 것으로 조사되어, 거주지역의 규모가 작을수록 '인터넷 서비스 이용료' 지출이 많은 것을 알 수 있다.

청소년들의 주관적 경제생활 수준에 따른 소비규모의 차이를 보면, 차이가 의미 있게 나타났던 항목은 '옷', '신발', 그리고 '서적, 음반'이었다. 경제생활 수준에 따른 '옷' 소비규모의 차이가 타나났다. '대체로 잘사는 편'의 지출액이 연평균 428,183원으로 가장 많아 '매우 잘사는 편'인 집단보다도 '옷'에 대한 지출이 많았고, 반면 경제생활 수준이 가장 낮은 '매우 못사는 편'의 청소년들이 가장 적은 124,829원을 '옷'에 소비한 것으로 나타났다.

'신발' 소비규모 역시 경제생활 수준에 따라 차이가 있었는데 경제생활 수준이 높을수록 '신발'에 소비한 지출액이 높은 경향이 나타났다. '신발'을 사는데 쓴 연평균 지출액은 '매우 잘사는 편'이 가장 많은 199,400원이었고, '대체로 잘사는 편'이 155,120원, '보통수준'이 118,810원, '대체로 못사는 편'이 95,292원, 그리고 '매우 못사는 편'이 73,000원으로 가장 적었다.

끝으로 '서적, 음반' 항목의 경우, 경제생활수준에 따라 '서적, 음반' 소비규모에 차이가 있는 것으로 나타났다. '서적, 음반' 구입액이 가장 많은 집단은 '매우 잘사는 편'으로 연평균 191,520원을 지출했던 반면, '대체로 못사는 편'이 74,040원을 소비해 타 집단에 비해 가장 적은 지출액을 나타냈다. 특이한 점은 경제생활 수준이 가장 낮은 '매우 못사는 편'의 청소년들이 '서적, 음반' 구입에 연평균 100,343원을 지출한 것으로 조사됐는데, 이는 '보통 수준'(83,397원)과 '대체로 못사는 편'(74,040원)의 청소년들이 소비한 것보다 많은 액수이다.

(3) 소비 스타일의 특성

① 의복 스타일 : 개성과 유행

청소년의 소비 스타일은 대체적으로 개성을 추구하면서도 동시에 유행을 추종한다. 그리고 감각적이고 외형지향적이며, 충동적이고 과시적인 것으로 지적되고 있다.

예를 들어, 청소년의 의복소비 스타일을 분석한 것을 보면 다음과 같다(한국청소년개발원, 2005). 그러나 이 분석은 주로 1990년대 스타일을 분석한 것으로 상당히 오래 전의 것이라는 점을 감안해야 한다.

첫째, 기존의 틀을 거부하면서 색채, 디자인 등이 특이하고 다양한 것을 추구한다. 91년에는 파스텔 컬러와 A라인의 부드러운 여성미를 강조하는 60년대 복고풍, 92년에는 트레디셔널 열풍과 아메리칸 무드, 93년에는 히피스타일과 레이어드룩, 94년에는 힙합룩과 유니섹스 모드, 95년은 듀얼리즘, 그래머러스 스타일, 이지룩, 액티브 스포츠룩, 96년은 스노보드룩, 모즈룩, 미니멀리즘, 97년은 삼순이 패션, 지키 스타일, 키치패션 등이 유행이었다.
둘째, 유명 연예인이나 스포츠 스타와 같이 희구집단에 대한 동조욕구가 높아 동조소비나 모방소비를 즐긴다. 특히 십대들에게 인기가 많은 대중스타의 패션은 그대로 청소년 소비자의 패션으로 연결된다.
셋째, 유명 브랜드 의류를 선호하고 자신을 과시하기 위한 과시소비의 경향성이 높다. 96년에 실시한 어느 조사에 따르면, 청소년 중에서 남자가 선호하는 캐주얼은 닉스, 보이런던, 폴로, 스톰, 리복, VG2 순이었으며, 여자는 시스템, 닉스, 스톰, EnC, GV2 등 상위 5개 브랜드의 점유율이 30.5%를 차지하였다.
넷째, 즉흥적이고 충동적 구매가 비교적 많다. 새로운 상품이나 서비스에 관심이 많고, 신제품이 나오면 남보다 먼저 사는 성향을 보이며, 청소년을 주 고객으로 하는 제품의 수명주기가 점점 짧아지는 추세다.
특기한 점은 MTV와 다국적 비디오를 접할 기회가 늘어남에 따라 신세대의 유행은 계층, 지역, 국가를 뛰어넘어 급속히 동질화되고 있다는 점이다. 1990년대 후반 이미 세계 여러 나라의 10대들은 사고방식이나 소비패턴 면에서 유사한 태도와 취향을 가진 '글로벌 틴에이저'가 되기 시작했다고 볼 수 있다.
한국청소년개발원(2003)이 2003년에 서울지역 청소년을 대상으로 한 연구를 보면, 첫째, 청소년들은 정체성 형성도구로서 의복문화를 수용하고 있다. 둘째, 타인지향적 의복문화를 수용하고 있다. 셋째, 타인과의 차별화를 추구하는 중요한 도구로 의복문화를 수용하고 있다. 넷째, 소비적이고, 물질주의적 성향이 강하며, 충동적인 의복문화소비의 특징을 보이고 있다.
한편 의복문화에 있어 남녀별 차이가 있다. 유행관심, 심리적 의복의존성, 동조성, 과시성 수준에 있어 남학생보다 여학생이 높은 것으로 나타났다.

② 노마드 패션

노마디즘적 사회문화적 변화들은 청소년세대의 패션 스타일에도 반영되고 있다. 인터넷을 기반으로 한 디지털 시대의 노마디즘적 성격이 반영된 청소년 패션 중 가장 두드러지게 나타나는 특징은 이동성과 휴대성이다. 노마드들은 언제 어디서라도 휴대폰과 PDA, UMPC 등의 디지털기기를 사용하여 업무 및 여가생활을 즐길 수 있는 의상 디자인을 필요로 하게 되었다. 이렇게 시·공간 개념의 변화로 과거의 유목민처럼 이동이 자유로울 수 있는 이동성을 갖춘 디자인에 대한 노마드들의 요구와 관심은 휴대하기 편하며 변형이 가능한 의상들을 선보이게 했다.

> 초감각 패션시대다. 직장인 중에서도 야외활동을 할 때는 천편일률적인 패션을 벗어던지고 창의적인 메시지가 담긴 패션으로 변신하는 사람이 많다. 블루슈머(Blue Ocean Consumer)도 대거 등장하고 있다. 블루슈머란 '경쟁자 없는 시장'의 소비자를 뜻한다. 최근 통계청이 블루슈머로 소개한 '이동족'은 움직이는 동안 무료함을 없애고 시간을 알뜰하게 활용한다.
>
> 이들은 TV나 녹음기능, 게임기능을 갖춘 휴대전화나, 휴대형 멀티미디어기기(PMP), MP3플레이어 등 소형 정보통신기기를 최소한 2~3가지 동시에 갖고 다닌다. 멜빵 어깨부분 안쪽에 스피커가 달려 있는 '멜빵 스피커', MP3 기능이 내장된 선글라스, 심장박동 수와 스피드, 거리를 측정하는 장비가 의류에 내장된 제품 등 아이디어패션 상품들이 잇따라 등장하고 있다.
>
> 예전에는 상상도 할 수 없었던 첨단 디지털 패션들은 라이프 스타일도 바꿔놓고 있다. 이동족이 즐겨 착용하는 패션 중 하나가 디지털 셔츠다. 디지털 셔츠(i-셔츠)는 운동이나 외출 시 티셔츠에 디지털기기를 휴대할 수 있도록 한 아이템. 오른쪽 옆구리 쪽에 휴대전화나 MP3 등 디지털기기를 휴대할 수 있는 수납용 포켓이 부착돼 있다. 오른쪽 어깨부분에 이어폰을 고정할 수 있다. MP3를 넣고 내장돼 있는 스피커로 이어폰 없이도 음악을 들을 수 있는 파우치를 가방에 달고 다니는 이동족도 적지 않다(문화일보, 2007. 9. 3).

하루에도 몇 번씩 바뀌게 되는 환경으로 업무와 여가생활에 있어서 기동성을 요하는 편안하고 활동하기 편한 의복을 요구하게 되었다. 따라서 디자이너들은 이러한 라이프 스타일의 변화에 부응하기 위해 의복을 단위체계화했다. 이 체계는 개인의 필요에 따라 배열되고 집합될 수 있는 스커트, 바지, 셔츠, 점퍼, 재킷, 코트 등과 같은 분리된 단위에 기초하였고, 각 상황에 대처할 수 있는 의복으로의 변형을 가능케 하여 활동성과 효율성, 편리성을 높였다(김소정, 2003).

이렇게 분리된 단위 기초에 따른 의상형태는 청소년들 및 유행을 선도하는 20대들에게 '레이어드 룩(Layered look)'으로 통한다. 레이어드는 이제 의상뿐만 아니라 쥬얼리, 코디 액세서리, 메이크업, 헤어 등 모든 패션 전반에서 통용되는 스타일이 되었다. 레이어란 '층이 있는, 겹친' 이라는 의미로 복식용어에서는 겹쳐입기를 말한다. 현대 패션에서는 특히 1970년대 중반에 레이어드 룩이 유행했는데, 속에 입은 것이 겉에 보이게 입거나 긴 소매의 블라우스 위에 반 소매의 스웨터나 재킷을, 원피스 안에 판탈롱을 입는 등 종래의 습관을 무시하고 겹쳐 입는 것이 특징이다. 그리고 캐주얼 웨어의 보급과 함께 1980년대 이후 90년대에 걸쳐 이러한 레이어 감각은 계속해서 반복되다가 2000년 이후에는 좀더 과감한 형식과 다양한 소재 및 디자인을 겹쳐 입는 레이어 현상을 나타내고 있다. 이와 같은 레이어드 룩의 강점은 언제든지 자신의 필요에 따라 옷을 벗을 수도, 입을 수도 있으며, 좀더 효율성을 감안한 실용적인 의상의 경우, 후드(hood)나 칼라(collar), 소매(sleeve)를 탈부착 가능하게 하여 재킷, 후드재킷, 웨이스트 코트 등으로 변형하여 착용할 수 있는 것이다.

경기한파로 패션업계가 깊은 정체의 늪에 빠져있는 요즘, 꾸준히 인기를 얻어가고 있는 제품이 있다. 바로 후드티셔츠가 그 주인공. 최근 불황을 맞아 크게 늘어난 시즌리스족(사계절 활용할 수 있는 패션 아이템을 선호하는 사람들)이 가장 즐겨 입는 아이템이기도 하다. 지난 해부터 10대~20대의 젊은 세대들로부터 핫 아이템으로 각광받아 온 후드패션은 후드 티셔츠에서 후드집업, 후드 원피스, 후드 머플러 등으로 디자인과 종류가 다양하게 변주되면서 필수 아이템으로 자리잡았다.

10대 청소년들의 경우, 겨울철 보온용으로 교복 안에 후드티를 받쳐 입거나 교복 위에 후드집업을 덧입는 것이 유행하고 있으며, 본격적인 스키 및 스노보드 시즌이 시작되면서 보드복 안에 후드티를 입거나 아예 두터운 후드 티셔츠를 보드복으로 활용하는 매니아들도 늘어나고 있는 추세며 20~30대의 경우 스키, 등산과 같은 겨울철 야외활동용으로 구매하는 경우가 많다.

후드패션에 가장 열광하고 있는 이들은 10대 청소년들이다. 후드 티셔츠를 전문으로 생산하는 캐릭터 의류 브랜드 켈르켈르의 경우 10대 고객이 60~70%를 차지할 정도로 인기가 좋다. 계절을 막론하고 평상복으로 쓰임새가 좋을 뿐

> 더러 요즘 같은 겨울에는 교복 자켓 안에 후드 티셔츠를 입으면 별다른 아우터를 입지 않아도 되기 때문에 추위에도 옷맵시를 뽐낼 수 있어 선호도가 높다. 자칫 둔해 보일 수 있는 두꺼운 점퍼 대신 보온성도 있고 다양하고 재미있는 디자인으로 자신의 개성을 표현할 수 있는 후드 티셔츠의 인기가 늘어가고 있는 것. 또한 휘트니스 클럽에서 운동복으로 입거나 간편한 등산복으로 활용하는 사례도 늘고 있으며, 최근 들어 직장 내 비즈니스 캐주얼이나 복장 자율화가 더욱 확산되면서 활동하기 편한 후드패션이 비즈니스의 영역까지 넘나들기도 한다(송혜린, 2009 : 53 재인용).

디지털 기술의 발달로 인하여 많은 패션 노마드들은 점차 의상의 스타일링뿐만 아니라 실용적이고 기능적인 면에 관심을 갖고, 신체적인 기능을 강조하며 의상의 구조뿐만 아니라 외관에서도 실용적이고 효율적인 면의 극대화에 초점을 맞추게 되었다.

③ 몸의 소비문화적 현상

현대소비사회에서 몸은 내면이 아닌 외형에 치우쳐 끊임없이 관리되어져야 하는 소비대상으로 간주되고 있으며, 각종 소비로 둘러싸인 몸은 자신의 욕구를 드러내는 역할을 함으로써 구별짓기와 차별화를 위한 기제로 작용하고 있다. 부르디외에 의하면 몸은 '육체자본'(physical capital)의 한 형태인데, 육체자본이란 다양한 자원을 축적하는 데 필수적인 권력과 지위, 나아가 타인과 구별되는 상징을 소유하고 있음을 의미한다. 즉, 육체자본을 생산한다는 것은 사회분야에서 인정받을 수 있는 방식으로 몸을 변화시킴을 뜻한다.

또한 외형적인 몸이 소비자의 정체성을 나타내는 상징이자 기호로 작용함으로써 소비자는 계속적으로 몸에 대한 관심을 가지고 소비를 하는 것으로 나타나고 있다. 이러한 현상은 특히 젊은 세대에서 특징적으로 나타나고 있는데, 그들은 자기 정체성과 자율성에 대한 강한 자아의식의 팽배를 몸에 대한 관심으로 드러낸다. 젊고 잘 가꾸어진 육체에 가치를 두는 현대소비문화에서 자아를 상징하는 것은 바로 몸의 외형이 되고 있으며, 몸은 개인의 정체성을 표현하는 수단이자 그 자체로 목적이 되고 있다. 뱃살이 나온 몸은 게으름의 상징이고, 몸은 자신이 가진 모든 것을 담을 수 있는 패

스포트이자, 소비재의 가치가 드러나는 상품이 되고 있다. 따라서 더욱 젊고 건강한 몸, 날씬한 몸, 섹시한 몸을 목표로 삼고 효과적인 방법을 찾아 체계적으로 자신의 몸을 관리하는 것에 집중하고 있는 것이다(정주원, 2006). 이는 각종 미용산업의 성장과 이미지를 생산해내는 대중매체의 광고 영향력에 의해 촉진되고 있다. 생생하고 드라마틱하며 아름다운 몸의 이미지는 날씬함, 섹시함, 건강, 즐거움, 힘, 에너지와 같은 표현들과 함께 광고를 통해 재현되고 있다. 특징적인 몸에 대한 소비현상들, 예를 들어 얼짱, 몸짱에 대한 지나친 관심과 다이어트 열풍, 각종 미용관련 용품, 확대되고 있는 성형수술 등은 이러한 측면에서 보다 잘 이해할 수 있다(정주원, 2006).

④ 과시소비 성향

2009년에 연구된 바에 따르면, 청소년소비자들의 과시소비가 매우 두드러지게 나타나고 있음을 볼 수 있다(장현선 · 허경옥, 2009). 과시소비란 재화 및 용역의 사용을 통하여 효용을 얻기 위한 목적보다는 제품의 상징성을 통하여 타인의 인정을 받고자 하는 목적으로 제품을 소비하는 것을 말한다. 이 연구에 의하면 과시소비요인으로 “유명상품 과시요인이 가장 높고, 다음으로는 고가품 과시요인, 유행추구 과시요인, 지위상징요인 등이 있다.

과시요인을 분석해 보면, 다음과 같은 특징을 알 수 있다. 첫째, 청소년소비자들이 수입품 및 유명상품을 통해 자신을 과시하려는 욕구가 강하며, 또래집단들이 가지는 제품을 소유하지 못했을 경우 소외감을 느끼는 등의 정신적인 영향을 받고 있다. 둘째, 청소년소비자들이 고가의 제품을 사용하는 것을 통해 타인들에게 자신의 존재가 우월하게 보인다고 느끼며, 반대로 싼 물건을 사용하는 것을 타인들에게 알리고 싶어하지 않는다는 것을 볼 수 있다. 제품의 품질과 효용성을 기준으로 상품을 평가하는 것이 아니라 제품의 브랜드 및 상표를 기준으로 제품을 선택하고 판단하고 있다. 셋째, 청소년소비자들은 유행에 특히 민감하여 유행제품을 구입하지 못하면 기가 죽는다고 생각하거나, 효용성이 충분하다 하더라도 유행하지 않는 상품은 선택하려 하지 않는 모습들이다. 소비에 있어서 청소년들에게 특히 중요시되는 또래집단의 영향이라 할 수 있다. 넷째, 청소년소비자들은 옷차림이나 매무새에 따라 자신이 타인들에게 달리 보인다고 생각한다.

⑤ 자기개념에 따른 패션 브랜드 선호

소비자의 브랜드 선호과정을 보면 소비자가 자기개념을 각종의 브랜드 이미지에 대한 자신의 지각과 대비시킴으로써 특정의 브랜드를 선호하고 또 회피하는 과정을 그릴 수 있다. 자기개념은 현실적 자기개념과 이상적 자기개념으로 구별할 수 있는데, 현실적 자기개념이 소비자행동에 영향을 미치는지, 이상적 자기개념이 소비자행동에 영향을 주는지 분명하지는 않다. 연구에 따라 다른 결과를 내놓고 있다(송정미, 2003). 소비자의 현실적 자기개념에 부합되지 않는다하더라도 자신의 이상적 자기개념에 맞는다고 지각하는 경우가 있다. 이 경우, 소비자가 그 대상을 선호하는 가능성이 높다고 하는 것이 많은 실증조사에 의해 입증되고 있다.

서울의 여대생을 대상으로 한 송정미(2003)의 연구에 따르면, 첫째, 조사대상 브랜드인 프라다와 루이비통은 소비자들에게 각기 다른 이미지로 지각되고 있다. 프라다는 감각이 젊고 현대적이며, 개방적이고 세련되고 화려하다는 이미지로 지각되고 있는 반면, 루이비통은 어른스럽고 사치스러우며 고상하다는 이미지로 지각되고 있다. 둘째, 프라다 선호 그룹과 루이비통 선호 그룹 둘 다 모두 현실적 자기개념과 이상적 자기개념 사이에 커다란 차이가 있다. 셋째, 패션제품에 있어서 소비자들은 자신의 자기개념에 유사한 이미지를 갖는 브랜드를 선호하는데, 현실적 자기개념보다도 이상적 자기개념 쪽이 브랜드 선호에 강한 영향을 미치고 있다. 요컨대 20대 초반 여대생들의 패션브랜드 선호의 바탕에는 자기개념이 있으며, 그들에게 있어서 패션브랜드의 선호는 그들의 이상적 자기개념에 가까운 이미지인가 아닌가에 따라서 다르다.

3) 10대에 대한 광고마케팅 전략

광고마케팅 전략을 알아보기 전에 먼저 보드리야르의 관점에서 아이들이 소비하는 기호의 예로 '쿨하다'는 기호를 살펴보기로 하자. '쿨하다'는 기호는 거의 모든 광고마케팅 전략의 핵심을 이루고 있기 때문이다.

(1) 아이들이 소비하는 것 : "쿨"하다는 기호

'쿨' 광고를 예로 들어보자. 쿨 광고는 집단의 일원이 되는 것을 중요하게 생각하는 십대들을 타깃으로 한 마케팅 전략이다(Schor, 2005). 성장기 아이들에게 특정 집단의 일원이 되고자 하는 욕구가 중요한 요소이다. 그런데 마케터들은 아이들의 마음 속에 그것을 아예 필수적인 요소로 각인시킨다. 미국 초등학교 4학년에서 중학교 2학년 아이들 4,002명을 대상으로 한 설문조사 결과를 보면, 66%가 '쿨'한 것이 자신을 정의한다고 대답했다. '쿨'하다는 것이 키즈 마케팅의 가장 중요한 주제가 된 것도 바로 이러한 이유가 있기 때문이다. 마케터들은 제품의 컨셉, 디자인, 포장, 마케팅, 광고에서 '쿨'이라는 말을 쓰지 않는 경우가 없다. '쿨'을 명확히 정의하기는 어렵지만, 다음과 같은 특징을 가지고 있다(Schor, 2005).

첫째, 가변성이다.

'쿨'은 단순히 유행에 뒤지지 않는 것을 의미하지는 않는다. '쿨'의 모습은 다양하다. 필요에 따라 '쿨'은 촌스러운 동시에 멋스러운 것이다. 그것은 원색적일 수도 있고 네온색을 띨 수도 있다. 그것은 복고적일 수도 있고 미래적일 수도 있으며 테크노적이거나 자연적일 수도 있다.

쿨을 명확히 정의하는 것은 어렵지만 현실적으로 그것은 반복적으로 사용되고 있는 일련의 논지들의 핵심이다. 마케터들은 제품의 컨셉 · 디자인 · 포장 · 마케팅 · 광고에서 '쿨'에 지나치게 의존하고 있다.

둘째, 사회적으로 한정된 무엇, 값비싼 것이다.

과거에는 값싼 제품들이 어린이들의 소비세계를 차지했다. 어린이들에게는 돈이 없었기 때문에 그들은 몇 푼 안되는 사탕, 플라스틱 장난감, 값싼 장난감들을 구입했다. 당시에는 제품의 기능적 측면이 제일 중요했다. 이를테면 장난감은 갖고 놀기에 재미있는 것이 무엇보다 중요했고 사탕은 맛이 좋은 것이 무엇보다 중요했다. 제품의 상징적인 측면이나 사회적 지위를 대변하는 측면이 전혀 없었던 것은 아니지만 그리 중요하게 생각되지는 않았다. 오늘날 아이들은 보다 많은 돈을 쓸 수 있게 되었고 제품이 내포하고 있는 '차별성'과 '한정성' 그리고 '사회적 지위'가 무엇보다 중요하게 되었다.

유명 광고회사인 오길비 & 매더의 간부였으며 『키즈 마케팅(Ever-Cool : Kid's Marking)』의 저자인 진 델 베키오는 '쿨'의 배타적 특성을 다른 이들보다 노골적으로 설명하고 있다. "'쿨하다'는 것은 다른 사람들이 가지지 않은 무엇인가를 갖고 있음을 의미한다. 그것은 아이들에게 특별하다는 느낌을 준다. 또한 그것이 아이들로 하여금 또 다른 '쿨'한 것을 찾게 한다."

마이크로 칩이 장착된 신발 트렉스타를 출시했을 때 리복은 '우월하다'는 메시지, 즉 '너는 갖고 있지 않지만 나는 트렉스타를 갖고 있다'를 이용했다. 그 신발은 베스트셀러가 되었다. 현저하게 높은 가격을 감안했을 때 커다란 성과가 아닐 수 없었다. 마케터들은 부와 부를 갈망하는 것은 쿨하다는 생각을 심어주고 있다. 마케팅 세계에서는 부, 화려한 경력 그리고 그에 맞는 라이프스타일이 매력적인 것으로 정의되고 있다. 수수하게 사는 것은 패배자의 삶으로 해석되고 있다.

셋째, 나이보다 성숙하다는 의미다.

마케터들과 광고인들은 성숙해 보이고 싶은 아이들의 공통된 욕망을 갖가지로 활용하고 있다. 그들은 타깃으로 삼고 있는 아이들보다 나이 많은 아이들을 광고모델로 쓴다. 광고에서 그들은 어린아이를 보다 성숙한 아이로 혹은 어른으로 변화시키고 어린아이가 성장한 모습을 볼 수 있는 환상의 세계를 제시한다.

넷째, 어른들에 대한 반항심을 의미한다.

선생님의 허를 찌르는 태도나 부모를 속이는 태도로 어린이들을 적극적으로 표현하는 광고들을 예로 들 수 있다.

다섯째, 쿨은 금기시되는 것, 위험한 것, 금지된 것을 의미한다.

광고인들 사이에서 '엣지 있는(edge)'은 중요한 형용사였고 지금도 그렇다. 그렇다고 '엣지 있는(edge)'을 넘어선 단계는 아니다. 그것은 너무 위험하기 때문에 그저 '위태로운 상태' 혹은 '위기에 몰린 상태'를 의미한다.

'엣지 있는' 스타일은 랩과 힙합 그리고 '거리문화'와 흑인문화와 관련이 있다. 1990년대, 중산층 백인들을 타깃으로 하는 광고들이 흑인들의 생활공간인 도심(Inner-City : 슬럼가 같은 대도시 중심의 저소득층이 사는 지역)에서 촬영되기 시작했다. 그러한 광고들은 주요 매체들에 스며들어 있는 젊은 흑인들의 왜곡된 전형적인 이미지, 즉 폭력 · 약물 · 범죄 · 선전성을 교묘히 연결시켰다. 더글러스 홀트와 쇼어(Schor, 2005 재인용)는 이렇게 말하고 있다.

> 거리가 효과적인 상품이라는 사실이 입증되었다. 거리의 미학이 이외 지역에 거주하는 백인 아이들(이들은 슬럼가에 대한 부모세대의 보수적인 시각에 대항해 급진적인 청소년문화를 부단히 재창조하고 있다)과 도시의 문화 엘리트들(이들에게 거리문화는 세계적으로 유행하는 급진적인 스타일로 해석되고 있다) 모두에게 매우 매력적인, 진정 아슬아슬한 위협을 제공하고 있기 때문이다. 이제 우리는 위험하고 적의에 가득찬 색다른 생활방식, 즉 '조폭 스타일'을 상품화하고 있다(Schor, 2005).

거리가 어떻게 마케팅의 핵심이 될 수 있었을까? 이에 대해 쇼어(2005)는 이렇게 설명하고 있다.

> (그 이유를) 알려면 30년 전으로 돌아가야 한다. 슬럼가를 이용한 마케팅을 연구한 이들은 운동화 제조업체들의 관행을 지적한다. 1960년대 말 컨버스(Converse), 나이키 같은 운동화 제조업체들은 의도적으로 자사 제품과 흑인 운동선수들을 결부시켰다. 그들은 도심에 사는 코치들에게 무료로 운동화를 제공했고 도심에 거주하는 소비자들을 대상으로 리서치했으며 자사 브랜드를 거리에서의 운동 및 사교성과 결부시켰다. 그들은 또한 '브로잉(bro-ing : 'brother'의 'bro'와 'going'의 'ing'의 합성어)'이라 부르는 관행을 만들어냈다. 브로잉은 밖으로 나가(Going) 거리를 돌아다니는 형제들(Brother)에게 어느 디자인이 쿨해 보이는지 물어보는 활동을 의미한다(Schor, 2005 : 72-73).

쇼어(Schor, 2005)에 따르면, 토미힐피거를 시작으로 의류업체들도 이러한 전략을 적극적으로 구사했다. 그들은 랩 스타일과 유명한 유행 창조자들에게 자사의 최신 상품을 무상으로 제공했다. 빈민굴이 자리하고 있는 도심의 생활과 제품을 연결짓는 것이 '쿨'의 이미지와 상충되어 보일 수도 있다. 하지만 그러한 문제는 도심에 거주하는 '브랜드 사절'들은 환상적인 차를 몰고 다니며 호화로운 생활을 하고 있는 랩 스타와 운동선수같이 부유하고 유명한 소비자들이라는 사실에 의해 부분적으로 해소되었다.

결국에는 탄산 음료업체, 사탕 제조업체, 문화 제작자 그리고 청소년용품을 판매하는 많은 다른 업체들이 거리에 관심을 기울이게 되었고, 불가항력적인 '쿨'문화를 브랜드에 접목시키기 위해 필사적으로 노력하게 되었다. 키즈 마케팅의 선두주자 폴 커닛은 이렇게 설명했다.

"백인중심 사회인 미국에서 흑인 거주지인 도심이 생활의 기준이 되는 현상이 빚어지고 있다. 흑인들의 생활방식을 흉내내기 위해 여러모로 애쓰는 많은 백인아이들을 볼 수 있다"(Schor, 2005 : 73 재인용).

역사적으로 볼 때 흑인문화 가운데 많은 측면이 재즈와 아프리카 의상처럼 '쿨'한 것으로 평가되었고, 대중문화 형성에 상당한 기여를 했다. 그러나 현재 벌어지고 있는 상황은 매우 독특하다. 쇼어는 오늘날처럼 슬럼가의 스타일과 문화가 이토록 큰 영향력을 발휘한 적은 없었고, 대중문화를 규정짓는 중요한 역할을 한 적조차 없었다는 점을 지적한다. 이런 현상은 주변부의 문화가 보다 큰 문화의 일부로 흡수되면서 주류로 부상하는 현상과도 다르다. 더글러스 홀트는 이렇게 말하고 있다.

> 지금 판매되어 있는 것은 거리문화 고유의 특질들이다. 사회적 배경이 배제된 흑인문화가 아니라 그들의 사회적 배경 자체, 즉 흑인동네, 가난의 고통, 흑인 아이들이 느끼는 고독감이 판매되고 있는 것이다. 이러한 요소들이 상품화 가능한 자산이 되고 있다"(Schor, 2005 : 74 재인용).

또 다른 변화는 슬럼가의 문화를 백인 거주인인 교외로 확산시키는 대기업들의 역할이다. 과거와 달리 이러한 문화확산은 자연스럽게 이루어지는 게 아니라 기업들이 관리하고 있다는 점이다.

이를 위해 기업들은 '피드백 루프(Feedback Loop)'를 적극적으로 만들어냈다. 피드백 루프란 다각적 분석으로 개별 고객에 맞는 목표를 수립하고 조치를 취한 다음, 그 결과를 검증해 다시 조치를 취하는 일련의 과정을 말한다. 피드백 루프로 소비자들은 더 이상 마케터들이 인도하는 길을 맹목적으로 따르지 않게 되었다. 피드백 개념을 찾아냈던 더글러스 러시코프는 업계 사람들에게 호소하는 자리에서 이렇게 말했다.

> 거대한 피드백 루프가 형성되고 있다. 기업은 트랜드를 알기 위해 아이들을 관찰하지만, 아이들은 자신을 주시하고 있는 기업을 관찰하고 있다. 그들은 기업들이 자신의 모든 움직임에 매료되어 있다는 사실에 기업이 자신의 기호를 맞추려 전전긍긍하고 있는 점에 기뻐하고 있다.

대기업들은 이제 피드백 과정을 조직화하고 통제함으로써 이익을 얻고 있다. 게다가 아이들은 이러한 마케팅 조직의 주목을 받기 위해 점점 난폭하고 위험한 묘기를 부리고 있다.

본래 'edge'를 이용한 마케팅은 십대와 젊은이들이 개발한 것이다. 지금은 그것이 어린이 시장에까지 확산되었다. 어린이 시장에 적용되는 과정에서 약간 수정된 측면이 있기는 하지만 말이다. 광고인들은 십대의 'edge' 스타일 가운데 어린이 광고에 사용해도 되는 것을 신중히 가려내야 한다. 1990년대 중반 광고인들은 '여전사' 스타일의 패션광고를 만들었고 일상의 매력적인 것들 목록에 약물을 포함시켰다. 심지어는 유해하고 중독성이 강한 약물도 포함시켰다. '쿨'한 것을 추구하는 뉴욕의 간행물은 이렇게 주장했다.

> 샌프란시스코에서는 나이키와 여전사 스타일, 레게 스타일이 쿨한 것이다. 시카고에서는 정글(Jungle : 비상식적인 펑키 스타일의 음악), 태그호이어 시계 그리고 약물이 쿨한 것이다(Schor, 2005).

쇼어(Shor, 2005)에 따르면, 앞서 말한 쿨 마케팅 전략은 여러 가지 전략 속에 혼용되어 사용하고 있다.

① 반기성세대 정서 이용 전략

'아이들이 지배한다'는 모토는 어린이들을 대상으로 한 미디어사나 광고의 핵심철학이다. 미국 미디어그룹인 비아콤의 MTV는 부모로부터 독립하고 싶고 부모에게 저항하고 싶은 십대들의 욕망을 이용해 십대들이 그들만의 문화 속에 빠져들도록 유도했다. 보다 어린 아이들이 시청하는 니켈로던은 어린이들의 시청률이 가장 높으며, 웹사이트는 어린이들이 가장 많이 방문하는 사이트이다. 니켈로던은 아이들이 필요로 하는 것, 즉 행복, 재미, 결정권을 제공하고 있다.

비디오 게임광고 역시 반기성세대 정서를 이용하는 전략을 사용하고 있다. 광고들은 오이디푸스 콤플렉스에서 비롯된 반항심리와 따분한 공간으로 그려지고 있는 가정에 대한 거부감을 통해 결정권을 행사하게 된 남자아이들을 주제로 하고 있다. "닌텐도 광고는 종종 어른들의 세계에 포위되어 있는 현실을 제시하며 아이들이 통제력과 결정권을 행사할 수 있는, 현실과 다른 가상세계를 약속하고 있다"(Schor, 2005 : 80 재인용).

이외에도 과일 맛 캔디, 스타버스트의 교실광고, 탄산음료 브랜드인 스프라이트 광고 등도 마찬가지이다. 미디어 비평가인 밀러의 지적은 시사하는 바가 크다.

> 부모는 시시한 존재이고 교사는 바보, 멍청이이며 권위 있는 인물들은 조소의 대상들이다. 자사(광고주)를 제외하고는 아무도 아이들을 이해할 수 없다는 것이 광고계의 공공연한 태도이다. 흥미로운 점은 광고인들이 영웅으로 부상하고 있다는 사실이다. 소비문화에서 광고인들은 가장 '쿨'한 존재가 되었다(Schor, 2005 : 81 재인용).

② 연령 단축 전략

청소년 마케팅에서 가장 새로운 트렌드는 '연령 단축'이다. 10대 청소년들을 타깃으로 한 제품 및 마케팅 메시지가 12세 미만의 어린 아이들을 공략하고 있다. 연령 단축 트렌드는 점점 확산되고 있다. 디자이너 브랜드 의류는 유치원생과 초등학교 1학년을 타깃으로 한 제품을 팔고 있으며, R등급의 영화가 9세 어린 아이들을 타깃으로 홍보되기도 한다. 많은 어린이들이 MTV와 여타 십대 프로그램, 성인 프로그램을 시청하고 있는 것도 이러한 현상을 부채질하고 있다.

마켓터들은 연령 단축 트렌드를 묘사하기 위한 각종 약어를 만들어내었다. 예를 들어, 'KAGOY'가 있다. 이는 '아이들이 보다 성숙한 청소년들이 되고 있다(Kids Are Getting Older Younger)'를 줄인 말이다. 아이들을 마치 어른처럼 대우해도 되는 듯한 트렌드가 형성되고 있는 것이다.

③ 이중 메시지 전략

어른들이 존중하는 것은 우스워 보이게 하고 어른들이 경멸하는 것은 위엄있어 보이도록 함으로써 어른들이 확립해놓은 규칙들을 바꾸어놓는 전략이다. 식품분야가 가장 두드러진 분야이다. 아이들은 어른들이 못 먹는 것 혹은 지저분한 것으로 생각하는 식품들에 열광한다. 아이들은 밝은 색상의 혀 모양의 캔디 혹은 신체 일부 모양의 캔디를 좋아한다. 입 안에서는 톡톡 튀거나 거품이 이는 식품, 혹은 입 안을 얼얼하게 하는 식품을 좋아한다. 캐릭터 모양의 식품, 심지어는 사람 모양의 식품을 즐겨 먹는다.

예를 들어, 영국에서는 값싼 어린이 사탕이 '켓'(ket)이라 불린다. 하지만 어른들의 세계에서 그것은 쓰레기, 혹은 쓸모 없는 물건을 의미한다. "어른세계에서는 병에 걸릴 위험이 있어 먹을 수 없는 것 취급을 받는 제품이 어린이용 식품으로서 큰 사랑을 받고 있다"(Schor, 2005 : 86).

④ 장난감화 전략

일상의 모든 물건들을 장난감으로 변화시키는 전략이다. 예를 들어, 캐릭터

칫솔, 뚜껑이 캐릭터의 얼굴인 샴푸는 물론이고 3M은 밴드에이드를 몸에 붙이는 장난감, 즉 문신으로 변화시켰다. 학용품에도 캐릭터가 이용되고 있고 옷 역시 장난감이 되어 가고 있다. 비타민제도 둥근 풍선껌 모양으로 출시되고 있다. 이외에도 입과 혀의 색깔이 변하는 '유색' 치토스, 공룡알과 보물이 숨겨져 있는 퀘이커 오트밀, 파란색이거나 겉에 설탕이 묻어 있는 펑키 프라이스 등이 있다.

글로벌 시대에 미국기업의 이러한 광고전략은 우리나라 청소년 소비문화에도 영향을 주고 있는 것으로 보인다. 세계 여러 나라의 10대들이 사고방식이나 소비패턴 면에서 유사한 태도와 취향을 가진 '글로벌 틴에이저'임을 감안할 때 10대들의 소비문화가 동질화되는 경향이 높다고 생각된다. 그리고 광고전략 역시 거의 유사하게 사용되고 있지 않나 생각된다. 예를 들어, 연령 반기성세대 전략, 단축전략, 장난감화 전략 등도 정도의 차이는 있겠지만, 아이들이 소비하는 식품 등을 보면, 우리나라 소비시장에서도 사용되고 있다는 추측을 가능케 한다. 그리고 특히 '쿨하다'는 기호는 우리나라 청소년들에게 매우 강력한 소비상품이다. 우리나라 청소년들이 잘 쓰는 표현 중의 하나가 "쿨"하다는 것이다. '너 쿨한데…' 이런 말들은 이미 일상적인 용어가 되어 있다시피하다.

4) 청소년 소비의 의미 찾기

현재 청소년들의 소비가 전체 소비에서 차지하는 비중이 매우 높아지고 있고, 청소년들의 소비가 증가하고 있는 만큼 이에 대한 사회적 관심도 동시에 커지고 있다. 이에 따라 청소년의 소비가 늘어가고 있는 현상에 대해 분석을 하려고 하는 시도들이 많이 있었다. 하지만 이에 대한 기존의 연구는 단편적인 수준에 그치고 있다. 기존의 연구들은 청소년이 무엇을 소비하는데 용돈을 어느 정도 쓰고 있는지, 청소년들이 주로 소비하는 대상이 무엇인지에 대한 현상을 그대로 기술하는 식으로 끝난다. 또 다른 연구들도 청소년의 소비에 영향을 미친 주된 요인으로 광고 등의 마케팅 효과를 언급하면서 '마케팅 효과 → 소비의 증가'라는 도식에 치우쳐 있음을 알 수 있다. 가령 광고가 예전보다 훨씬 더 다양한 매체를 통해서 청소년들에 대해 더 높은 근접성을 갖게 되었다, 이런 광고는 청소년들로 하여금 지속적으로 상품을 사도록 자극한다, 그 와중에 '부모의 사회적 지위, 경제적 지위가 높은 청소년들은 더욱 비싼 상품을 선호하는 경향이 있다'는 방식으로 접근한 뒤 결국엔 청소년들이 소비하는 상품을 단순히 나열하는 식의 연구는 그 이상의 어떤 것을 심층적으로 보여주지 못한다.

우리는 이렇게 겉으로 드러난 현상을 기술하는 것을 넘어 분명 그 이면을 살펴볼 필요가 있다. 청소년의 소비문화를 살펴볼 때 더 이상 '소비'를 교육이나 일상생활에서의 가치관 등과 분리된, 단편적인 영역으로 보아서는 안 된다. 겉으로 보기에는 단순히 어떤 상품을 사는 행위로 그 의미가 끝날 수도 있겠지만 실제적으로는 그 소비행위, 소비문화 속에서는 청소년의 삶 전반에 영향을 미치고 있는 요소들이 있고, 우리는 그것을 간과해서는 안 된다. 지루(Giroux, 1998 : 27)는 이렇게 말하고 있다.

> 청소년에 대한 그러한[캘빈 클라인 광고처럼 청소년을 상업적 목적을 가지고 성적인 대상으로 표상하는 것] 표상에 관심을 갖는 것은 그러한 표상이 "좋다", "나쁘다"라는 것을 말하기 위함이 아니다. 그러한 표상이 만들어내고 있는 교육학적인 작업과 관련하여 그것을 분석하려는 데 있다. 즉, 그러한 표상은 어떤 지식, 가치와 쾌락을 나타내거나 배제하는가? 어떤 특정한 형태의 정체성, 주체성에 특권을 부여하고, 그것이 어떻게 지배적인 반응, 메시지, 의미를 강화시키도록 하는가? … 도심의 흑인 청소년에 대해 행해지는 공격의 맥락 속에 캘빈 클라인 광고를 위치시킴으로써 아이들이 성인들에 의해 무시되고 착취당하고, 상업화되고 남용되는 가장 가시적인 타겟의 하나라는 사실을 명료하게 할 수 있다.

그렇기에 광고 및 소비행위와 교육 등 삶의 의미와의 연관성을 분석해보고 특히 학교교육, 청소년기관 및 단체 등이 어떤 역할을 해야 할지에 대해 심도 있는 논의가 이루어져야 할 것이다.

2. 청소년과 사이버문화

청소년 사이버문화에 대한 연구는 사이버 중독 등 일탈적 문화의 측면에서 이루어진 연구들이 대부분이다. 예를 들어, 인터넷 중독, 온라인 게임중독 등을 중심으로 청소년문화현상이 이야기되고 있다.

그러나 청소년 사이버문화는 단순히 일탈적 문화 측면에서만 다루어질 수 없는 중요한 내용들을 함축하고 있다. 그것은 가상 노마드문화로 가장 잘 표현될 수 있다.

본 글에서는 먼저 사이버 일탈문화 연구결과를 간략히 살펴본 연후에, 사이버 노마드문화에 대해 중점적으로 알아보고자 한다.

1) N세대, 2.0세대의 특성

청소년층을 지칭하는 상징어들이 수없이 많다. '신세대', 'X세대', 'Y세대', 오렌지족, 엄지족, 디지털노마드족, 코쿤족, N세대, 2.0세대 등은 흔히 우리가 듣는 상징어이다.

(1) N세대로서의 청소년

돈 탭스콧(Don Tascott)은 정보화사회에서 컴퓨터와 인터넷 등의 디지털 환경 속에서 자라난 세대, 특히 10대 청소년들을 N세대(Net generation) 또는 네트워크 세대라 하였다(Tascott, 2000). 청소년 세대 담론의 주류를 형성한 것은 N세대론이었다(이창호 · 김종길, 2008). 컴퓨터와 정보통신의 발전 속에서 성장한 N세대는 X세대와 Y세대의 특성과 공통된 감성 및 문화를 공유하면서 어렸을 적부터 즐겨온 영상, 인터넷, 게임, 휴대폰 등을 삶의 필수요소로 생각한다. 이들은 이메일을 보내고, 가상공간에서 채팅을 즐기며, 막강한 정보력을 무기로 다른 사람들과 쉽없이 소통한다. N세대에게 있어 컴퓨터와 인터넷, 디지털 기기 등은 이전 청소년들과는 달리 생활의 편이성을 높이는 수단이 아니라 그들의 생활세계의 일부이자 두뇌의 연장으로 인식된다.

N세대는 자신들의 소비욕구를 아주 신속하게 생산적인 욕구로 바꿀 줄 안다. 예를 들어, 온라인상에서 아바타, PC게임, 동영상을 소비하면서 디지털이미지를 쉽게 수용하고 생산할 줄 안다. 인터넷 게임에 대한 새로운 기술들을 재빠르게 따라가고, 컴퓨터를 업그레이드하며, 휴대폰의 용도를 다양하게 사용할 줄 아는 세대로, 문화의 소비자에서 생산자로 탈바꿈하는 세대로 특징지워진다.

N세대는 다음과 같은 특징을 가지고 있다.

① **강한 독립심** : 간섭을 싫어하는 강한 독립심을 가지고 있으며 인터넷에서 주어진 정보를 받아들이는데 만족하지 않고 필요한 것을 스스로 찾으려는 적극성

② **감성적, 지적 개방성** : 인터넷을 통해서 남에게 자기 자신을 보여주는 커뮤니케이션

③ **포용성** : 다양한 문화에 대하여 배타적이 아닌 포용적 성향

④ **자유로운 표현과 확실한 소신** : 연령과 같은 선입관을 가지지 않고 정보의 소유나 의사표현을 기본권으로 생각

⑤ **혁신** : 끊임없이 더 새로운 것, 나은 것을 추구

⑥ **성숙함** : 자신들은 어른들이 생각하는 것보다 훨씬 성숙하다고 주장

⑦ **탐구심** : 인터넷에서의 상호작용과 의사소통을 통한 탐구정신

⑧ **즉각성** : 즉각적이고 동시적

⑨ **기업적 이익에 민감** : 인터넷을 통해 수많은 소규모 기업을 가능케 하고 이에 대한 높은 관심

⑩ **입증과 신뢰** : 인터넷 안에서의 익명, 접근 가능성, 다양성과 편재의 특성 때문에 보고 들은 정보에 대한 사실 확인

(2) 웹 2.0세대 청소년

사이버 공간에서 쌍방향 커뮤니케이션을 통해 자아의식과 사회참여의식을 스스로 형성해나가는 10대를 지칭한다. 이들 청소년들은 누구나 정보를 생산하고 공유할 수 있는 '웹 2.0'시대를 살면서 적극적인 사회참여를 보이고 있

다. 청소년들이 쌍방향 소통의 웹 2.0세대로 다시 한 번 진화하게 된 계기는 2008년 서울 도심의 촛불집회였다. 김호기(2008)는 2.0세대의 특징으로 ① 개인주의적이면서도 소통을 중시하는 열린 공동체를 지향, ② 모바일과 인터넷을 자신의 표현수단으로 삼은 이른바 '디지털' 유목민, ③ 자아실현을 중시하는 '탈물질주의 가치'의 세대, ④ 부모인 386세대로부터 사회비판의식을 학습한 특징을 지닌 세대 등 네 가지를 들고 있다.

2) 사이버 일탈문화 연구

(1) 인터넷 중독연구

인터넷 중독연구를 보면, 전국의 2,366명의 초·중·고등학생들 중 29%가 중독인 것으로 밝히고 있는데, 성별로 보면, 남학생의 39.9%, 여학생의 17.8%가 각각 인터넷 중독이라는 것이다(김진숙, 2000). 김혜원의 연구(2001)를 보면, 36.9%의 학생들이 중독현상을 보이고 있는데, 남학생 41.3%, 여학생 30.3%로 김진숙의 연구결과보다 더 높은 것으로 나타나고 있다.

유형별로 보면, 게임중독, 채팅중독, 음란·포르노물 중독, 목적 없이 인터넷을 이용하는 '웹서핑 중독' 등 네 가지로 크게 나타나고 있다. 그 가운데 게임중독이 46.5%로 가장 많았고, 다음으로 웹서핑 26.0%, 채팅 24.6%, 음란물 중독경험은 9.4%로 나타났다(청소년개발원, 2003).

게임중독을 보면, 성별, 학교급별로 차이가 나타났다. 성별로 보면, 남자의 59.6% 이상이 중독경험이 있었고, 여자는 33.3%로였다. 학교급별로 보면, 중학생 51.2%로써 가장 높았고, 고교생 48.5%, 대학생 34.0% 순이었다(청소년개발원, 2003).

채팅중독을 보면, 남자보다는 여자의 경험비율이 더 높은 것으로 나타났다. 여자는 27.4%, 남자는 22.2%로 유의한 차이가 나타났다. 학교급별로는 유의한 차이가 없었다.

음란·포르노 중독경험을 보면, 남자는 15.9%인데 비해 여자는 2.7%에 불과하였다. 학교급별로는 고교생이 12.3%로 가장 높았고, 다음으로 대학생 8.7%, 중학생 7.1%로 나타났다(청소년개발원, 2003).

(2) 포르노 접촉

청소년의 음란물 접촉경험을 조사한 것을 보면, 포르노 비디오의 경우 남자 72.2%, 여자 16.1%가 접촉경험이 있었고, 인터넷 포르노 사이트의 경우 남자의 76.4%, 여자의 18.8%, 인터넷 성인방송국의 경우 남자의 37.8%, 여자의 7.1% 그리고 성인용 온라인 게임의 경우 남자의 18%, 여자의 5.4%가 접촉경험이 있는 것으로 나타났다. 청소년의 사이버 섹스중독정도를 보면 전체의 1.5%가 중증집단이고, 2%가 중간정도집단, 경미한 중독집단은 4.7%로 나타났다. 사이버 섹스중독에는 성별에 따라 차이가 있는데, 남자가 더 비율이 높다(김민, 2002).

(3) 온라인 게임중독

인터넷 중독 가운데 게임중독에 관련된 연구결과를 보면, 인터넷 사용자 중 게임을 하는 학생비율이 초등학생 70.8%, 중·고등학생 70.9%, 대학생 48.8%로, 이는 채팅이나 음란물 이용보다 더 높은 비율이다(박행석, 2001). 청소년들이 좋아하는 온라인 게임을 보면, 각종 온라인 보드게임(바둑, 장기, 체스, 고스톱 등)이 25.5%로 가장 많고, 온라인 게임 확산에 결정적인 역할을 한 "스타크래프트"는 24.6%에 달하였다. 나머지를 보면, "리니지"(9.4%), "디아블로"(6.5%), "포트리스"(5.5%), "바람의 나라"(5.4%)로 나타났다(한국청소년개발원, 2003).

하지만 게임 자체가 무조건적으로 나쁘다거나 부정적이라고 볼 필요는 없다. 중독에 빠지지 않는 한 긍정적인 면들이 있는 것으로 보인다. 예를 들어, 스트레스 해소, 긴장완화, 휴식, 여가, 다양한 정체성 체험(자기 캐릭터 만들기)과 긍정적 사회화 경험, 자기 존중감 강화와 이상형적 자아실현, 독립적 사고 및 문제해결능력 강화, 학습동기 부여, 신체능력 향상, 공격적 성향의 감소, 평등적 의식 배양, 기술문명에 대한 친숙감 증가 등이다(한국청소년개발원, 2005).

게임중독자의 비율을 보면, 연구자에 따라 상당한 차이가 나고 있다. 이혜경(2002)의 연구에 의하면, 폭력게임 중독이 남자는 9.6%, 여자는 0.5%인 것으로 비교적 낮은 편인데 비해, 이정화(2001)의 연구를 보면 폭력게임 중독자는 전체 조사대상 중 51.1%의 높은 수준을 보이고 있다. 연구자에 따라 왜 이러한 차이가 나타나는지는 보다 면밀한 비교 · 검토가 필요하다.

> **인터넷 중독 – KBS 수요기획 "인터넷 중독 : 그 오해와 진실" 보도내용**
>
> 인터넷 보급에 전념하던 한반도가 이제 '인터넷 중독'으로 몸살이다.
> 청소년의 40%가 인터넷 중독이라는 보도가 연일 이어지고, 게임에 중독돼 현실을 분간하지 못하는 청소년들의 자살사건이 잇따르고 있다. 아바타와 쇼핑에 쏟아붓는 지출은 현실에서 감당하기 어려운 정도라고 하는데... 1994년 인터넷 중독을 최초로 경고해 화제를 일으켰던 미국의 저명한 심리학자 '킴벌리 영' – 그녀를 한국 최초로 만났다. 인터넷 중독 역시 알콜, 도박, 마약중독처럼 치료가 필요한 정신질환의 일종임을 밝혀냈고, 금단, 내성 등의 중독성을 기준으로 인터넷 중독 기준척도를 만들어낸 그녀가 인터넷 중독의 그 정확한 실체를 밝혀준다. 우리나라 청소년의 40%가 정말 인터넷 중독인가? 정신과 전문의, 심리학자, 한국정보진흥문화원, 보건대학원 등을 통해 우리나라 청소년의 과도한 인터넷 사용에 대한 정확한 실태를 파악한다. 그러나 전문가들의 공통적인 견해!! – "40% 중독은 거짓말이거나, 왜곡된 표현이다" 과연 '진실'은 무엇이고 '오해'는 무엇인가? '인터넷 중독'의 모든 것을 밝혀낸다.

3) 청소년의 사이버 커뮤니티 참여와 활용 : 사례

사이버공간을 이용하는 청소년들은 기성세대와는 다른 새로운 문화나 생활양식을 형성하는데 그 대표적인 유형은 다음과 같다. ① 새롭고 폭넓은 친밀한 대인관계의 형성(채팅), ② 새로운 공동체를 형성(동호회), ③ 표현의 자유를 누리는 자율의 공간(게시판) 등이다.

한국청소년개발원(2003 : 133)이 연구한 바에 따르면, 청소년집단이 스스로 사이버공간에서 커뮤니티를 형성 · 운영하고 있다. 예를 들어, 1997년 최초의 청소년 웹진인 <채널 10>이 등장한 이래, <사이버유스>, <아이두> 등 청소년 웹진이라는 이름으로 만들어진 여러 웹사이트들이 있다. 청소년개발원 연구에서는 사이버 청소년문화의 구체적인 모습을 살펴보기 위해 네 개의 웹사이트를 분석한 바 있는데, CYC, 아이두, 스스로넷, 하자(청소년직업체험센터)가 그것이다. 이를 통해 사이버 공간을 중심으로 이루어지는 청소년문화의 특징과 경향을 파악해볼 수 있다.

(1) 청소년 사이버 커뮤니티 사이트

기획주체별로 분석대상인 4개 사이트를 분류해 보면 크게 ① 청소년 기획 사이트, ② 청소년단체 기획 사이트라는 두 종류로 나눌 수 있다. <아이두>는 청소년들만으로 구성된 운영진이 사이트 전반에 관련된 모든 내용을 기획하고 생산하는 역할을 하고 있다. <CYC>는 한국청소년문화연구소에서 운영하는 청소년단체인 '청소년전보문화공동체'의 커뮤니티 사이트로서 청소년들이 회원으로 참여하고 있지만, 단체에서 웹사이트의 메뉴기획과 운영을 맡고 있으며, <스스로넷>은 청소년폭력예방재단이 위탁·운영하는 '서울시립 청소년정보문화센터'의 인터넷방송 사이트로서 역시 청소년들이 제작과 내용생산에 참여하지만, 전반적인 기획과 메뉴는 단체에서 주도하고 있다. <하자> 또한 '서울시립 청소년직업체험센터(하자센터)'의 홈페이지로 센터에서 기획하고 청소년들이 참여하는 형태를 띤다. <아이두>를 제외한 세 사이트들은 청소년 단체 및 시설에 의해 기획·운영되지만 청소년들이 내용의 생산과 상호작용의 중심에 있고, 공동기획의 형태로 각 메뉴에 개입하고 있어서 자율과 재량의 폭은 넓은 편이다.

(2) 청소년들의 사이버 커뮤니티 활동과 내용

<CYC>의 경우 '모니터활동팀'과 '영상활동팀'의 두 개 팀을 중심으로 오프라인 활동과 온라인 활동이 함께 진행된다는 특징을 가진다. '모니터활동팀' 회원들은 전국에 걸쳐있는 중·고등학생들이며 네트워크를 통해 사이트 모니터 활동과 우수사이트 추천활동을 진행하고 있다. 활동기록들은 자료실에 올려져 공유된다. 회원들은 자신이 속하지 않은 다른 팀들의 활동도 관찰할 수 있다. 이와 달리 '영상활동팀'은 집단영상제작을 하게 되므로 오프라인의 정기적인 만남을 가진다. '영상활동팀'에게 사이버공간은 편리한 소통의 공간이다.

<하자>는 오프라인 센터의 5개 작업장과 1개의 작업장 학교활동과 온라인 네트워크를 통한 교류가 함께 진행되는 형식을 취한다. 사이버공간은 계

획과 정보를 소통하고, 활동의 결과물을 공유하는 장이다. 네트워크로 '시작디자인작업장', '웹작업장', '영상작업장', '대중음악작업장', '시민문화작업장', '작업장학교' 페이지가 연결되고, 자료, 프로젝트(수업)안, 소식 등의 진행이 그대로 드러난다.

<하자> 웹사이트의 핵심은 '게시판'이다. 하자게시판, 놀자게시판, 주제토론게시판, 커뮤니티의 4개 게시판을 주축으로 하여, 커뮤니티 안에는 하자기자단, 강사판돌 게시판, 죽돌기획 프로젝트, 디스토리 실험극단, 하자 글로벌 네트워크, 자치모임 게시판, 교사 아카데미, 학부모는 여기로, 창업 프로젝트 등 10여 개가 넘는 커뮤니티 소통이 진행되고 있고, 이를 한눈에 볼 수 있도록 되어 있다. 운영진, 참여 청소년, 학부모들은 네트워크에서 소통하며 각자의 의견과 정서를 나눈다.

대한민국 청소년방송이라는 부제의 <스스로넷>은 인터넷방송이라는 컨텐츠를 중심으로 활동이 진행된다. '뉴스', 'TV', '라디오', '미디어아카데미'라는 네 개의 영역을 중심으로 각 영역에서 제작한 자료와 활동내용이 축적되고 있다. 오프라인의 청소년정보문화센터를 중심으로 제작되는 작품들 자체가 활동이자 웹 컨텐츠가 되며, 이를 통해 참여하는 청소년들은 소통하고 배운다. 회원들은 기자나 아나운서, 촬영, VJ, PD 등의 역할을 맡아서, 뉴스제작실, 엔터테인먼트, movie 톡!톡!, 1324다큐세상, 파워교육, 우리학교 우리영상, FM 1318 등 다양한 주제의 방송을 제작하고 웹에 올린다.

<아이두>는 '10대 독립', '비상업성'이라는 정신을 내세우며, 청소년의 직접 기획과 운영을 강조하는 사이트이다. 메뉴의 제목도 10대답게 'Talk Box', 'Friends', 'School', 'Movement', 'Enjoy'의 주 메뉴에, 수다클럽, 시선난장, 테마토크, 아이두사전, 학교는 죽었다, 사제부공방, 학생회연대, 인권침해고발센터, 문화지도, 인터뷰아이두 등 다양한 대화가 넘치는 하위메뉴들이 자리하고 있다.

특히 '친구들의 주장들'이라는 메인페이지의 메뉴를 보면, 다른 사이트에 비해 많은 청소년들이 자신의 주장을 적극적으로 펼치고 있는 것을 볼 수 있으며, '모이자, 학생회연대', '못 먹겠다, 학생급식', '나도 한다, 작가클럽' 등

특화된 활동을 위한 웹페이지가 링크되어 있다. 이를 통하여 <아이두>는 기성세대와 사회에 대한 청소년 시각의 비판적인 목소리를 대변하고 있다.

4) 노마디즘

청소년 사이버문화 현상을 이해하는 데 가장 핵심적인 용어는 '노마디즘'이라 할 수 있다. 노마디즘은 현재를 살고 있는 사람들의 문화를 지칭하는 중요한 키워드로 부각되고 있다. 노마디즘은 오늘날 사이버문화뿐만 아니라 정보화사회문명을 나타내는 키워드이기도 하다. 노마디즘으로 유목민의 가치가 부각되고 있다는 것은 머물러 있는 것에서 움직이는 것으로, 고정된 자아에서 다양한 자아로, 행동방식, 정책, 세계관, 문화 등이 변해가고 있음을 의미한다.

노마디즘은 기존의 특정한 가치와 삶의 방식에 얽매이지 않고 끊임없이 자기를 부정하면서 새로운 자신을 창조해가는 일체의 방식을 의미한다. 버려진 불모지를 새로운 생성의 땅으로 바꿔가는 것, 철학·문학·정신분석·수학·경제학 등 학문분야를 넘나들며 새로운 삶을 탐구하는 사유의 여행을 뜻하기도 한다. 이 개념에서는 고정된 중심에서 탈피하여 이동하는 것이 강조되고 있는데, 이때 '이동' 이란 물리적 이동만을 의미하는 것이 아니라 기존영역을 횡단해 새로운 가치를 창조하는 정신적 이동을 함께 의미한다.

프랑스의 철학자 들뢰즈(Deleuze)는 『천 개의 고원(Mille Plateaux)』(1980)에서 국가로 대표되는 억압적인 코드가 인간 삶을 구획지으며 구속하고 있을 때, 그러한 억압의 코드를 파괴할 수 있는 새로운 삶의 모습으로 유목주의를 제시했다. 들뢰즈(Deleuze)와 가타리(Guattari) 이외에도 현대사회의 문화, 심리현상을 지칭하는 용어로서 노마디즘이 본격적으로 등장하게 된 것은 프랑스의 사회학자 아탈리(Attali)에 의해서였다. 아탈리는 『21세기 사전』(1999)에서 노마드를 '특정한 삶의 방식에 매달리지 않고 끊임없이 삶을 탐구하고 창조해온 인류의 보편적 가치'로 '디지털 시대 현대인의 새로운 생존전략'으로 확대조명하고 있다. 그의 또 다른 저서 『호모 노마드 : 유목하는 인간』에서는 정착민과

유목민의 오랜 대립을 깨뜨릴 신유목민의 탄생을 예견하며 이를 위해 우선 정주형(定住型) 위주의 사유에서 벗어나 유목민적 시각으로 인류문화를 새롭게 정의해야 한다고 주장한다.

이러한 입장들의 연장에서 아탈리는 신유목민이 지향해야 할 미래의 인간형으로 '트랜스휴먼'이라는 개념을 제시한다. 즉, 트랜스휴먼의 세계는 통신기술의 발달로 인해 노마디즘과 정착성이 하나로 집중됨으로써 탄생될 수 있는 것이다. 네트워크들 간의 상호 소통으로 인해 앞으로 전 지구는 국경 없는 단일체가 되고, 더 이상 넘어갈 국경이 사라지게 되면 유목민들이 아닌 이동형과 정주형을 혼합한 신인류, 트랜스휴먼이 탄생하게 되는 것이며, 실제로 현재 통신기술은 유목성과 정착성을 하나로 집중시킴으로써 트랜스 휴머니티의 탄생에 공헌하고 있다.

트랜스휴먼은 "발견과도 같은 뿌리 내리기를 경험하고, 휴식과도 같은 여행을 경험하며, 노마드로서 정착하고 정착민으로서 이동하고, 움직이지 않고도 떠돌아다니고 움직이면서도 명상할 수 있는 방법을 제공할 것"이라고 아탈리는 말한다. 다양한 문화, 신념, 종교가 섞일 수 있으며, 동시에 여러 부족에 소속될 권리가 존재하는 것이 트랜스휴먼의 세계이다. 이러한 세계는 다름 아닌 인류 공동의 이익을 위한 보편적 민주주의의 세계이며, 이것이 안정될 경우 모든 사람들이 서로 우애하는 유토피아를 누리게 될 것이라고 아탈리는 전망한다(조윤경, 2006). 과거 아날로그적 유목민과는 달리 새롭게 정의된 현대 사회에서의 디지털 노마드에 대한 인식은 이처럼 대체로 긍정적이다.

5) 사이버 노마디즘 문화의 특성

(1) 접속과 소통의 문화

가상 노마드는 인터넷으로 구현된 가상공간에서 자신만의 일시적인 휴식처, 은신처를 찾아서 자유롭게 이동하는 이들을 말한다. 이들은 일시적인 휴식처에서 어느 정도 만족한 후 그곳에 오래 머물러 있기보다는 또 다른 휴식처를 찾아서 끊임없이 이동한다. 그렇기 때문에 이들이 서로 맺고 있는 관계는 과거

공동체 안에서 형성되었던 밀도 깊은 관계라기보다는 밀도가 비교적 낮은 약한 관계이다. 이들은 서로에게 '친숙한 외지인' 으로 존재한다(RAND, 2005).

가상 노마드에게 가장 중요한 것은 일시적이지만 감정적으로 융합되어 있는 '연결' 혹은 '접속'이다. 현대사회에서 가상 노마드들의 연결과 접속의 힘은 인터넷을 통해서 나온다.

인터넷과 디지털기기로 구현된 가상세계에서 활동하는 가상 노마드들에게는 노드(node)[1] 보다는 링크(link)[2]가 더 중요하다. 쉽게 말해, 노마드들 각각의 주체성보다는 그들을 연결해 주는 '감성의 끈'이 더 중요하다는 것이다. 노마드의 속성은 노드보다는 링크, 주체 개개인보다는 주체 간의 상호작용에서 발견된다.

최근 청소년층을 중심으로 인기를 끌고 있는 블로그와 미니홈피도 사이버 공간에서 자신의 정체성과 관심사, 개인적인 취향을 공유하여 다른 노마드들과 접속할 수 있는 손쉬운 수단이다.

우리나라 청소년의 경우 입시 스트레스와 여가시간, 놀이공간의 부족은 그들을 점점 사이버 공간으로 유도하며, 이들은 게임에서부터 채팅, 온라인 공동체 활동, 미니홈피, 개인 블로그 등 사이버 공간에서 현실세계에서 벌이고 있는 만큼의 활동을 하고 있다. 이들은 개인적인 자신의 홈페이지나 사이버상의 클럽에서 깔끔하게 정돈된 사진과 창의적인 에세이, 미술작품, 시, 작곡 또는 개인적인 취향 등으로 구성된 자신의 이상적 자아와 감성을 보여줄 수 있다. 비록 그것이 사실이든 이상적으로 재구성되었든 간에 사람들은 개인 홈페이지 속에 자신이 원하는 모습이 담긴 자서전적인 세부정보들을 채워 넣고, 자신과 감성코드가 맞는 사람들과 접속하고 어울린다(Wallace, 1999).

> 미니홈피는 사교의 장이다. 미니홈피는 다양한 커뮤니케이션 기능을 제공하며 이를 바탕으로 기존매체와는 확연히 대비되는 사용자 간의 고도의 상호작용성을 이끌어낸다. 미니홈피의 대표적 커뮤니케이션의 수단으로는 방명록 기능을 들 수 있는데, 타인의 미니홈피를 방문한 사람은 방명록에 안부 및 하고 싶은 말을 남기

1) 교환회선들의 접합부로서 각종 공중 정보망의 데이터 교환점

2) 두 개의 프로그램을 결합하는 것 또는 그 방법

> 고, 미니홈피의 주인은 글 작성자의 이름을 클릭함으로써 바로 해당 사람의 미니홈피로 이동하는 답방문을 하고 답글을 남기게 된다. 자신의 미니홈피에 방문하여 방명록에 글을 남긴 사람의 미니홈피에 답방문을 하고 답글을 쓰는 것은 싸이월드상에서 '무언의 규율'로 자리잡았고 이는 미니홈피가 상호작용의 커뮤니케이션 통로로 자리잡게 한 가장 큰 이유 중 하나이다. 또한 다른 사람의 미니홈피 사진이나 글에 자신의 느낌을 남기기도 하며 함께 찍은 사진이나 맘에 드는 사진을 자신의 미니홈피에 스크랩해 와서 경험과 기억을 공유한다. 특히 오프라인상의 친분관계를 온라인으로 옮겨온 일촌이라는 관계는 친한 관계의 사람들끼리 사진과 소식 등을 자주 주고받자는 의미에서 맺는 관계로 한국적 인맥 개념이 잘 반영되어 있다. … 싸이월드는 실명제를 기반으로 하여 상호간에 신뢰감을 더해 주고 있으며 실명제를 기반으로 한 '사람찾기' 기능으로 한동안 연락이 끊겼던 사람들을 찾을 수 있어 가상공간에서도 쉽게 인맥을 확장할 수도 있다(최미라, 2007).

가상 노마드들에게 다른 이들과의 접속이 중요한 것은, 인간은 근본적으로 어울리며 살아가려는 욕구를 지닌 '사회적 존재'이기 때문이다. 가상 노마드는 밀도 있는 일대일의 관계보다는 얕고 약하지만, 감정적 융합의 정도는 높은 관계를 맺으면서 살아간다. 그러한 관계를 가능케 하는 가장 큰 이유는 서로 무언가를 공유하는 그들의 습성 때문이다. 노마디즘의 어원 자체가 바로 함께 나눈다는 뜻이라는 점은, 가상 노마드의 인식과 행위를 이해하는데 시사하는 바가 크다. 다른 노마드들을 포용하고, 좋은 것은 서로 공유를 해야 비로소 생존할 수 있다는 것이 노마드의 특성이기도 하다(최항섭 · 최영주 · 배명훈, 2007).

(2) 다양한 정체성 표현의 문화

때로 가상 노마드들은 치열한 현실세계에서 맛보지 못한 강한 감정적 유대감을 지속시키기 위해 자신이 속한 가상집단에서 본래의 자아가 아닌 사이버 공간상의 새로운 '대리자아'를 형성하기도 한다. 이러한 특징은 특히 또래집단과의 강한 유대감을 중시하는 청소년 세대에게서 두드러지게 나타난다. 사이버공간에서 이들은 언어, 숫자, 이미지, 동영상과 같은 무한 형상변형의 디지털 도구들을 사용해 자신이 원하는 대로 외양을 바꾸고, 자기개방, 자기표현, 이미지 관리의 과정을 통해 자신의 모습을 조형, 수정, 변화시키며, 새로운 자아상을 정립한다.

사회가 고도로 합리화되고 구조적 복잡성이 높아지면서 자아정체성은 다양하게 분화되었으며, 더욱 이질적으로 변모해갔다. 이와 함께 개인은 점점 더 자주 상이한, 때로는 상충된 요구를 제기하는 복수의 역할을 현실세계에서 수행해야 하는 곤혹스런 상황에 직면하게 된다. 미드(Mead, 1962)에 따르면, 현대인은 자신이 알고 있는 주위 사람들을 준거로 하여 자신을 다양한 종류의 자아로 분화시키는 특성이 있기 때문에 '복수 퍼스낼리티'의 출현은 현대사회에서 목도될 수 있는 지극히 자연스런 현상이라고 주장한 바 있다. 전통사회에서는 단일한 정체성이 안정된 제도와 사회관계를 이루는 것으로 중시되었지만, 현대 정보사회가 도래하면서 복수의 정체성은 한층 더 복합적이고 다층적이며 구성적으로 변모하는 문화심리적 특성을 가지게 되었다.

가상공간을 또 다른 생활공간으로 경험하는 청소년 세대에게 있어, '복수 퍼스낼리티'는 정체성 형성이라는 전통적인 발달과업을 다른 관점으로 보게 하였다. 현실 공간에서 고정적이고 안정적인 모습으로 자신을 나타내는 정체성 발달과업이 가상공간에서는 다양한 모습의 자기를 타인과 공유하는 가변적이면서도 공동체적 방식으로 변화시키기 때문이다. 신체적 특징에 의존하는 현실세계의 정체성과는 달리 가상세계에서는 정체성이 고정되어 있지 않으며, 타자에 대한 판단 역시 참여자의 자기서술(self-description) 정보에 전적으로 의존한다. 정체성이 사전에 규정되어 있는 것이 아니라 행위자 스스로 규정하는 것이라는 점에서, 또 육체성의 굴레를 벗어나 상징의 영역으로 들어간다는 점에서, 그리고 신체적인 조건과는 무관하게 자아를 구현한다는 점에서 자아와 육체 사이의 필연적인 연계는 붕괴된다(Donath, 1999).

> 사이버공간에서의 자아인식은 자신을 미지의 다른 사람에게 어떻게 드러낼 것인가 고민하는 것에서부터 시작한다. …… 어떤 모습을 보이느냐는 그 사람의 의도와 동기에 달려있다. 사람들은 청중의 호감을 얻거나, 주도하거나, 청중의 동정을 사거나, 또는 청중이 자신을 두려워하거나 존경하게 되기를 원할 수 있으며, 그 목적에 따라 그것의 성취에 가장 적합할 것으로 생각되는 자기연출기법을 선택하고 구사한다. …… 전시적 자아상의 대표적 범례는 청소년들 사이에 광범위하

게 번진 아바타 열풍이다. 아바타는 사이버공간에서 특정 개인이 자신의 일관된 개체성을 해체하면서 다양한 성격 특성 또는 자신만의 독특한 형상을 전시할 수 있는 효과적인 수단이다. 대리자아를 내세워 키보드로 조작, 명령, 지시함으로써 자신을 표상할 수 있는데 아바타는 익명성이라는 사이버공간의 특성을 살리면서도 동시에 자아표현과 자기과시의 본능적인 욕구를 충족시켜준다. …… 정보사회의 도래와 함께 '성 역할 바꾸기'가 흥미로운 관심사가 된 것은 그것이 지금까지의 대면 상호작용에서는 거의 불가능했던 반면에, 사이버 소통에서는 자유자재로 가능하기 때문이다. 성은 어떤 사회에서든지 신성한 제도 중의 하나이고, 따라서 그것을 바꾸는 것은 복잡한 절차, 관행, 타부, 낙인 등을 수반한다. 익명의 사이버공간이라고는 하지만 여기서도 자신의 성 역할을 바꾸는 것은 독특한 체험이자 미지의 정체성 도전이다(김종기, 2007).

'셀카'

진정한 의미의 '셀카'는 역시 디지털의 산물이다. 과거에 근접촬영을 하려면 별도의 렌즈가 필요했으나, 휴대전화 카메라의 경우 팔길이 내에서도 촬영이 가능하다. 뷰파인더를 통해 제 모습을 볼 수 없어도 문제없다. 과거에는 촬영에 실패하면 치러야 할 비용이 만만치 않았지만, 정보가 셀룰로이드가 아니라 전자의 배열로 저장되면 촬영에 실패해도 삭제 버튼을 누르는 수고 외에 따로 비용이 들지 않는다. 또 촬영의 결과를 즉석에서 확인할 수 있어, 원하는 결과를 얻을 때까지 재촬영을 할 수도 있다.

묵직한 아날로그 카메라는 사실 휴대하고 다니는 물건이 아니었다. 그것은 입학식, 수학여행, 결혼식과 같은 특별한 행사에 특별히 동원되는 장비였다. 이렇듯 아날로그 시대에 카메라의 기능이 다분히 '집단적'이었다면, 주머니 속에 쏙 들어가는 폰카나 디카의 기능은 지극히 '개인적'이다. 이것이 카메라에 찍히는 제재의 성격도 규정한다. 즉, 특별한 계기에 동원되는 아날로그 사진의 제재가 다분히 '공식적'이라면, 특별한 일 없어도 늘 휴대하고 다니는 폰카나 디카의 제재는 지극히 '일상적'이다.

셀카의 고전주의와 바로크 노선

셀카의 미학은 메모리와 관련이 있다. 부족한 메모리는 얼굴에서 잡다한 결함을 지워버린다. 한정된 메모리가 인물의 이상화(理想化)에 필요한 추상(抽象)의 역할을 해주는 것이다. 셀카에 대한 열광은 이와 관련이 있지 않을까? 물론 최근에 폰카도 화질이 엄청나게 좋아졌다. 셀카족들에게는 그저 반갑기만 한 일이 아니다. 고화질(HD) TV에서는 과거에 보이지 않던 세트의 결함들도 눈에 들어오는 법. 해상도가 높은 폰카는 그 빵빵해진 정보량을 가지고 얼굴의 현실에 관한 진리를 사정없이 폭로할 수 있다.

이어서 '퍼스펙티브'의 문제. 이른바 '얼짱 각도'라는 것이 있다. 셀카족들은 수많은 시행착오를 거쳐 자신의 얼굴이 가장 멋있게 나오는 각도를 체득했다. 3차원 공간을 차지하는 물체를 2차원의 평면 이미지로 번역할 때, 거기에는 이론적으로 무한수의 각도가 존재하게 된다. 그것이 의미하는 바는, 웬만큼 생긴 얼굴이라도 꽤 멋있게 보이는 각도가 적어도 하나쯤은 존재할 수 있다는 것. 무한수의 각도 중에서 마음에 드는 하나를 뽑아낸다는 의미에서 얼짱 각도 역시 미적 이상화를 위한 추상이라고 할 수 있다.

거기에 포토샵과 같은 소프트웨어를 이용한 이미지 프로세싱이 존재한다. 내가 보기에 거기에는 크게 두 가지 노선이 있다. 하나는 형태를 변형시키는 고전주의 노선이고, 다른 하나는 색채나 조명을 조작하는 바로크 노선이다.

아무튼 이런 이상화 과정들을 거치면, 이미지는 원래의 피사체와 거의 인과적 연관을 찾아보기 힘든 순수한 판타지가 된다. 언젠가 한 TV 프로그램에서 '인터넷의 얼짱'으로 알려진 어느 여고생을 찾아가 그의 실제 얼굴을 보여준 적이 있다. 비교의 결과는 물론 충격적이었다.

대중이 셀카로 자신의 이미지를 미적으로 이상화할 때, 그 모범이 되는 '미의 이데아'는 당연히 대중문화의 스타들이다. 오늘날의 문화산업은 현대인의 종교다. 자신의 삶을 미학적으로 조직했던 그리스는 다신교 사회였다. 그들은 삶의 가치와 이상들을 모두 신으로 의인화해, 그것들을 조각상이라는 시각적 이미지로 표현했다. 그리스인들이 신을 닮으려 했다면, 현대의 대중은 스타를 닮으려 한다. 셀카는 불완전한 현실의 여체들로부터 완전한 아프로디테의 형상을 추출하던 피디아스의 조각칼이다.

출처 : 진중권. "얼짱을 진짜 찾아가봤더니" 한겨레 21. 2009. 7. 13. 768호.

사이버 공간 속의 아바타

1. 또 다른 자아, 새로운 정체성 형성

① 아바타의 의미

'아바타(Avata)'는 원래 힌두어에서 유래된 말로 '분신 · 화신'을 뜻하는 말이다. 이 아바타는 '내려오다, 지나가다, 통과하다'라는 의미의 산스크리트어 Ava와 아래, 밑, 땅이란 뜻의 Terr이 합쳐져서 생긴 합성어이다. 고대 인도에서 아바타는 '하늘에서 땅으로 내려온 신의 화신'을 지칭하였지만 지금 현대에 와서는 사이버 공간에서 사용자의 역할을 대신하는 캐릭터를 뜻하는 것으로 쓰여지고 있다.

2. 디지털 생명체, 창조성의 욕구

현실세계에서의 생명복제라는 것은 윤리적인 측면과 여러 가지의 이유로 인하여 쉽지 않은 문제들이 산적해 있는 상황이다. 이러한 가운데 가상공간에서도 생명복제의 욕구는 분출되었는데 이러한 욕구들이 사이버 인간이라는 캐릭터를 탄생시키게 되었다. 체세포복제기술을 통해 양이나 소를 탄생시키듯 컴퓨터의 기반기술을 바탕으로 사이버 인간들을 복제하기 시작하였다.

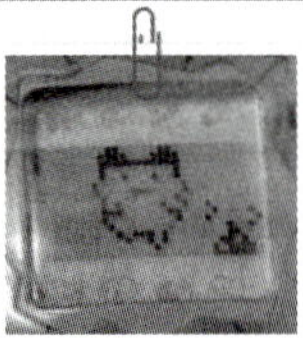

다마고치 게임화면

3. 소비자본주의가 만들어낸 아바타

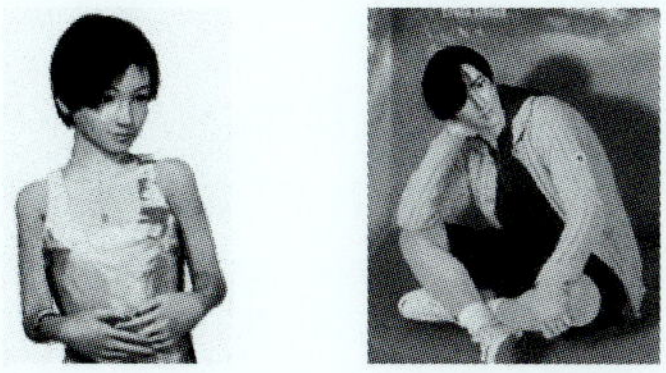

사이버 가수인 다테쿄코(Date Kyoko)와 아담(Adam)

① 아바타의 상업화

아바타가 이용되는 분야가 점차 다양화되는 추세이다. 예를 들어, 인터넷 채팅(아이콘과 3차원 영상채팅), 온라인게임, 가상교육, 사이버 쇼핑몰, 가상 사무실 등을 들 수 있다.

② 아바타로 인한 수익구조 창출

아바타 사용인구가 1천만 명을 넘어선 것으로 추산되고 있다. 이로 인해 모 채팅 사이트의 월 평균 아바타 매출액이 15억 원에 달하고 있다.

③ 소비심리를 부추기는 아바타

아바타의 외모는 아바타 사용자의 부와 명예를 상징하는 것처럼 되어버려 비싼 아이템들을 모으는 학생들이 늘고 있는 추세이다. 보통 아이템 하나에 1000~6000원 정도로 다양한 가격대를 형성하고 있는데 청소년들은 아바타 장식품 등을 사는 데 거액을 낭비하고 있다.

④ 아바타의 사회문제 대두

아바타를 이용한 신종 사기사건이 발생, 5천 커플 이상의 10대들이 게임상에서 결혼, 아바타 구입 문제 때문에 비관한 10대의 자살 등의 사회문제가 대두되고 있다.

이러한 아바타 열풍에 대해서 사이버문화연구소 민경배 소장은 익명성의 매력과 현실에서의 불가능한 일들을 사이버상에서는 얼마든지 할 수 있기 때문에 얻는 대리만족 그리고 잘 꾸며놓은 아바타는 가상공간에서 인기를 끌 수 있다는 스타 추구성 등이 결합된 인터넷 시대의 새로운 문화현상이라고 지적했다.

출처 : 김중순. "사이버공간과 문화" 공개강의. http//www.riss.co.kr

(3) 참여노마드 문화

모바일기기를 통해 사회참여를 하는 참여 노마드문화를 만들어내고 있는 주요 주체는 '2.0세대'의 청소년들이다. 이들은 자발적으로 모이며, 수평적 네트워크를 구성하고 쌍방향 의사소통을 이용하여 사회문제에 함께 동참하는 참여세대로 일컬어진다. 그러나 동시에 이들은 언제든지 헤어질 수 있는 특성을 지니며, 이합집산이 다양하고 빠르다(조정관, 2005).

2000년 이후 인터넷이 중요한 정치참여의 수단으로 등장하면서 사회는 많은 변화를 겪었다. 인터넷은 시간과 공간의 제약을 허물고, 좀더 개인적이고, 자유로운 커뮤니케이션을 가능하게 한다. 특히 가부장적이고 입시지옥이라는 환경 속에서 커뮤니케이션의 제약이 큰 우리나라 청소년들은 인터넷이 가지는 개인성과 비밀성, 상호작용성 및 즉시성에 높은 호감을 보이며 쉽게 몰입하는 경향이 있다(김교정 · 서상현, 2006). 즉, 인터넷은 청소년을 비롯해 우리 사회에서 소외된 시민들에게 실제 생활에서는 낼 수 없는 목소리를 낼 수 있게 하고 정치적 표현을 하게 하며(배영, 2006), 상호작용과 연대를 통해 문화 공동체를 형성할 수 있게 한다(Fitzgerald, 1992). 따라서 이러한 인터넷의 발달은 자연스럽게 사회운동을 확장시켰고, 이에 따라 운동방식이나 조직형태도 급격히 변화되었다(홍일표, 2005).

인터넷의 대중화로 온라인서명운동이나 캠페인, 사이버시위, 배너달기, 토론방 등 인터넷 공간에서의 독자적 운동방식이 출현했다. 노마드적 흐름을 보여주는 이런 현상의 보다 근본적이고 극적인 징표는 지난 2002 월드컵 당시 세계적 화제를 부른 ‘붉은 악마’, 2000년 총선시민연대의 낙선운동, 2002년 미 장갑차에 희생당한 여중생 추모 집회, 2002년 노사모의 활약, 2004년 노무현대통령탄핵반대 촛불집회, 2008년 미국산 쇠고기반대 촛불집회로까지 이어진 일련의 사회적 사건이다. 이들 사건에서 낱낱의 점으로 흩어져 있던 개인들이 인터넷을 통해 뜻을 모으고, 일시적으로 거리에 몰려 나와 놀라운 에너지를 발산했다.

특히 2008년 미국산쇠고기수입반대 촛불문화제를 이끌어낸 청소년들의 적극적인 참여는, 참여 노마드적 성격을 뚜렷하게 나타낸다. 촛불문화제 때 수많은 군중들이 그토록 빠르게 모일 수 있었던 것은 현장에 나와 있던, 혹은 현장의 소식을 접한 청소년을 비롯한 젊은 세대들이 휴대폰 문자와 음성, 그리고 동영상을 통해서 모임을 주도했기 때문이다. 이들은 인터넷 포털사이트나 카페를 통해 광우병 등 정치관련 정보를 획득하였고, 댓글 달기를 통해서 문화제 참여를 독려하기도 했다.

> 그들은 달랐다. 2008년 5월 서울 도심의 밤을 촛불로 밝힌 10대들은 이전과는 사뭇 달랐다 .그들은 휴대전화문자와 '싸이질'만으로 수 만 명을 끌어 모았다. 격정적인 분노를 토해내면서도 즐겁고 발랄했다. '386세대'인 부모들조차 흠칫 놀랐다 ……또한 10대는 빨랐다. 한 손엔 촛불을, 다른 한 손엔 휴대전화를 들었다. 촛불집회현장을 실시간으로 카페사람들에게 전달했고 이는 카페게시판을 통해 다른 회원들한테 공유됐다(한겨레신문, 2008. 5. 14).

이처럼 참여 노마드들이 움직이는 데 있어서는 하나의 리더가 아니라 모임을 주도한 여러 명의 보이지 않는 리더들이 존재한다. 노마드들의 움직임과 이동을 이끌어내는 것은 게시판에 글을 올린 다수의 익명 선동가들이다. 이들은 어떠한 이해관계에 얽히지 않고 모르는 사람들과도 쉽게 어울리며, 같은 이슈를 공유하고 공감대를 형성하여 참여하는 것 자체에서 의미를 찾는다. 이들에게 인터넷이란 단순한 정보제공의 수단이 아니라 권력과 지배적 문화에서 주변화되어 있던 청소년과 같은 약자에게 그들의 목소리와 정치적 의견을 공유할 수 있는 새로운 대화공간이다. 인터넷이 기존의 주류 언론과 달리 청소년 등 사회적 약자에게 '자기표현과 자기강화의 장'의 역할을 하고 있는 것이다(이창호 · 정의철, 2008).

(4) 가상 노마드 : 비교학적 관점

사이버 공간에서 나타나는 다양한 표현과 다양한 인간관계의 경험은 바로 현실 공간 속에서 살아가는 청소년들이 미래에 경험하고 만들어갈 노마드적 인간관계의 불규칙성과 다양성을 의미한다. 가상 노마드들을 두고, 과연 앞으로 이들이 기존의 혈연, 지연, 학연에 기초한 연고주의를 대체할 수 있을 것인가라는 질문이 던져진다. 이미 한국사회에 뿌리깊게 자리잡고, 세대에 걸쳐 재생산되는 연고주의는 앞으로도 어느 정도의 영향력을 지니게 될 것이다. 하지만 인터넷이 발전되고 가상세계가 더욱 일상화되면서 이러한 가상 노마드들은 더욱 증가할 것이며, 연고주의의 비중이 점차 약화되는 대신 용이한 교류를 조장하는 접속적 관계가 강화되는 접속시대의 도래가 가속화될 것이라는 주장들이 강하다.

청소년의 참여 노마드 : 사례

청소년들이 적극적으로 자신들의 의견을 표현하기 시작한 것은 '학교붕괴'가 절정에 이르던 2000년 여름이다. 학생들은 두발규제에 맞서 온라인과 오프라인을 통해 두발자유화운동을 전개했다(김영지, 2000; 이종원 · 이경상 · 김종길, 2003). 당시 두발제한반대서명운동을 주도했던 조직은 '채널 10'(www.ch10.com), '아이두'(www.idoo.net), '사이버유스'(www.cyberyouth.org)와 같은 청소년 웹진이었다(김영지, 2000). 학생들은 인터넷 게시판을 통해 각 학교에서 부당하게 이루어지고 있는 인권침해사례를 알리고, 두발제한반대서명운동을 벌이면서 학생들의 자치조직인 학생회 활동의 보장, 두발규정을 담은 교칙의 민주적 제정 등을 요구했다. 또한 교육부 홈페이지에 두발규제에 반대하는 항의성 이메일을 하루 수십여 건씩 올렸다. 그 결과 교육부는 그해 10월 4일 두발제한규정을 학생, 학부모, 교사가 민주적으로 논의한 후 자율적으로 제정할 것을 결정했다.

2002년 효순, 미선이 사건 때는 많은 청소년들이 촛불시위를 통해 적극적으로 정치적 의사표현을 했다. 이어 2004년 노무현 대통령 탄핵사건 때도 많은 중 · 고등학생들이 촛불시위에 동참했다. 2002년, 전 국민을 하나로 뭉치게 했던 월드컵은 청소년들의 다양한 개성, 집단적인 공동체 의식, 개방된 애국주의의 특성을 보여준 중요한 역사적 사건이었다. 이들은 사이버공간을 주요 활동무대로 삼고 '우리는 하나' 라는 공동체의식을 잘 표출했으며, 길거리 응원을 통해 드러난 이들의 새로운 문화는 자발적이고 참여적인 청소년문화의 일면을 보여줬다는 점에서 주목 받을 만하다.

출처 : 송혜린(2009).

하지만 글로벌한 비교학적인 관점에서 보면, 다소 낙관적인 전망이라는 생각을 갖게 한다. 기든스(Giddens, 2009)는 인터넷이 전통적 가치를 모두 새로운 문화적 가치로 대체할 것이라고 섣불리 판단할 수는 없다고 말한다. 오히려 인터넷이 전 세계적으로 확산되고 있음에도 전통적 문화가치와 새로운 문화가치가 공존하고 있는 다양한 방식에 대한 경험적 증거가 도처에서 발견되고 있다. 어떤 경우 인터넷은 전통과 문화가치를 강화하는 수단이 되기도 한다.

기든스(Giddens, 2009)는 미국과 유럽문화에 의해 최근 이슬람 전통이 강하게 위협받던 쿠웨이트의 사례를 예로 들고 있다. 쿠웨이트는 1인당 소득이 전 세계에서 매우 높은 국가 중의 하나로서 페르시아 걸프만에 위치한 부유한 산유국이다. 쿠웨이트 정부는 무상교육을 대학교에 이르기까지 실시하여 양성 모두에게 세계 최고 수준의 낮은 문맹율과 높은 교육수준을 보여준다. 비록 이슬람교 기도시간에 맞춰 중간 중간 중계방송이 중단되기도 하지만, 쿠웨이트 텔레비전은 빈번하게 미국에서 펼쳐지는 미식축구경기를 중계한다. 대략 200만 명에 이르는 쿠웨이트 인구의 절반은 25세 미만이며, 이들은 그들의 상대국가로서 미국과 유럽의 국가들을 선호한다. 젊은이들 중 많은 수는 새로운 생각과 정보, 신상품을 찾기 위해 인터넷을 사용하고 있다.

여러 측면에서 쿠웨이트는 현대국가의 모습을 보여 주고 있지만 아직도 남녀를 차별적으로 인식하는 문화규범은 매우 강하다. 여성들은 얼굴과 손을 제외한 신체의 대부분을 가리는 전통적인 복식을 착용하고 있으며, 남편과 친척을 제외한 그 어떤 남자와도 저녁시간 집에 같이 있거나 공개된 장소에 같이 나타나서는 안 된다.

데보라 휠러(D. Wheeler)는 인터넷이 쿠웨이트에 미친 영향을 1년 동안 연구했다(Giddens, 2009). 쿠웨이트에서 인터넷 시간이 갈수록 점점 더 인기가 높아져갔다. 아랍국가들에 살고 있는 인터넷 사용자 중 절반이 이 작은 국가에 살고 있다. 쿠웨이트 신문들은 종종 인터넷과 웹페이지에 대한 이야기를 보도한다. 그리고 쿠웨이트 대학은 아랍세계에서 최초로 재학생들의 인터넷 사용을 허용한 대학이다.

휠러는 쿠웨이트의 10대들이 인터넷 카페로 모여들고 있으며, 여기에서 채팅을 하거나 포르노 사이트를 방문하면서 대부분의 시간을 보내고 있다고 보고한다. 물론 10대들의 이러한 행동은 이슬람 전통문화에 위배되는 것이다. 휠러는 보고서에 이렇게 쓰고 있다.

> 많은 젊은이들이 내게 사이버스페이스에서 데이트 상대를 만난 경험을 이야기했다. 그들은 키스를 상징하는 이모티콘(*), 입술 위의 키스를 상징하는 이모티콘(:*), 당황스러운 웃음을 상징하는 이모티콘(LOL)을 사용했는데, 이것은 모두 여성에게 추파를 던지는 행위와 이에 대한 반응과 관련된 것이다. 위의 이모티콘의 흐름을 해석하면 데이트 상대를 구하고자 한 남성의 제안은 여성에 의해 성공적으로 받아들여진 것이다.

이러한 새로운 통신기술은 결혼 이외의 모든 남녀관계가 극도로 제한된 사회에서 남성과 여성 간의 새로운 만남의 장을 제공해 주었다. 휠러는 또한 이러한 사실과는 반대로 인터넷 카페에서 남성과 여성의 공간이 분리되어 있다는 사실에도 주목한다. 이에 더해 그녀는 쿠웨이트 사람들은 온라인상에서 강한 주장이나 정치적 목소리를 내는 것을 극도로 꺼린다는 사실도 발견했다. 이슬람교 신앙에 강한 신앙심을 표현하는 것을 제외하고는, 실제로 이러한 표현은 인터넷을 통해 자주 전달되고 있다 – 쿠웨이트 사람들은 온라인상에서 극도로 자신을 드러내지 않는다. 휠러는 그 이유를 자신에 대해 너무 많이 노출하는 것이 위험하다는 이슬람의 문화적 신념에서 찾는다.

쿠웨이트에서 정보는 개인능력을 향상하기 위한 수단보다는 잠재적 위협요소로서의 의미를 더 많이 가진다. 이는 나와 대립하는 상대에게 사용할 수 있는 무기이자, 사람들의 동조를 유지하는 수단, 또는 일상생활에 대한 규제를 강화하는 수단이다. 쿠웨이트 사회가 정보사회로 전환되는 과정은 쿠웨이트 사람들이 자신의 명성을 유지하고자 하는 욕구와 태도에 의해 영향을 받고 있다. 이러한 태도는 인터넷이 이슬람에 대한 신앙심 표현 이외의 어떤 측면에서도 정치적 또는 사회적 영향력을 획득하는 것을 거부하게 만든다. 쿠웨이트 사회에서는 공개적으로 정치적 의견을 가지거나 표명하는 것은 나쁘다는 정서가 존재한다. 어느 누구도 자신이 말하는 것이 녹음되거나 다른 사람에 의해 인용되는 것을 원치 않는다. 그러한 사고는 사람들로 하여금 불안감과 긴장감을 느끼게 만든다. 오직 지배계급만이 자유롭고 공개적으로 자신의 의사를 표현할 수 있는 것이다.

휠러는 수백 년의 역사를 지닌 쿠웨이트 문화가 단지 인터넷을 통해 새로운 가치와 신념을 접하게 되었다고 쉽게 바뀌지는 않을 것이라고 결론짓는다. 소수의 쿠웨이트 젊은이들이 지구적 채팅룸에 참여하고 있다는 사실만으로 쿠웨이트 문화가 미국인들의 성적 태도 또는 서구국가에서 나타나는 일반적인 남녀관계를 받아들였다고 해석할 수는 없을 것이다. 새로운 기술의 결과물로서 등장한 새로운 쿠웨이트의 문화가 미국문화일 리는 없다. 그것은 그 자체로 독특한 쿠웨이트 문화일 것이다.

6) 사이버 공간에서 사회적 상호작용에 대한 비판

이메일, 실시간 메시지 전달, 온라인 커뮤니티, 채팅이 정보화 사회의 많은 사람들에게 생활의 현실이 되었는데, 이러한 상호작용의 본질은 무엇이며 이로부터 야기되는 새로운 문제들이 무엇인가라고 기든스(Giddens, 2009)는 질문을 던진다. 인터넷에 대해 비판적인 입장을 취하는 사람들은 이메일이나 인터넷을 통한 간접적 의사소통이 대면적 상호작용에서는 발견되지 않는 수많은 문제를 안고 있다고 주장한다. 카츠(Katz et al., 2001, Giddens, 2009 재인용) 연구팀은 "타이핑을 하는 것은 인적인 것이 되려고 함이 아니요, 사이버 공간에 있는 것은 실제가 되고자 함이 아니며, 이 모든 것은 가식이고 소외이며, 실재의 무언가에 대한 비참한 대체일 뿐이다"라고 주장하였다. 특히 이 관점을 지지하는 사람들은 컴퓨터를 매개로 한 의사소통기술은 너무 제한적이어서 사용자로 하여금 가명 뒤에 숨는 것을 막을 수가 없다고 주장한다. 이것은 또한 속임수, 호색, 조작, 정서적 협잡 등을 야기한다.

> 문제는 인간은 의사소통의 본질에 놓여 있다. 우리는 이것이 마음의 산물이라고 여긴다. 그러나 의사소통은 몸으로 이루어진다. 얼굴의 움직임, 목소리 톤, 몸의 흔들림, 손동작 등이 중요하다. 인터넷상에서는 마음은 존재하지만 몸은 없다. 수용자는 상대편의 성격이나 감정상태에 대해 거의 실마리가 없으며, 왜 메시지가 보내졌는지, 그것이 무얼 의미하는지, 뭐라고 답을 해야 하는지만 알 뿐이다. 신뢰는 기본적으로 없다. 이것은 매우 위험한 일이다(Locke, 2000, Giddens, 2009 : 140 재인용).

그러나 이 새로운 기술을 옹호하는 사람들은 좋은 평판이나 나쁜 평판이 쌓이고 신뢰가 구축될 수 있는 방법이 있어서 온라인 의사소통의 위험을 감소시킬 수 있다고 주장한다. 온라인 커뮤니티에서 가장 잘 알려지고 많이 거론되는 신뢰 시스템은 옥션 사이트인 '이베이'에서 사용된다.

더구나 인터넷 추종자들은 온라인 의사소통이 전화나 대면적 만남 같은 보다 전통적인 유형의 상호작용에서는 찾아볼 수 없는 여러 가지 본질적인 장점을 가지고 있다고 주장한다. 예를 들어, 사람의 목소리는 감정을 표현하거나 의미의 미묘함을 전달하는 데는 훨씬 우월할지 모르지만, 동시에 말하는 사람의 나이, 성, 인종, 사회적 지위 등 혹시 불이익으로 작용할지도 모르는 정보를 전달할 수도 있다. 그래서 전자 의사소통은 이러한 신분을 드러내는 모든 징표를 덮기 때문에 메시지의 내용에만 모든 주의가 집중될 수 있도록 보장된다고 주장한다. 이런 점에서 다른 상황에서라면 종종 의견이 값어치

없이 취급될 수도 있는 여성에게나 혹은 전통적으로 불이익을 받는 다른 집단에게는 커다란 혜택이 될 수 있다. 전자 상호작용은 종종 사람들로 하여금 자신의 온라인 정체성을 새롭게 창조해내고 다른 곳에서보다 더 자유롭게 말할 수 있도록 하기 때문에 자유스럽고 힘을 부여하는 것으로 여겨진다.

인터넷 비판론자들은 또한 간접적인 온라인 의사소통이 고립을 초래하고 실질적인 친구관계의 형성을 방해한다고 주장해왔는데, 다른 연구결과도 있다. 1995년과 2000년 사이에 인터넷 이용자들을 대상으로 실시한 설문조사에 의하면 인터넷 이용이 사회적 고립을 증가시키기보다는 오히려 온라인과 오프라인의 사회적 상호작용에 중요하게 이용되고, 또 증가하는 것으로 나타났다. 기든스가 인용한 설문조사 결과에 따르면 인터넷 이용자들은 비이용자들에 비해 다른 종류의 미디어, 특히 전화를 이용해서 더 많이 의사소통을 하는 것으로 나타났으며, 비이용자에 비해 친구들과 대면적 만남을 더 많이 하며, 일반적으로 다른 사람들과 더 많이 상호작용을 하는 것으로 드러났다.

다음에서는 사이버노마드 문화를 창출하는 청소년들의 사이버 커뮤니티 참여와 활용사례를 구체적으로 살펴보기로 하자.

7) 청소년의 사이버 노마디즘의 교육적 의의

노마디즘적 청소년문화는 세계화와 맞물려 소통을 중시하며 다양한 문화를 수용하는 자세로 새로운 질서와 문화를 창조하는 긍정적인 에너지의 역할을 하고 있다. 그들은 이전 세대들과는 달리 휴대폰과 노트북, 디지털 카메라와 같은 휴대용 노마딕 기기를 갖춘 디지털 노마드로서, 언제 어디서든 인터넷으로 가상의 사람들과 접속해 생활하는 가상 노마드로서, 직업적 구속 없이 언제든지 자신이 원하는 일을 하고 자유와 행복을 지향하는 잡 노마드로서 이밖에 적극적인 사회참여 노마드, 패션 노마드로서의 다양한 역할을 수행하고 있다.

이처럼 현대 청소년들은 세계관과 문화의 역동적인 변화의 핵에 위치하여 대부분 문화의 장을 주도하는 새로운 계층으로 급부상하고 있다. 오늘날 심각한 사회문제는 우리 청소년의 삶을 거의 지배하고 있는 학교문화가 새로운 문화의 주축으로 우뚝 선 청소년 세대들의 이념과 모순되며 이론적, 실천적으로 설득력을 잃어가고 있다는 사실이다. 즉, 노마드로서의 삶을 살아가기 시작한 '21세기 청소년들'을 가르치는 '21세기 교사'로 함께 호흡을 맞추어 살아가기 위해서는 그들의 독특한 문화적 특성을 이해하고, 그들 문화에 이미 녹아있는 노마디즘이라는 철학적 사유의 특징을 살피는 적극적인 노력이 필요하다. 본 연구의 교육학적 함의를 정리하면 다음과 같다(송혜린, 2009).

첫째, 교육은 차이의 반복이다. 일자로 소급되는 동일성을 전제한 재현이 모방이라면 리좀은 원본으로 회귀하지 않는 차이의 반복적인 생성이다. 교육은 타자와의 리좀적 접속을 통해서 차이를 생성하는 활동이며, 개개인의 무수한 차이가 긍정되고 그 차이를 근거로 하여 새로운 차이와 다양성을 가져오려는 적극적인 노력이다. 이것은 외적 모방이 아니라 소통으로 인해 자신의 내면에 있는 욕망을 일깨울 때, 즉 질적 변화를 느낄 때 비로소 가능해진다.

둘째, 교육은 감응을 통해 이루어져야 한다. 교육이 능동적 자아의 언어적 표상활동에 초점을 맞출 때 외적 모방으로부터 벗어날 수 없으며, 타자와의 감응을 통해서 자신을 변용할 수 있는 신체, 감응능력을 최대화한 기관 없는 신체를 만드는 것을 지향할 필요가 있다. 즉, 이것은 청소년이 가지고 있는 잠재적 에너지를 그 어떤 것보다 중요시 여긴다는 뜻이며 잠재성의 차원을 주목한다는 것은 어떤 현실적인 것도 고정될 수 없고 끊임없는 변화상태에 있음을 인정하고, 세상 모든 것과 소통할 수 있는 역량을 키워나간다는 것을 의미한다.

셋째, 교육은 횡단적 소통이다. 지금까지 교육은 교사, 학습자, 교육과정, 또는 교육자료라는 개별요소의 측면에서 사유되었으며 이를 맺고 있는 관계의 측면은 소홀히 해왔다. 이미 정착민적인 사유는 우리가 알아차리지 못할 만큼 인식의 틀을 고착화시켜 삶을 코드화하고 영토화했으며 이는 교육현장에서도 경쟁의 원리로 적용되어 타자를 단순히 경쟁에서 이겨야 할 대상으로 만들어 참된 소통을 방해했다. 노마디즘은 관계의 측면에서 교육을 고찰하여 교사와 학습자, 학습자와 학습자, 학습자와 교육자료 사이의 수평적이고 자유로운 접속과 연대가 보장되는 교육적 공동체를 가꾸어 나가도록 인식의 틀을 전환할 수 있는 기회를 제공한다. 교육은 타자와의 만남, 접속이며 소통할 수 있는 관계를 만들어나가는 것이고, 그것을 통해 개개인의 차이들이 긍정되고 단독성이 존중되어 새로운 탈주선이 생성되는 것이다. 노마디즘은 이러한 교육의 원리를 존중하며 편견, 고정관념, 계급, 성별, 학연, 지연의 틀을 뛰어넘어 진정한 소통을 중시한다.

넷째, 교육은 미학적 활동이다. 타자와의 접속을 통해서 자기 존재의 지평을 확장시켜나가는 예술적인 삶이고 예술적인 존재방식이다. 유목적 주체는 예술작품을 만들듯이 자기 자신을 끊임없이 해체하고 또 새롭게 구성하는 미학적 주체이고 자신의 도덕을 스스로 만들어가는 윤리적 주체이다. 미래의 교육은 자기 자신을 미학적으로 실현할 수 있는 창조적 활동으로 구성될 필요가 있다.

교육의 핵심은 성장이며, 그것은 청소년들이 직접 창조하는 힘을 경험함으로써 자신의 다양한 가능성들을 일깨우는 것이다. 노마디즘은 교육을 관계로 접근하고 차이와 소통을 낳는 교육적 관계가 어떠해야 하는지를 보여준다는 점에서 특히 가치가 있다. 어떤 초월적인 규정에도 얽매이지 않는 자유로운 삶의 가능성을 보여준다는 점에서 노마디즘은 미래적이며, 그 안에서 우리는 새로운 삶의 형식과 교육의 방향을 전망해볼 수 있는 비전을 발견할 수 있다. 노마디즘이라는 광범위한 사유의 체계를 가장 민감하게 받아들이고 있는 청소년에게 투영시켜 어떻게 교육에 담아낼 것인가에 대한 고민이 앞으로 다방면에서 계속되어야 한다고 본다.

3. 청소년과 성문화

청소년 성문화는 무엇인가? 청소년 성문화는 어떻게 볼 것인가? 청소년의 성행동 실태에 대한 말은 무성하지만, 정작 청소년 성문화는 어떠하며, 어떤 지평, 관점에서 바라보아야 할 것인가, 어떤 성문화의 정착이 필요한 것인가에 대한 논의는 별로 찾아보기 어렵다.

무엇보다 성적 주체의 형성과 관계형성이라는 관점에서 청소년 성문화를 바라보는 것이 필요하다. 후기현대사회에서 청소년 성문화는 바로 성적 주체의 형성과 직결되는 것이며, 나아가 타인과의 관계형성과 밀접히 연관된다(Giddens, 2009). 기존의 청소년 성문화에 대한 연구가 피상적이고 지지부진한 것은 여러 이유가 있겠지만, 이러한 관점의 결여에서도 비롯된 것이라 할 수 있다.

청소년 성문화에서는 먼저 청소년들의 이성교제, 청소년들의 성의식에 대해 알아본 연후에, 후기현대사회에서 사랑의 유형과 10대 사랑의 실례를 논의한다. 그리고 이와 관련하여 섹스중독, 관계성의 중독문제를 살펴보고, 마지막으로 청소년의 성정체감에 대해서 탐구해보고자 한다.

1) 이성교제

(1) 이성교제 실태

이성교제의 실태를 학교급별로 살펴보자. 먼저 초등학생에 대한 연구결과(최향순, 2008)를 보면 이성친구에 대한 관심이 5~6학년이 72.8%로 가장 높게 나타났고, 3~4학년은 19.6%, 1~2학년은 6.5%로 나타났다. 실제 이성교제를 하느냐 하는 것은 연구되어 있지 않기 때문에 알 수 없고, 경기도 성남시 초등학생을 대상으로 한 것이기 때문에 일반화에는 한계가 있다. 중학생에 대한 연구결과(송명순, 2006)를 보면, 약간 의외로 나타난다. 이성을 사귀는 것에 대해 남자 중학생들이 여자 중학생들보다 더 부정적이며, 이성교제에 대해 시간낭비라고 반응하는 비율이 높게 나타났다. 여자 중학생들은 기회가 없어서 이성을 사귀지 못했다는 비율이 높은 것으로 나타났다. 이 연구는 부산시

서부지역 중학생을 대상으로 이루어진 것이기 때문에 전체 중학생들이 그러하다고 보기는 어려우며, 부산시의 지역적 특성이 반영된 것인지에 대한 검토가 필요할 것으로 보인다.

고등학생들의 이성교제에 대한 연구(임금자, 2005)를 보면, 전체적으로 이성교제에 대해 80%가 넘는 학생들이 긍정적으로 생각하는 것으로 나타났다. 대부분의 학생들은 이성교제에 대해 거부감이 없는 것으로 여겨진다. 실제 이성교제경험 여부를 보면, 전체적으로 59.9%의 학생들이 경험을 가지고 있었는데, 이성교제를 처음 시작한 시기는 초등학교 시절이 44.6%, 중학교 시절이 42.2%로 비슷하며, 고등학교 때 이성교제를 시작한 학생들은 13.2%로 대체적으로 초중시절에 이성교제가 시작됨을 알 수 있다(김기조, 2008). 이 연구는 대전시 지역 여고생을 대상으로 했다는 점에서 다른 지역의 고등학생들의 실태와는 다를 수 있지만 다른 지역학생을 대상으로 한 연구와 비슷하게 나타나고 있다. 예를 들어, 천안, 아산시 인문계 고등학교 학생들에 대한 연구(서희화, 2006)를 보면, 연구대상자(800명) 중 이성교제 경험이 있는 남학생이 50.1%, 여학생은 49.9%로 나타났다. 교제정도를 보면, 신체접촉을 하는 경우가 74.2%, 대화상대로 하는 경우가 18%로 나타났다. 여자가 남자보다 이성친구를 친밀한 신체접촉보다는 대화상대로 생각하는 것으로 나타났다.

(2) 이성교제의 의의

청소년 성문화에 대한 연구들은 일탈적 관점에서 청소년 일탈행동과 부적응을 야기할 수 있다는 주장이 강력하다. 물론 그러한 측면이 없는 것은 아니지만, 이성교제에 대해 보다 폭넓게 이해할 필요가 있다. 청소년들의 사회적 관계망 속에 이성이 포함되면서 청소년들의 사회적 세계가 확대된다는 점에 주목할 필요가 있다. 말하자면 청소년의 또래집단과의 우정관계망이 확대된다고 생각해볼 수 있다. 이성적 존재가 우정관계망 속에 포함되면서 남녀 간의 이해와 친화를 확대시켜줄 수 있게 된다. 이성관계는 청소년들의 세계에서 사회적 유능성과 사회인지능력의 발달을 촉진시켜주는 가장 중요한 요인으로 인정되고 있다(한상철, 2004 : 187).

이성관계는 우정관계, 성적인 연예관계로 나누어서 생각해볼 수 있으나, 우정과 애정 간의 구분을 명백하게 한 연구는 찾아보기 어렵다. 우정은 친밀성, 정서적 지지, 감정적 결속이 존재하며, 연애관계에는 열정, 신체적 매력, 질투가 존재하는 것으로 보인다.

이성관계가 청소년의 발달에 주는 영향을 몇 가지로 정리해볼 수 있다.

첫째, 이성 친구관계는 자신의 애착 인물집단을 확장시킴으로써 정서적 욕구를 충족시키는 데 유용한 가치가 있다. 연애 파트너는 정서적 지지, 안정, 보호의 자원을 제공해줄 수 있다. 또한 일탈적인 또래친구와의 관계에서 파생되는 부정적인 효과를 완충해 주는 역할을 한다.

둘째, 이성관계는 청소년들에게 성적 정체감과 성역할 형성에 중요한 영향을 준다. 청소년 초기에는 또래집단 내에서 전통적인 성역할 고정관념을 확증하려는 욕구가 크지만, 청소년 중기와 후기에 이르게 되면 이성과의 상호작용에 필요한 기능과 자신감을 획득할 필요성이 커진다. 이성과의 의미 있는 관계를 발달시키고 새로운 성정체성과 성역할을 획득해나갈 수 있게 된다.

셋째, 이성관계로의 사회적 관계망의 확대는 청소년의 정신건강과 적응에 긍정적인 영향을 미친다. 여자 청소년의 경우 편안함을 주는 이성관계는 자기존중감의 향상과 연관된다. 이에 비해 남자의 경우 여자친구의 수가 자신의 이성관계적 유능성과 사회적 유능성과 관련되어 있다. 특징적인 점은 남자의 경우 이성관계의 양적 측면이 유능성과 연관되어 있고, 여자의 경우 이성관계의 질적인 측면이 유능성과 연관되어 있다는 점이다.

넷째, 이성관계가 우정관계에서 연애관계로 발전하게 되는 경우 청소년 초기나 중기의 경우 대부분 성적 욕망이나 호기심 충족이 주요 목적인 것으로 나타나고 있다. 하지만 청소년 후기나 성인 전기의 단계로 가면 애착과 보호, 친화 등이 중요하게 되면서 질적인 차이가 생기게 된다. 그리고 연애관계는 관계성의 방향을 변화시키기도 하는데, 의사결정과정이나 여가활동, 주제결정 등에 있어서 동성친구보다는 이성친구를 최우선적으로 고려하게 된다.

이성관계에서 무엇보다 중요한 것은 친밀감을 형성할 수 있는 능력이다. 친밀감이란 사람들이 서로 평등한 토대 위에서 이성뿐만 아니라 자신과도 감정적으로 의사소통할 수 있는 것을 말한다. 남성들은 친밀감 형성에서 문제가 있다든가, 남자는 사랑할 수 없다든가 하는 식으로 보는 관점도 있다. 물론 많은 남자들이 그러하지만, 남자들은 신뢰감을 공유하는 사람이나 약자에게 사랑과 보살핌을 제공하는 데는 뛰어나다는 점도 함께 고려할 필요가 있다(Giddens, 2005).

2) 청소년의 성의식

(1) 외국 청소년의 성의식

미국이나 영국 등 서구사회의 10대들의 성행동에서 큰 변화가 나타나고 있는 것으로 보고되고 있다. 물론 10대들의 성행동에도, 착한소녀/ 나쁜소녀의 전통적 구분이나 남성적인 정복의 윤리가 어느 정도 남아 있기는 하다(Giddens, 2005). 그러나 특히 10대 소녀들의 생각은 완전히 바뀌었다는 조사도 있다. 소녀들은 자신이 성관계를 비롯한 성적 행동을 할 자격이 있다고 생각하고 있다. 러빈의 조사를 보면, 미래의 관계나 결혼을 위해 '자기 자신을 지킨다'고 말한 10대 소녀는 사실상 없었다. 소녀들은 처음의 성경험이 아마도 영원히 이어지지 못하리라는 것을 알면서도 거기에 빠져 들어가는 것이 오히려 낭만적이라고 생각하고 있다. 러빈의 연구결과에 따르면, 소녀들의 성적 행동이나 태도의 변화는 소년의 경우보다 훨씬 두드러진다. 이전의 세대에서는 성적으로 적극적인 소녀들도 겉으로는 순진한 척하는 것이 관습이었지만, 오늘날 이러한 관계는 역전되었다. 소녀들이 순진한 척하는 것도 하나의 약아빠진 기교로 구사되는 것이다. 소년들의 경우를 보면, 대부분 여자친구가 많은 남자를 선망의 대상으로 생각했지만, 그러나 여자 쪽의 남성편력은 비난하였다. 소녀들이 스스로 적극적으로 행동하거나 남성의 성적 행동에 순응하지 않고 저항하는 것에 대해 모욕을 느끼고 화를 낸다. 소년들은 여전히 일종의 순진함을 원하고 있는 것으로 나타났다.

미국 10대들의 성에 대한 연구를 보면, 소년들에게 성적 경험이 갖는 의미가 소녀들과 다르다는 것을 보여준다. 소년들은 자아의 핵심적 면과 관련해서 사고하지 않는다. 남자아이들은 '나 능력이 있어'라고 과시하는 표시일 뿐이다. 소녀들의 경우는 삶의 낭만적인 시나리오와 관련해서 생각하는 경향이 있다. 소녀들은 처녀성에 대한 인식이 없는 것은 아니지만, 대부분의 소녀들은 초기 성경험의 일부로서 처녀성을 지킬 것인가 포기할 것인가를 중요한 문제로 여기지 않는다. 문제가 되는 것은 오히려, 어떻게 올바른 시간과 환경을 선택할 것인가 하는 것이다. 그 사건은 낭만적인 서사와 직접 연결된다. 소년들은 곧바로 성적인 관계로 들어가기를 원하지만, 소녀들은 '속도를 떨어뜨리기'를 원한다. 소녀들은 스스로에게, 암묵적으로 다음과 같은 것들을 질문한다. '나의 섹슈얼리티는 나에게 내 인생의 미래의 향방을 결정하도록 해 줄 것인가? 그것이 나에게 성적인 권력을 줄까? 첫 성경험은 소녀들에게 미래의 낭만적 서사가 성취될 수 있을지 아닌지를 알아보는 사회적 실험이다(기든스, 2005 : 94).

(2) 우리나라 청소년의 성의식

우리나라 청소년의 성문화에 대한 연구는 성의식에 대한 것이 주종을 이루고 있다. 우리나라 청소년의 성의식에 대한 조사를 보면, 혼전 성관계에 대해 어떻게 생각하느냐를 알아보는 것이 단골메뉴다. 혼전 성관계에 대해서 반대하는 보수적인 성향이 높다는 연구들이 있는가하면, 혼전 성관계에 대해서 긍정적인 응답의 비율이 과반수에 가깝게 나타남을 보여주는 연구도 있다(백혜정, 2008). 이 조사에 따르면, 두 사람 간에 애정이 있거나 결혼을 약속한 사이라면 혼전이라도 성관계를 가질 수 있다는 응답비율이 과반수에 가깝게 나타나고 있고, 연구자들은 이를 성에 대한 '개방적인 사고'라고 해석하고 있다.

이러한 연구의 한계는 혼전 성관계에 대한 태도만 물어보고 있지, 정작 혼전 성관계가 남여 청소년들에게 각기 어떤 실존적 의미를 가지느냐 하는 것에 대해서는 관심을 기울이지 못하고 있다. 예를 들어, 남자들에게는 남성의 능력을 보여주었다는 의미를 갖는 것인지, 아니면 다른 어떤 실존적 성장의 의미를 갖는 것인지 파악하는 것이 중요하다. 여자아이들에게 있어서는 성관계를 별로 원하지 않음에도 거절하면 관계가 끊어질까봐 두려워 허용한다는 연구결과도 있음을 감안할 때 성관계가 갖는 의미가 여자아이들에게 있어서는 무엇을 의미하는지 탐구해볼 필요가 있다. 이 경우 여자아이들에게 있어 성적 주체로 자신을 구축하는 문제가 중요한 과제라 할 수 있다.

그리고 전문계 고교 남여학생들의 사례에 대한 연구를 보면, 성관계를 갖는데 있어 폭력사용을 성적인 흥분의 수단으로 사용한다는 것이다(백혜정, 2008). 여학생들 중 21%가 그렇다고 응답한 것으로 나타났다. 한편 남학생들은 거의 30%의 학생들이 여자는 겉으로는 성관계를 원하지 않는 척하지만 실제로는 남자가 강압적으로 해주기를 바란다는 왜곡된 의식을 가지고 있는 것으로 나타났다. 흔히 "안돼요, 안돼요, 안돼요... 안,,,,,,, 돼요.."라는 여성에 대한 통속적인 남성의 성의식의 반영이라 할 수 있다. 이 모든 스토리에서 보여주는 바는, 성관계의 모든 것은 남성에 의해 주도되어야 하는 것이며, 여성은 내심 그것을 원한다는 '야사적인 설화'이다. 여성은 성적인 주체가 되지 못한다는 것, 남성이야말로 성적인 유일한 주체가 될 수 있다는 우리 사회의 성문화를 반영하는 것이라 할 수 있다.

우리나라 청소년의 성의식, 성행동에 대한 연구는 주로 혼전 성관계, 포르노, 임신, 성매매, 성폭력 등에 국한되어 있어서 청소년들이 파트너와 사랑, 관계성을 어떻게 만들어가고 있는지, 그에 대한 것은 문제의식이 별로 없다. 성문화에 대한 것이 일탈적인 성문화에 초점을 두다보니, 정작 중요한 사랑과 관계성에 대한 것에 대해서는 관심을 돌리지 못하고 있는 실정이다. 정말 중요하게 우리가 관심을 기울여야 할 것은 청소년들이 만들어가는 사랑과 관계성이다.

청소년들의 사랑의 유형을 어떻게 정할지 하는 것도 과제다. 지금까지 소개되어 나온 것은 그나마 스턴버그의 사랑의 삼각형 정도이다. 그것도 나름대로 의미가 있긴 하지만, 후기현대사회에서 부상하고 있는 사랑의 유형, 흔히 분류되었던 열정적 사랑, 낭만적 사랑에 더하여 합류적 사랑이 무엇이고, 청소년의 사랑과 관계성에 대한 인식은 무엇이고, 무엇을 이상적으로 생각하고 있는지를 제시하는 것도 필요하다.

(3) 성의식에 미치는 포르노의 영향

포르노는 청소년들의 성의식에 어떻게 영향을 미치는가? 포르노는 왜곡된 성의식과 성폭력적인 성향을 갖도록 만드는가? 포르노란 무엇인가? 포르노는 에로티카(erotica)와 구분되는 것으로, 포르노는 성적인 노골성을 극단적으로 밀어붙인 것인 데 비해 에로티카는 성적 자극을 주는 것이다. 많은 사람들은 로댕의 <키스>라는 조각을 에로틱하다고 생각하기는 해도, 포르노라고 생각하지는 않는다.

포르노는 재현의 한 형태로서 분명히 소비자를 자극할 의도를 가지고 섹슈얼리티를 그림으로 묘사한다. 보통 포르노 잡지와 비디오는 주로 남성들이 소비하기 때문에 남성들에게 부정적인 영향을 주는 것으로 간주되고 있다. 이와 관련된 연구결과들을 요약하면 다음과 같다.

첫째, 개인의 포르노 소비와 성범죄 간에 상관관계가 있는 것으로 여겨지고 있지만, 그 근거는 명확하지는 못하다(Baldwin, 2008). 범죄연구학자들은 여러 문화상의 증거를 검토해 각 사회에서 포르노를 구입하는 패턴에 따른 성범죄의 범죄행위의 변화를 찾아보려고 했지만 이제까지는 그 증거가 모호하고 적합하지 않으며 분명한 패턴도 없다. 신빙성 있는 것으로 보이는 연구로는 포르노 이미지에 지나치게 노출된 결과 성격에 어떤 변화가 생겼는지를 측정한 실험연구가 있다. 연구결과를 보면, 포르노에 노출된 남성들이 여성에 대한 폭력을 더 많이 허용하는 성격으로 크게 변화되었다. 하지만 그렇다고 해서 이 연구결과를 일상적인 성문화 영역으로 확대·적용하는 데에는 무리가 있다는 지적을 받는다(Baldwin, 2008).

둘째, 페미니스트들은 많은 포르노들을 보면 그 이미지의 형식이나 내용이 당혹스러울 만큼 남근중심적이라는 비판을 한다. 포르노에서는 대부분 남성적 응시가 압도적이다. 포르노에서 여성은 단지 남성의 욕구를 충족시키는 성적 대상일 뿐이다. 포르노는 사회의 권력관계를 반영하는 거울로 간주될 수 있고, 따라서 사회에서의 남녀관계의 불평등성 문제를 제기하게 한다. 페미니스트들은 '여성을 위한 에로티카'의 가능성을 논의한다. 여성을 위한 에로티카는 단순히 여성누드모델을 남성으로 바꾸는 것 이상의 의미가 함축되어 있다. 여성용 에로티카는 이성애 남성을 위한 포르노와는 다른 형식과 내용을 택한다는 것이다.

셋째, 포르노는 성적 폭력을 일으키지 않지만, 양성관계의 성적 토대의 형성에 강력한 영향을 미친다는 비판이다. 포르노에 묘사된 섹스행위 자체는 극적인 가장 연출이 아니라, 언제나 진짜 섹스처럼 보이게 만든다. 포르노의 두드러진 특성은 단지 성기와 섹스를 묘사한 그림에만 관련되는 것은 아니다. 성기 그림으로 특징지우자면, 산부인과나 비뇨기과의 의학서적도 포르노로 분류되어야 할 것이다. 포르노는 성과 섹스를 어떤 형식과 이미지로 재현하는 일종의 '재현의 제도'로 이해되어야 한다. 카메라의 각도, 조명, 몸의 자세, 의상, 신발 등이 합쳐 생긴 장르다. 이것은 섹스를 주로 남성적 응시가 지배적인 볼거리로 바꾼 장르인 것이다. 포르노는 재현의 형태에서 남성의 욕망이 거둔 승리의 담론이다(Baldwin, 2008).

3) 사랑의 유형

인간의 성은 사랑, 관계성과 떼어서 생각할 수 없다. 인간의 성을 단순히 성기중심의 성으로만 규정하는 것은 성의 본질을 편협하게 보는 것이다. 혼자 스스로 즐기는 자위행위로 그치지 않는 한, 성은 필연적으로 타인과의 관계성을 포함하는 것이며, 그 관계성이 어떠하냐가 매우 중요한 차원으로 남게 된다. 사랑도 결국 관계성을 표현하는 '매직 워드'인 것이다. 관계성을 떠난 성은 그 자체로 성립하기 어렵다. 인간의 삶에서 성이 소중한 것은 성이야말로 현실적으로 인간관계 속에서 자신을 위치짓는 중요한 기준점이기 때문이다. 자신이 성적 주체가 되지 못한다면, 그가 타인과의 관계 속에서 차지하는 위치는 무엇이 될까? 타인과의 관계 속에서 자신을 주체로 당당하게 세우지 못하고, 타인의 욕망과 의지에 의해 수동적으로 규정되는 대상에 불과하게 될 것이다. 그러기에 성적인 주체 여부를 통해 삶의 모든 면을 다시 성찰하는 출구가 될 수 있다는 말이 나오는 것이다.

사랑은 다음 세 가지 유형으로 분류될 수 있다(Giddens, 2006).

(1) 열정적 사랑

'사랑은 열정이다.' 열정이라는 말은 본래 종교적 열정을 뜻하는 것이었는데, 열정이 세속적인 맥락에서 사용하게 된 것은 현대에 와서다. 이 새로운 용법에서 열정이라는 말은 열정적인 사랑과 연관시켰을 때 뜻이 통하게 된다. 열정적 사랑은 사랑과 성적 애착 사이의 일반적인 연관을 표현한다. 열정적인 사랑은 틀에 박힌 일상생활과 구분될 뿐만 아니라 일상생활과 갈등을 하기도 하는 어떤 급박함으로 특징지어진다. 타자와의 감정적인 교류가 너무도 강력해서 그 두 사람으로 하여금 자기의 통상적인 생활도 무시하게 만드는 것이다. 열정적 사랑은 가히 종교적이라고 할 만큼 진지한 열의를 불러일으키는 매혹의 속성을 가지고 있다. 세상의 모든 것들이 갑자기 새로워지고, 그리고 동시에 자신의 이익 같은 것들은 관심사가 되지 못한다.

열정적 사랑은 상대에게 블랙홀처럼 완전히 흡입되는 것이다. 사랑하는 대상에게 강력히 묶여 있다. 열정적 사랑은 카리스마의 경우와 유사하게 두 사람 관계에 엄청난 힘을 발휘한다. 열정적인 사랑은 성적이고 에로틱한 강박충동적인 측면을 갖는다. 대부분의 문화권에서 열정적 사랑은 결혼의 필요조건 또는 충분조건으로 생각된 적이 없으며, 오히려 결혼의 골칫거리로 여겨져왔다(Giddens, 2006).

(2) 낭만적 사랑

낭만적 사랑은 열정적 사랑에서 나온 것이지만, 그것과는 뚜렷이 구분되는 무엇이 있다. 낭만적 사랑의 애착 속에는 성적인 열정의 요소들을 지배하는 숭고한 사랑의 요소들이 있다. 낭만적 사랑의 이러한 요소는 아무리 강조해도 지나침이 없는 것으로, 역사적으로 매우 독특한 것이었다.

서양에서 낭만적 사랑은 18세기 후반부터 지금까지 사회적 힘으로 존재해왔다. 낭만적 사랑이라는 관념의 확산은 결혼뿐만 아니라 개인적 삶의 다른 맥락들에 영향을 준 기념비적 이행들과 깊이 연관되어 있다. 낭만적 사랑은 다음과 같은 질문을 한다. "나는 타자를 어떻게 느끼는가? 타자는 나에 대해 어떻게 느끼는가? 우리의 느낌은 장기적인 관계를 지탱해줄 만큼 충분히 깊은가?"

낭만적 사랑은 친밀성의 문제를 제기한다. 낭만적인 사랑은 욕정이나 노골적인 섹슈얼리티와 양립 불가능하다. 낭만적 사랑이 사랑의 대상을 이상화하기 때문만은 아니며, 낭만적 사랑 자체가 어떤 정신적 커뮤니케이션, 즉 부족한 부분을 채워주는 성격을 띠는 영혼의 만남을 하기 때문이다. 낭만적 사랑에 빠진 개인에게 그 사랑의 대상인 타자는, 단지 그가 딴 사람이 아닌 바로 그 사람이라는 이유 하나만으로도 자신의 결여를 채워줄 수 있는 그런 존재이다. 그런데 바로 이 결여가 직접적으로 자기 정체성과 관련되어 있는 것이다. 따라서 어떤 의미에서 낭만적 사랑은 불완전한 개인을 완전한 전체로 만들어주는 어떤 것이다.

자기 정체성과 관련해서도 자기를 발견할 수 있도록 해주는 것이 낭만적 사랑이지만 서로를 동등하게 대하지 않는다는 문제점이 있다. 결혼하게 되면, 여자들이 남자들에게 종속되어버리는 결과가 나타나기도 한다. 사랑에 빠졌을 때는 그녀를 중심으로 삶을 설계하고 싶어 하지만, 이런 모습은 평등의 몸짓은 아니다. 또 친밀성의 탐험 속으로 들어가지도 않는다. 요컨대 낭만적 사랑이라고 해도 평등한 관계로 들어가지 않을 수도 있고, 깊이 있는 친밀한 관계 속으로 들어가지 못할 수도 있다. 단순히 함께 일상생활을 하고 있을 뿐이지 친밀한 관계의 영역으로 들어가지 못할 수도 있다. 다시 말해서, 낭만적인 사랑을 했음에도 불구하고 친밀한 관계의 영역 속으로는 들어가지 못할 수도 있다는 것이다. 미지의 세계를 탐험하듯이 친밀한 관계 속으로 들어가는 것은 아니다. 낭만적 사랑과 친밀한 관계는 동일한 의미가 아니다(Giddens, 2006).

(3) 합류적 사랑

낭만적 사랑과는 다른 사랑이 있다. '합류적 사랑'이다. 따로 흐르던 강물이 합류하는 것처럼, 과거 삶의 궤적이 다르고 삶의 물길이 달랐던 것을 인정하고, 새로운 정체성을, 자신이 누구인가를 더불어 형성해간다. 자신의 정체성을 단독적으로 찾지 않고, 관계성 속에서 형성한다. 자신을 찾아주고 인정해준다. 중요한 것은 합류적 사랑이 현실 속에서 강하게 나타나면 나타날수록 특별한 사람보다는 특별한 관계가 중요해진다는 점이다.

낭만적 사랑은 특별한 사람이 중요하다. '저 사람이 나한테는 너무 특별해.' 그런 사람을 찾고 그리고 사랑에 빠진다. 하지만 함께 살게 되면 친밀한 관계 속으로 들어가지 못하고 종속되어버리기 쉽다. 남녀관계에서 중요한 것은 평등한 관계다. 남자들의 근엄하고 냉정한 특성은 결코 환영받지 못한다. 관계성을 발전시키려면, 감수성이 있어야 한다. 내 자신의 감정에 대해서도 민감해야 하고, 자신의 감정을 스스로 돌볼 수 있어야 한다. 그러나 남자에게 있어서는 민감할 수 있는 능력과 의지가 억제되어 있다. 관계성을 형성하고 발전시키기 위해서는 서로에 대해서 세심하게 느낄 수 있는 감수성이 필요하다.

합류적 사랑은 관계성이 중요하다. 어떻게 관계성을 만들어가느냐가 중요하다. '저 사람이 나에게 특별하고, 그 존재만으로도 나를 채워준다.' 물론 그것이 아주 중요하지만, 거기에 더하여 어떻게 관계성을 만들어가느냐가 풀어가야 할 과제인 것이다.

합류적 사랑에서는 관능적 기술을 중시한다. 결혼생활에 성을 핵심적 요소로 끌어들였다. 이전 세대들에서는 특별히 성적인 성취감이 결혼생활에서 핵심적인 것이 아니었다. 부부 간의 의무감이나 낭만적 사랑의 효과로 다 유지될 수 있다는 생각이 컸다. 그러나 이제는 그렇지 않다. 성적 쾌락이 매우 중요하게 되었다. 아마도 신세대로 갈수록 더 중요한 요소가 되지 않을까 싶다.

합류적 사랑은 반드시 일부일처일 필요가 없고, 꼭 이성애일 필요가 없다. 순수한 관계가 중요하고, 관계성 속에서 얻어지는 것이 만족스러울 때 사랑은 유지된다. 성적 배타성도 없다. '아내가 결혼했다'라는 영화가 다루는 바가 어떤 점에서는 성적 배타성의 테마라 할 수 있다. 성적 배타성을 바람직하고 본질적인 것으로 여길지, 아닐지 둘이 어떻게 합의하느냐가 중요하다. 합류적 사랑에서는 자기 정체성과 인격적 자율성이 가장 중시된다. 인격적 자율성을 확보하는 것이 가장 중요하고, 그것을 확보하기 어려우면 사랑이 유지되기 어렵다. 기든스(Giddens, 2006)에 의하면, 후기현대사회에서 합류적 사랑은 관계성의 변동을 나타내는 중요한 지표이다.

흔히 남자의 경우는 열정적 사랑을 추구하고, 여자의 경우 낭만적 사랑을 추구하기 때문에 이러한 성별에 따른 사랑의 유형의 차이는 둘 간의 친밀감을 유지하는 데 장애가 된다(한국청소년개발원, 205 : 156)는 지적도 있다. 하지만 이런 방식의 분류는 다분히 성 편견적이다. 성별에 따라 그런 특성이 없다고 하기는 어렵겠지만, 남녀 모두 사랑의 유형에 있어서 차이가 있을 수 있으며, 또한 합류적 사랑의 유형을 포함하여 생각해야 한다.

후기현대사회에서 관계성에 커다란 변동이 일어나고 있는데, 남성들은 이러한 변동을 따라가는데 늦다는 점이 지적되고 있다(Giddens, 2006). 이런 점에서 보면 남자는 관계성의 변동에 지체되는 '지각생'이다. 여성들이 합류적 사랑을 이끌어나가고 있고 창출하고 있다… "내가 맘에 안 든다고 설마 나를 버리겠어, 차겠어…" 이런 식으로 남성들은 안이하게 생각하고 있지만, 앞으로는 의무와 도덕같은 것으로 관계가 지속되기 어렵게 될 것이다. 가장 중요한 것은 가장 깊은 친밀감의 영역 속으로 들어가는 체험을 하느냐 하는 것이다.

우리 청소년들은 어떤 사랑을 꿈꾸고 있고, 어떤 사랑을 사회집단에서 배워가고 있는가? 후기사회의 변동 속에서 청소년들은 성문화에서 관계성과 사랑에 대해서 이전과는 다르게 사고하는 경향이 나타나고 있는지에 대한 연구가 필요하다.

4) 10대 소녀의 로맨스 또는 중독적 관계? : 저소득층 가출소녀 사례

'십대미혼모의 임신경험 구성'이라는 연구에서 서정애(2009)는 저소득층 가출소녀의 동거생활과 연애를, 로맨스와 친밀한 관계구축이라는 측면에서 다소 긍정적으로 분석하고 있다. 그러나 과연 이들 소녀의 사랑이 앞서 말한 사랑의 유형 중 낭만적 사랑에 해당하는지, 그 관계가 친밀한 관계인지, 중독적 요소가 없는지 비판적으로 볼 필요가 있다.

(1) 연애와 동거생활

서정애(2009)에 의하면, 십대 여성들의 로맨스는 근대의 로맨스 공식에서의 수동적인 여성성의 의미보다는 현대사회를 사는 십대 소녀들의 삶의 추구로서, 삶의 맥락 안에서의 십대 여성들의 중요한 모험이라는 보다 적극적인 의미를 갖는다. 십대 소녀들의 삶에서 낭만적 사랑을 추구하는 것이 곧 바라던 관계가 이루어질 때까지 성적인 행동을 미룬다는 것을 의미하지는 않으며, 반대로 규범과 금기를 삶의 맥락 속에서 재해석하거나 규범을 벗어나는 것을 의미한다(Giddens, 1996). 로맨스의 의미는 주체들이 위치한 구체적인 맥락 속에서 구성되는데, 즉 가족, 학교가 더 이상 삶의 전망이 되지 못하는 상황에서 로맨스는 십대 소녀들의 삶에 대한 추구(the quest-romance)로서 자리하는 것을 볼 수 있다고 서정애는 주장한다.

> 다름 아닌 이성교제, 연애경험의 확산은 섹슈얼리티 경험의 증가로 연결되고 있다. 그리고 사춘기를 빠르게 경험하고, 연애주체의 연령이 점차 낮아지는 사회적 변화는 섹슈얼리티를 십대 후반 청소년들의 자기 정체성을 구성하는 핵심적인 기반으로 가져오는 계기를 제공한다. 십대 여성들에게 로맨스는 섹슈얼리티를 매개로 한 친밀한 관계의 구성을 의미한다. 특히 가족을 벗어났거나 그 경계를 넘나드는 십대 여성들의 경우 남자친구는 자신의 삶의 의미이자 자신에게 돌봄을 제공하는 존재로서의 의미가 극대화되는 것을 볼 수 있다. '애경'에게 남자친구는 누구보다도 자신을 '챙겨주는 사람'으로 인식된다. 이렇게 돌봄제공자로서의 남자친구의 존재는 돌봄기능을 상실한 가족을 대체하는 것은 물론 가족 밖의 독립적인 생활을 정당화해가기도 한다(서정애, 2009 : 299).

그러나 이 소녀에게 섹슈얼리티가 정체성을 구축하는 기반을 가져오는 계기가 되는지는 의문이다. 로맨스가 섹슈얼리티를 매개로 친밀한 관계를 구성하는가에 대해서도 긍정하기가 어렵다. 우선 기든스(Giddens, 2006)가 분류한 중독적 관계와 친밀한 관계를 비교해서 보자(표 2-3 참고). 친밀한 관계에서 보면, 제일 중요한 요소는 자아의 발전을 최우선으로 하고, 각기 타자의 개인성을 포용하며, 파트너 각자에 대한 자기배려를 중시한다. 또한 우정과 배려에서 비롯한 섹스, 편안함과 만족의 순환 등이 중요하다. 그런데 사례연구에서 보면, 이러한 요소들을 찾기가 어렵다. 민숙의 사례를 보면, 남자친구에게 많이 의지하고 있고, 일들을 해결해주고 자신을 구해내주리라는 기대를 하고 있는 관계성을 보이고 있다. 이것은 친밀한 관계성이라 보기 어렵다. 그 관계성에 대해 더 아는 바가 없기 때문에 말하기 어렵지만, 중독적 관계성의 요소로 보이기도 한다.

〈표 2-3〉 **중독적 관계와 친밀한 관계**

중독적 관계	친밀한 관계
'사랑할 누군가'를 발견하는 데 사로잡힘	자아의 발전을 최우선으로 함
즉각적 희열에 대한 욕구	장기적 만족에 대한 욕망 : 단계적으로 발전하는 관계
섹스나 헌신을 위해 파트너를 압박함	선택의 자유
권력(power)의 불균형	관계 내에서 균형과 상호성
통제를 위해 행사되는 권력권을 쥠	타협, 협상 또는 번갈아 주도
말 안하기 규칙(No-talk rule), 특히 사정이 안 좋을 때	욕구와 감정의 공유, 파트너가 당신에게 갖는 의미를 존중
조작(manipulation)	솔직함
신뢰의 결여	적당한 신뢰(즉, 파트너의 근본 본성에 비추어 그 사람이 어떻게 행동할 지를 대충 알 수 있는 것)
자신의 욕구를 충족시키기 위해 파트너를 변화시키려는 시도들	각기 타자의 개인성을 포용
망상과 불쾌 회피에 기초한 관계	현실의 모든 면을 다루는 관계
언제나 똑같은 관계	항상 변화하는 관계
한 파트너가 일들을 주선하고 상대를 구해내주리라는 기대	파트너 각자에 의한 자기-배려
융합(Fusion, 상대방의 문제와 감정에 사로잡힘)	사랑에서 우러난 초연함(그냥 내버려 두면서 파트너의 안녕과 성장에 쏟는 건강한 관심)
공포와 뒤섞인 열정	우정과 배려에서 비롯된 섹스
문제에 대해 자기나 파트너를 비난	함께 문제를 해결
고통과 절망의 순환	편안함과 만족의 순환

출처 : 기든스(2006).

오빠는 그냥 착해요. 나한테 잘해주고 그냥 잘 챙겨줘요. 밥 먹었냐고 물어보고, 안 먹었다고 그러면 밥도 먹이고 먹기 싫다 그래도 억지로 먹여요. 그리고 누구 괴롭히면 걔한테 괴롭히지 말라고 그러고. 집까지 데려다주고(애경).

민숙의 사례를 보자. 서정애(2009)는 민숙의 서사는 로맨스가 제공하는 보상을 강조한다고 주장한다. 서정애의 연구에 의하면, 로맨스는 민숙의 삶에서 더할 나위없는 특별한 것이며, 희망, 지지로 위치된다. 따라서 남자친구와의 교제는 민숙에게 외로움의 보상으로 의미화되는 것이다. 그러나 앞서 말했듯이 이것이 낭만적 사랑인지, 그리고 친밀한 관계성인지 의문이 든다.

든든하다는 생각이 들죠. 날 사랑해주고 있는 사람이 있으니까 그 마음이 되게 좋고 든든하고. 여자랑 남자랑 다르죠. 남자한테 위로받는 거랑 여자한테 위로받는 거랑 다르죠. 남자한테 위로받는 게 더 좋지 않나? 더 든든하니까. 기대고. 기댈 수 있으니까. 남자라서 기댈 수 있잖아요. 여자는 내 친구도 약하고 나도 약한데. (뭘 기대는데?) 제가 여자애한테 나 오늘 슬프다 그러면 같이 울어주고 얘기 들어주고 그러는데, 제가 슬퍼서 애 아빠한테 울면서 그러면 왜 그러냐고 누가 울렸냐고 그렇게 말을 하면서 든든하게 해주니까 그런게 좋죠. 저는 학교 가야 되는데 애아빠 보고 싶으니까 학교도 잘 안 가고 그랬어요(민숙).

이들의 교제는 많은 경우 동거생활로 이어진다. 이렇게 '쉽게' 동거로 연결되는 맥락은 이미 십대들의 로맨스 공식 속에 섹슈얼리티가 내포되어 있기 때문이라고 해석되고 있다. 동거생활은 사랑하는 두 사람의 합의로서 만들어지는 것으로, 이것은 십대들의 로맨스에서 아주 흔하게 경험된다는 것이다. 하지만 이러한 합의가 무엇을 의미하는지, '두 관계 내에 균형과 상호성'이 내재되어 있는지 그것은 불분명하다. 인터뷰 참여자들의 경우 동거비율이 높고 이들 대부분은 임신 이후에도 지속적으로 교제를 하고 있는 것으로 나타나 관계의 지속성을 보여주지만, 그것이 친밀한 관계를 말해주는 것은 아니다.

다른 사례인 소희에게 동거생활은 집에서 해방되는 것이자 스스로 돈을 벌어서 소비하는 새로운 가족생활로 의미화된다. 하지만 십대들의 열악한 노동조건은 이러한 동거가족의 불안정성을 반영함에도 불구하고 소희의 서사에 드러나듯이 이들에게 동거는 가족보다 '편한' 생활로 인식된다.

> 자꾸 집이 싫어지니까 차라리 내가 한 명 없는 게 더 돈 안들겠다 이렇게 생각했어요. 동거생활이 힘들긴 한데 그래도 집에 있는 것보다 마음이 편해요. 집에서도 해방되고 내가 돈 벌어서 내가 쓸 수 있어서 좋고, 단점은 돈이 모자랄 때 힘들다는 거(둘이 살면 생활비 많이 들어?). 그렇게 많이 들진 않는데 둘 다 나이가 어리니까 하고 싶은게 많잖아요. 노래방도 가고 영화도 보고 pc방도 가고, 그런 돈을 많이 써요. 같이 노는데 돈을 많이 써요(소희).

서정애(2009)는 섹슈얼리티와 로맨스의 결합이 연애, 동거형식으로 드러나고 있다고 보며, 십대여성들로 하여금 성적 관계를 '나쁘지 않은' 것으로 정당화하는 계기를 제공한다고 말한다. 하지만 이 사례에서의 섹슈얼리티가 어떤 의미인지 불분명하며, 로맨스적 요소 역시 진술한 바의 내용 속에는 없다. 특히 남성에게 있어 로맨스와 친밀성의 연관성이 떨어진다는 기든스(Giddens, 2006)의 주장에 비추어볼 때, 단순하게 로맨스, 친밀성의 요소를 이 사례 속에 끌어들이기는 어렵다고 보여진다.

나아가 서정애(2009)는 섹슈얼리티에 대한 인식변화가 임신, 모성인식의 변화로 확장되는 것을 볼 수 있다고 주장한다. 서정애의 연구에 의하면, 수미의 서사는 로맨스 관계의 임신과 모성에 대한 의미구성이 변화되고 있다는 점을 나타낸다. '좋아하는 사람의 애'라는 수미의 언설은 로맨스 관계에서의 자신의 임신을 정당화하는 것으로 이러한 정당화가 곧 아이양육 결정으로 연결되고 있음을 보여준다.

> 제가 임신하기 전까지는 십대에 임신하는 것이 좀 그랬는데. 오빠랑 살면서 임신하고 이렇다 보니까. 그렇게 나쁘게 생각되지는 않아요. 남자 쪽에서 막 책임 안 지겠다고 하면 그때는 좀 문제가 생기겠죠. 여자건 남자건 애가 생기고 하다보면 철이 든다고 하더라구요. 처음 임신한 거에다가 내가 좋아하는 사람 애를 가졌으니까 그냥 당연히 키워야겠다고 생각을 했었어요. 키우면서 엄마도 있고, 오빠도 있고 그러니까(수미).

이러한 성과 사랑의 결합이 강화되는 현상은 십대들의 새로운 친밀성에 대한 추구로서 볼 수 있다고 서정애(2009)는 주장한다. 하지만 앞서도 말했듯이 이것은 친밀성의 관계추구의 요소를 결여하고 있다. 제일 중요한 자아의 발전요소가 보이지 않으며, 자기배려 요소도 보이지 않는다. 남자 쪽에서 책임을 질지 안 질지 약간 불확실한 면도 보인다는 점에서 신뢰의 요소도 충분히 갖추어져 있지 않다고 보여진다.

이렇게 동거와 같은 섹슈얼리티에 대한 허용적인 태도는 젊은 세대의 관계맺음 형식의 변화를 의미하는 것으로, 다름 아닌 법적 결혼에 묶이지 않으면서도 친밀한 관계를 구성해내는 방식이라고 서정애는 주장하지만, 십대의 연애와 동거를 친밀한 관계로 연결하는 것은 지나친 과장이고 비약이다. 또한 서정애(2009)의 해석에 따르면, 이들에게 결혼의 의미는 부모의 결혼생활에 대한 부정적인 기억, 결혼이데올로기 등과 결부되어 있기 때문에 결혼을 우선적으로 고려하기보다는 임신, 모성이 결혼에 선행될 수 있다고 간주한다. 즉, 이들의 커플관계는 결혼을 가정하는 관계일 뿐 섹슈얼리티, 임신, 아이욕망 등은 굳이 결혼과 결부되지 않아도 별다른 장애를 느끼지 않는다. 여기까지 오면, 십대의 임신이 결혼이데올로기로부터의 자유로움의 표상처럼 느껴진다. 그러나 이 사례연구에서 그렇다는 것을 보여주고 있지는 못하다. 기든스(Giddens, 2006)가 말한 '합류적 사랑'의 요소(친밀한 관계성)가 들어 있다면, 결혼이데올로기의 구속으로부터 자유를 말할 수 있을 것이다. 하지만 이 사례의 경우 낭만적 사랑, 친밀한 관계의 요소가 기본적으로 충분히 갖추어져 있는지 의문이 든다. 기든스(Giddens, 2006)가 지적한 바와 같이 기본적으로 친밀한 관계는 낭만적 사랑과 짝을 이루는 것이 아니라 '합류적 사랑'과 짝을 이룬다는 것을 유념할 필요가 있다.

5) 중독의 문제 : 관계성의 중독과 섹스중독

요즈음은 섹스중독, 쇼핑중독, 일중독 등 중독이란 말을 많이 사용하고 있는데, 왜 그러할까?

자신에 대한 성찰에서 거리가 멀어지는 것을 '중독현상'이라고 기든스(Giddens, 2006)는 후기현대사회에 대한 고찰에서 말하고 있다. 후기현대사회에서 중독이 많아지는 것은 자기성찰과 멀어지는 것을 나타내는 지표이다. 즉, 자신이 누구인가를 성찰하지 못하도록 방해하는 것이 중독이다.

중독은 라이프스타일, 정체성과 밀접히 관련되어 있는 것이다. 중독이란 삶에서 선택을 회피하는 것이다. 자신의 다양한 라이프스타일을 선택하지 않으려 한다. 왜 스스로 중독되어서 자신을 성찰하지 않으려 할까? 왜 자기성찰을 거부하고 자기성찰로부터 멀어지려고 하는 것일까? 왜 고착된 삶의 스타일에만 머물러 있으려 하는 것일까? 삶의 스타일은 다양함에도 그 어떤 것에만 머물고 싶어할까?

자기성찰을 거부하고 자기를 들여다보려는 것에 대해 공포감을 가지고 있기 때문이다. 스스로 삶의 거대한 변동에 마주치기가 어렵다는 것을 의미한다. 자신이 누구인가를 성찰하고 재검토할 수 있을 때 중독에서 벗어난다고 할 수 있다. 중독에서 벗어난다는 것은 삶의 스타일이 바뀌어야 한다는 것을 의미한다.

중독은 "자아의 성찰적 기획이 무대의 중앙에 등장하게 된 정도를 보여주는 부정적 지표"이다(Giddens, 2006 : 128). 미래를 통제, 삶을 통제할 수 없다는 무력감, 내가 무엇인가를 해낼 수 있다는 자신감이 없는 상태, 그런 자신과 마주할 때 쉽게 낼 수 있는 반응은 무엇이겠는가. "모든 중독은 방어적 현상이다." 중독자에게 있어서는 자신의 정체성을 방어하려는 것으로 이해할 수 있다. 현실에 부딪쳤을 때 아무것도 못하는 자신의 무능력을 보는 것은 고통스러운 일이다. 그런 자기를 보려하지 않으려는 데서 어떤 것에 대한 중독이 일어난다. 기든스의 표현으로 "자아의 능력에 그림자를 드리우는 자율성의 결여를 인정하는 것이다"(Giddens, 2006 : 129).

다음에서는 관계성의 중독과 섹스중독에 대해 더 알아보기로 하자.

(1) 관계성의 중독

앞서 친밀성이 중요한 개념으로 등장했는데, 여기서는 친밀성과 중독적 관계에 대해서 더 상세히 보기로 하자. 친밀성에 대한 이해를 깊게 하기 위해서 중독적 관계를 먼저 알아볼 필요가 있다. 관계도 중독성이 있는가? 알콜중독자의 경우를 보면, 대개 알콜중독을 유지시켜 주는 가족관계가 자리잡고 있다. 주변가족들이 알콜중독자의 행동을 무의적으로 지지해 주는 반응을 보이기도 하는데(초연하지 못하고 일일이 그 사람의 행동에 반응을 보이는 것은 상대방의 행동을 강화할 수 있다), 그것이 알콜중독을 유지시켜 주는 상호작용형태를 띠는 것이다. 이는 비단 알콜중독자를 둘러싼 관계에만 해당되는 것이 아니다. 예를 들어, 사랑에서 우러난 초연함을 갖지 못하고 상대방의 문제와 감정에 사로잡히는 것도 중독적 관계의 특징이다. 친밀한 관계에서는 상대방을 그냥 내버려두면서 그의 안녕과 성장에 건강한 관심을 갖는다. 관계가 중독적인 경우는 다음과 같은 특징을 나타낼 때이다. ① 순수한 관계에 불가결한 요소인 자아와 타자의 정체성에 대한 성찰을 허용하지 않는다. ② 자기정체성을 타자 혹은 고착된 상례들 아래 병합시킨다. 타자에 대한 개방을 막는다. ③ 불평등주의적인 성별적 차이와 성적 관행을 지속시키는 경향이 있다.

비중독적 관계, 친밀한 관계는 무엇보다 타자와의 경계선 유지가 핵심적이다. 경계선은 무엇이 누구에게 속하는지를 확정하는데, 그렇게 함으로써 투사적 동일시를 막는다. 이러한 경계선은 친밀성과 합류적 사랑을 유지하는 데 매우 중요하다. 친밀성은 타자에게 흡수되는 것이 아니다. 자아와 타자의 독립성을 유지하는 것이다. 그 사람의 고유한 특성과 자질 때문에 사랑받을 수 있는 존재로 인정받는 것이다. 경계선 유지가 '너 따로 나 따로'라는 분리주의적 태도를 말하는 것이 아니다. 인격적 경계선을 유지하면서 타자에 대해 개방적이고 감수성을 가지고 있으며, 상호 신뢰와 권력의 균형을 유지하는 것이 친밀한 관계로 가는 길이다.

(2) 섹스중독

남성과 여성의 섹스중독이나 성적 강박행동이 후기현대사회에서 더 두드러진 현상으로 보이는 이유는 무엇인가? 남자들이 여자와 많은 관계를 갖는 것에 대해서 어떻게 생각하는가? 과거에는 '능력이 있는 남자'라고 남들의 인정을 받고, 본인 스스로도 그렇게 생각하는 경향이 있었다. 반면에 여성들의 성적 강박행위에 대해서는, 여러 남자를 거치는 것을 '정숙하지 못한 여자'라고 치부해버리곤 했다. 그런 여자들에 대해 혐오스러움을 나타내는 '걸레'라는 낙인도 붙인다. 남자들에게는 쓰지 않는 말이다. 왜 이런 것들이 생겨나게 되었는가?

"성적 행동에서 나타나는 강박성은 무뎌진 자율성이다"(Giddens, 2005 : 131). 이것은 무엇을 뜻하는 것일까? 현대에 들어와서는 자유스럽게 누구나 성적인 경험을 가질 수 있고, 성적인 자율성을 가질 수 있다고 이해된다… 누구나 성적인 만족을 추구할 권리를 가지고 있다고 이해한다… 부부관계에서도 성적인 자율성을 주장할 수 있다. '부부강간'이라는 말도 있는 것은, 부부 여부와 상관없이 각자를 성적인 주체로 인정하는 말이다.

이런 맥락에서 성적 강박성을 이해할 필요가 있다. 한 연구사례를 보면, 어떤 여성이 많은 남자들과 섹스행위를 하는데, 섹스가 남자를 통제하는 권력을 얻는 방편으로 간주되고 있었다. 그러면서 성적인 관계에서 느껴질 수 있는 기쁨과 행복에 대해서는 완전히 무감각한 상태였다. 이 경우 성적인 행위가 자신의 정체성을 형성하는 토대가 되지 못하는 것이며, 정체성 형성의 핵심적 요소가 상실되어버리는 것이다. 중독성은 자기 정체성 성찰로부터 멀어지는 것이라 한다면, 성적인 경험은 자신의 정체성을 형성하는 요소임에도 섹스중독은 그것들이 유실되어버리는 것을 의미한다. 오늘날 섹스는 남녀 모두에게 있어 자아의 가장 중요한 면, 친밀성의 강화 또는 위협을 담고 있다.

6) 청소년의 성 정체감

(1) 성 정체감에 대한 고정관념

청소년 초기에는 자신과 동일한 성에 집중하는 '동성 집중화' 현상이 나타난다. 예컨대 동성부모, 동성친구, 동성 선생님에게 동조하려는 사회화의 징표가 나타난다. 그리하여 고착화된 남성성, 여성성을 모방하려는 행동을 많이 하게 된다. 청소년 후기에 가면 동성 집중화 현상이 감소하지만, 모든 청소년들이 다 그런 것은 아니다. 보다 융통성 있는 양성성의 성역할로 발달되는 데는 어려움을 갖게 되기도 한다.

청소년의 성정체감과 성역할을 이해하는데 있어 특히 코넬(Connell, 1987, Giddens, 2009 재인용)의 젠더위계모형은 여러 가지로 시사해주는 바가 크다. 코넬의 모형은 성별에 따른 성의식, 남성성(남성다움)과 여성성(여성다움)의 위계와 변동을 보여주고 있는데, 이는 다른 관점에서 청소년 성문화를 이해할 수 있도록 해준다. 코넬이 제시한 젠더위계모형은 미국의 경우이지만, 우리나라의 경우 젠더위계는 어떠한지, 그 위계에 있어 어떤 변동이 일어나고 있는지 많은 시사점을 주고 있다.

코넬은, 사람들이 남성다움과 여성스러움을 표현하는 방식은 여러 가지가 있다고 생각하고 그에 따라 남성스러움과 여성스러움의 위계모형을 제시하였다. 그는 최상위에 "패권적 남성다움"을 설정하고 남성다움과 여성스러움의 차이에 의한 서열을 단계적으로 설정하였는데, 현대사회에 나타나고 있는 남성과 여성의 젠더적 성향의 차이를 비교적 적절하게 나타내고 있다고 보인다. ▍그림 2-1▍로 보면 다음과 같다.

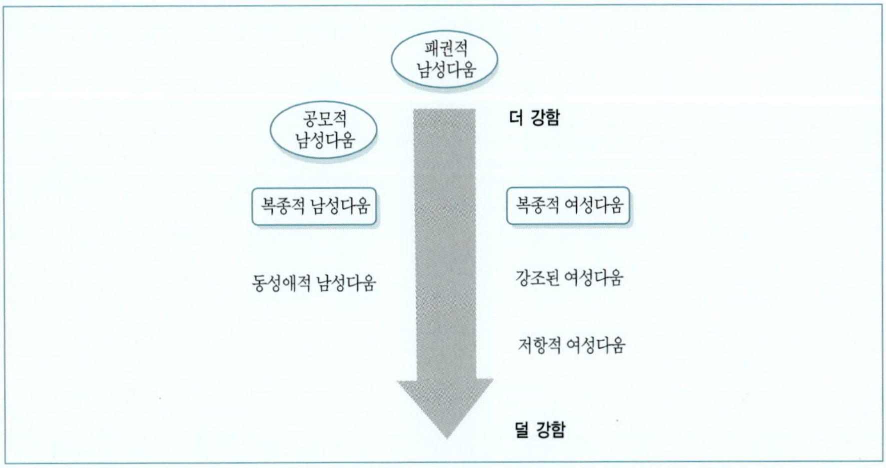

▍그림 2-1▍ 젠더위계

출처 : Giddens(2009).

오늘날 새로운 남성다움이 광고선전에 등장하고 있다. 이러한 현상은 초기형 남성다움과 현재형 남성다움으로 구분할 수 있다. 초기형 남성다움이란, 과거 미국사회가 그들의 지구촌 경찰국가로서의 위상을 강화하기 위하여 다분히 의도적이고 목적지향적으로 만들어낸 이른바 '람보형 남성주의'이다. 이것은 근육질형의 배우가 등장하여 악의 무리를 소탕하고 정의를 실현하는 배후에는 늘 미국이라는 국가가 존재하고 있음을 강조한 영화가 한때 영화의 주류를 이루었는데, 이에 영향을 받아 초기형 남성다움은 다분히 근육질형을 가진 패권적 남성다움의 강조였다고 볼 수 있다.

그러나 한편으로 이러한 근육질 남성을 강조하는 미디어적 수단에 식상한 결과 새로운 현재형 남성다움이 등장하기 시작했는데 이것이 곧 '부드러운 남성'으로의 변화이다. 여기에서의 '부드러운 남성'이란 과거 '람보형 남성주의'와는 다른 깨끗한 피부와 수려한 외모를 기본으로 여성적이고 감성적 성향을 가지고 있으며, 가정에 충실한 남성상, 보호본능을 자극하는 여성의 애완동물(pet)과 같은 남성상을 강조하는 것이 주된 차이라고 하겠는데, 이러한 새로운 여성형 남성다움의 등장배경은 자본주의의 경제적 상업주의 논리와 미디어상의 시청률에 급급한 흥미위주의 논리(특히 케이블 티브이를 중심으로)가 결합된 결과에서 비롯된 것이 아닐까 생각한다.

그리고 '남자들은 남성다워야 한다'(반면 '여성은 여성다워야 한다')는 사회문화적 압력에 대해 오늘날 현대의 남성과 여성들이 부담을 느끼는가에 대한 물음에는 당연히 부담을 느낀다고 단정지어 말할 수 있을 것이다. 현대사회는 개성을 추구하고 개인의 특성이 보장되는 사회라고 말한다. 그러나 그 개성 추구의 이면에는 갈수록 증대되는 사회집단적 압력에서 벗어나기 위한 목적으로 개성을 추구하는 측면이 있음을 그 누구도 부인하기 어렵다. 따라서 현대인은 이와 같은 사회집단적 현상이 불러일으키는 젠더적 특성을 강조의 사회현상학적 신드롬에서 누구도 초연한 태도를 유지할 수는 없을 것이다. 더욱이 이러한 사회현상이 대중이라는 것 외에도 상업주의 목적의 미디어 수단과 결부되어 흐를 때 우리는 그 압박감에서 자유로울 수 없다.

코넬의 이론에 입각하여 우리나라의 경우를 살펴보면, 글로벌시대에 서구 선진자본주의의 양태에 영향을 받을 수밖에 없었던 우리의 경우 이러한 코넬식의 위계적 질서와 비슷한 질서가 존재하고 있으며 그 변화 또한 일어나고 있음을 알 수 있다. 미디어와 광고선전에 의해 더욱 촉발된 "새로운 남성다움"은 패권적 남성다움과 다르게 나타나고 있음을 볼 수 있다.

1980년대 미디어에서 선망받는 남성상은 근육질 몸매, 잘생긴 외모, 터프한 성격의 강한 남성이었다. 반면에 여성의 이미지는 청순가련형이 주를 이루었다. 남성의 경우 실베스타 스텔론, 이소룡, 권상우의 초기 모습 등이 그런 예이다.

그러나 남성의 이미지들이 변하고 있다. "미녀는 ××를 좋아해. 자꾸자꾸 예뻐지면 나는 어떡해~" 이준기가 선전하는 TV광고이다. 2000년도 초부터 불기 시작한 꽃미남 바람의 영향으로 예쁘게 생긴 남성들이 많은 주목을 받고 있다. 이러한 꽃미남 현상은 새로운 소비를 낳는다. 하얀 피부와 섬세한 이목구비 그리고 군살 없는 몸매. 꽃미남의 필요조건을 얻기 위해 일반 남성들도 연예인 못지않게 피부와 미용 등에 관심을 가지게 된다. 이 결과 여성 전유물로만 여겨졌던 미용시장에 남성들이 새로운 소비자로 등장하고 있는 중이다. 이런 인기에 힘입어 남성전용을 표방한 피부, 미용, 헤어 전문점들이 속속 선보이고 있다.

이러한 꽃미남을 시작으로 2004년에는 '메트로 섹슈얼'(여성들의 의상이나 머리 스타일, 액세서리로 치장하는 남성), 2005년에는 '위버 섹슈얼'(거친 듯 부드러운 남자)이란 용어가 뜨면서 패션뿐 아니라 TV에서도 아름다운 남성들이 대중적 인기를 끌고 있다. 이러한 과정에서 남성의 섹시함이 강조되기도 한다.

새로운 남성다움이 미디어에 등장하게 된 배경으로는 다음을 들 수 있다.

첫째, 남성상과 여성상의 변화의 반영이라고 볼 수 있다. 그동안의 남성다움은 여성을 보호하는 강한 이미지가 남성상의 모습이었다면, 이제 그 이미지가 아니라, 친근한 남성상, 부드러운 남성상, 섹시한 남성상 등이 주를 이룬다. 여성은 과거의 청순가련형에서 보다 더욱 강한 여성상의 모습이 나타난다. 이는 코넬이 말하는 패권적 남성다움의 위기를 반영한다고 볼 수 있다.

또한 이는 남녀평등의식의 확대와 관련이 있다.

둘째, 새로운 소비층의 확대를 추구하는 자본의 요구와 맞물려 있다. 패션산업, 화장품 산업 등의 미용산업 등의 새로운 고객확보를 위한 노력이다. 즉, 남성을 새로운 소비시장으로 불러내고자 이미지를 만들어내는 측면도 있다.

셋째, 사회경제적 변화에 대한 반영이다. 즉, 산업사회에서 남녀의 노동분업으로 인해 남성이 우월한 위치를 가지고 있었다. 그러나 정보화사회 이후 여성의 감수성과 부드러움이 더 중시되는 경향을 띠고 있다.

'남자들은 남성다워야 한다'는 사회문화적 압력에 대해 부담을 느끼는가에 대해서 한 남교사의 응답은 다음과 같다.

> 지금의 50~60대 이상은 이러한 압력에 지금의 20~30대보다는 강한 부담을 느꼈을 것이다. 저의 부모님은 아직도, 아들, 남성의 강함이 가족을 위해 중요하다고 말한다. 그러나 그에 대한 부담은 이미 사라지고 있다. 실제 나는 친근하고 자상한 아버지, 공동육아와 가사분담을 하는 남편의 이미지가 더 편하고, 자연스럽다. 물론 가장으로서의 나의 권위가 무시당한다는 느낌에 가끔 화가 날 때도 있다. 그리고 부모세대의 가치관과의 차이로 인해 약간의 어려움을 겪기도 한다. 이런 면에서 볼 때, 아직 사회문화적 압력으로부터 완전히 자유로운 것은 아니다.

이렇듯 전반적인 측면에서 젠더위계에 변화가 있는 것은 분명한 사실이다. 그 변화가 진정한 남녀평등의 의식의 반영인지는 좀더 생각해 보아야 할 것 같다.

(2) 학교현장에서 이성애적 남성다움의 구축

맥 엔 게일(Mac an Ghill, 1994, Giddens, 2009 재인용)은 그의 저서 『남자 만들기』에서 학교 그 자체가 젠더로 구분되고 이성애적 유형으로 특징지어진 조직임을 밝히면서 훈육과정만큼 다양한 양상을 보이는 각종 사회적 영향력과 가르침, 교과목 배정, 교사, 학생과 학생, 교사 상호작용 및 감독, 이 모든 자질들이 이성애적 남성다움의 구축에 공헌한다고 주장하고 있다.

맥 엔 게일은 학교라는 상황 속에서 다양하게 전개되는 남성다움의 종류를 네 가지로 분류한다.

① 마초소년

마초소년들은 학교에 도전하거나 학습과정에 순응적이지 않은 일군의 백인, 하류층 출신의 학생들이다. 이들 소년들은 과거 한때 자신의 미래 정체감을 규정해줄 것으로 보아왔던 단순 수공업 미숙련(또는 반숙련) 직장이 더 이상 존재하지 않게 됨에 따라 '남성다움의 위기'를 겪고 있다. 이들은 심각한 심리적 딜레마에 빠져 있다.

② 학업우등생

우등생들은 마초소년들에 의해 유약하고 '얼간이 성취자'로 고정관념화된다. 맥 엔 게일에 의하면, 이런 악의적인 고정관념 속에서 우등생들이 취하는 가장 흔한 방식은 자신들의 학업증진과 우수한 성적이 미래를 보장해줄 것이라는 자신감을 얻는 것이다. 이것이 이들 학생들의 남성다움의 정체성의 기반을 구축한다.

③ 신흥사업가

컴퓨터 공학이나 경영학같은 새로운 분야의 취업 관련 교과목을 중심으로 모여드는 소년들이다. 맥 엔 게일에 의하면 이들 신흥 사업문화는 대처정부 때에 개발된 것으로 이들 학생들은 이러한 문화의 영향을 받은 청소년들이다.

④ 진짜 영국인

이들은 중산층 가정의 학생들로 학교공부에 양가적 태도를 지니고 있기 때문에 가장 골치아픈 집단으로 인식된다. 이들 학생들은 우월한 '문화의 중재자'임을 자처하며, 취업을 위해 노동시장으로 진입하는 것을 원하기 때문에 '진짜 영국인'의 남성다움은 노력 없는 학업성취라는 외양적 명분이 관건이다.

우리의 교육현실에서 이러한 분류가 그대로 적용되기는 어려울 것이다. 하지만 남성다움의 형성이 어떻게 학교에서 이루어지는가에 대해서는 시사하는 바가 있다. 그리고 전통적인 유교적 사상이 아직도 의식의 저변에 잔

존해 있는 우리 한국사회의 경우 이성애적 규범과 가치는 예로부터 자연발생적인 것으로 강조되어 왔으며, 종교계통 학교인 미션스쿨에 있어서도 이성애적 남성다움을 구축하는 데 나름대로 강력한 영향력을 발휘해왔다고 보여진다.

그러나 우리가 청소년들의 건강한 성문화 형성을 위해서 한 가지 간과해서는 안 될 사실이 있다. 그것은 바로 성적 다양성을 인정해 주고 받아들여 주는 체제가 현재 우리 교육의 현실에서는 전혀 고려되고 있지 않다는 사실이다. 최근의 빈번한 '커밍아웃' 선언을 통한 트렌스 젠더의 신상고백을 통하여 알 수 있듯이 우리 사회, 특히 학교사회에서는 이러한 성적 표현의 다양성을 무시하는 경향이 절대적이며 마치 당연한 것으로 받아들여지고 있는 것 같다. 다소 여성적인 성향을 보이는 학생들이라면 동료사회에서 여자취급을 받고 놀림을 받으며 발전하여 이른바 '왕따'의 대상으로 되는 현실이 비일비재하다.

그런데 문제는 이들 성적 소수자들도 엄연히 우리 사회의 구성원이며, 우리와 세대를 함께 살아나갈 동질체적 존재라는 사실임에도 불구하고 여전히 비정상적 관심의 대상으로 전락하고 있다는 사실이다. 따라서 이러한 일군의 이성애적 가치와 규범을 강조하는 분위기는 젊은 게이 청년과 양가적 성향의 성적 불균형을 가지고 있는(트렌스 젠더) 청년에게는 젠더와 성적 정체감의 구축에 어려운 '성적 혼란과 이율배반감'을 야기함으로써 우리 사회의 동질적 구성원으로서 배제되고 소외되는 현상을 초래할 수 있다는 사실을 우리는 맥 엔 게일의 연구에서 시사 받을 수 있을 것으로 본다.

7) 권력과 섹스의 관계 - 미셸 푸코의 관점

푸코(M. Foucault)의 『성의 역사, 1, 2 3권, 2004』에서 탐구의 관건은 권력의 이론적 논의가 아니라 권력의 분석론이다. 권력이 무엇이며 누구에게 나오는가 보다는 권력관계가 형성하는 특수한 영역의 규정과 그 영역을 분석하게 해주는 도구의 결정 쪽이다. 즉, 권력의 메커니즘이며 그것에 필요한(메커니즘이 작동하는 무대) 장치를 이야기하고자 한다. 그러나 그의 이러한 권력분석론을 받아들이기 위해서는 우선 그동안 가져왔던 권력의 어떤 표상으로부터 우리의 인식이 해방되어야 한다.

푸코는 서양사에 깊이 뿌리를 박고 있는 이러한 표상의 특징에 대해 이야기한다.

첫째, 권력과 섹스 사이의 관계를 부정적 방식으로만, 즉 거부, 배제, 거절, 차단 또는 은폐나 가면에 의거해서만 인식하는 '부정적 관계'로서의 표상이 있다. 결국 권력은 섹스와 쾌락에 대해 아니라고 말하는 것 외에는 어떤 것도 할 수 없게 되는 것이다. 아마 이 생각이 '성의 해방'을 그토록 주장하게 만들었을 것이다.

둘째, 권력은 본질적으로 섹스에 대해 법을 강요하는 것이다. 이것은 우선 섹스가 권력에 의해 이원적 체제, 즉 합법과 비합법, 허용과 금지 아래 놓인다는 것을 의미한다. 이는 물질과 영혼, 자연과 이성, 객체와 주체, 상부구조와 하부토대 등 이원적 대립의 연속선상에 있는 권력에 대한 이해일 것이다.

셋째, 권력은 금지에 의해서만 섹스를 속박할 뿐이다. 과연 권력은 섹스를 움츠러 들게만 했을까? 푸코의 계보학적 탐구는 그렇지 않다는 것을 밝히는 것이다.

넷째, 검열의 논리가 작용한다는 것이다. 허용되어 있지 않다고 단언하고, 이야기되지 않도록 방해하며, 존재한다는 것을 부정하는 형식이다. 이것이 바로 검열의 논리라는 것이다.

다섯째, 섹스에 대해서는 권력이 모든 층위에서 동일한 방식으로 행사될 것이다. 위에서 아래로 권력의 전반적인 결정이 권력이 기대는 기구나 제도가 무엇이건, 권력이 마치 균질한 덩어리처럼 획일적으로 작용할 것이다. 권력은 어쨌든 법적인 형태로 도식화되고, 권력의 효과는 복종의 형태로 나타난다.

그러나 푸코의 시선은 위와 같은 권력이 섹스를 억압한다는 일반적 주제나 욕망을 구성하는 법의 관념 아래서나 동일하게 나타나는 이상한 점을 비판한다. 그것은 바로 권력이 거의 '부정'의 힘밖에 없어 보이며, 권력이라는 것이 수단도 빈약하고 사용하는 전술도 단조로우며 창의력이 없고 언제나 되풀이 되는 운명으로 착각된다는 것이다. 그런 '권력'이라면 그만큼 '해방'도 쉬워야 하는데 우리의 현실에서 구현되지 않는 까닭은 무엇인가? 바로 푸코의 물음인 것이다.

권력은 바로 권력 자체의 중요한 부분을 감추는 조건 아래에서 용인될 수 있는 것이다. 권력의 성공은 권력이 이루어지는 그 메커니즘을 얼마나 잘 은폐하는지에 달려 있다. 그래서 권력은 언제나 비밀로 가득차 있는 것이다. 욕망을 제어하는 요소가 있다고 믿기에 권력을 받아들이는 것이다.

중세부터 19세기까지 발전된 중요한 권력제도, 특히 군주제의 권력을 불법 쪽에 무게를 두고, 즉 전횡, 남용, 변덕, 선의, 특권과 예외 등으로 바라보는데 익숙해 있다. 그러나 군주제는 기본적으로 법체계로 구축되었고 법의 이론을 통해 성찰되었으며 자체의 권력 메커니즘을 법의 형태로 작용하게 했다는 그러한 역사적 특징을 무시하는 것이다.

이제 이러한 권력 메커니즘은 18세기부터 인간의 생명, 살아 있는 생명체로서의 인간을 떠맡는 권력 메커니즘으로 변하게 된다. 이 새로운 권력과정은 당위성이 아니라 기법(테크닉)에 따라, 법이 아니라 규격화에 따라, 징벌이 아니라 통제에 따라 작동하며, 국가와 국가기관의 한계를 벗어나는 차원과 형태에 작용하게 된다. 푸코는 바로 이 점에 주목하고 있는 것이다.

푸코는 이제 새로운 시각을 제시한다. 성의 역사, 섹스에 관한 담론과 권력의 역사적 관계를 연구함에 있어 권력의 법적이고 부정적인 표상을 벗어던지자고 제안한다. 또한 법, 금기, 자유, 통치권의 관점에서 보아왔던 그리고 소유의 개념으로만 보아왔던 권력에 대한 사유를 단념하자고 말한다. 그래서 성의 역사도 이제 섹스가 금지와 차단의 방식이 아닌 어떤 메커니즘이나 전술 그리고 장치에 의한 것일까를 탐구해야 한다고 말한다.

예를 들어, 군주의 최고권력은 생사여탈권이었다. 그러나 성의 장치에 의해 권력은 이제 살아있는 생명체로서의 인간을 관리하고자 하는 집요한 욕구를 드러내며 수많은 메커니즘을 산출하게 된다. 섹스는 가족을 둘러싼 관계망,

즉 인구, 출생률, 사망률, 건강, 수명, 장수 등의 담론으로 포위되고 그곳엔 의학, 위생학, 정신분석학, 교육학 등의 미시권력이 자리잡게 되는 것이다.

4. 청소년과 단체문화

1) 단체문화의 개념

단체란 '공동의 목적을 가지고 결합된 두 사람 이상의 모임'을 의미한다. 보다 구체적으로 단체는 '공동의 목적을 이룩하기 위하여 의식적으로 결합된 두 사람 이상의 집단'이다. 여기서의 집단이란 '개인이 모여서 이룬 통일체'를 말한다.

단체와 유사한 의미로 쓰이는 용어들로는 두레, 동아리, 떼, 조직, 그룹 등이 있다. 동아리는 '같은 목적으로 패를 이룬 무리'를 가리키고 떼는 '무리'와 같은 말로서 '어떤 일을 함께 하는 사람들'을 가리키며 조직(organization)은 '단체 또는 사회를 구성하는 각 요소가 결합하여 유기적 작용을 하는 통일체'를 가리킨다. 또 결사체(association)는 법률용어로서 '많은 사람이 공동의 목적을 이루기 위해 결성한 단체'를 가리키며 그룹(group)은 '동아리', '집단'과 동의어로 사용된다.

청소년기본법에서는 '청소년육성을 주된 목적으로 설립된 법인 또는 대통령령이 정하는 단체'를 '청소년단체'로 정의하고 있다. 여기서의 청소년 육성이란 '청소년의 복지를 증진시키고 청소년의 수련활동을 지원하며 청소년교류를 진흥하고 사회여건과 환경을 청소년에게 유익하도록 개선하여 청소년에 대한 교육과 상호 보완함으로써 청소년의 균형있는 성장을 돕는 것'을 말한다.

한편 고등학교 교육과정 중 특별활동의 한 부분인 '단체활동'에서의 '단체'는 '청소년단체'의 의미이다. 청소년단체의 활동은 학교교육 이외의 교육에서도 찾아볼 수 있지만 고등학교 교육과정에 포함되어 있는 특별활동의 일환인

단체활동은 어디까지나 학교교육 안에서의 통합된 교육활동을 가리킨다. 넓은 의미로 보면 고등학교의 교육활동 자체가 단체활동의 성격을 지니고 있다고 말할 수 있다. 그러나 특별활동의 활동영역들 중의 하나인 단체활동은 다른 활동영역인 학급활동, 학교활동, 클럽활동과 구별되는 활동으로서 그 안에 극기활동, 탐사활동, 안전구호활동, 지역사회봉사활동 등을 포함하는 활동이다.

단체문화는 학생들에게 개성과 잠재력을 최대한 발휘할 수 있는 기회를 제공하며 그들의 자율적인 활동을 촉진시키는 기능을 한다. 동시에 단체문화는 모든 교사의 참여와 지역사회의 인적 자원을 교육적으로 최대한 활용하는 계기를 마련해 준다. 뿐만 아니라 교사가 학교 내외에서 학생들의 교과지도와 생활지도를 통합교과로 지도함으로써, 보다 효과적으로 보완하고 심화할 수 있는 기회를 제공해 줄 수 있다. 이처럼 단체문화는 가정교육, 학교교육, 사회교육을 연계시켜 주는 기능을 함으로써 현재 우리 사회에서 추구되고 있는 교육개혁의 선도적 위치를 차지하게 될 것으로 기대되고 있다.

2) 단체문화의 특성과 교육적 의의

(1) 단체활동문화의 특성

단체활동은 중학교 과정에서의 봉사와 관련된 활동을 흡수할 뿐만 아니라 고등학교 학생의 발달단계에 맞추어 보다 폭넓은 집단활동의 체험을 통해 강인한 의지력과 사회 적응력을 향상시키도록 하기 위하여 독립된 영역으로 신설되었다.

단체활동은 교과활동과 상호 보완적 관계를 가지고 심신의 조화로운 발달을 도모하기 위하여 실시되는 교과 이외의 교육활동인 특별활동 영역의 하나이다. 단체활동은 자율적인 집단활동을 통하여 공동체 의식과 봉사정신을 지닌 민주시민을 기르는 데 중점을 두고 원만한 인간관계를 형성하게 하는 데 힘쓰며 다양한 자기표현의 기회를 마련하여 개성과 소질을 계발·신장하고, 건전한 취미와 문화적 기초 소양을 가지게 하여 여가를 잘 선용할 수 있는 능력을 기르고자 하는 목표를 설정하고 있다는 점에서 특별활동이 지닌 일반적 특성을 공유한다. 그러나 단체활동은 특별활동의 다른 활동영역인 학급활동, 학교활동, 클럽활동과 구별되는 특성도 지니고 있다.

첫째, 단체활동의 성격이 정적이냐 동적이냐에 따라 활동장소가 달라질 수 있고 학생집단의 규모, 연령, 그리고 계절에 따라서도 달라질 수 있으며 집단 구성원들의 욕구에 따라서도 달라질 수 있다. 그러나 청소년의 단체활동은 활동이 이루어지는 장소가 어디에서든지 학교의 교과교육과 상호 보완적 연계성을 가지고 실시되어야 한다. 왜냐하면 대부분의 청소년의 삶은 학교문화와 긍정적이든 부정적이든 연계되어 있기 때문이다.

둘째, 단체활동은 운영상 특별활동의 다른 하위활동 영역과 마찬가지로 학급단위의 개별적 활동도 가능하지만 학년단위 또는 학교 전체, 나아가서는 여러 학교가 연합하여 이루어질 수 있는 대규모 활동이라는 특성도 있다. 학급활동이 학급단위, 학교활동이 학교단위, 클럽활동이 클럽단위로 이루어지는 반면, 단체활동은 집단단위로 이루어진다. 따라서 단체활동은 계획과 실천면에서 학급이나 학년단위 활동보다 규모에서 다르기 때문에 계획단계에서부터 진행, 평가는 물론 소요되는 예산의 규모와 지도자 및 시설 등 세밀한 준비가 요망된다.

셋째, 단체활동은 원칙적으로 특별활동의 다른 하위활동 영역들과 마찬가지로 학생들의 자발적, 민주적, 자율적인 활동에 의하여 주도되어야 하겠지만 실제에 있어서는 학생들의 개성, 취미, 능력을 고려하여 교사들의 적극적인 조력자, 안내자, 방향 제시자의 역할수행이 있어야 한다. 학교의 단체활동은 클럽활동과는 달리 활동내용을 학생들이 자유롭게 선택한 것이 아니라 의무적으로 부과된 것이며 학생들의 희망에 의해서가 아니라 필수적으로 참여하게 되어 있다. 단순히 소질계발이나 여가선용을 위한 개별적 활동이 아니라 강인한 의지와 인내력, 사회적 책임감을 길러 주기 위하여 전체 학생들이 단체적으로 하는 통합적 교과활동이라는 것이 특징이다.

넷째, 단체활동은 학생집단 전체의 특성과 학교의 학습환경, 그리고 지역사회의 인적·물적 자원의 여건을 충분히 고려하지 않고서는 활동이 성공할 수 없다는 특성이 있다. 또 지역사회의 모든 유관기관과 긴밀한 협조체제가 이루어져야 하며, 지역사회의 물적 자원인 시설과 인적 자원으로 특히 자원인사를 충분히 활동해야 한다.

다섯째, 단체활동은 바람직한 성과를 얻기 위한 교육활동이지만 활동 중에서 예상되는 저해요인들을 고려하여야 한다. 예를 들면, 인적·물적 사고, 질환, 교통소통의 마비, 자연의 훼손, 시설의 파괴, 지역주민과의 마찰 등 의도하지 않은 장해요인이 있는 활동이라는 특성이 있다. 따라서 단체활동을 전개하기 전에 학생과 교사는 그에 필요한 사전 준비를 철저히 하여 최대한의 성과를 거두도록 노력해야 한다. 야영장소의 사전 답사 등은 성공적인 단체활동을 위한 하나의 준비과정으로 좋은 사례가 된다.

(2) 단체문화의 교육적 의의

단체문화는 시대적·사회적 변화에 따라 청소년들이 지닌 편협한 이기적 사고와 생활태도, 물질 만능주의, 무절제한 쾌락 추구, 인간성 상실 등의 문제점을 해결하기 위하여 학생의 발달 특성을 고려하여 극기, 탐사, 안전구호, 지역사회봉사 등의 집단적 활동체험을 가지게 함으로써 호연지기와 공동체 의식을 기르는 데 역점을 둔 활동영역이다.

단체문화에 참여한 학생들은 단체문화에 참여하지 않은 학생들보다 사회적응력에서도 의지력이 강하다. 이러한 의식과 능력은 심신의 조화로운 발달을 돕고 학생들의 자기관리능력을 신장시켜 민주시민에게 필요한 기본적 자질을 기르는 데 필수적인 요소이다.

학생이 자신의 적성을 발견하고 그것을 신장시키는 교육활동은 개인차를 고려함으로써 제대로 이루어질 수 있다. 그러나 그러한 개인차의 고려와 더불어 사회성의 개발은 현대교육의 중요한 측면으로 부각되고 있다. 단체문화는 개인차의 고려라는 측면과 더불어 사회성의 개발이라는 측면을 조화시킬 수 있는 교육활동 영역이다.

학생의 자율성과 자발성이 강조되면서도 집단 전체의 목적을 달성하는데 필요한 협동성, 자주성, 책임감, 소속감, 희생·봉사 정신, 호혜·평등 정신 등

민주시민으로서의 자질을 획득하는 일이 중시되는 것이 단체문화이기 때문이다.

단체문화를 통하여 학생들은 공통의 목표를 계획하고 제안하며 집단 속에서 규율을 지켜가며 함께 실천하고, 활동의 결과에 대하여 공동으로 책임을 지게 된다. 또 집단규범의 실천을 통하여 실질적인 공동체 의식을 체험하게 한다. 교과중심의 교실수업은 지적인 측면에만 초점을 둘 수밖에 없지만 단체활동은 학생들이 자율적으로 집단활동에 참여하여, 공동의 목표를 달성하기 위해 서로 협력하고 맡겨진 각자의 역할을 수행함으로써 조화로운 인간교육 및 전인교육에 기여한다.

한 인간이 교육에 의해서 지적인 면이나 기능적인 면에서 탁월성과 천재성을 갖추게 되었다고 하더라도 그가 도덕적 성품을 구비하지 못하였을 때에는 가정, 사회, 국가의 발전에 크게 기여할 수 없다. 또 심신이 질병에 시달리고 있다면 그 인간은 아무런 가치가 없다. 그래서 인간은 심신의 균형발달, 덕·체·지의 조화적 발달, 앎과 행동의 일치, 즉 전인교육이 고대에서 현대에 이르기까지 교육의 가장 기본적인 목표가 되어 왔다. 단체문화는 다양한 활동을 통하여 원만한 인격형성뿐만 아니라 신체적, 지적, 정서적, 사회적 발달로 조화로운 인간을 육성하는 데 도움을 주는 것을 궁극적인 활동목표로 하고 있다.

또 단체문화는 인간의 창의성 계발에 많은 도움이 된다. 창의성이란 과거 경험의 단순한 재생이 아닌 새로운 문제해결의 방법과 태도를 가리킨다. 창의성은 누구에게나 있는 사고력이지만 특히 학생들에게는 빼놓을 수 없는 능력개발이며 교육에서도 단순한 재생산 과정에 포함된 능력이 아닌 창조적 사고력을 중요시하고 있다. 단체활동에서의 참여는 부분적으로 의무적이기는 하지만 학생들의 자발성과 능동성을 강조하기 때문에 참여하는 학생들은 개인의 잠재능력을 최대한으로 발휘할 수 있는 좋은 기회가 될 수 있다. 따라서 단체활동에 학생들을 참여시키는 것은 창의성을 기르는 데 좋은 교육방법의 하나라고 볼 수 있다.

단체문화는 바람직한 인간관계 형성에도 기초적 도움이 된다. 사람은 혼자서는 살아갈 수 없고 반드시 다른 사람과 어울려 살아야 한다. 그래서 많은 학자들은 인간을 '사회적 동물'이라고도 한다. 아무리 개인이 훌륭하다 하더라도 다른 사람과 어울려 살 수 없거나 협동 없이는 결코 개인, 집단, 사회, 나라의 발전을 기대하기는 어렵다. 한 집단과 사회가 협동, 화목, 단합하기 위해서는 무엇보다도 그 사회 구성원들이 마음의 문을 활짝 열고, 타인을 남이 아닌 모두 가족과 같이 여기는 공동체 정신이 형성되어야 한다. 단체활동을 통한 음악, 율동, 놀이, 수련, 연극, 국제교류 등 인간의 사회성 발달은 활동 속에서 활동과 더불어 이루어진다.

단체문화는 지도성을 길러준다. 지도성이란 여러 개인을 일정한 목표달성에 이르도록 이끌어주는 작용이라고 볼 수 있으며 또 각 구성원이 지도자의 적절한 지도를 받아들여서 자발적인 기능을 수행하게 만드는 힘이라고도 할 수 있다. 이러한 지도성은 그 기본 조건으로 조직력, 추진력, 통솔력 등을 필요로 한다. 단체문화가 잘 이루어지기 위해서는 각 구성원들 간의 탁월한 지도성이 요구되며 참여자들은 단체활동을 통해서 지도력을 몸에 익히게 된다.

단체문화는 건전한 이성교제를 할 수 있는 능력을 길러 준다. 청소년기의 올바른 성적 성숙과 성에 대한 올바른 이해는 중요한 과제들 중의 하나이다. 그러나 우리의 학생들은 성(性)에 대하여 올바로 이해하지 못하고 있다. 그러므로 청소년들의 음성적인 이성교제는 심각한 사회문제로 대두되고 있다. 그러나 부모가 원하든 원하지 않든 간에 학생들의 이성교제는 더욱 증가할 것이다.

단체문화에서 각 학생 구성원은 남녀 간, 연령 간에 특별한 구별 없이 활동하므로 활동을 통하여 자연스럽게 친구, 오빠, 누나, 동생과 같이 대하게 된다. 단체문화를 통하여 서로 대화하고 활동하는 가운데 자연스럽게 이성을 이해함으로써 성장하여 건전한 남녀관계를 형성할 수 있다.

단체활동은 건전한 여가생활을 할 수 있는 능력을 길러 준다. 또 여가시간을 건전하게 보낼 수 있게 하며 놀이와 대화를 통해서 서로 간의 심리적 갈등을 이해하고 해결할 수 있는 능력을 기르게 한다. 산업화 과정을 거치면서 인간에게 여가선용이 얼마나 중요한 의미를 가지고 있는지 재조명할 필요가 있다. 대부분의 청소년 문제가 여가시간에 발생한다고 볼 때 건전한 여가문화 형성은 자라나는 청소년들에게 매우 중요한 의미가 있다.

이 밖에도 단체문화에 참여함으로써 세대 간의 갈등, 지역 간의 갈등, 계층 간의 갈등해소 등 다 소개할 수 없는 긍정적인 의미를 가지고 있다. 결론적으로 미래지향적이고 국제화, 개방화에 대비하는 심신이 건강한 청소년 지도를 위해서 앞으로 모든 청소년들이 단체활동을 의무적으로 참여할 수 있도록 하는 제도적인 장치가 필요하다.

3) 단체문화의 문제점 및 개선방안

첫째, 청소년단체들의 활동에 대한 과학적인 평가가 이루어지지 못하고 있다. 구체적으로 청소년단체들의 설립배경, 목적, 주요 사업, 구조, 예산정도 등에 관하여 정확하고 과학적인 평가가 이루어지지 못하고 있다. 이러한 평가체제가 미비한 관계로 더러는 재정적 자립능력이 있는 단체는 지원을 받고 영세한 단체이면서 지원을 받지 못하는 경우도 있다. 따라서 정부나 청소년단체협의회에 의하여 기존의 청소년단체들을 평가할 수 있는 틀을 마련하여 좀더 과학적이고 객관적인 평가를 실시해야 한다.

둘째, 청소년들이 단체활동을 할 수 있는 여건이 조성되어 있지 않다. 현행 입시제도하에서는 아무리 훌륭한 청소년정책을 마련하고 좋은 시설, 지도자, 프로그램이 개발된다 하여도 청소년 단체문화의 활성화가 어렵다. 특히 학생들의 단체문화 실태분석에서도 나타난 바와 같이 초등학교·중학교·고등학교로 올라갈수록 상급학교 진학준비 때문에 청소년 개인 및 단체활동이 활성화되기란 거의 불가능하다. 현행 교과중심, 지식위주, 입시위주의 교육풍토와 상급학교 진학을 절대 목표로 하고 있는 오늘의 교육현실에서는 단체활동을 할 수 있는 시간적·정신적 여유가 없는 실정이다. 최근 정부가 학생들을 입시지옥에서 해방시켜 학교수업을 교과중심으로 정상화하려고 노력을 하기도 하고 단체활동 등 사회봉사활동을 내신성적에 반영하고 있는 것은 크게 환영

할 일이다.

셋째, 대부분의 단체들이 재정적 여건의 취약성을 가지고 있다. 청소년단체가 공인단체, 재정 소비단체, 투자단체라고 하여도 최저 운영을 할 수 있는 재정지원이 있어야 한다. 독일의 경우 수백 개의 청소년단체가 있는데 각 단체의 시설, 인건비, 사업경비 등 전체 운영비의 65~70%를 중앙정부, 지방정부 등에서 지원을 해주고 있다. 우리나라는 지원도 적고, 까다로운 지원절차 과정 등으로 인해 여전히 취약한 재정구조를 갖고 있다. 앞으로 정부에서 청소년 진흥기금 등을 확보하여 기존 청소년 회원단체와 비회원단체들의 재정적인 지원을 확대해나가야 한다.

넷째, 학교중심 및 활동 청소년의 제한성 문제이다. 청소년 단체문화의 큰 문제 중의 하나는 단체문화에 참여하는 청소년들이 절대 부족하다는 점이다. 학교나 사회에서 선택된 특정 청소년만 단체활동을 하고 성적이 뛰어나지 않고 가난하고 소외된 청소년들은 단체활동을 하고 싶어도 못하고 있는 실정이다. 우리나라는 19~24세를 기준으로 전체 청소년 중에서 15.6%가 단체활동에 참여하는 것으로 되어 있다. 이는 스웨덴 70%, 독일 25%(스포츠단체까지 합하면 70%), 덴마크의 전체 청소년의 단체활동에의 참여율과 비교해 볼 때 너무 차이가 많다. 청소년 단체활동도 학생 청소년 중심으로 편중되어 있다. 일반인, 재수생, 근로청소년, 특정 시설에 수용된 청소년들의 단체활동은 엄두도 내지 못하고 있는 실정이다.

따라서 모든 청소년들이 단체문화에 참여할 수 있도록 제도적 및 정책적인 장치가 필요하다. 특히 성적이 뛰어나지 않고 가난한 청소년들에게도 단체활동을 할 수 있는 기회가 주어져야 한다.

다섯째, 기업인들과 청소년단체와의 자매결연이 맺어지지 못한 데 있다. 이에 따른 구체적인 방안은 한 기업과 한 단체의 자매결연제도, 즉 한 단체의 모든 재정적인 지원을 한 기업이 맡아서 하는 제도 등을 도입하는 것이다. 즉, 청소년단체에 기업이 참여하면 기존 청소년단체는 획기적으로 활성화될 것이며 나아가 새로운 청소년단체가 많이 창단될 것이다. 이는 정부의 적극적인 행·재정적인 지원이 뒤따라야 한다.

여섯째, 지역사회와 청소년 단체문화 간의 단절성을 들 수 있다. 구미 여러 나라에서는 청소년 단체활동이 지역사회 중심으로 실시되고 있다. 특히 독일의 경우, 청소년청 설립의 법적 근거에 의하여 독자적인 청소년청(Jugendamt)이 중앙 및 시·도 단위까지 설치되어 개인 청소년활동, 청소년운동, 청소년 단체활동을 적극 지원해 주고 있다. 이는 학교교육의 울타리를 벗어나 지역사회 청소년들의 욕구와 문제를 해결하기 위하여 청소년운동이나 청소년 단체활동이 이루어져야 한다는 것을 시사해 주고 있다.

구체적인 대안으로 지역사회 또는 행정단위로 청소년단체를 조직하여 전국적인 협력체제를 구축해야 한다. 이는 앞으로 지방자치제를 대비하거나 지역 기업인 및 독지가의 참여를 유도하는 데에도 크게 도움이 될 것이다.

일곱째, 지도자의 부족과 전문성의 결여이다. 청소년단체의 지도자는 학교외 평생교육 지도자로서 학교교육처럼 단순히 지식을 전달하는 사람이 아니고 청소년을 올바로 이해하고 지도할 수 있는 전문적인 지식, 지도능력, 품성 등을 갖추어야 한다. 그리고 청소년단체 지도자는 조력자, 정보 제공자, 전문가, 격려자, 조정자 또는 교사로서의 자질을 갖추어야 하며, 모든 단체문화의 프로그램을 기획, 편성, 진행, 분석, 평가, 지도할 수 있는 지도자가 되어야만 한다.

청소년지도인력의 전문성을 위하여 전문지도자의 양성은 물론, 그들을 청소년단체에서 실질적으로 흡수해야 한다. 구체적인 대안으로는 각 단체 및 정부가 기존 지도자들의 연수, 새 지도자의 양성, 그리고 자원 봉사자들의 참여 유도 등을 적극적으로 펼쳐 나가야 한다.

여덟째, 청소년단체의 유형이 다양화되어 있지 못하다. 외국 청소년단체의 유형을 보면 정당 청소년단체를 비롯하여 여가, 예술, 노동, 놀이, 독서, 음악, 춤, 수공업, 여행, 사진, 공무원, 군인(독일의 경우 약 300종류) 등 매우 다양하다. 이러한 단체는 중앙·지방단위 조직이 대부분이다. 이는 전체활동이 어떤 특정 분야나 특수한 집단만을 위한 활동이 아니고 모든 청소년이 참여하도록 제도적으로 유도하여야 한다는 것을 시사해 주고 있다.

그러나 우리나라의 청소년 단체문화는 학교나 선택된 대도시 중심이고 그

종류도 다양하지 못하여서 소외되고 생활이 어려운 청소년들이나 농어촌의 청소년들에게는 단체문화의 기회가 거의 주어지지 못하고 있는 실정이다. 따라서 앞으로 정부와 민간단체 등의 주도로 다양한 유형의 청소년단체를 늘려 나가도록 노력하여야 한다.

아홉째, 청소년 단체문화 프로그램의 빈약성을 들 수 있다. 문화관광부와 한국청소년개발원 등에서 여러 프로그램을 개발하고 있기는 하지만 아직도 기존 프로그램의 유사성과 단순성을 탈피하지 못하고 있다. 현대 청소년들은 개별성, 개인의 잠재능력을 발휘할 수 있는 프로그램을 원한다. 개성이 각기 다른 청소년들에게 다양한, 즉 뷔페식 프로그램을 개발하여 개인의 취미, 단체의 성격, 공간, 기간, 지역의 특성 등에 맞는 프로그램을 자율적으로 선택하여 활동할 수 있는 다양한 프로그램의 개발이 요청된다.

따라서 각 단체가 활동하고 있는 프로그램을 상호교류하고 현재보다 다양한 프로그램을 개발할 필요가 있으며 프로그램 개발과정에서 청소년들의 고유한 욕구를 제대로 반영하도록 해야 한다.

5. 청소년의 여가문화와 언어문화

1) 청소년과 여가

(1) 청소년과 여가문화

① 여가의 중요성

청소년기는 사춘기에서 성인기로 이어지는 과도기에 속하는 시기로서 신체적 · 정신적 · 사회적으로 건전한 발달 및 성숙이 요구된다. 따라서 국가와 사회의 장래를 좌우할 청소년이 건전하게 성장할 수 있도록 도와주고 바르게 선도 · 육성하는 것은 사회의 중요한 책임이다.

또한 청소년은 미래사회와 국가에서 중심적 역할과 위치를 담당하게 될 중요한 인적 자원일 뿐만 아니라 전체 인구에서 차지하는 청소년 인구의 비율이 25%를 상회하고 있어, 청소년을 어떻게 건전하게 육성하느냐 하는 문제는 국가장래를 가늠하는 중요한 과제가 되고 있다. 그러나 오늘날 우리 청소년들은 무관심과 방치 또는 잘못된 이해와 지도 등으로 문제행동이 심화되어 사회문제화되고 있고, 특히 학교는 비정상적인 교육으로 인하여 교육현장은 교육의 병폐 및 위기를 실감하고 있으며 이로 인한 교육·사회 병리현상이 만연되어 심각한 지경에 이르고 있다.

일반적으로 청소년의 문제행동의 발생요인은 개인적 요인과 환경적 요인으로 구분되며 환경적 요인은 가정, 학교, 사회로 구분될 수 있는데 이러한 환경과 청소년 비행이 많은 관련을 갖고 있는 것으로 보고되고 있다. 특히 청소년비행은 주로 여가시간에 일어나며 또한 여가시간이 많을수록 청소년비행이 많이 발생한다는 연구결과들에 따라서 여가교육에 대한 문제가 중요하게 거론되고 있다(Godbey, 1978). 청소년 문제의 해결책을 제시하는 거의 모든 연구들은 청소년의 휴식공간, 놀이공간, 놀이활동 등의 문제를 제기하고 있다. 외국의 예를 보더라도 성적이 우수하고 적극적인 활동을 하는 학생들이 여가를 잘 이용하며 레크리에이션을 즐기는 경향이 있다.

또한 최근 한국사회는 탈산업화, 국제화, 정보화, 민주화 사회로 급속하게 변화해가고 있으며 이러한 사회는 다양한 경험과 자기표현력을 가진 개성있는 청소년을 요구하고 있는데 이러한 다양한 경험은 여가선용을 통해서 이루어질 수 있다. 건전한 청소년 육성은 지적인 활동뿐만 아니라 지·덕·체가 고루 갖추어진 전인적 활동에 의해서만 가능하다. 따라서 여가의 이용은 성장기 청소년의 인격형성뿐만 아니라 사회적으로나 심리적으로 성숙한 개인의 완성에 지대한 영향을 미친다. 건전한 여가와 레크리에이션은 청소년들에게 신체적·심리적·지적 발달뿐만 아니라 능동적인 인간이 되게 하며 규칙을 지키고 공정성을 존중하는 습관을 기르게 한다. 더욱이 타인과의 관계에 있어서 협동적이고 지도력을 발휘할 수 있는 자질을 함양시켜 주며 소질을 계발하고 자신을 표현할 기회를 가질 수 있게 한다.

이와 같은 점에서 볼 때 여가문제는 청소년에게 중요한 문제가 아닐 수 없다. 즉, 청소년비행의 예방과 선도의 측면에서뿐만 아니라 자유롭고 풍요로우며 기쁨을 갖는 생활을 하게 하는 적극적인 의미로서 여가활동이 이해되어져야 하며 앞으로 성인이 되었을 때 긍정적이고 행복한 삶을 위해서도 여가에 대한 지도와 교육이 필요하다고 보겠다.

② 여가의 기능

문명은 그 근본을 노동에 의존하고 있으나 '인생의 아름다운 꽃은 여가시간의 선용에 따라 얻어지는 것이다'라는 말을 하는 사람도 있다. 즉, 자유시간을 어떻게 활용하는가에 따라서 행복한 인생이 되기도 하고 무미건조한 혹은 위험한 인생이 되기도 한다. 그러므로 자유시간의 활동은 직업활동과 같이 개인의 생활에 중요한 의의를 가지게 된다. 그리고 개인, 집단, 국가의 사람 됨됨이를 평가할 수 있는 척도가 되기도 한다.

여가활동은 첫째, 신체의 건강에 도움이 된다. 현대인은 과중한 업무로 인한 심신의 피로에 의해 건강을 해치는 수가 많은데 성인은 물론 특히 성장기에 있는 청소년에게 있어서는 여가시간을 이용한 적당한 운동이 한층 더 중요한 의미를 가지고 있다.

둘째, 정신건강에 도움이 된다. 인간에게는 무엇인가 만족되지 않으면 안 되는 기본적 욕구가 있는데 그것을 만족시키지 못하면 정서적으로 불안하게 되고 스트레스가 쌓이고 긴장상태가 축적되어 열등감, 무력감, 반항, 공격, 난폭, 폭언 등의 문제행동이 폭발해 사회의 비행대상이 될 가능성이 많은 것이다. 이와 같은 욕구불만에서 벗어나 인간을 명랑하게 하고 정신건강을 유지하는 것은 여가가 가지는 또 하나의 기능이다.

셋째, 사회성 발달에 공헌한다. 여가의 이용은 간혹 집단적으로 행하여지므로 거기에 따라 올바른 이웃애와 협력의 태도를 기르는 것이 되고 또 자기 자신을 알게 되며 규칙과 질서를 지키고 페어플레이를 존중해서 친절하게 타인을 대하는 등 바람직한 사회성을 형성하게 되는 것이다.

넷째, 재생산능력을 높일 수 있다. 여가활동 가운데에는 오히려 작업능률을 저하시키고 혹은 작업을 소홀히 하는 경향이 없는 것은 아니다. 그러나 여가를 이용한 에너지의 재충전을 통해 생산능률을 높이고 고도의 재생산능력을 창출하는 기능을 가진다.

이와 같이 여가활동은 정식적 · 신체적 피로를 풀어주며 새로운 힘을 가지고 일을 할 수 있도록 회복시켜 줄 뿐만 아니라 사회생활 속에서 받게 되는 스트레스나 욕구불만 · 갈등 · 좌절감 · 정서적 불안 등을 해소시켜 줌으로써 정서적으로 안정을 찾을 수 있도록 해준다. 또한 여가활동을 통해 우리는 사회생활을 영위하는 데 필요한 사회적 역할수행의 기술을 터득할 수 있고 조화로운 인간관계를 형성할 수 있는 능력과 기술을 터득함으로써 타인과의 원만한 공동생활 속에서 문화적 유산을 계승하고 새로운 문화를 창조할 수도 있게 되는 것이다.

③ 여가의 교육적 의의

첫째, 청소년 여가활동은 평생교육을 통하여 우리 청소년들에게 학교공부에서 오는 비교와 입시, 평가경쟁의 강박관념과 그에 따르는 메마른 정서생활의 균형을 바로잡게 하고, 여가시간을 순기능적으로 보낼 수 있는 경험을 쌓고 건전한 여가생활을 할 수 있는 능력을 스스로 개발하며 공동으로 행해지는 활동을 통하여 협동하고 양보하는 기풍을 가정, 학교, 사회로 넓혀감으로써 밝고 희망찬 지도적, 창조적, 탐구적, 자발적인 인격을 기르고 마음의 문을 활짝 열게 하여 누구와 어디에서도 대화할 수 있는 능력을 길러준다.

둘째, 청소년의 여가활동은 좋은 인간관계를 형성케 한다. 좋은 인간관계 형성을 위해서는 타인의 견해와 의견을 이해하고 서로 존경하면서 상부상조하는 일이 필요하다. 레크리에이션 및 스포츠 활동 등의 여가활동은 대부분 여러 사람들이 어울려서 즐기는 활동이므로 우월감이나 편견, 초조, 긴장감 등보다는 친선, 우정, 이해, 협조의 분위기가 조성되면서 인간관계를 맺게 된다. 즉, 여가활동은 사회활동을 원활하게 하며 원만한 인간관계를 형성하는 데 좋은 역할을 하고 있다. 청소년들은 집단활동을 좋아하므로 그들의 집단활동을 위해 다양한 여가활동의 기회를 마련·제공하는 것이 인간관계를 보다 바람직한 방향으로 이끌어 줄 수 있다.

셋째, 청소년의 여가활동은 그들의 긴장과 스트레스를 해소시켜 준다. 인간에게는 누구나 현실도피 욕구가 있으며 특히 청소년은 가장 감수성이 예민하고 사회의 영향을 민감하게 받아들이므로 이 욕구가 강하다. 청소년들은 사회에 대한 불만, 기성세대에 대한 불신, 욕구불만, 심리적 압박에서 벗어나고 긴장과 스트레스의 배출구를 모험, 여행, 오락 등에서 찾고 있다. 다행히 여가활동은 사람의 마음을 즐겁게 하며 정신적 긴장을 풀게 하고 마음의 문을 열게 한다. 그러므로 여가활동을 통해 그들의 욕구를 충족시킬 수 있는 기회를 부여해 주기도 하고 신체적 발달, 인간관계, 학교공부 등에서 오는 스트레스를 해소시켜 주는 노력이 필요하다.

넷째, 청소년의 여가활동은 협동심을 길러준다. 사람은 이 세상에서 혼자서 살아갈 수 없고 반드시 다른 사람과 어울려서 살아가야만 한다. 한 집단과 사회가 잘 협동·단합하기 위해서는 무엇보다도 그 사회 구성원들이 모두 마음의 문을 활짝 열고 남을 남이 아닌 모두 한가족처럼 생각하는 공동체 정신을 형성해나가야 한다. 여가활동은 활동과정에서 자연스럽게 협동·공동체의식을 형성하게 한다.

다섯째, 여가활동은 창의성을 길러준다. 창의성은 과거의 경험의 재생에 의하지 않은 새로운 문제해결의 방법 및 태도를 의미한다. 교육에서도 단순한 재생과정에 포함된 능력이 아닌 창조적 사고력을 중요시하고 있다. 그러나 현실적으로 현재와 같은 규모가 큰 학교환경(과대학급, 과밀학급)과 획일적인 교육방법으로는 큰 효과를 가져올 수 없다. 창의성은 인간의 자유로운 성장과정 및 자발적인 활동이 이루어지는 여가활동을 통해 함양되어야 한다. 특히 여가활동은 청소년들이 자발적·능동적으로 그 활동에 참여하고 각 개인의 잠재능력을 최대한 발휘할 수 있으므로 창의성을 계발할 수 있는 가장 좋은 방법 중의 하나라고 볼 수 있다.

여섯째, 여가활동은 지도성을 길러준다. 지도성이란 여러 개인을 일정한 목표달성에 이르도록 이끌어주는 작용이라 볼 수 있으며 또한 각 구성원이 지도자의 적절한 지도를 받아들여서 자발적인 기능을 수행케 하는 힘이라고도 할 수 있다. 이러한 지도성은 그 기본 조건으로 조직력, 추진력, 통솔력 등을 필요로 한다. 여가활동은 활동이 이루어지는 그룹 또는 동아리가 동년배뿐만이 아니라 다양한 연령층으로 구성되기 때문에 여가활동을 잘 이끌어가기 위한 지도성이 연장자나 활동의 중심주체에게 요구된다. 청소년들은 활동과정을 통해 지도자의 위치를 다양한 형태로 자연스럽게 여러 번 경험하므로 충분한 지도력을 함양할 수 있다. 특히 캠프활동 등을 통하여 지도자로서의 조직력, 추진력, 통솔력, 창의력, 통찰력 등이 더욱 많이 길러진다.

일곱째, 여가활동은 전인교육에 역점을 둔다. 한 인간이 교육에 의해서 지적인 탁월성과 천재성을 갖추게 되었다고 하더라도, 그가 건전한 도덕적인 성품을 구비하지 못하였을 때 그러한 사람은 가정, 사회, 국가에 크게 기여할 수 없다. 또는 심신이 허약하여 질병에 시달리고 있다면 행복한 삶을 영위할 수 없다. 심신의 균형, 덕 · 체 · 지의 조화적 발달, 앎과 행동의 일치, 즉 전인교육은 고대에서 현대에 이르기까지 교육의 가장 기본적인 목표가 되기도 한다. 여가활동은 다양한 활동 프로그램을 통해서 인격형성과 인간애뿐만 아니라, 신체적 성장, 지적 성장, 정서적 성장, 사회성의 발달을 조화롭게 이룩하여 균형잡힌 인간을 육성하는 데 도움을 주고 있다.

여덟째, 여가활동은 건전한 이성관을 갖게 한다. 청소년기의 이성에 대한 애정발달은 성적 발달과 성숙에만 의한 것이 아니고 건전한 청소년기의 이성교제를 위한 중요한 과제 중의 하나이다. 많이 변화되긴 하였지만 현실적으로 대학입시를 위해 모든 여가활동이나 이성교제 등은 대학진학 후에 이루어져야 하는 것으로 여겨지므로 가정이나 학교, 사회에서 초 · 중 · 고등학생의 이성관계에 대해 긍정적인 이해 및 동의를 하지는 않는다. 문제는 부모의 이해나 동의를 구하지 않은 채 청소년의 이성교제가 음성적으로 행해지고 있으며 이성교제 시 지녀야 할 바람직한 자세나 태도 등을 알 수 있는 기회가 없다는 것이다. 따라서 부모와 교사 등이 이성교제를 인정하고 이해해야 하며 적절한 지도를 해주어야 한다. 여가활동의 경우, 각 구성인원이 남녀, 연령의 구별이 없으므로 서로 대화하고 활동하는 가운데 서로를 자연스럽게 친구, 오빠, 누나, 동생과 같이 대하게 되며 1 : 1 관계를 통해 편협한 이성교제를 하는 것이 아니라 여러 사람들과의 만남을 통해 자연스럽게 이성교제 방법을 배우게 되므로 부모·교사 등은 청소년들이 여가활동·단체활동을 통해 이성교제를 자연스럽게 할 수 있는 기회를 마련해 주어야 한다.

아홉째, 여가활동은 세대 간의 갈등을 해소시켜 준다. 현대사회에서는 대화가 없는 가정이 늘어났고, 가정이 안식처라기보다는 각자 자신의 피곤을 풀기 위해 모였다 헤어졌다 하는 일시적이며 일종의 물리적인 휴식장소로 전락하였다. 더욱이 빠른 속도로 변화하는 현대사회에서는 가치관의 급격한 변화에 따라 기성세대와 청소년 세대 간의 갈등 및 가치관 차이가 더욱 더 커지고 있다. 청소년들은 가족과 같이하는 놀이나 여가활동을 통해서나 대화를 통해서 서로 간의 세대 간의 갈등을 이해하고 해결할 수 있는 능력을 기를 수 있다.

열번째, 청소년 여가활동은 비행 및 범죄 예방에 도움이 된다. 스포츠, 레크리에이션 활동으로 여가시간을 보내는 청소년들은 범죄의 세계에 빠질 위험성이 적다. 청소년들이 좋아하는 취미활동을 통해서 자기표현을 할 수 있는 기회를 가지게 됨에 따라 삶에 보람을 느끼게 되고 욕구불만은 감소하게 된다. 다시 말해서, 여가활동은 바람직한 인격을 도야하는 데 도움이 되며 범죄와 비행을 예방하는 데 유용한 수단이기도 하다. 그러므로 청소년과 여가, 그리고 여가선용을 위한 레크리에이션은 단순한 놀이나 오락이 아닌 청소년들의 생활에 필수적인 목표로서 진지하게 취급되어야 할 것이다.

열한번째, 여가활동은 건전한 여가생활을 영위할 수 있게 한다. 산업혁명 이후 많은 직업이 생기고 노동을 기계가 대신함에 따라 사람들의 여가시간이 많아지게 되었다. 여가시간은 사회가 발달할수록 많아지며, 이러한 여가 시간의 증가는 우리나라에서도 현저하게 나타나고 있어, 여가의 효율적 활용은 새로운 교육적 문제로 대두되었다. 학교에서 단체 및 특별활동, 클럽 활동을 통하여 여가지도를 하고 있으나 매우 미흡하다. 여가지도는 학교 외의 시간을 활용케 하여 청소년들을 건전하게 지도함으로써 그들의 비행이나 일탈행위를 예방하고 여가활동은 다양한 활동으로 청소년들을 순화시킴으로써 개개인에게 학교생활에서 발견하지 못한 잠재능력을 개발해 주고 자발성과 창의성을 길러주므로 이러한 여가활동의 순기능적인 면을 평가절하해서는 안 될 것이다. 여가교육이 하나의 중요한 교육영역으로 자리잡아 청소년들이 여가를 올바로 선용하여 학교공부와 여가활동을 양립시킬 줄 알도록 이끌어주어야 할 것이고 보다 더 나아가 청소년문화의 발달에도 기여할 수 있도록 해야 할 것이다.

마지막으로 여가활동은 학교교육과 평생교육의 연계를 가져온다. 학교는 학생들만 이용하는 시설이라는 전통적인 고정관념의 인식과 틀에서 벗어나 방과후 학교시설 및 설비를 개방하여 「지역사회 문화센터」 역할을 수행하도록 해야 할 것이다. 학교교육의 제한된 배움의 기회를 제공하는 여가활동은 청소년들의 계속적인 자기성장뿐만 아니라 지역주민들 모두에게 평생교육장, 산교육장, 문화공간의 역할을 할 수 있는 기반이 될 것이다.

④ 청소년 여가활동의 문제점 및 개선방안

㉠ **청소년 여가문화의 문제점** : 청소년 여가문화에 관해 최근에 수행된 연구에 의하면 우선 아직도 적극적인 여가문화보다는 소극적이고 수동적인 활동이 주로 이루어지고 있다는 것이 문제점으로 드러나고 있다. 즉, 가장 선호하는 유형은 TV나 라디오 청취인데 다른 나라의 청소년들의 운동, 여행, 대화, 사색 등과는 커다란 대조를 이루고 있다. 좀더 적극적이고 활동적인 여가를 즐길 수 있는 방안이 필요하다. 물론 여가시간을 어떻게 보낼 것인지 가정・학교・사회에서 지도된 바도 없고 모델이 될 만한 건전한 여가를 체험하지 못해 소극적・수동

적으로 여가문화를 보내게 되며 심한 경우 비행행위로까지 이어지는 경우가 많게 된다는 지적도 있다. 따라서 청소년들이 건전하고 다양하게 여가를 보낼 수 있는 방법 등에 관한 구체적인 여가교육 프로그램이 개발·실시되어야 한다.

둘째, 여가시간의 부족문제이다. 현실적으로 학생들이 학교공부 때문에 수면할 시간도 없는 정도이기 때문에 여가시간이란 하나의 희망에 불과하며 특히 인문계 고등학생은 여가시간이 더욱 없다. 이러한 현상은 과잉교육열이 강한 부모 밑에서 자란 자녀들에게 나타나며 고등학교뿐만 아니라 초등학교에까지 이어지는 실정이다.

셋째, 유해환경과 유해업소의 청소년 출입 등으로 인한 문제이다. 이는 여가이용시설이나 장소의 부족 등이 가장 큰 원인이며 적은 비용으로 가까운 곳에서 즐길 수 있는 레크리에이션 센터 등의 설치를 의무화함으로써 청소년뿐만 아니라 국민 전체가 건전한 마음과 건강한 신체를 갖도록 정부의 관계부처가 노력해야 할 것이다.

넷째, 청소년들을 위한 공간이 없다. 청소년들이 갈 곳도 놀 곳도 없다. 많은 청소년들이 가정, 학교, 사회로부터 받은 스트레스를 적절한 방법으로 해소시키지 못하고 방황하고 있으며 특히 공부압력을 극복하지 못해 탈선하기도 한다. 청소년들이 그들의 욕구불만을 해소할 적절한 여가장소나 시설이 있어야 하나 눈에 띄는 것은 성인들을 위한 각종 유해업소, 유해인쇄매체, 유해영상매체, 유해화학물질뿐이다. 청소년들이 여가시간에 이런 유해환경을 이용하고 있는 현실을 감안한다면 이에 대한 대책이 시급하다. 특히 이러한 유해환경은 우리의 청소년들이 여가시간이 있더라도 긍정적, 발전적, 생산적으로 보내지 못하고 낭비적, 비생산적, 퇴폐적, 유흥적, 부정적인 여가문화를 하게 한다는 점에서도 문제가 된다.

청소년 복지정책이 잘된 나라에서는 건전한 여가시설(여가센터), 청소년센터가 있어 여가를 건전하게 보낼 수 있는 환경적 여건이 조성되어 있을 뿐만 아니라, 이 시설에서 다양한 프로그램이 운영되며 체계적·전문적 지식을 갖춘 여가지도자가 있어 각종 교육 및 지도 등을 한다는 점에서도 우리에게 시사하는 바가 많다.

다섯째, 여가문화의 의의 및 필요성, 그리고 적절한 여가교육 방법에 대한 사회적 인식 부족이다. 앞에서도 언급했지만 부모가 지나친 교육열로 여가활동을 입시나 공부에 방해되는, 낭비적인 행위로만 여기기도 하며, 학교에서도 단체활동의 참여율이 20%도 안 되고 그나마 이루어지는 단체활동도 공부 잘하는 아이 위주로 편중되고 있는 문제점이 있다. 청소년들의 여가선용을 위해서는 가정과 학교의 여가문화에 대한 인식전환이 선행되어야 할 것이다. 다행히 학생과 청소년들의 사회참여 및 단체활동에의 참여가 입시나 취업과정에서도 반영되기도 하고, 정부차원에서 적극적인 여가문화 육성 및 지원 노력이 이루어지고 있어 조심스럽게 기대를 해보기도 한다.

이 외에도 몇 가지 문제점을 지적하면 다음과 같다.

첫째, 여가가 자기학습을 쌓을 수 있는 좋은 기회가 될 수 있고 그의 적극적인 활용도 필요한데 단지 오락에만 쓰여지고 있는 것 같다. 둘째, 일부 계층의 전유물이 되어 낭비의 본보기로 생각되는 등 개성이나 주체성이 없는 여가유형의 모습을 띠고 있다. 셋째, 바쁜 생활 속에서도 틈을 잘 이용할 줄 아는 것이 중요한데 대부분 그렇지 못한 것 같다. 넷째, 여가시간이 있어도 이용방법을 잘 모르는 사람이 많다. 한마디로 여가를 보낼 줄 모른다. 다섯째, 여가라는 의식이 뚜렷하지 않다(인식 부족). 여가가 무엇인지 모른다. 여섯째, 여가에 대한 국가정책이 미흡하고 개인·사회적으로도 여가에의 마음가짐이 형성되어 있지 않다. 일곱째, 현재의 한국적 여가는 놀이의 철학이 결여되고 있다(마음의 여유, 즐거움을 공유하는 감각 등).

ⓛ **청소년 여가문화의 개선방안** : 현대사회의 여가생활 증대로 머지않아 세계는 여가시대가 실현될 것 같다. 현대 고도화된 기계문명의 발달

로 인간의 노동시간이 축소되면서 인간의 여가시간은 대폭적으로 증대되고 있다. 이 여가를 현명하게 이용하지 않고서는 사회적으로나 문화적으로 걷잡을 수 없는 여러 가지 문제가 야기될 것이다. 그러기에 건전한 여가이용은 청소년뿐만 아니라 국민의 심리・생리적 욕구를 충족시키는 배출구의 역할로서 크게 대두하게 되었다. 그런 점에서 지금까지의 잘못된 여가활동을 개선하는 일이 무엇보다 중요하다 하겠다.

첫째, 여가란 단순히 틈나는 시간이 아니고 인간적인 성장과 발달을 지향하는 자유 및 창조적 시간을 의미한다. 그러므로 복잡한 사회 속에서 생산활동으로 지친 피로한 심신을 풀어주고 생활의 만족과 의욕을 북돋아 주는 활동이 되어야 하며 유흥이나 향락 또는 교육적・사회적으로 지탄의 대상이 되는 퇴폐성, 향락성, 소비성 문화의 성격을 지니는 여가활동은 지양되어야 한다.

둘째, 현대사회와 더불어 발달한 매스컴(비디오와 TV)의 시청이 여가생활의 상당한 부분을 차지하고 있는 만큼 교육적인 프로그램 작성과 시청시간의 적절한 지도가 이루어져야 하고 영화관, 환락가 등과 같은 곳의 출입통제보다는 교육적인 지도가 선행되어야 할 것이다.

셋째, 여가는 단순히 남는 시간을 허비하는 것이 아니라 재생산・재창조의 활동임을 인식하여 그 선용방향에 대한 안내와 지도가 필요하다. 그 중 다양한 레크리에이션 프로그램 개발과 그 활동에 기성세대들이 솔선수범함으로써 여가시간을 이용하는 방법과 실천에 모범을 보여야 할 것이다.

특히 가정에서부터 여가를 선용하는 방법을 배우는 기회가 제공되어야 한다. 청소년들의 건전하고 긍정적인 여가선용 방법 및 문화는 가정에서부터 생활을 통해 배워야 한다. 부모가 여가시간을 어떻게 보내느냐에 따라서 자녀들의 여가선용 및 문화가 긍정적 또는 부정적으로 형성된다. 이와 관련하여 가족중심 여가문화의 정착이 요구된다.

넷째, 여가시간을 이용하여 학습사회, 신지식사회에 대비하는 평생교육활동에 자발적으로 참여하여 삶의 질을 향상시킨다.

이 외에도 청소년의 건전한 여가문화의 정착 및 발전을 위하여 몇 가지 선행되어야 할 내용을 주제중심으로 나열하면 다음과 같다.

첫째, 여가지도자의 훈련 및 배출이 필요하다. 대학에서 청소년 지도학과를 확대·신설하여 청소년지도자 양성과정에서 여가선용 지도과정을 이수토록 한다. 이와 관련하여 자원봉사자를 모집·양성하여 유휴인력을 활용하는 방법도 있다. 둘째, 청소년들의 여가생활에 대한 성인(기성세대)들의 긍정적인 태도 변화가 필요하다. 노는 것, 공부하는 것, 일하는 것에 대한 명확한 생활태도를 길러주어야 한다. 셋째, 청소년 여가문화(청소년문화) 및 청소년의 여가산업에 대한 지속적·심층적인 연구기관의 설치·운영이 필요하다. 사단법인 한국청소년학회 부설 연구기구로 설치·운영하는 것도 하나의 방안이 될 수 있다. 넷째, 청소년 단체활동의 우대제도를 마련해야 한다. 청소년들의 사회·단체활동 참여자는 학교의 내신성적 등에 일정 비율을 반영하는 것을 제도화한다.

여가는 단순히 노는 활동이 아니다. 내일의 새로운 기쁨과 창조를 위해 심신의 안정을 꾀하는 활동이므로 공부할 때는 공부하고 일에 열중할 때는 일에 열중하고 그리고 남는 시간은 아주 유용하게 활용할 수 있는 방법을 항상 생각하고 있는 사람이 남보다 행복할 수 있고 삶의 의미를 누리는 사람이 될 것이다.

2) 청소년과 언어문화

언어는 의사소통의 매개체로서만이 아니라 자아를 실현하고 세계를 이해하게 하는 통로로서 언어를 통한 표현은 인간의 인지·가치척도 및 인간관계에 있어 매우 중요한 영향을 미친다. 이러한 의미에서 2천수백년 전에 이소크라테스는 “언어는 인격”이라고 했다. 사람은 원칙적으로 연령과 성장·발달에 따라 일정한 언어수준을 가지고 있으며, 특별히 어느 단계에 이르러 각자 풍부한 언어창조의 기회를 갖게 된다. 그리고 인간의 발달과정단계에 따라서 상이한 언어문화를 형성하게 된다. 이러한 의미에서 "언어는 인간의 집"(하이데거)이다. 그러므로 성인 언어문화가 공식적인 언어로 인정되는 것과 동등한 입장에서 사회의 한 성원으로서 청소년들의 언어문화도 하나의 언어형태로서 중요한 위치를 차지하고 있다.

청소년 언어문화의 유형과 그 특징을 살펴보면 다음과 같다.

우선 청소년들 사이에서 관찰될 수 있는 대표적인 언어문화로서 전화언어를 들 수 있다. 전화는 일반적으로 간단하게 용건과 중요한 정보만을 교류하는 것이 상식으로 되어 있다. 그러나 오늘날 청소년들에게 있어서 전화(핸드폰, 문자, 트위터 등 포함)는 단순한 의사표시나 정보교환 이외에 보다 포괄적인 의미를 갖는다. 그들 삶의 한 부분을 차지할 정도로 필수품이 되고 있다. 즉, 청소년들은 장시간의 전화통화와 함께 사교시간을 가지며 사소한 일들은 전화로 해결하는 것이 편리하고 신속하다는 사고방식을 가지고 있어 옛날 청소년들이 편지를 통해 그들의 의사를 전달하던 때와는 다르다. 다시 말하면, 전화라는 매체를 통해 사회적 인간관계를 형성하며 유지하고 있다고 말할 수 있다. 또한 전화의 내용이나 분위기를 보면 하나의 주제를 가지고 그리 길게 이야기하는 것이 아니고 농담을 자주 섞어가며 짧으면서도 재미있게 대화하며 이러한 과정에서 그들만의 독특한 언어나 그 당시 유행하는 언어를 사용하여 이야기한다는 것이다. 물론 이와 같은 현상에 영향을 많이 미치는 것은 대중매체라고 할 수 있다.

또 한 가지 청소년 사이에 유행하는 언어문화로 은어가 있다. 은어는 본래 일정한 사회계층의 특수언어를 일컫는 말로서 특수한 집단 내에서 이익과 비밀을 지키기 위하여 생산되어 사용되는 말인데, 중·고등학교 청소년과 특히 대학생들 사이에서 많이 사용되고 있다. 이는 청소년들의 세계를 반영하고 자기표현의 고유한 상징으로 이해된다. 그들이 은어를 사용하는 주된 동기는 젊은이들의 발랄한 표현, 일시적 쾌감의 발로나 욕구불만의 표출, 자기들끼리의 만족스런 의사전달이나 특권의식의 표현, 무미건조한 생활에서 벗어나려는 욕망, 단체·서클활동 등에서의 동료와의 빈번한 만남과 동지적 규합에 있다.

그러나 여기서 보다 중요한 것은 청소년들의 언어문화 유형을 나열하거나 특징을 소개하는 것이 아니라 어떻게 하면 청소년의 언어문화를 긍정적이고 발전적인 방향으로 지도할 수 있느냐 하는 것이다. 따라서 바람직한 청소년 언어문화를 조성하기 위한 방안을 제시하면 다음과 같다.

첫째, 청소년들이 대화를 통하여 자유롭게 언어문화를 공유·향유하고 창조할 수 있는 충분한 문화공간이 제공되어야 하고 둘째, 보다 교육적인 대중문화와 방송매체의 개선과 정화가 필요하며 셋째, 성인세대와의 수평적인 대화를 통해 상호이해를 깊게 해야 한다.

6. 청소년의 음악문화와 의상문화

1) 청소년과 음악문화

음악교육학이나 음악에 관한 전문서적에는 청소년 음악이라는 별도의 주제로 쓰여진 내용들이 있기는 하나 실제적으로 청소년 음악이 따로 존재하지는 않는다. 청소년들이나 성인들이나 음악을 듣고 즐기는 데 있어서는 크게 다를 바가 없다. 다만, 연령에 따라 음악을 다르게 받아들일 뿐이며 음악에 많은 관심과 정보를 가지고 그들의 활발한 하위문화를 정립시켜 나가고 있는 것이다. 이런 점에서 볼 때 성인세대가 청소년들에게 성인문화나 성인음악의 세계로 동화되도록 강요할 수 없다. 즉, 청소년과 성인문화는 각 시대와 연령에 따라 고유하고 상이한 음악세계 및 음악문화를 형성해왔기 때문에 각각 독립적으로 다루어져야 한다.

청소년들이 음악을 듣는 것은 여가를 즐기는 하나의 방법인 것이다. 그들이 음악을 듣는다는 것은 혼자만의 괴로움과 외로움으로부터 탈피하여 음악과 대화하려고 한다는 의미와 밀접한 관계가 있다. 따라서 청소년들에게 있어서 음악은 대화를 보조해 주는 역할을 하며, 결국 청소년들은 음악을 듣는 것을 통해 그들 상호간의 신뢰성 및 공감대와 공동체 의식을 형성하게 된다. 이와 같은 이유 때문에 청소년들이 우상시하는 음악과 가수 등은 성인세계에 동화될 수 없다.

성인음악과 청소년음악과의 차이점은 그들이 좋아하는 음악들 간에 예술성이나 수준에서 어떠한 차이가 있는 것이 아니라 음악을 듣고 창조하는 대상자들이 다르다는 것뿐이다. 그러므로 청소년들이 모던 락, 레게, 인디, 얼터너티브 음악을 들으며 시간을 보내는 것과 고전음악을 감상하는 것과는 비교될 수 없다.

한편 노래는 남녀노소를 불문하고 그들의 삶과 행동을 표현하는 자체인 동시에 언어로서 사람들로 하여금 가장 짧은 시간에 가장 쉽게 각자의 감정을 표출하고 능동적으로 참여하도록 하여 상호공감대를 형성하게 하는 힘을 갖고 있다. 그러므로 청소년들이 노래를 부르고 새로운 노래문화를 형성하는 것은 그 자체로서 창조성과 예술성을 가지고 있기 때문에 그들만의 노래문화를 위한 독자적인 공간이 마련되어야 한다.

2) 청소년과 의상문화

최근 교복 자율화 이후 청소년 의상문화에 대한 찬·반 양론이 대두되고 있는 실정이다. 또한 부모와 학생 간에도 의상 때문에 갈등현상이 벌어지는 경우를 종종 볼 수 있다. 이는 기성세대와 청소년세대가 서로 다른 사회·문화적 환경과 정치적 상황에서, 다른 규율과 규범 및 가치척도에서 교육받고 생활해왔기 때문에 의상선택을 비롯한 기타 내·외적인 규범척도가 상이하게 형성된 것이며 이로 인하여 의식에 차이가 있기 때문이다. 특히 오늘날 병적인 외모지상주의의 일종이라고 할 수 있는 루키즘(lookism)의 등장으로 인한 여파로 갈등은 증폭되고 있다. 이러한 점에서 볼 때 각 세대마다 독자적인 언어·음악·생각이 있는 것처럼 의상문화도 다르다고 할 수 있다. 물론 교복

문화를 만들어낸 일제시대부터 지금까지 오랫동안 우리 사회를 지배하고 있는 획일적이고 개성이 없는 의상문화를 보면, 오늘날 청소년들은 심한 거부감을 나타낸다. 그들은 현대사회 실정에 맞거나 유행되고 있는 형태의 옷을 입으려 하며 성인들에 비해 독자적인 고유한 의상을 입고 싶어 하는 욕구가 강하다.

이러한 맥락에서 교복 자율화에 대한 찬・반 양론도 청소년들의 자율성 및 다양성과 민주시민의 소양을 길러 준다는 데 그 논의의 초점을 맞춰야 될 것이다. 인간의 내면적인 의식・도덕・가치관 형성이나 일탈행위나 사치 및 소비성향 등이 일시적인 자극과 충동에 의해 영향을 받기도 하지만 좋은 인격과 도덕성・자기 행위에 대한 조정능력 및 책임의식 등은 장기간의 교육을 통해 형성되므로 교복 자율화와 청소년 일탈행위와는 엄밀히 따져서 상호 관련성을 가지고 있지 않다.

사실 부모나 기성세대들이 자기의 청소년기에 어떠한 의상문화를 소유하였느냐와 관련지어 지금의 자녀들에게 그때의 의상문화를 적용하고 자녀들이 자기와 같은 의상을 선호하기를 바라는 것이 갈등의 원인이다. 그러나 성인의 의상세계가 있는 것처럼 청소년들도 그들만의 의상문화가 있음을 인정하고 이해하려는 방향에서 청소년 의상문화를 보는 것도 커다란 의의가 있을 것이다.

위에서 살펴본 바와 같이 청소년 의상문화로 인한 기성세대와의 갈등은 각각의 독자성을 이해하지 못하는 데에서 기인하고 있는바 자기자식이지만 하나의 인격체라는 사실 그 자체를 인정하고 긍정적인 안목으로 보는 것이 갈등을 해소하는 방법이며 의상문화를 통한 청소년들의 독립심과 창조적 사고력을 키우는 지름길이다.

7. 청소년의 춤문화와 또래문화

1) 청소년과 춤문화

요즘 장소를 막론하고 젊은이들이 모였다가 헤어지는 곳이라면, 한번쯤 테크노나 힙팝을 비롯하여 오늘날 아메리칸 컨츄리 라인댄스, 디스코 라인댄스, 힙합 라인댄스, 시건방춤 그리고 각종 다이어트 댄스와 건강댄스로서의 살사, 벨리댄스, 아이리스댄스 등 춤을 추지 않고는 헤어지지 않을 정도로 청소년 세계에서 일고 있는 춤 붐은 엄청나다.

기존에 불건전한 것으로 인식되어 오던 춤문화에 대한 사람들의 인식이 많이 바뀌어 외국의 경우처럼 청소년들이 받는 스트레스를 해결해 주는 하나의 수단으로 춤문화의 장(場)을 마련해 주는 노력이 이루어지고 있다. 그 예로 걸스카우트연맹에서 주말마다 운영하는 '유스테크'나 문화관광부에서 해마다 주최하는 '청소년 댄스 페스티벌' 등을 들 수 있으며 비공식적으로 대학로나 청소년들이 많이 모이는 공원에서는 청소년들 스스로 함께 모여 춤을 추기도 한다.

많은 청소년들이 그들의 여가시간을 거의 춤으로 보내려 하는 것은 어떤 이유에서이며 도대체 이러한 춤은 청소년들에게 어떤 의미가 있는 것인가? 청소년의 생활에 있어서 춤문화의 순기능에 대해 살펴보면 다음과 같다.

첫째, 춤을 출 수 있는 공간을 찾는 또래집단들 간의 인간관계 및 사회관계를 형성하는 데 도움이 된다. 청소년들은 동료 간에 상호관계를 맺으려는 욕구가 강한데, 인간관계 형성의 욕구를 충족시킬 만한 장소와 기회가 별로 없다. 그렇기 때문에 이런 장소에서 자연스럽고 부담감 없이 친구들을 사귈 수 있다.

둘째, 춤문화는 자기도취적 기능을 갖고 있다. 즉, 청소년들은 음악을 들으며 춤을 추는 가운데 거의 그 분위기에 도취되어 각자 가지고 있던 모든 감정과 행동양식을 춤을 통해 표출하게 되고 이런 다양한 유형의 개성이 담긴 동작들이 그곳을 방문한 다른 청소년들에게 상호 영향을 미침으로써 모방을 통한 학습 및 새로운 문화창조의 기능을 한다.

셋째, 춤문화는 개인 및 사회생활에서 쌓였던 스트레스를 해소시키는 기능을 한다. 심층심리학자들에 의하면 음악과 춤은 청소년들의 반항 및 공격심을 약화시키는 데 중요한 역할을 한다고 한다.

물론 춤문화가 긍정적인 기능만을 하는 것은 아니다. 춤추는 공간 내부의 혼탁한 공기와 더러운 먼지로 인하여 호흡기 장애를 초래할 수 있고 스피커를 통해 흘러나오는 높은 음악소리에 의한 소음으로 경우에 따라 심하면 치유불능의 난청을 유발할 수도 있으며 지나친 소음은 사람들의 긴장과 스트레스를 해소시키기보다는 오히려 식욕을 감퇴시키고 피곤을 가중시켜 결과적으로 신체적·정신적으로 불균형상태를 가져오기도 한다.

춤문화에 대한 기성세대와 청소년세대 간에 발생하는 갈등이 종종 발생하여 문제를 유발시키는데 이는 기성세대들이 청소년세대의 춤문화를 부정적인 시각으로만 보기 때문이다. 따라서 춤문화의 긍정적인 면을 좀더 부각시켜 보려는 노력과 의견교환을 통한 상호 이해가 이루어진다면 춤문화는 선도적·긍정적인 면으로 창조·선용될 수 있다.

한편 청소년들이 자유롭게 자신들의 감정을 쏟아낼 수 있는 춤을 출 수 있는 공간 및 시설이 청소년들의 연령이나 특성 및 취향 등을 고려하여 알맞게 꾸며져야 할 것이며 이 시설의 이용을 건전하고 용이하게 할 수 있도록 운영하는 점도 매우 중요하다.

2) 청소년과 또래문화

(1) 동료의 역할

사회화 과정에서 친구들의 영향이 사춘기나 청소년기부터 시작되는 것은 아니다. 친구관계는 어린 시절에도 청소년기와 똑같이 많은 영향을 미친다. 즉, 어린이들은 친구관계를 통해 같은 또래와 상호작용하고 사회적 행동을 통제하며 나이에 걸맞는 기능과 취미를 발달시킴으로써, 비슷한 문제와 감정을 함께 하는 방법 등을 배우게 된다. 하지만 친구들은 어린 시절보다는 청소년기에 더 중요한 역할을 한다. 왜냐하면 이 시기에는 동성 및 이성친구의 관계가 사회적 관계나 학교에서 그리고 이성과의 상호작용에 있어서 성인관계의 기초로서 아주 중요한 역할을 하기 때문이다. 학교에서 다른 사람과 친하게 지내고 사회적 관계를 맺으며 바람직한 이성관계를 맺는 등 우정에서 사랑에 이르기까지 모든 관계를 정립하는 방법을 배우지 못한 젊은이는 미래에 심각한 어려움에 직면하게 될 것이다.

청소년기에 친구관계가 특히 중요한 또 다른 이유는 청소년들이 부모로부터 독립되는 만큼 그들의 구속으로부터도 점차 해방된다는 것이다. 더욱이 청소년기에는 자주 가족과의 모순된 감정, 즉 독립을 하려고 애쓰면서도 의존하려는 열망, 사랑과 혼합된 적대감, 그리고 문화적 가치와 사회적 행동에 대한 갈등에 휩싸여 청소년들 그들의 내적 삶과 외적 행동 등 여러 영역에서 부모와 공감하기 어렵다. 또한 많은 부모들은 대부분의 경우 청소년들의 격렬하고 변덕스러우며 가끔 고통스러워하는 감정을 이해하려 하지도 않는다.

많은 부모들은 청소년들의 문제를 이해하고 공감하며 자녀의 생활에 진심으로 관심이 있다 할지라도 그렇게 실천하는 데는 어려움을 겪는다. 때때로 부모-자녀관계에 있어서, 부모의 온정과 이해가 부족하다거나 부모의 악의, 무관심, 소홀, 혹은 착취 등과 같은 심각한 문제가 있을 수도 있다. 그와 같은 상황에서 청소년들의 관심을 끄는 친구들은 때때로 도피처(심리적 및 신체적 관점에서)가 될 뿐만 아니라 이해하고 지지해 주며 서로의 가치있는 개인적 상호작용을 이루기 위한 새로운 모형을 제공한다.

블로스(P. Blos)와 프로이트(A. Freud)의 연구에 의하면 청소년기는 아동 초기나 중기에 받은 심리적 상처를 치유하고 자기 자신 및 다른 사람과의 관계를 보다 새롭고 가치롭게 발달시키는 중요한 기회이며 때로는 마지막의 중요한 기회가 될 수도 있는 것으로 밝혀졌다. 성숙하고 온화하고, 관심이 많으며 무엇보다도 이타적인 친구는 친구들을 도와서 확고한 자아개념과 문제의식, 자신의 목표 및 자신에 대한 가치, 그리고 미래에 대해 희망을 갖도록 하는 데 아주 중요하며 결정적인 역할을 할 수도 있다.

물론 동전의 다른 면도 있듯이 청소년기라는 발달시기에 친구관계가 해로울 수도 있다. 예를 들면, 이성 간의 관계를 확립하고 고등학교의 도당(clique)

에 가입하려는 최초의 시도에서 거절당하고 조롱당하고 배척당한 경험이 있는 청소년들은 어려운 상황에 빠지면 회피하는 반응을 배우게 될지도 모른다. 또 청소년들은 그들의 친구집단에 억압되어 자신들 스스로 현명한 판단을 하지 못하고 나중에 후회하게 될 행동을 할지도 모른다. 이것들은 아주 작은 나쁜 버릇에서 아주 심각하고 때로는 일부 고등학교에서 난폭한 비극적인 사건들 – 축제에서의 무자비한 기물 파괴행위, 무계획적이고 우연한 집단 성폭행, 심지어 순진한 구경꾼이나 고립된 다른 이방집단에 대한 비행 등 – 에 이르기도 한다. 그런 환경의 풍토에서는 청소년이 이전에 배워왔던 자율성이나 자신감, 그리고 자아개념이 오히려 흔들리게 될 지도 모른다.

일반적으로 청소년기의 친구와의 경험은 적극적일수록 유리하다. 왜냐하면 청소년들은 경험을 통해 인생의 다른 어느 때보다도 강하고 가끔 혼란스러운 감정과 의문점, 희망을 함께 나눌 필요가 있기 때문이다.

청소년기는 일반적으로 강한 사교의 시기이다. 그러나 종종 고독한 때도 있으며 다른 사람과 함께 있는 것만으로는 문제가 해결되지 않는다. 청소년들은 군중 속에서나 파티 혹은 사교 중에 고독을 느낄지도 모른다. 그런 환경하에서는 친구들에게 인정받고 다소의 친밀한 친구를 갖는 것이 청소년의 삶에서 아주 중요한 일이 될 것이다.

결국 청소년기는 다른 어느 발달시기보다도 개개인의 정체감이 가장 유동적이기 때문에 이 시기에 정체감을 확실히 하는 데 도움을 주는 친구집단의 역할은 특히 중요하다. 더 이상 어린이도 아니고 그렇다고 성인으로서 완전히 인정받지도 못하는 청소년이 사회적 요구에 대처하기 위해서는 사회적 독립과 직업적 능력, 시민으로서의 책임있는 역할, 결혼과 가족, 삶의 철학을 준비해야 한다. 이런 문제는 최근에 핵가족제도의 확산, 이웃과의 단절, 세대차의 심화와 같은 급격한 사회변화, 방향성 및 목적을 상실한 성인·사회문화 때문에 더욱 복잡해지고 있다.

하지만 성인문화가 통일되고 보다 확실히 규정된 단순하고 안정된 사회에서도 청소년은 여전히 안내와 협조, 그리고 친구와의 의견교환이 필요하다. 성인문화가 아무리 안정되어 있고 개개의 성인들이 아무리 잘 이해하고 있다

하더라도 성인이 청소년과의 관계에서 할 수 있는 역할이 한정되어 있다는 것은 분명하다. 청소년들은 성인의 지위에 이르려는 경쟁상태에 있고 곧 어른이 된다. 미래의 불확실한 요구에 대처해야 될 그들은 미래의 지위를 서둘러 얻어야 한다는 것을 알면서도 대충 알 뿐이고 나아가야 할 방법도 거의 알지 못하기 때문에 청소년기는 레빈(K. Lewin)의 표현대로 얼마간 사회·경제적으로 '주변인'과 같은 지위를 갖는다. 그들은 어린 시절은 포기했지만 아직 성인세계를 완전히 받아들이지 못하고 있다. 더욱이 이 모든 것들은 그들이 생리적·심리적으로 급격히 변화하고 있는 자기 자신을 발견하고 이해하며 조정해야 할 때에 발생하게 된다. 그런 환경하에서 청소년들은 친구와의 친밀관계에서 상당한 안정감을 얻을지도 모른다. 청소년들이 궁극적인 성인의 정체와 지위를 어떻게 성취해야 하는지 등에 대해 정확히 알지 못할 수도 있지만 청소년들이 친구들과 함께 논의를 하고 이해를 시도하는 과정은 그들의 자아정체감 형성에 기여를 할 수 있다.

(2) 청소년 동료집단의 변화

앞서 청소년 친구집단과 친구문화에 관해 언급했지만, 이 항목들은 지나치게 단순화된 것이다. 실제 성장과정에 있는 청소년은 집단 구성원들 사이에서 규모나 친밀도에 따라 많은 친구집단과 다양하고 복잡하게 얽혀 있다. 더욱이 이러한 집단들의 성질과 그들이 행하는 기능은 나이에 따라 변한다.

아동 중기나 사춘기 이전에는 아동의 친구관계가 이웃의 놀이집단과 동성집단 중심으로 이루어지는 경향이 있다. 대개 처음에는 비공식적이지만 나이가 들면서(보통 약 10세부터) 이런 아이들의 집단은 보다 규모가 커지며 친구관계를 규제하기 위한 복잡한 의식이 나타난다. 그럼에도 구성원은 자주 바뀌고 집단 그 자체도 오래 지속되지 않을 수 있다.

이 시기에 동성집단의 모임이 지배적인 데에는 많은 이유가 있다. 분명한 것은 동성집단의 취미와 활동이 성에 따라 뚜렷한 차이가 나타난다는 점이다. 또한 9세에서 11세까지는 이성의 구성원과의 교제 및 그들에 대한 관심을 표현하는 데 곤란을 느끼며 이는 남성의 경우에 더 심하게 나타난다.

아동 중기와 사춘기 이전의 소년들은 그들의 부모와 상당히 밀접하게 얽혀 있는 소녀들보다 다른 친구집단의 활동에 휩싸이는 경향이 있다. 하지만 이 시기에 소녀들은 소년들보다 더 친숙한 인간관계를 갖는다. 아동 중기의 소년과 소녀의 친구집단 관계는 주로 이웃의 아는 사이나 학교 친구(초등학교 수준에서 같은 혹은 인접한 이웃에 사는)로 한정된다. 하지만 젊은이들이 중학교와 더 넓은 청소년 세계에 들어가고 집에서 보내는 시간이 적어짐에 따라 교제하는 친구의 범위도 넓어진다. 즉, 취학연령의 친구집단은 친구들, 가장 좋은 친구들, 그리고 처음 보는 낯선 사람들과 함께 모인 곳에서 청소년들은 우연한 친구로 모임을 확대하게 된다.

일반적으로 청소년의 친구관계는 크게 세 가지로 나눈다. 즉, 패거리나 동아리, 도당 그리고 개인적인 친구 등이다. 이같은 범주에 포함되는 대부분은 패거리이다. 이는 개성이 거의 없으며 서로의 관심, 기호, 그리고 사회적 이상 때문에 선택된 개인들로 구성된 의무적인 집단이다. 구성원들은 친구에 대한 진실된 서로의 매력 때문이 아니고, 도당보다도 훨씬 약한 소속감을 갖고 활동을 기초로 하여 만난다.

도시를 배경으로 한 청소년 친구집단에 관한 연구에 의하면 두 개의 기초적인 집단은 상대적으로 큰 패거리들과 훨씬 더 작은 도당(일반적으로 패거리의 크기의 3분의 1정도)으로 구성되어 있는 것으로 나타났다. 패거리는 필수적으로 도당의 연합이다. 개개인은 패거리에 속하지 않아도 도당에 속할 수는 있다. 도당과 패거리들은 그들의 구성원을 위해 서로 다른 기능을 수행한다. 도당이 크기(최대한 9명으로)는 더 작지만 더 큰 패거리보다 친밀감과 응집력은 훨씬 강한 것으로 인정된다.

회원 수가 한정됨으로써 응집력이 강화된다. 집단의 크기가 가족의 크기와 유사함으로써 개인은 그들에 대한 충성심을 갖기 쉽고 그들에게는 도당이 또 다른 안전지대가 된다. 회원이 많은 패거리는 구성원들 사이의 친밀관계를 유지하는 데는 확실히 방해된다. 패거리 내의 한 도당의 회원의 입장에서 볼 때 다른 도당의 구성원들과 교제는 하지만 그 자신이 소속하는 도당의 회원들만큼 친한 사이는 아니다.

또한 도당과 패거리는 크기에 있어서뿐만 아니라 기능에서도 차이가 나타나는데, 도당의 경우는 패거리 활동의 준비, 그에 대한 정보전달, 일이 끝난 후의 평가 등의 기능에 중점을 두는 반면에 패거리는 두 성(性) 사이의 상호작용을 대비한 모임과 같이 보다 크고 조직화된 사회활동이 중심이 된다. 패거리는 사회적 활동을 위해 필요한 정도로 모이는 교제의 창고역할을 수행한다.

한편 오늘의 청소년들이 이전의 젊은 세대들보다 그들의 친구들에 대하여 훨씬 더 많은 정도의 관용과 관심 그리고 동정을 나타내는 것 같다. 그러나 사실은 자기중심적이고 그들 자신의 가치에 대해 불확실하고 집단의 힘을 통해 안전과 지위를 얻으려는 많은 청소년들은 가끔 순응하지 않는 다른 청소년들에게 아주 무관심하거나 잔인한 행위까지 하는 경우도 있다.

(3) 이성동료와의 관계

사춘기 이전이나 청소년 초기에는 일반적으로 친구관계나 친밀한 친구관계가 동성의 구성원들로 제한되는 경향이 있다. 이런 양상들은 문화적으로 강요되기도 하지만 청소년기부터 다양화되고 변화되며 급격히 변화하는 젊은이들 자신들의 요구를 상당한 정도로 반영하고 있다. 성적 충동이 증가하는 청소년 초기에 앞서 젊은이들은 다른 사람들에게 동성친구들 사이의 보통의 관심, 취미, 재능 그리고 솜씨를 제공하는 것 같다. 문화적으로 인정된 행동의 학습(특히 이성적인 것과는 다른)은 비슷한 노력을 하는 사람들과 함께 할 때 가장 쉽게 성취된다.

동성친구들과 의사교환을 하고 관찰함으로써 급격한 신체적·심리적 변화의 시기에 자기 자신과 상대방이 다르거나 또한 특별하게 다르지 않다는 것을 쉽게 발견하게 된다. 더욱이 성적 충동과 생리적·신체적 변화에서 깨어나면 최소한 일시적으로나마 일반적인 성에 대하여 그리고 이상한(의미있고 아주 단순하면서도 다른) 이성의 친구들에 대한 자아의식과 열망이 생긴다. 사춘기 이전에 흔한 성적 적대감은 젊은이들이 이성을 좋아하지 않기 때문에 '나는 확실한 소년(혹은 소녀)'이라고 말한다 할지라도 이는 최소한 부분적으로라도 자기보호적이고 자기방어적인 표현이다. 또한 부분적으로 이러한 적대감은 돌발적인 청소년들이 대처할 준비가 되어있지 않고 따라서 불안해할지도 모르는 조숙한 이성관계를 피하기 쉽게 하는 것 같다.

자신과 가족에의 자기도취적인 선입관이 강한 발달단계에서 동성의 다른 사람들(친밀한 친구나 이상적인 손윗사람에 대한 동경을 통해)을 동일시함으로써 자기 자신의 미숙한 정체감을 성취하려 하는 것은 나중의 이성교제나 성숙한 사랑을 위한 필수조건이 된다.

성숙이 계속되면서 소년·소녀들은 다른 사람에게 더 많은 주의를 하기 시작한다. 초기의 성적 적대감과 분쇄는 쇠퇴하고 성적 관심이 증가한다. 그럼에도 불구하고 그들의 초기단계에서는 이성적 관계가 여전히 사춘기 이전의 많은 특징을 반영한다. 자아 선입관은 강하고 이성친구와의 깊은 감정적 몰입은 드물며 이성 상호관계에서는 보통 피상적이고 의도적인 특성이 나타난다. 이런 시기에 이성적 집단활동은 흔하며 현재 사귀고 있는 동성친구들의 안전을 제공하는 데 중요한 기능을 수행할지도 모른다. 이러한 활동들은 이성친구와의 사귀는 방식과 이성친구와의 데이트 관계에서 자신이 준비되기 전 상당기간 동안 혼자서 대처해서는 안 될 것이라는 확신을 배울 기회를 점차적으로 줄 것이다.

하지만 점차 이성도당과의 경험은 이성 개개인의 친구와의 친밀성, 자신감, 관계를 맺는 능력을 증진시켜 준다. 동시에 증가된 개인적 성숙 – 자아도취적 자아선입관의 감소, 확실한 자아감, 다른 사람과 관계하는 능력 – 은 그런 관계들을 더욱 성숙시키고 성적 매력에 열중할 뿐만 아니라 서로의 믿음과 신뢰감, 취미의 공유, 그 자신의 사람과 같이 다른 사람의 복지에 대해서도 관심을 갖게 될 가능성을 높여준다.

8. 세계화와 한국 청소년문화

1) 세계로 향한 청소년문화

지금은 세계화·국제화 시대이다. 고도로 발달된 대중매체와 교통망은 세계 각국의 문화교류와 전파, 그리고 빈번한 이동으로 국가 간의 사상적·문화적·지리적 및 공간적 생활권을 시시각각 좁히고 있다.

지금은 어느 나라이든지 자급자족은 불가능하게 되어 있다. 함께 더불어 살아가는 것이 오늘날 세계 모든 나라가 짊어져야 할 공동운명의 과제이다. 정치·경제·사회 및 문화의 제도와 구조를 달리하는 국가들이 상호 긴밀한 관계에 놓이게 되고 그 밖의 모든 분야에 걸친 국제교류가 보편화되었을 뿐만 아니라 각 나라와의 교류가 불가피하게 되었다. 세계 여러 나라에서는 청소년 교류를 통하여 국제이해와 세계평화에 이바지하려는 부단한 노력을 하고 있다. 따라서 우리나라에서도 청소년 교류를 통한 국제이해와 협력이 그 어느 때보다도 고조된 요구로 등장하고 있어 정부의 깊은 이해와 협조가 요청되고 있다.

하나의 세계를 이루려는 뜻에서 시작된 청소년 교류 및 교육은 오늘날 많은 나라에서 활발히 주장되고 있으며 특히 국민들 간의 이해증진과 세계평화를 이룩하기 위해서는 이 방법을 선택하여 실천에 옮겨야 한다고 강조되고 있다. 그러므로 앞으로의 청소년 교육은 지리적·공간적인 시야를 넓혀 세계를 '이해'하는 교육이 되어야 한다. 여기서 말하는 '이해'라는 말은 국민 및 국가 간의 이해라는 깊은 내용도 포함하고 있다. 청소년들이 각기 다른 언어·생활·문화·사상 등을 이해하는 것이다.

실제로 이러한 국제적인 추세에 부응하여 1980년대부터 우리나라도 다각적인 개방정책을 시도해왔다(여행, 유학, 무역 등). 특히 우리나라는 국토가 분단되어 있고 자원도 적을 뿐만 아니라 인구도 과밀해서 남달리 어려운 여건에 있다. 그러므로 우리는 더욱더 긴밀한 국제관계 속에서 살아가야만 하는 상황에 놓여 있다. 게다가 지리적 입지조건마저도 불리하여 청소년들이 국제적 시야를 넓히며 세계 속의 청소년으로 뻗어갈 기회가 한정되거나 차단되어 있다. 그러므로 우리 청소년들을 세계 속의 청소년이 되게 하려면 다른 나라보다 더 많은 노력을 기울여야 할 것이다.

2) 세계화 교육의 목적과 내용

세계화를 위한 교육의 목적과 내용은 다양하다. 여기서는 그 중에서도 세계교육의 강화, 민족정체성 및 고유문화 · 가치교육의 강화를 중점적으로 다루고자 한다(한국교육개발원, 1996 : 225-227).

(1) 세계교육의 강화

세계화는 교육의 목적과 내용에 있어서 국가주의적, 인위적 요소가 사라지는 한편, 인류사회에 대한 보다 보편적이며 자연의 법칙에 가까운 접근이 이루어지게끔 변화를 요구한다.

우선 세계화는 인류의 보편적 가치, 인류역사와 문화의 발달, 문화적 다양성의 인식, 세계적 차원에서의 정치 · 경제체제, 지구차원의 문제들에 대한 인식 등을 강조하는 세계교육(global education)이 획기적으로 강화되어야 함을 시사하고 있다. 세계교육은 국제이해교육의 범위를 넘어 인류적 또는 지구적 차원에서 접근하는 교육이다. 세계교육에서는 정치체제, 경제체제, 생태환경체제, 기술체제 등을 가르침에 있어서 국가차원이 아니라 전세계적, 범지구적 관점에서 인류 전체가 성취하여 온 역사의 산물로서의 체제, 깊은 상호관련을 맺고 있는 체제들에 대한 인식과 접근을 가르친다.

또 인류의 보편적 가치를 추구하고 인류에 대한 폭넓은 이해와 공존 · 공영하는 인간으로서의 태도, 가치관 및 행동방식의 함양을 중시하게 될 것이다. 여기에서 인류의 보편적 가치의 예로는 도덕성, 심미성, 인류 공동체 의식 등을 들 수 있다. 국수주의적 관점 대신 공동체로서의 인류 전체에 대한 폭넓은 이해와 자연법에 입각한 접근이 요청될 것이며 이같은 변화에 대응하여 교육은 다른 국가와 민족, 문화에 대한 이해와 상호 인정을 가르치는 데 현재보다는 훨씬 많은 노력을 경주하게 될 것이다.

이에 따라 국가 간 교류·협력을 촉진할 수 있는 인적자원을 양성하는 역할이 더욱 강조될 것이다. 국제 교류·협력의 증진에 발맞추어 외국어 교육, 타국의 문화이해교육을 강화하는 것은 보다 직접적인 교육적 과제가 될 것이다.

이를 위해 가장 좋은 모형이 될 수 있는 것은 국가 간 청소년들의 상호교류이며 이 국제교류사업은 장기적이고 지속적으로 추진되어야 한다. 처음에 서로 다른 국민을 만나고 문화를 접하게 되면 이해하지 못하고 알지 못하여 차이점과 문제점이 많이 발생할 수 있다. 그러나 자주 만나서 그 차이점·문제점 또는 공통점을 이해하고 이를 건설적인 방향으로 이끌어갈 때 조화와 균형을 찾을 수 있으며 서로 다른 국가 간의 청소년들이 관용·이해 및 개방으로 하나되어 세계를 하나로 볼 수 있게끔 한다. 만남의 장소는 이해·협력 및 동료의식을 형성케 하는 기본 공간이다. 청소년들에게 자국문화와 타국문화를 올바로 이해할 수 있는 기회를 마련해 주어야 한다.

또한 세계화 시대에는 인류 공동의 문제에 대처하는 능력의 함양이 매우 중요시될 것이다. 인류사회의 구성원들이 공해, 질병, 빈곤, 성차별, 인종차별과 같은 인류 공동의 문제에 대하여 경각심을 가지고 공동 대처를 위해 노력하는 자세가 필요할 것이기 때문이다. 이러한 문제에 대한 교육적 대처의 중요성, 즉 교육을 통한 인식과 태도의 전환은 매우 중요하다. 예를 들어, 교육은 환경에 대한 기존의 소극적 태도를 버리고 적극적으로 인식과 대응을 촉구하는 데 나서게 될 것이다. 평화, 인권 그 밖의 다른 문제들에 대해서도 다양한 교과와 프로그램을 통한 정규교육과정은 물론 잠재적 교육과정을 통해, 즉 교육의 전 과정에서 충분히 교육될 수 있도록 변화가 요구될 것이다.

(2) 민족 정체성 및 고유문화·가치교육의 강화

세계화는 민족 정체성 및 우리 고유의 문화와 가치에 대한 교육의 강화를 시사하고 있다. 세계화 시대에는 인류의 보편적 가치의 추구와 함께 국가와 민족의 고유성도 동시에 추구될 것이기 때문에 국가와 민족의 정체성에 대한 교육도 상대적으로 강조될 것이다. 그러나 국가와 민족에 대한 정체성 및 충성심의 유일적 지향은 지양될 것이다.

국가와 민족의 정체성을 함양하기 위해서 구체적으로는 국어 및 역사 교육을 보다 강조하는 추세로 나아가게 될 것이다. 교육과정에서 국어의 올바른 사용을 위한 듣기, 읽기, 쓰기의 훈련이 그 중요성을 더해갈 것이며 유구한 우리 역사의 전개과정과 교훈을 되새기는 교육 역시 국사 및 관련 교과를 통해 보다 큰 비중을 가지게 될 것이다.

따라서 교육적 과제는 보편적 가치와 고유가치를 어떻게 균형있게 추구할 것인가를 가르치는 문제와 정체성 함양교육이 자칫 지나친 국수주의로 흐르지 않도록 경각심을 가지도록 하는 일이 될 것이다. 고유성, 정체성 교육을 위한 교육과정의 개편, 효과성있는 교육자료의 마련, 필요한 교사인력의 확보를 위한 정책이 중요한 과제가 될 것이다.

3) 세계로 향한 청소년문화 교류

과학과 정보의 사회로 특징지어지는 국제화 시대에 있어서 국제 경쟁력을 신장시키는 일은 매우 중요하고도 시급한 일이다. 이러한 국제적 추세와 국민의 여망을 감안하여 정부는 종래의 소수 초청이나 자비에 의한 해외유학·연수 및 국제조직에 가맹되어 있는 청소년단체와의 소극적 교류에서 탈피하여 외국 청소년들을 적극적으로 초청하고 있다. 또한 우리 청소년들을 세계 각국에 파견, 유학·연수를 실시함으로써 청소년들에게 국제적 시야를 넓히고 국제협력 정신을 함양하게 하고 있다.

먼저 학생교류에 있어서 유학 및 연수 정책을 획기적으로 전환함으로써 종래의 규제적 엄선위주로부터 권장 및 진흥으로 문호를 과감하게 개방하고 있다. 1958년에 해외유학에 관한 규정이 제정·시행됨으로써 유학이 비로소 제도화되었으며 1982년에는 유학자격을 대폭 완화하여 대학 2학년 수료 이상자로 제한하고 있던 것을 대학재학생 이상 또는 고교졸업자 중 졸업석차 20% 이내인 자로 그 폭을 넓혔다. 또한 유학절차를 간소화하였고, 종전의 유학자격 시험제도를 폐지하였다. 병역미필자에게도 유학의 길을 열어줌으로써 우수한 학생들이 공백기간 없이 적기에 유학하여 공부를 마치고 난 뒤에 병역의무를 이행하도록 융통성을 부여하였다.

그리고 정부의 고급인력 수요증대에 대비하여 1977년부터 국비유학제도를 마련하여 유능한 인재로서 경제적 사정으로 유학을 가지 못한 사람들에게 유학의 기회를 제공하고 있다. 국비유학생으로 선발된 대상자는 각자가 선택한 유학국 체류기간 중 학비 및 생활비 전액을 정부로부터 지급받게 된다.

해외유학생 외에 청소년 교류 또는 청소년 및 학생들의 해외연수가 있다. 연수는 국제사회에 대한 이해와 견문을 넓히고 나아가 국가관 · 안보의식 및 주체의식을 함양하여 세계에서의 우리나라 국력이나 위치를 확인하고 홍보하는 좋은 계기가 되고 있다.

해외연수 추진방법은 국비파견의 연수와 개인이 경비를 부담하는 자체연수로 구분된다. 연수종류는 어학연수, 전공연수, 교육 · 문화 시찰을 위한 연수 및 국제학술회의 등으로 구분된다.

또 다른 청소년교류 형태에는 자유우방국 청소년들과의 농 · 어촌 청소년의 상호교류가 있다. 이는 과학농업 기술을 습득하고 농촌생활을 이해하며 국제 간의 친선과 우의를 증진시키는 계기가 된다. 이 교류훈련은 1963년부터 미국과 자유중국을 대상으로 시작하여 오늘날 동남아국가로 확대되고 있으며 한국 새마을청소년 후원회와 농촌진흥청에 의해 공동 추진되고 있다. 이 활동은 민간외교적 차원에서도 추진되고 있다. 주요 교류국의 민간기구는 미국 4H 재단, 일본 오사카, 필리핀 4H 위원회 등이다. 한 예로 농촌 청소년의 해외연수로 새마을운동 중앙본부 해외연수계획에 따라 새마을청소년회 중앙연합회 임원, 시 · 도 연합회장단 40명이 자유중국에 파견되어 비교 · 관찰 연수를 실시한 적이 있다.

한편 스포츠 · 예술 · 기업 측은 상호협동하여 많은 선수단을 해외에 파견하여 각종 국제경기에 참가시킴으로써 경기경험을 얻어 경기력을 향상시키고 외국 청소년들과의 우의와 친선을 도모케 한다. 그리고 각종 국제경기를 우리나라에 유치하고 친선경기를 갖게 함으로써 스포츠 교류를 통한 국위선양과 발전하는 우리나라의 참모습을 해외에 널리 소개하고 있다.

이 외에도 문화예술 국제교류는 미술전람회, 국제 학생음악대회, 아동극단 초대, 아동합창단 초대 등 초청 및 방문교류의 형태로 다양하게 나타나 있으며, 각종 청소년 단체는 각 단체의 기능과 목적에 따라 국제교류사업을 활발하게 전개하고 있다. 국제교류사업을 유형별로 보면 각종 회의참가 · 기술연수생 파견 · 국제 봉사활동 참가 · 상호 친선교류 · 시찰연수 등으로 분류할 수 있다. 특히 1991년 정부출연기관으로 탄생한 한국국제협력단(KOICA)은 해외봉사활동중심으로 청소년국제교류활동을 주선하고 있다.

청소년단체 국제교류 참가단체에는 한국청소년단체협의회, 한국청소년연맹, 한국라보, LEX 청소년문화교류연구소, 국제경상학생협회, 대한불교청년회, 대한YMCA연맹, 아시아자유청년연맹, MRA한국본부, 율곡향학회, 청소년적십자, 한국걸스카우트연맹, 한국보이스카우트연맹, 한국새마을청소년후원회, 한국유스호스텔협회, 한국해양소년단연맹 등이 있다.

4) 세계로 향한 청소년문화의 앞으로의 과제

세계로 향한 국제이해 청소년교류와 청소년 국제교류 발전을 위하여 다음과 같은 몇 가지 중요한 제언을 하고자 한다.

① 청소년의 국제이해와 청소년의 국제교류에 대한 구체적인 교육목표가 선정되어 학교 및 평생교육기관에서 교육되어야 한다.
② 교과서에 국제이해와 청소년 교류에 대한 구체적인 교육목표가 선정 · 수록되고 이들이 학교 및 평생교육기관에서 사용되어야 한다.
③ 기존의 각종 국제이해 및 국제교류기관을 활성화하여 운영한다.
④ 각국 간의 학교 및 평생교육기관과의 자매결연을 맺을 수 있도록 적극 권장되어야 한다.
⑤ 청소년 국제교육과 국제교류를 위한 정부의 특별정책적 · 재정적 지원이 있어야 한다. 예산정책은 물론, 청소년 전담기구를 승격시키는 것이다.

⑥ 청소년 국제이해교육 및 국제교류를 위한 독립된 건물을 확보하고 전담 기구로 하여금 이 사업만을 담당하도록 한다.

⑦ 남북통일을 대비하여 남북 청소년교류사업을 쉬운 분야부터 실시하여야 한다.

9. 새터민 청소년과 문화

1) 새터민 청소년 육성의 필요성

어느 날 뉴스를 통하여 들은 내용이다. 태국에서 미국으로 이민가는 탈북인에게 "당신은 왜 한국으로 이민을 가지 않고 미국으로 갑니까?"라고 질문을 하니까 그 이민자의 답변이 "물론 나도 한국으로 가면 글과 말도 통하고 음식에 적응하기에도 좋은데 한국으로 가지 않는 이유가 한국에서는 정착할 수 있는 적응 교육기간이 짧기 때문"이라고 답변하였다. 이 인터뷰 내용의 의미는 적응 교육기간이 짧을수록 다른 사회환경에서 적응하며 살아가기 어렵다는 뜻이다. 필자(권이종)는 독일 유학생활을 16년간 하였는데도 불구하고 완전한 독일적응은 할 수 없었다. 물론 남녀 차이와 사람 차이는 있지만 대학 강의실에서 강의를 들을 수 있는 적응기간만도 4~5년 이상이나 걸렸다. 그런데 사회체제와 이념이 다른 북한사회에서 자란 청소년들이 한국에 와서 짧은 시간에 적응한다는 것은 거의 불가능한 일이다.

필자는 독일 유학시절 노동자들과도 16년간 생활하여왔기 때문에 새터민 청소년과 외국인 청소년의 한국사회 적응에 대하여 대단히 관심이 많다. 그러므로 이들을 실질적으로 도와주고자 앞으로 민주평화통일 자문위원의 청년분과위원, 2030위원, 그리고 오늘 토론회를 주관한 청년연합과 한겨레 중·고등학교 및 기타 새터민 관련 대안학교 사이에 영어로 멘토링(Mentoring) 관계를 맺어주는 운동을 시작하려고 한다. 또한 장기적으로는 타 기관과 협력하여 새터민 및 외국인을 위한 상담실도 설치·운영할 계획이다.

이 글을 쓰면서 놀라운 사실은 새터민 청소년들이 한국에 들어온 지가 10여 년이 지났는데도 불구하고 아직까지 새터민이 남한에 긍정적으로 적응하여 행복한 삶을 살 수 있는 프로그램이 개발되어 있지 않고 더욱이 새터민 청소년들에 대한 정부차원에서의 과학적인 연구는 물론 새터민의 원만한 정착을 위한 자료가 거의 없다는 점이다.

역사의 소용돌이 속에서 우린 민족과 조국이 분단되어 이념과 체제가 단절된 채로 살아온 지 60년이 되었다. 그동안 남과 북은 동족 간의 참혹한 전쟁으로 약 500만의 사상자가 나왔고 휴전 이후에도 첨예한 갈등과 대치 속에서 살아왔다. 이러한 이유 때문에 한 핏줄이면서도 남북은 지금까지 의식과 생활양식 면에서 심각한 이질화 현상을 가져왔다. 분단 반세기가 지나서야 성사된 역사적인 남북정상회담에서 도출된 2000년 6·15 남북공동선언은 남과 북을 갈등과 긴장의 시대에서 화해와 협력을 향한 새 역사의 문을 여는 계기가 되었다. 2009년에는 광복 60주년, 6·15공동선언 6주년을 맞아 남과 북 해외대표가 모두 참가한 6·15와 8·15행사를 평양과 서울을 오가며 개최하여 남북교류에 큰 성과를 남겼다.

지금은 남북 간의 이질성과 불신과 적대감을 과감히 청산하고 상호이해와 신뢰의 터전을 구축하며 민족동질성의 회복과 남북공동 협력 및 교류의 장을 조속히 마련함으로써 평화·통일의 조건을 착실히 확보해나가야 할 때이다.[3)]

2) 새터민 청소년의 특징

새터민 청소년의 특징을 이향규 국가청소년위원회 무지개청소년센터 부소장이 「새터민 청소년의 남한사회 적응실태와 과제」, (민주평화통일자문회의 세미나 발표, 2006. 9. 28)의 발표내용 중 중요한 부분을 발췌하면서 필자의 부분적인 의견을 포함·정리한다.

3) 이 글은 새터민 청소년들에 대한 관심제고와 도움을 주기 위한 토론의 장(場)이며 비교적 집필기간이 짧아 체계적이고 전문적인 논문체계를 갖추지 못했음을 이 글을 읽는 모든 이에게 분명히 밝히면서 많은 이해를 구한다.

(1) 일반적 특징

2005년 현재 20세 이하 탈북자 수는 약 1,300명으로 추정하고 있다. 성인들은 비교적 남한사회에 적응하는 시간이 짧으나 청소년의 경우에는 성인과는 아주 다른 특징을 가지고 있다. 특히 10대 중반 이후의 사춘기 청소년들은 남한사회 정착에 심각한 어려운 문제점을 겪고 있다. 왜냐하면 10대 청소년기와 사춘기는 그 발달과업 자체만으로도 매우 힘든 시기이다. 그리하여 전세계 사회 및 청소년 관련학자들은 청소년기를 질풍노도기, 혼란기, 반항기, 불안한 시기, 정체성 혼란기, 깨지기 쉬운 그릇과 같고 정서불안, 논쟁을 위한 논쟁, 왕성한 성적 욕구, 자제력 약화, 과잉적인 명예와 승리 추구, 인간관계 민감, 제2의 탄생기, 두려움과 잔인성, 호기심과 무관심, 규범의 위기, 좌절과 갈등, 이기주의와 극단주의 등 다양한 문제점을 언급하고 있다. 청소년기에는 자기가 누구인지 무슨 직업을 가져야 하는지, 어떤 친구들과 어울려야 하는지조차 질문을 끝없이 하면서 살아간다. 때때로 가족·학교·사회에 대한 반항과 막연한 욕망을 억제하면서 사회체제 및 구조에 대하여 반항과 좌절을 경험하기도 한다. 그러한데 하물며 고향과 부모·형제·친구를 멀리 두고 와 전혀 낯선 환경에 와서 모든 인간관계 등을 처음부터 새로 시작한다는 것 그 자체가 새터민 청소년들에게는 그 혼란이 더 클 수밖에 없다. 사람이든 동물이든 자기의 생활환경이 바뀌게 되면 적응하는 시간이 필요하다. 같은 사회체제 내에서도 청소년기에는 갈등과 좌절, 희망과 꿈 등이 교차하면서 자기 스스로를 조절할 수 없는 지경에 다다른다. 그런데 새터민 청소년들이 갑자기 낯선 민주주의 사회에서 정상적으로 살아가도록 기대한다는 것은 매우 어려운 일이다. 왜냐하면 원칙적으로 북한에서 성장해온 기간만큼 남한에서도 생활해야 적응할 수 있기 때문이다. 남한친구를 잘 사귀지 못하고 학교생활에 적응하지 못해 학업을 포기한다든가 사회적 관계에서 실패하여 미래의 삶에 대한 불확실성 속에서 자포자기하는 심정으로 하루하루를 살기도 한다. 이러한 복합적인 문제를 개인적인 노력만으로는 극복하기 매우 어렵다. 따라서 국가적인 차원에서 정책적으로 대폭적인 지원이 요청된다.

(2) 신체적 발달 특징

북한 청소년들은 수년간 영양결핍의 결과 만성영양결핍과 저체중 아동 및 청소년의 비율이 60%가 넘는다. 가장 왕성한 성장기에 영양섭취를 제대로 못했기 때문에 만 4~5세 아동의 경우, 남자아이는 80%, 여자아이는 75%가 해당 연령의 정상적인 신장보다 키가 작다고 한다. 또한 북쪽 청소년들의 전국적 평균신장은 남쪽 청소년들에 비해 약 12~20센티까지 차이가 난다.

새터민 청소년의 신체발육상태는 다음의 여러 가지 특징이 있다.

첫째, 새터민 청소년의 신체발달은 남한청소년에 비해서 현저히 지체되어 있다.

둘째, 발달지체는 여자의 경우보다 남자의 경우 더 심각하게 나타난다.

셋째, 영양부족은 몸무게보다 키에 더 큰 영향을 미친다.

넷째, 이러한 신체적인 차이는 성인이 된 이후에도 지속된다.

(3) 심리 · 정서상태

새터민 청소년들이 북한을 떠나 남한으로 오기까지는 길고 멀고도 험난한 과정을 거쳐 최하 6개월에서 길게는 4년 이상 기간이 걸리기 때문에 대부분 이들의 심리 · 정서상태에 큰 영향을 미친다. 예를 들면, 굶주림과 가족해체의 고통, 남한에 정착하기 전까지의 긴장과 불안의 연속, 내가 누구인가 · 어디서 살아야 하는가 등과 같은 근본적인 정체감의 혼란 그리고 인간 삶의 기본적인 욕구인 생리적 욕구와 안전욕구조차 충족되지 않는 상황 등이다.

(4) 사회적 관계와 자아 정체감

청소년기는 친구와의 관계가 가장 중요한 시기이다. 그런데 남한에서 친구 사귀기가 쉬운 일이 아니다. 왜냐하면 북한에서 왔다는 점과 말씨가 다르다는 점 등 때문이다. 또한 학생들이 학교에 다니면서 자신의 정체성에 대해 자신 있게 드러내지 못하고 있어 결국 학교를 자퇴하는 주요 원인이 되기도 한다. 학교생활에서 자신들에게 익숙한 북한언어의 억양이나 사투리가 남한 아이들과의 대화 속에서 드러날까봐 조심스러워 한다. 인간의 성공과 실패는 인간관계의 결과에 따라 좌우된다. 인간관계는 다른 어느 무엇과도 바꿀 수 없는 매우 소중한 만남들의 연속에서 찾아볼 수 있다. 그러나 새터민 청소년들은 남한사회에서의 여러 가지 새로운 환경 때문에 인간관계 형성이 쉽지 않다. 더욱이 북한사회와 남한사회를 비교하면서 자기혐오나 자기비하 또는 열등감 연속선상에서 생활하게 되므로 수동적이고 부정적인 자아형성은 물론 인간관계에서도 그러한 결과를 가져오게 된다.

(5) 심리적 특성

새터민 청소년들은 불안이나 공격성 또는 과거 힘든 경험으로 인한 어려움을 겪는 경우가 있다.

첫째, 다수가 불안증상을 나타낸다. 북한에서 겪어왔던 기아의 고난과 가족의 생이별, 낯선 남한문화로의 이주에 대한 걱정, 어디에 가서 무엇을 하고 살까, 친구를 사귈 수 있을까, 공부를 따라가고 진학할 수 있을까 등 미지의 상황에 대한 불안 속에서 생활한다.

둘째, 탈북 청소년들은 남한의 평균적 또래들에 비하여 비교적 공격적이고 폭력적인 행동을 보이기도 한다. 어느 한 연구결과에서는 탈북 청소년들이 욕을 하며 싸운다든지 큰소리를 지른다든지 흑백논리로 대응한다든지 심한 욕설과 반발을 한다든지 좌절이나 자신에 대한 비판 그리고 경우에 따라서는 공격성과 폭력적인 행위를 보이기도 한다고 보고했다.

셋째, 새터민 청소년들은 남·북한의 문화적 가치관의 차이로 인해 심한 심리적 혼란과 갈등을 겪고 있다. 남녀의 성역할은 그 중 가장 현저한 갈등을 보이는 분야 중 하나이다. 북한사회는 남녀평등이 실현된 사회라고 하지만 아직도 가부장적 기본 질서가 강하게 남아 있다. 그런 점에서 볼 때, 남한의 여성들이 남자친구에게 반말을 하는 것, 여자 청소년들이 담배를 피우는 것 등은 새터민 청소년들을 혼란스럽게 할 수 있다.

넷째, 새터민 청소년들은 고립된 생활경험 때문에 자아 통제력이 아직 덜 발달하여 여러 가지 행동상의 문제로 나타나기도 한다. 장기간의 가족해체,

탈출과 은신과정에서의 긴장, 남한생활에서의 부적응 등 심리적 적응의 문제는 개인적인 것만이 아니고 사회적인 것으로도 파악해야 한다.

다음은 참고로 동·서독 통일 후 동독 청소년들의 생활양식을 소개하면서 향후 청소년들에 대한 더 많은 이해와 도움을 기대하고자 한다.

동·서독 통일 이후의 교육 및 청소년 문제 이해와 남북이 통일이 된다고 가정하여 얼마나 많은 문제점을 해결해야 하는지에 대한 도움을 주고자 북한 청소년들의 삶에 대하여 문혜성(중앙대 2년) '북한 청소년들의 삶과 남북 청소년 교류의 방향' 글의 일부 중 특히 조직생활과 여가생활만을 발췌하여 소개한다.

조직생활(소년단 생활, 사로청〈사회주의로동청년동맹〉 생활)

북한의 주민이라면 모두 조직생활을 해야 하며 학생이라고 해서 예외가 아니다. 소학교 2학년이 되면 누구나 소년단에 가입하게 된다. 중학교 4학년이 되면 붉은 넥타이를 풀고 김일성사회주의청년동맹에 가입한다. 중학교 고등반으로 진급하면 교내 군사조직인 붉은청년근위대에 편입되고 대학생이 되면 교도대라는 준군사조직에 편입된다. 북한의 학교는 그 자체가 군대식 대열로 편성되어 있다. 예를 들면, 규모에 따라 차이가 있기는 하지만 학교는 연대로, 학부는 대대로, 학과는 중대로, 그리고 학급은 소대로 편성된다.

다른 북한의 주민도 마찬가지이지만 학생들도 생활총화를 한다. 생활총화는 일일총화, 주간총화, 월간총화 등으로 구분되는데 북한의 중·고등학생들은 주간총화를 하며 생활총화를 큰 부담으로 여긴다. 생활총화가 반복적으로 이루어지기 때문에 같은 비판을 되풀이해야 하기 때문이다. 수업시간에 떠들었다, 지각했다, 숙제를 안 했다 등이 가장 흔한 비판내용이다. 그래서 저학년일 때는 열성적으로 참여하지만 학년이 올라갈수록 형식적인 비판이 주를 이룬다.

여가생활 문화

북한의 청소년들도 놀기를 좋아한다. 비록 많은 시간을 학교수업과 조직생활에 매어 있지만 주말이나 늦은 저녁에는 한국의 일반 청소년들처럼 생활한다.

주로 귀가하는 시간에 동네 친구들끼리 모여서 축구, 자치기, 땅따먹기, 못치기, 딱지치기, 베어링 따먹기(베어링으로 알치기 하는 법과 비슷함), 치는 범(한국의 얼음땡과 비슷하지만 조금 다르다. 범인 친구가 다른 친구를 터치하면 그 친구가 범인이 된다), "무궁화꽃이 피었습니다" 등 여러 가지 놀이들이 있다. 계절별로 여름에는 수영을 즐기며 겨울에는 눈썰매와 외발이, 스케이트를 즐긴다. 북한에서도 봄·가을 소풍이 있고 가을체육대회가 있다. 소풍에서는 우리나라와 비슷하게 수건 돌리기, 보물찾기, 씨름 등을 한다.

체육대회는 학생들이 가장 기대하는 날이기도 하다. 체육대회상품이 학용품이기 때문에 학용품이 부족한 학생들에게는 열심히 뛸 수 있는 동기가 된다. 남한과 비슷하게 육상, 축구 등 다양한 종목들이 있지만 사상성을 고취할 수 있는 종목들도 더러 있다. 예를 들어, "양코배기 불사르기"는 허수아비를 세워놓고 교대로 칼이 달린 목총으로 찌르기를 한다. 승부를 내고 난 후에는 휘발유를 붓고 불사른다. 이를 통해 미 제국주의에 대한 증오심, 그리고 적화통일의 마음을 심어 준다.

북한에서의 청소년들은 주체가 아닌 강성대국 건설을 위한 자원이라는 성격이 강하다. 청소년들을 주체로 내세우기보다는 교육의 대상으로 인식되며, 북한의 획일화된 사회의 틀에서 목적형 인간으로 만들어지고 있다. 이들에게는 자신의 삶의 목적이 오직 수령과 당에만 맞추어져 있다.

다음에서는 허원민 연세대학교 새터민 대학생이 「남한 청소년과 북한 청소년」, 민주평화통일자문회의 2006년 9월 28일, pp. 43-46에서 발표한 내용을 소개한다.

북한 청소년의 경제활동방식과 남한 청소년의 경제활동방식

북한 청소년들 대부분은 '저축'의 개념이 없다. 북한 사람 중에 은행에다 돈을 저축해본 사람은 아마 거의 없을 것이다. 그리고 돈을 직접 사용할 기회가 거의 없다. 북한은 부모님들이 용돈을 주지 않는다. 용돈을 줘도 쓸데가 없기 때문이기도 하다. 북한사회는 천편일률적이다. 전국의 모든 학교의 교과서가 같으며 교복도 같고 심지어 책가방도 똑같다. 학교 근처에는 만화방도 없고 문구점도 없으며 떡볶이집도 없다. 어쩌면 북한 청소년들에게 있어서 돈에 대한 개념은 톨스토이의 바보 이반이 흥미 있어 하는 돈과 비슷하다고 볼 수 있다. 이러한 돈에 대한 무지는 정착금의 대부분을 몇 년 안에 날려버리는 결과를 가져온다.

그 반면에 남한 청소년들은 어릴 때부터 돈을 사용하는 습관이 몸에 배어 있다. 한정된 용돈으로 해야 할 것과 하고 싶은 것이 많은 남한 청소년으로서 돈에 대한 고민은 당연한 것이다. 단돈 백 원 때문에 지하철을 탈까 버스를 탈까 고민하는 친구를 보면서 처음에는 이해할 수 없었다. 남한 청소년의 고민은 수많은 할인카드에서도 나타난다. 할인카드의 활용범위는 생각보다 많다. 영화관, 편의점, 음식점, 서점 등그 다양함은 머리를 아프게 할 정도이다. 카드들이 어디에 적용되고 어디에는 적용 안 되고 포인트는 얼마나 쌓였으며 등등을 암기하는 이들의 생활방식은 한순간에 일어난 것이 아니다. 어려서부터 학습되어온 습관의 결과이다.

이러한 생활방식의 장·단점을 단순하게 살펴보면 우선 북한식은 머리가 복잡하지 않다는 것이다. 한번 돈을 저축해보고자 2년 적금통장을 하나 만들었었다. 하지만 몇 달만에 결국 실패했다. 돈을 너무 쓰고 싶었던 것이다. 요즘 인터넷으로 책을 사면 할인해서 살 수 있다고 들었다. 하지만 그 절차가 나에게는 너무 복잡한 것이라서 단념하고 말았다. 나는 주머니에서 돈이 나갈 때 '기회비용'을 잘 따지지 못한다. 그 따진다는 것 자체가 익숙지 않기 때문이다. 돈을 있는 대로 그때그때 써버리다 보니 정작 필요할 때에 못 쓰는 문제가 발생한다.

약속개념

많은 사람들이 탈북 청소년들이 약속을 잘 지키지 않는다고 이야기한다. 휴대폰 문자메시지로 'X야 시간 괜찮으면 몇 시까지 어디어디에서 만나자'라고 보내면 '응'하고 답신이 온다. 하지만 아무리 기다려도 오지는 않고 전화를 보내면 받지 않고 그런 경험을 해보신 분들이 적잖게 있을 것이다. 이러한 행동양식은 왜 나타나는 것일까? 여러 가지 이유들이 있다. 사람마다 다 다르겠지만 북한사람은 거절하는 데 익숙하지 않다. 약속을 하기 싫으면서도 마지못해 응한다. 두 번째 이유로는 처음은 괜찮게 생각하고 '응'했는데 나중에 약속장소에 나가기 싫어진 것이다. 그렇다면 당연히 나 이러이러해서 못갈 것 같다고 얘기해야 함에도 자기 의사표현을 하기 어려워하는 경우가 많다. 그래서 그들이 택하는 방법은 나중에야 어떻게 되건간에 아예 약속 같은 것은 없었던 것처럼 일방적으로 기억에서 지워버린다. 심리학자들이 깊이 연구해 볼 필요성이 있을 것 같다.

사회규범 탈피

북한의 법은 죽은 법이다. 가끔 제기되는 이혼소송에서만 필요할 뿐이다. 생활의 단순성은 법이라는 개념 자체를 무색하게 만든다. 이러한 이른바 '무법천지'에서는 여기서는 결코 받아들여질 수 없는 일들이 벌어지기도 한다. 그러한 생활습관은 남한사회에서도 이어진다. 그러한 예를 수없이 많이 들 수 있지만 한 가지만 들고자 한다.

남한 청소년들과 북한 청소년들 간에 대판싸움이 붙었다. 40 대 10이라는 북한 청소년들의 열세를 극복하기 위해서 흉기를 사용했다. 그 결과 40명을 물리치는 승리를 거뒀지만 그 기쁨도 잠시 수천만 원의 손해배상금을 물어야 했다.

이성교제

중국에서 지낼 때 한국시트콤 '순풍산부인과'를 볼 기회가 있었다. 거기서 조그마한 꼬마 애들이 서로 뽀뽀하는 장면을 보고 놀랐다. 더 놀란 것은 그러한 어린이들의 행동을 어른들이 지지한다는 것이다. '드라마니까 과장된 장면일 뿐'이라고 생각했었는데 남한사회의 현실이었다. 북한은 유교사상이 지배적이다. 따라서 이성교제가 소극적인 방법으로 이루어진다. 대부분이 연애결혼보다도 중매결혼으로 성사된다. 그러한 영향 때문인지 나는 아직도 이성교제를 익숙하게 받아들이지 못한다. 조금씩 익숙해지고 있지만 아직도 대학 캠퍼스 내에서 거리낌 없이 스킨십을 하는 커플을 볼 때마다 소름이 돋는다. 때로는 너무 가벼운 이성교제 분위기 때문에 일종의 강박관념 비슷한 것을 가질 때도 있다. 하지만 '천상배필'이라는 말도 있듯이 이성은 하늘이 주는 것이라고 스스로 위안을 한다.

영어

영어가 난무하는 남한사회를 살아가면서 내가 느끼는 소외감은 다소 컸었다. 지금은 거의 알아듣지만 초기에는 못 알아듣는 말이 많았다. 하루는 친구 보고 요새 뭐하면서 지내느냐고 물어봤는데 그 친구가 하는 말이 '나 요즘 스쿼시 해'라고 대답하는 것이었다. 앞뒤 말을 종합해 보니 헬스 비슷한 것 같긴 한데 도저히 알 길이 없었다. 직접 물어보긴 그렇고 해서 네이버에 검색했었던 기억이 난다. 지금도 노래방에서 팝송을 유창하게 부르는 친구들을 보면 팝송 몇 곡 정도는 배워둬야겠다는 생각이 든다.

경쟁과 비경쟁

제일 싫어하고 두려워하는 단어가 '경쟁'이다. 어쩌면 한국의 오늘이 있게 된 배경을 '경쟁'이라는 단어 하나로 함축할 수 있다. 뉴스를 보면 '몇 대 몇의 경쟁을 뚫고'라는 말이 자주 나온다. 경쟁은 피할 수 없는 것이 되어 버렸다. '나도 몇 대 몇의 경쟁을 뚫지 않으면 살기 힘들지 않겠는가?' 라는 강박관념마저 생길 정도이다. 한국사회에서 '화합', '연합', '연대'라는 개념들이 설 자리를 점점 잃어가는 것 같다. 누구와 함께 한다는 것 자체가 어려운 사회에서 좋은 친구를 만나기는 하늘의 별따기다. 목숨까지 주고받는 친구 하나만 만났으면 하는 바람이다.

3) 새터민 청소년의 정착지원방안

첫째, 북한 청소년들의 생활양식에 대한 정확한 정보수집이 필요하다. 탈북 청소년들이 약 천 명 이상 와있는데도 불구하고 북한 청소년들의 생활양식에 대한 정확한 정보가 거의 없다. 분단 이후 지금까지 우리 청소년들은 북한에 대해 부정적인 분야로만 일방적으로 정보를 획득해왔기 때문에 북한에 대한 많은 편견을 가지고 있다. 따라서 우리 청소년들이 북한에 대한 정확한 이해와 우리 자신을 알아야 탈북 청소년들을 더 많이 이해하고 같이 공동생활을 할 수 있을 것이다.

둘째, 정부가 행·재정적으로 새터민 청소년들을 위하여 충분한 지원을 해주어야 한다. 새터민 담당 행정 공무원 및 지원단체 관련자들을 위한 정기적인 연수 및 교육을 통하여 그들에 대한 생활양식(하루일과)을 정확히 이해하여야 실질적인 도움내용을 파악하여 지원할 수 있다.

셋째, 독일 통일 후에 동독 청소년들의 사회적응모델을 분석하여 필요한 부분을 부분적으로 도입하도록 노력한다. 앞의 글에서 통독 후 양국 청소년들의 문제를 알아본 바와 같이 동·서독 청소년 모두가 통일을 후회하고 있으며, 특히 청소년 실업률이 급증하여(서독 청소년실업률 7%, 동독 청소년실업률 20%) 청소년 육성 및 사회문제가 매우 심각하다.

넷째, 새터민 청소년들이 남한사회에 잘 적응할 수 있도록 중·장기적인 프로그램을 개발하여 적용한다. 이질화된 남과 북의 동질성 회복과 그에 앞서 이중적인 북한관과 통일관을 가지고 있는 젊은 청소년들을 위한 사회적응 프로그램이 개발되어 보급되어야 한다. 이 프로그램 개발은 빠를수록 좋다. 이 프로그램을 통하여 앞으로 양국 청소년 간 겪게 될 충격과 혼란을 최소화할 수 있기 때문이다.

다섯째, 새터민 청소년들의 문제발생예방차원에서 남한사회적응을 위한 교육기관이 길수록 좋다. 왜냐하면 이 글의 서두에서 언급한 바와 같이 연령,

남녀에 따라 차등기관을 두어 점진적으로 독립적인 생활을 할 수 있도록 인도해야 한다. 따라서 현재의 3개월 사회적응교육기간도 짧아서 점점 늘려야 하는데도 불구하고 오히려 정부에서는 사회적응교육기간을 줄이고 있다는 것은 한국사회의 빠른 적응보다는 문제를 야기하는 요인이 되기도 한다.

여섯째, 특히 가족을 떠나서 청소년 혼자 탈북한 대상은 다른 청소년에 비하여 더 많은 배려와 투자가 필요하다. 무연고 청소년을 위한 생활공동체 구성 및 안전망 구축 등을 말한다. 어느 나라든지 모든 청소년 문제는 가족해체 요인이 가장 큰 이유이기 때문이다. 모든 청소년 문제는 애정결핍과 인간관계의 결과라고 말할 수 있다.

일곱째, 국가차원의 대안적 학교교육을 위한 통합교육과정 및 교재개발이 필요하다. 초·중고 '다문화 이해'를 위한 교육강화로 새터민 이주노동자 등 다양한 사회구성원을 이해하고 다문화가정 자녀에 대한 편견과 차별을 극복할 수 있는 점을 말한다.

여덟째, 통합교육을 위한 교사양성과 교수-학습방법 기반조성이 있어야 한다. 특히 급증하는 새터민 청소년과 외국인노동자 자녀들에 대한 생활지도(상담) 담당자 양성교육이 뒤따라야 한다.

아홉째, 새터민 중·고등학생들을 위하여 학교생활 멘토지원체제를 구축한다. 최근 국내·외에서 문제 있는 청소년을 지도하는 가장 바람직한 방법으로 멘토시스템을 앞다투어 도입하고 있다. 멘토(Mentor)란 자매결연을 통하여 멘토(Mentor)가 조언자·스승·은사·지도자·부모와 같은 도움을 주는 것이다. 멘토는 자신의 풍부한 경험과 삶을 살아온 지식을 바탕으로 멘티(Mentee)에게 도움을 주어 멘티가 성공에 이르게 하는 능력과 확신과 잠재력을 개발하여 주는 두 사람 간의 관계를 말한다.

CHAPTER 03

청소년문화의 이해

CHAPTER 03

청소년문화의 이해

청소년문화를 이해하기 위한 객관적 준거로서 우리는 학문적-이론적 관점에 의존한다. 왜냐하면 학문(이론)은 다양한 패러다임의 역사과정을 통해서 파악될 수 있는 거시적 구조와 미시적 구조를 과학적-객관적으로 기술·설명해 주고, 분석·해석해 주기 때문이다. 이는 사회를 보는 '인식의 틀'로도 작용한다. 이러한 '인식의 틀' 위에서 현재의 청소년문화를 이해하고 해석해낼 수 있다면, 청소년문화는 우리에게 보다 객관적-보편적으로 접근될 수 있다는 가정이다.

1. 사회학적 관점

사회학적 관점은, 첫째, 거시적 접근, 둘째, 미시적(해석적) 접근으로 구성된다.[1] 전자는 기능론적 접근과 갈등론적 접근으로, 후자는 상징적 상호작용론적 접근, 현상학적 접근, 민속지적(또는 문화기술지적) 접근으로 구성된다. 거시적 접근은 경험적-실증적 데이터를 토대로 사회현상의 일반원리를 추출해내

1) 윌슨(Wilson)의 분류에 의하면, 사회학 연구의 패러다임은 규범적 패러다임(normative paradigm)과 해석적 패러다임(interpretive paradigm)으로 나뉜다. 여기서 그는 기능이론과 갈등이론을 모두 규범적 패러다임의 범주로 분류하고, 현상학적 접근, 상호교섭주의적 접근 그리고 민속지방법 등은 해석적 패러다임에 포함시켰다.

는 방식으로 이루어지고, 미시적 접근은 자유의지를 가진 개인에게 초점을 두고 그의 행동변화를 통해서 복잡한 사회현상을 파악하는 방식으로 이루어진다. 여기서는 미시적 접근에 포함되는 '현상학적 접근'은 제외된다. 왜냐하면 이는 철학적 관점과 내용 면에서 실질적으로 중복이 되는 관계로, 아래(7. 철학적 관점, 2) 존재론적 접근, (1) 현상학적 접근)에서 함께 다룬다.

1) 거시적 접근

(1) 기능론적 접근

사회현상(사회구조 및 사회변동)을 기술, 분석, 해석하는 구조기능주의 또는 기능주의 사회이론은 '기능론적 접근'에 의해 이루어진다. 기능주의 사회이론의 기원은 소위 '유기체(organism, 有機體) 모형'이다. '유기체'[2]란 지구상에 살아움직이는 모든 생명체를 말한다. 기능주의자(기능주의 사회이론가)들은 사회의 모든 분야(정치, 경제, 문화, 교육, 종교 등)도 마치 살아있는 생물체처럼 서로 연결되어 있다고 보았다. 예를 들면, 우리의 몸은 간, 심장, 콩팥 등이 자기의 고유한 – 즉, 생리적 · 물리적인 – '기능'을 제대로 수행하고 조화를 이룰 때 건강을 유지할 수 있다. 마찬가지로 우리 사회 역시 정치, 경제, 문화, 교육, 종교 등 모든 분야가 자기에게 맡겨진 '기능'(책임)을 제대로 수행할 때 유지될 수 있다. 이렇게 사회를 생물체, 즉 유기체에 비유하는 이론을 '사회유기체설'(또는 사회유기체론)이라고 한다.

'사회유기체설'은 영국의 철학자이며 사회학자인 스펜서(Herbert Spencer, 1820-1903)에 의해 주창된 이론이다. 그에 의하면, 사회의 각 구성요소는 유기체가 생존해나가는 것처럼 기능적으로 연결되어 움직인다. 스펜서의 '사회유기체설'은 19세기 프랑스의 사회학자인 뒤르껭(Emile Durkeim, 1858-1917)의 '기능주의

2) 유기체란 많은 부분이 일정한 목적 아래 통일되고 조직되어 그 각 부분과 전체가 필연적 관계를 가지는 조직체로서, 살아 있는 생물처럼 물질이 유기적으로 구성되어 생활기능을 가지게 된 조직체를 말한다. 그는 다윈의 진화론에 입각하여 생물학, 심리학, 윤리학을 종합한 철학체계를 수립하였으며, "사회유기체설"을 주창하고 사회의 발전을 진화론적으로 설명하였다. 저서에는 『종합철학체계』가 있다. <Daum 인명사전>

사회관'으로 계승된다. 뒤르껭에 의하면, 사회는 각각의 기능들이 모여서 서로 의존하고 상호작용함으로써 전체 구조를 형성시키고 안정시킨다. 이때 사회의 구성요소들이 각각 제 '기능'(또는 역할)을 얼마나 잘 수행하고 있는가에 따라서 사회유지 및 사회발전의 정도가 결정된다. 이러한 입장에 동조하는 학자들을 우리는 (구조)기능주의자라고 부르고, 이들의 이론을 '기능주의 사회이론'이라고 한다.

초기의 학자로는 꽁트(A. Comte), 스펜서(H. Spencer), 뒤르껭(E. Durkheim), 빠레토(V. Pareto)를 들 수 있으며, 후기의 학자(1930~60년대)로는 파슨즈(T. Parsons), 머튼(Merton), 데이비스(Davis), 무어(Moore) 그리고 스멜서(Smelser)를 꼽을 수 있다. 인류학의 영역에서는 말리노우스키(B. Malinowski)와 레드크리프 브라운(A. R. Radcliffe Brown) 등이 대표적이다. 1980년대 들어 미국에서는 신(新)기능주의를 주창하는 알렉산더(Alexander) 그리고 독일의 벡(U. Beck), 루만(N. Luhmann) 등은 – 다음 차례에서 다룰 갈등주의와 해석주의의 자극과 저항을 일부 수용하면서 – 기능주의 사회이론의 새로운 전통을 수립했다. 그러나 알렉산더의 문화구조이론은 해석주의 사회이론의 하나인 '민속적 방법론'과 포스트모던 이론 등을 대폭 수용한 혼합형태로서 순수한 기능주의 사회이론이라고 할 수 없으며, 파슨스의 제자인 루만 역시 베버(M. Weber)의 정치사회학 이론과 짐멜(G. Simmel)의 화폐이론(돈의 철학)에 영향을 받으면서 구조주의와 기능이론을 역동적으로 통합하였다.

기능론적 접근으로 볼 때 사회는 구성원들에게 현재 사회에서 유용한 공통의 가치와 규범을 내면화시킨다. 이로써 사회는 궁극적으로 사회통합에 의한 사회질서 유지에 일차적 관심을 가진다. 따라서 기능론자들은 사회규범, 구성원의 기능과 역할, 사회화 등을 사회질서의 기본으로 본다. 한편 이들은 사회의 각 구성요소들이 제 기능을 수행하지 못할 때에는 사회적 불균형 현상이 발생하게 되며, 이로써 사회문제도 생긴다고 보았다.

청소년문화는 일련의 사회구성요소이다. 따라서 기능론적 관점에서는 청소년문화가 '사회화, 사회유지, 사회통합, 사회지속, 사회균형 및 조화, 사회적 요구의 수용' 에 기여해야 한다. 그러나 청소년문화가 '사회적 불균형 상태'[3] 내지 '사회적 혼란상황'을 초래할 때에는 문화로 취급되지 않는다. 그냥 혼란이며 비행일 뿐이다. 따라서 만약 오늘날 청소년의 문화현상들, 이를테면 소비문화, 성문화, 사이버문화 등이 이들에게 어떻게 비치는가에 따라서 청소년문화는 정상적인 문화로서 대우를 받을 수 있거나 아니면 '비행문화'로 전락할 것이다.

그러나 기능론은 사회학적 관점 내에서도 다음과 같은 근거에서 비판을 받고 있다.

첫째, 사회를 생리적-물리적 기능과 역할만을 수행하는 유기체에 비유하는 것은 지나친 단순논리이다. 사회는 그 이상으로 정신적-문화적 차원까지 내포한다.

둘째, 사회가 원래 조화롭고 안정되고 잘 통합된 체계라는 점이 지나치게 과장되고 있다.[4] 사회는 생각처럼 그렇게 안정된 시스템도 아니며 통합적 체계도 아니다.

셋째, 사회질서, 사회통합 그리고 사회화(사회적응, 사회순응) 등에 대한 관심은 사회의 현상유지만을 추구하는 보수이론으로 흐를 수 있다.

넷째, 사회를 바라볼 때 역사적 차원을 무시하기 때문에, 너무 현재에만 초점을 맞추고 있다.

다섯째, 사회가 실제로 존재한다는 사실이 지나치게 과장되어 있다. 사회는 이름뿐일 수도 있다. 사회라는 개념이 없어도 그냥 사람들이 모여 사는 것이 우리의 삶일 수 있다.

---

3) 물론 균형이 파괴되었을 때는 균형의 유지, 파괴와 회복, 이와 관련된 요인, 역할과 기능의 수행, 체제에의 투입과 산출 등이 기능론자들에게 훗날 주요한 연구의 대상이 된다. 즉, 사회도 마치 사람의 코, 입, 눈과 같이 여러 부분이 서로 보완적으로 역할을 수행한다고 생각한 것인데, 이러한 논리를 발전시킨 학자가 니클라스 루만이다. 그의 사회체제이론(Soziale Systeme)이 바로 그것으로서 이는 심층생태학자인 마투라나와 바렐라의 "자기제작이론(autopoiesis)"에 근거하고 있다.

4) 독일의 사회학자인 니클라스 루만(N. Luhmann)에 의하면, 고전주의 사회학에 속하는 기능주의 사회학은 지나치게 '통합'을 고집하고 있다. 그는 말한다 : "근대 사회는 지나치게 통합되어 있어서 위험하다"(Luhmann, 1996 : 26). 그는 갈등도 바로 이러한 지나친 통합강조 때문에 발생한다고 주장한다.

여섯째, 사회구성원 간에 존재하는 역동적 관계에 대한 관심이 부족하다. 즉, 전체로서의 사회를 강조하다 보니, 개인에게 존재하는 개성(個性)은 의미를 상실한다. 여기서 개인은 사회에 종속된 수동적 존재로만 간주된다. 그러나 개인은 능동적인 존재이기도 하다.

일곱째, 사회구조, 사회활동, 사회변동 중에 발생하는 사회구성원들 간의 '갈등'의 문제가 너무 안이하게 취급됨으로써, 인간 '소외'의 문제가 방치될 수 있다.[5)]

원칙적으로 바람직한 청소년문화는 '사회적 요구'와 '개인적 요구', 즉 개성이 서로 조화될 때 성장할 수 있다. 그렇지 않으면 '주류문화(main culture)'로서의 기성 성인문화와 청소년들이 만들어가는 '하위문화(subculture)' 사이에는 갈등이 발생한다. 즉, 기능론적 관점을 가진 성인들의 문화가 우리 사회의 '주류문화'라면, 이러한 기준에 따라서 진단된 지금의 청소년문화는 객관적-보편적으로 이해되지 못한다. 이렇게 본다면, 기능론적 관점에 의한 청소년문화의 이해는 보다 신중해질 필요가 있다.

예를 들어, 우리의 현재 청소년문화가 누군가에 의해 '불건전한 소비문화, 문란한 성문화, 혼란스러운 사이버문화' 등으로 비판된다면, 실제로 우리의 청소년문화는 '비행하위문화'가 되는 것이다. 그러나 이러한 비판이 기능론적 관점에서 나온 것이라면, 이러한 진단과 평가는 제고될 필요가 있다. 왜냐하면 기능론적 관점은 이론적으로 명백한 한계를 가지고 있기 때문이다. 심지어 기성성인들의 '문화파시즘'[6)]에 의해 청소년문화가 비난받게 된다면, 이는 청소년들 자체가 문화(권)에서 '소외'되는 셈이 된다. 따라서 기능론적 관점으로 청소년문화를 이해하려는 사람들은 기능론 자체가 가지고 있는 학문적 한

5) 우리의 역동적 삶 속에서 사회변동과 사회역동의 상황이 연출되는 한 항상 사회구성원 사이에서 발생할 수 있는 '갈등'의 문제는 가장 심각한 비판을 받게 된다. 이렇게 해서 결국은 소위 '갈등론자'들에 의해 사회를 읽는 새로운 연구관점이 등장하게 된다. 갈등론자들은 원칙적으로 마르크스의 이론과 네오마르크스의 이론에 기반을 두고 있다. 이들에 의해 성숙되는 '갈등주의 사회이론'은 '소외' 문제에 주 관심을 두고 있다. 즉, 사회가 사회구성원들에게 기능과 역할만을 강조하다보면 이들 사회구성원들 사이에서 발생하는 소외의 문제를 해결할 수 없다는 것이다. 이에 대해서는 다음 단락 - 2) 갈등론적 접근 - 에서 보다 자세히 다룬다.

6) '문화파시즘'이란 '문화를 독점하는 권력'을 말한다. 이로써 기성성인들의 문화인 소위 '주류문화'가 휘두르는 권력 앞에서 청소년문화는 건전한(또는 정당한) 하위문화가 아닌 '비행하위문화'로 비하될 수 있다.

계를 심도있게 성찰하면서 분석해 볼 필요가 있다. 만약 오늘날 우리의 청소년문화가 사회보다는 청소년 개인의 개성을 존중하고 있으며, 순응적 사회화를 통한 사회의 보수화보다는 보다 나은 사회와 문화를 위해 진보적으로 저항하고 있으며, 인간소외와 사회적 갈등의 문제를 해결하기 위한 이들만의 움직임을 존중하고 있다고 한다면, 청소년문화는 과연 기성 성인문화에 의해서 단순히 비행하위문화 정도로 취급되어도 되는 것인가? 물론 청소년문화가 본질적으로 이론적 한계를 가지고 있는 기능론적 관점에 의해서만 접근될 때 그럴 수 있다는 것이다.

(2) 갈등론적 접근

사회(학)이론의 형성을 위한 기능론적 접근이 콩트, 뒤르껭, 머튼, 파슨스 등에 의해 수행되어 왔다면, 갈등론적 접근은 '기능주의 사회이론'에 저항하고 이의를 제기한 마르크스주의자들과 베버주의자들[7]에 의해서 시작되었고, 다렌돌프(R. Dahrendorf), 밀즈(C. W. Mills), 코저(L. A. Coser) 등과 같은 네오마르크스주의자들에 의해서 성숙・발전되었다.

1960년대 이후 기능이론을 비판하고 이와 대립하면서 시대적 호응을 얻기 시작한 '갈등이론'은 기능이론처럼 사회학의 거시적 관점을 취하고 있지만, 사회의 본질을 '갈등(conflict)'의 관계로 보았다는 점에서 양자는 구별된다. 갈등이론에 의하면, 우리의 삶과 사회에서는 갈등이 산재하고 있으며, 사회는 구성원의 동의나 합의에 의해서가 아니라 모종의 세력에 의해서 강제적으로 유지되고 있다.

그런데 갈등은 결코 비정상적이거나 이상한 것이 아니다. 삶에서 갈등은 당연하다. 모든 개인은 개인차가 있는데 어떻게 삶에서 갈등이 없을까? 따라서 갈등은 부정적일 수도 있지만, 사회발전의 원동력이 될 수도 있다. 기능론자들이나 갈등론자들이나 이에 대해서는 부정하지 않는다. 그러나 후자는 갈

---

7) 특히 막스 베버(M. Weber)의 "사회명목론"을 추종했던 소위 좌파사회학자들을 말한다. 막스 베버에 의하면, 사회에 대한 이해는 "사회실재론"과 "사회명목론"으로 구분된다고 했다. 사회실재론은 소위 기능주의자들의 주장을 지지하는 것으로 사회는 실제로 존재하며 사회가 개인보다 우세하다는 논리이며, 사회명목론은 마르크스주의자들이 선호하는 것처럼 사회는 명목상으로만 존재한다는 논리로서 "사회유기체설"의 근거가 되기도 했다.

등은 어떻게든 극복되어야 한다는 사실을 강조한다. 왜냐하면 갈등이란 항상 '사회의 구조적 모순' 때문에 발생하기 때문이다. 이들은 '사회구조의 모순'이 해결된다면, '사회적 불평등'의 문제도 해결된다고 본다. 이들이 궁극적으로 추구하는 것은 사회평등이다. 사회의 구조적 모순이 해결되지 않고 갈등이 극복되지 못한다면, 사회는 영원히 '(모순)재생산의 논리'에서 벗어날 수 없다. 이렇게 본다면, 갈등이론은 '재생산이론'이다. 여기서 모순은 지배계급이 존재함으로써 발생하는 사회적 모순이며, 재생산은 지배계급이 확대 재생산되는 것을 말한다. 누가 누구를 지배하는 한, 사회적 불평등은 어쩔 수 없는 것이다. 또한 이것이 확대 재생산되는 한, 우리는 영원히 사회평등을 이룰 수 없다. 사회는 영원히 불평등한 관계로 유지되며, 사회의 구조적 불평등은 지속적으로 확대 재생산될 것이다. 이들은 우리 사회, 즉 자본주의 사회는 모두 '생산관계'로 설명될 수 있다고 본다. 이는 마르크스의 주장이다. 즉, 우리 사회는 생산수단을 소유한 부르주아(지배) 계급과 그렇지 않은 피지배 계급으로 나뉜다. 따라서 생산관계를 바꾸어 놓지 않는 한, 생산수단(생산력)의 소유는 영속화된다. 이로써 지배구조는 바뀌지 않으며, '지배-피지배' 관계에서 사회적 불평등의 구조적 모순은 극복되지 않는다.

여기서 생산관계와 생산수단은 모두 '경제적 관계'[8]이다. 마르크스는 하부구조가 상부구조(정치, 교육, 종교 등의 문화구조)를 결정한다고 주장했다. 그에게서 하부구조는 경제구조를 말한다. 특히 교육(학교)은 지배계급의 권익을 정당화하고 기존 지배계급의 지배구조를 영속화하고 재생산하는 도구적 기능을 충실히 수행하는 대표적인 기관이다. 여기서 이루어지는 교육과정 역시 특정 집단(기득권)의 '문화적 재생산'에 기여한다. 결국 지배계급이 되지 못하는 피지배계급은 삶 그리고 사회에서 영원히 '소외'되고 마는 것이다. 이러한 관점을 가진 사람들은 어떠한 개인도 소외되지 않는 모순 없고 갈등 없는 사회구조 속에서 살아가는 것을 바람직하게 생각한다.

8) 경제는 생산력과 생산관계로 이루어지는 있는데 생산력은 생산관계에 의해 결정된다. 여기서 생산관계는 생산력을 소유한 사람과 소유하지 않은 사람 간의 관계를 말한다.

만약 성인들이 지금의 청소년문화를 '불건전한 소비문화, 문란한 성문화 그리고 혼란스러운 사이버문화' 등으로 비판한다면, 갈등론자들은 사회적 갈등을 불러일으키는 모순적인 사회구조를 먼저 고발할 것이다. 즉, 청소년문화 자체에 문제가 있다기보다는, 현재 청소년문화현상과의 갈등관계에 있는 '문화구조' 전반을 문제 삼을 것이다. 그러나 갈등론적 관점에 대한 비판도 만만치 않다.

첫째, 갈등과 갈등 극복을 지나치게 강조함으로써 사회적 구속력이나 결속력보다는 사회적 혼란을 허용하는 분위기를 연출해냈다.

둘째, 모든 사회구조는 하부구조, 즉 경제구조에 의해서 일방적으로 결정된다는 '경제결정론'에 빠져 있다. 즉, 우리의 삶과 사회를 결정하는 요인들은 경제구조 이외에도 정신적-문화적-심리적 구조 등 다양하게 존재할 수 있다. 그렇다면 여기서도 인간은 — 기능론자들에게서처럼 — 사회에 종속된 수동적 존재에 불과하다.[9)]

셋째, 사회의 전체보다는 문제시되는 단면만을 보았다는 점과 갈등을 해결하기 위한 민주적 방법을 적절하게 제시하지 못했다.

넷째, 자신들의 주장을 경험적으로 입증하는 데 미흡했다.

사실 청소년문화의 현실에 대한 구체적인 논의 이전에 성인문화가 자체적으로 안고 있는 모순을 극복하는 일이 급선무로 간주되는 가운데, 청소년문화는 혼란스럽게 형성될 수도 있다. 즉, 혼란의 문제가 사회적 결속의 문제를 방해할 경우, 과연 바람직한 문화형성에 기여할 수 있겠느냐는 의문도 생길 수 있다. 또한 인간의 삶과 문화가 하부구조로서의 경제구조에만 구속된다면, 우리 개인은 여전히 자유의지를 가진 능동적이고 주체적으로 살아가는 주체로서 간주되기는 어렵다. 이렇게 본다면, 청소년문화는 — 비록 성인문화에 문제의 소지가 존재한다고 하더라도 — 청소년 개개인들의 주체적이고 능동적인 의지와 행동을 통해서 나름대로 바람직하게 형성할 수 있을 것이라는 기

9) 이러한 맥락에서 기능이론과 갈등이론은 거시적 접근에 해당된다.

대조차도 할 수 없게 한다. 정말 인간은 주체적이고 능동적이지 않고 오로지 경제구조에만 구속된 '수동적 존재'를 벗어날 수 없는가?

이렇게 본다면, 수동적 존재로서의 청소년은 청소년만의 고유한 문화를 형성하는 데에서도 역할을 할 수 없다는 것이 된다. 오로지 주류문화이며 지배문화인 성인문화가 어떻게 하기 전에는 청소년들은 자발적이고 자생적으로 아무 것도 하지 못한다. 아니면 아무 것도 할 필요가 없다. 무조건 성인문화가 잘 된다면, 아무 문제도 없으며 청소년문화는 그냥 내버려 두어도 바람직하게 형성되는 것이 된다. 과연 그런가? 예를 들어, 성인문화가 완전히 구조적 모순과 갈등을 해결했다고 해보자. 만약 그래도 청소년문화가 비행문화로 빠져든다면, 과연 이럴 경우 누구의 책임인가?

결국 성인 자신들의 잣대로 현재의 청소년문화를 진단하려는 기능주의자들의 태도에도 '이론 자체의 한계'를 고려하는 비판적 성찰이 요청되지만, 갈등론자의 관점에서도 마찬가지이다. 이를테면, 갈등해결은 기성의 사회구조 내지 문화구조에 대한 거시적 차원에서의 비판과 논박으로만 이루어질 수 있는 문제가 아니다. 심지어 구조적 모순의 문제 역시 거시적 차원, 즉 거시적 접근으로만 해결될 수 있는 것이 아니다. 그럼에도 불구하고 (지배계급의) 사회구조 내지 문화구조가 먼저 스스로 자기비판을 통해서 모순을 해결하든지, 아니면 외부에서 강제로라도 이를 해결해 주어야만 사회와 문화가 이상적·정상적으로 되돌아갈 수 있다는 논리이다.[10] 그러나 이는 결코 민주적인 방법과 동일시될 수는 없다. 대표적인 민주적 방법으로는 대화와 타협 등을 통한 문제해결을 들 수 있다.

따라서 남겨진 문제는 아래에서 계속 논의될 사회학적 관점의 미시적 차원(접근)에 수정·보완의 여지를 넘겨줄 필요성이 대두된다. 실제로 학문적으로도 사회학 연구의 거시적 접근의 한계가 노정되었기 때문에 미시적 접근방법이 등장하게 되었다. 특히 갈등론에 대한 비판으로서 제시된 '민주적 해결방

10) 실제로 이들 마르크스주의자들은 역사적으로 프롤레타리아 혁명을 자행하도록 하는 이론적 지주의 역할을 했다. 즉, 사회적 모순을 낳고 사회적 갈등을 유발시키는 당시의 '생산관계'를 이상향(理想鄕)으로 되돌리기 위해, 이들은 노동자들을 '혁명전선'으로 선동한 바 있다. 자체적으로 비판하고 반성하지 않는 모순적 사회체제에게는 무력으로라도 공격을 해서 와해시켜도 된다는 논리이다.

안의 결여' 문제는 아래의 '미시적 접근'을 통하여 보충·보완될 수 있다. 왜냐하면 사회학 연구의 미시적 접근은 사회집단 내에서 사회문제를 해결하는 실천적 방법까지 모색하고 있기 때문이다. 만약 성인과 청소년 그리고 성인문화와 청소년문화가 민주적으로 대결하고 민주적으로 공존할 수 있는 방안이 존재한다면, 청소년문화 형성에도 바람직한 결과가 주어질 수 있을 것이다.

2) 미시적 접근

(1) 상징적 상호작용론적 접근

기능론과 갈등론이 사회현상(사회구조, 사회변동)을 파악하고 사회인식의 틀을 수립하는 거시적 관점이었다면, (상징적) 상호작용론적 접근은 개인적 측면에서 사회문화현상을 탐구하려는 미시적 관점에 해당된다. 거시적 접근이 사회문제에 접근하기 위해서 사회제도, 사회구조, 사회조직 등 외적 환경에 주목한다면, 미시적 접근은 사회를 구성하는 구성원들 사이에 내적 과정에 초점을 맞춘다. 건축물로 비유하면, 전자는 건축물의 골격 등 구조역학의 문제점을, 후자는 건축물을 구성하고 있는 자재 및 설비내용을 진단하고자 한다. 또한 미시적 접근에서는 사회를 구성하는 구성원, 즉 개인들이 자유의지를 가진 주체적이고 능동적인 존재로 전제된다.

상징적 상호작용론은 사회학 연구에서 대표적인 미시적 접근방법에 해당된다. 따라서 이 관점은 사회를 구성하는 '개인'의 미세한 행동양식에 초점을 맞추고 있지만, 인간은 '사회적 존재'라는 사실을 전제하고 있다. '사회적 존재로서의 개인'에게 '사회화'의 과정은 여전히 중요하다. 사회화의 문제를 거시적 관점에서는 전적으로 사회제도의 몫으로 돌리고 있는데 반해, 미시적 관점에서는 개인과 개인 간의 '상호작용', 즉 '사회적 상호작용(social interaction)'에 의해서 '사회화'가 이루어진다는 사실에 주목한다. 따라서 기능론과 갈등론이 전반적인 사회현상이나 사회구조에 대해 거시적 안목에서 접근함으로써 구체적으로 발생하는 세세한 문제나 변화양상을 체계적으로 다룰 수 없지만, 상징적 상호작용론에서는 집단과 조직 속에서 개인과 개인 간의 '상호작용'과 이로써 발생하는 '의미구조'가 중심 테마로 다루어진다. 특히 미시적 접근을 통해서 파악되는 '사회적 상호작용'은 '상징(symbol)'에 의해서 매개된다. 이러한 주장을 '상징적 상호주의 관점(symbolic interactionism)'이라고 하고 이를 주장하는 학자를 '상징적 상호작용주의자'라고 한다. 이들의 구체적인 분석대상은 '의사소통(communication)'이다. 왜냐하면 "인간의 상호작용은 언어적 · 비언어적 의사소통"(Blumer, 1969)이기 때문이다. 따라서 사회적 상호작용은 의사소통의 과정에 대한 분석을 통해서 파악된다. 여기서 의사소통은 '상징을 통하여 정보와 의미가 전달되는 현상'을 말한다.

상징적 상호작용론은 제임스(W. James)의 심리적 자아개념, 듀이(J. Dewey)의 실용성 개념, 미드(G. H. Mead)의 정신적 자아의 사회이론체계, 쿨리(Ch. H. Cooley)의 거울자아 개념 그리고 짐멜(G. Simmel)의 사회화 개념과 베버(M. Weber)의 사회행동 개념 등에 이론적 근거를 두고 있다(Rosenberg & Turner, 1990).

따라서 이는 미국 실용주의자들에 의해 발달되어온 행동주의적 이론이라고 해도 과언이 아니다. 이들은 어떠한 사회현상이라도 그것이 실제 생활에 적용되지 않는다면 아무 의미가 없다는 입장이다. 이들에게는 진리도 절대적-고정적인 것이 아니며 개인의 관심과 필요에 따라서 상대적이다. 또한 앎과 행동은 실제 생활과 직접 연결되며 반드시 결과와 성과가 야기된다.

결국 상징적 상호작용론에 의하면, '사회'는 무수한 개인들 간에 상징을 주고받는 상호작용을 통해서 이루어지는 주관적-과정적 형상이다. 즉, 사회는 실제로 존재하는 것(實在)이 아니라, 개인과 개인이 상호작용을 통해서 달라질 수 있는 가변적 상(像)일 뿐이다. 법이나 제도로 구조화된 사회적 실체는 고정적이고 불변적이거나 아니면 모두에게 동일하게 인정되는 것도 아니다. 사회는 인간의 사고행위와 상호작용이 서로 뒤엉킨 복잡한 의미의 집합체일 뿐이다. 미드에 의하면, 우리가 특정한 상황에서 특정한 의미를 부여하게 되면 그 자체가 사회의 진정한 모습이 된다. 즉, 사회는 상황의 정의에 따라 모든 사람에게 각자 다른 형태로 다가온다. 예를 들어, 우울한 상황에 놓인 사람에게 사회는 우울하고, 바람직한 상황에 살고 있는 사람들에게 사회는 바람직한 형상으로 다가온다.

상징적 상호작용론적 접근을 통해서 청소년문화의 형성과정을 이해한다면, 우리가 일차적으로 관심을 가져야 하는 것이 이들의 사고와 행동은 무엇인가를 상징하면서 서로 의사소통하고 있으며 여기서 자신들만의 의미를 주고받고 있다는 사실에 대한 인식이다. 과연 이들은 어떠한 상징을 매개로 만나고 대화하고 의사소통을 하고 있으며, 그 가운데에서 어떠한 의미가 거래되면서 사회집단을 형성하고 그들만의 고유한 문화를 만들어가는 것인가? 왜 이들은 소비문화에 끼어드는 것인가? 거기서 발생하는 상징은 무엇이며, 상호간에 어떠한 의미가 거래되고 있는가? 왜 이들의 성문화는 우리들에게 문란한 것으로 비치는가? 이들에게 '문란한'의 의미는 무엇이고, 어떠한 상징이 의미거래에서 매개되고 있는가? 문란한 성문화에서 이루어지는 의사소통은 어떤 상징을 통하여 이루어지는가? 이들은 사이버 공간에서 무슨 상징을 통하여 활동하고 있는가? 사이버 공간에서 이루어지는 혼란성이 과연 이들에게는 어떤 의미가 있는 것인가? 과연 사이버 공간이 이들에게 상징하는 것은 무엇인가? 왜 우리는 사이버 공간에서 이루어지는 이들의 사고와 행동을 혼란함이라는 의미로만 받아들일 수밖에 없는가? 혼란함은 이들에게도 혼란인가? 사이버상에서 이루어지는 상호작용, 즉 의사소통은 과연 이들에게도 혼란스러운가? 혼란스럽다면 왜 이들은 그래도 혼란스러움을 자처해야 하는가?

이러한 질문에 대답하는 것은 항구적인 과제임에 분명하다. 그러나 과연 이에 대한 대답 없이 우리가 우리의 잣대로만 '이들의 문화는 이렇다'라고 재단할 수 있을까? 물론 우리 성인들의 잣대가 틀리지 않을 수도 있다. 그렇다면 오늘날의 우리 청소년문화는 '비행하위문화'임에 틀림이 없다. 그럼에도 불구하고 위의 질문들에 대한 대답들이 보다 객관적 기준에서 이루어질 때까지 성급한 판단은 유보될 수 있다.

(2) 민속방법론적 접근

문화기술연구 및 그의 연구방법론을 총칭하는 'Ethnography'는 기술민족학, 문화기술지, 민속기술지, 민족기술지, 종족지학, 민족지 등으로 번역된다. 우리는 민속방법론으로 번역한다. 이는 인간사회와 문화의 다양한 현상을 정성적, 정량적 조사기법을 사용한 현장조사를 통해 기술하여 연구하는 학문의 분야이다(위키백과). 민속방법론(Ethnography)의 어원은 그리스어 'ἔθνος(ethnos, 사람들)'와 'γράφειν(graphein, 기록)'이다(위키백과). 즉, 사람들에 대한 기록을 의미한다. 주로 사회인류학과 문화인류학은 이러한 연구방법을 통하여 발전하여왔다. 문화해석학자 기어츠(Clifford J. Geertz)는 현장참여연구를 통해 특정 문화 및 사회와 집단에 대한 정보를 분석하면서 인류학 연구를 수행하였다(클리퍼드 기어츠, 문옥표 역, 1998). 일반적으로 연구자들은 참여적 관찰자로서 사건에 직접 참여관찰함으로써 인간의 문화적 행동과 사고방식 등을 파악하려 한다. 따라서 이들은 일단 특정 문화를 '현상하는 그대로' '기술(記述)하고', 이를 해석하는 과정과 절차를 통해서 궁극적으로 문화를 이해하는 방식을 취한다.

민속방법론은 비록 그것이 뒤르껭과 관심영역에서 일부 공유한다고 하더라도 그의 사회학과는 전혀 다르다. 기어츠는 뒤르껭의 전통적 사회학과 민속지방법론의 결정적인 차이점을 크게 두 가지로 보았는데, 첫째, 전통사회학은 사회적 질서의 사실성(facticity)을 당연한 것으로 받아들이는 사회에 대해 분석하는 반면, 민속지방법론은 사회질서를 생산하고 이를 공유하게 하는 '과정'과 '절차'에 대해 관심을 갖는다. 둘째, 전통사회학은 사회집단에 참여하는 개인들에 대한 기술보다는 사회집단 자체에 대한 기술을 우선시하는 반면, 민속지방법론은 사회집단을 실제적으로 기술하려는 과정 속에서 개인들이 사용하는 '과정'과 '절차'에 대해서 기술하려 한다. 또한 민속방법론은 후설과 슈츠의 연구로부터 생활세계(Lebenswelt)의 개념을 차용해 오지만 이는 현상학이 아니며, 사회질서를 형상 같은 속성을 가지는 것으로 묘사하지만 게슈탈트 이론의 형식도 아니다. 또한 질서 사용 등에 대한 비트겐슈타인의 이해를 차용하지만 그의 분석철학과도 판이하다(Wikipedia).

민속방법론적 접근을 통해서 청소년문화를 이해하려고 한다면, 우리는 청소년문화가 형성되는 과정과 절차 그리고 방법에 대해서 보다 구체적이고 정교하게 접근하는 일밖에는 달리 방법이 없다. 그리고 이를 있는 그대로 그리고 나타나는 그대로 기술(記述)해내고 묘사(描寫)해낼 수 있는 능력이 요청된다. 이를테면 오늘날 청소년문화는 '불건전한 소비문화'라는 평가가 있다고 할 때,

과연 여기서 '불건전한'은 무엇을 말하는 것인가? 또한 '문란한 성문화'라는 판단에서는 과연 어디까지가 '문란한' 것인가? 우리 앞에 나타난 청소년의 성문화는 있는 그대로 기술된 것인가? 혼란스러운 사이버문화는 혹시 우리 성인들에게만 혼란스러운 것은 아닌가? 청소년 자신들도 과연 청소년 사이버문화가 정말 혼란스럽다고 기술할까? 민속방법론적 접근에서 또 하나의 중요한 것은 문화가 형성되는 과정과 절차 그리고 이들이 선택하는 방법이 어떻게 묘사될 수 있는가에 따라서 문화에 대한 해석이 달라질 수 있다는 것이다. 과연 청소년의 소비문화, 성문화, 사이버문화 등은 어떠한 과정과 절차 그리고 방법에 의해 형성되고 있는가?

특히 민주주의 사회에서는 민주적 절차와 과정 그리고 방법이 가장 중요하다. 아무리 훌륭한 일이라도 민주적 절차와 과정 그리고 방법을 어기면 곧바로 사회혼란상으로 이어진다. 청소년문화의 이해에서도 마찬가지이다. 만약 이들의 문화가 적합한 과정과 절차 그리고 방법으로 형성된다면, 이들의 문화에 대해서 지나치게 반응하는 성인층 또는 성인문화에 문제가 있는 것이다. 물론 그렇지 않다면 청소년문화에 문제의 소지가 있는 것이다.

특히 법치국가에서는 법적 과정과 절차 그리고 방법이 또 하나의 중요한 관건이다. 청소년은 독립된 인간이지만 동시에 대부분은 '법적으로 미성년(물론 성년도 일부 포함되지만)'으로 분류된다. 따라서 이때 발생하는 법적 과정과 절차 그리고 방법의 문제가 청소년문화의 이해를 위한 현실적 제약이 된다. 구체적으로 법적 과정과 절차 그리고 방법상의 문제가 발생할 때 청소년문화는 곧바로 '비행하위문화'로 전락된다. 이를테면 법적으로 미성년이기 때문에 아직 성행위를 함부로 할 수 없는 청소년들의 문화는 불건전을 넘어서 '비행(非行, violence)'이다. 그렇다면 아이러니컬하게도 만 20세 이상 법적으로 성년인 청소년(법적으로는 이상이 없지만)의 성행위는 비행에서 제외되는 것인가? 그런데 청소년문화를 형성해내는 청소년층이라는 것이 법적 성년과 미성년의 경계선과 꼭 일치할 수 있는가?[11)] 청소년문화를 이해하는 또 다른 딜레마가 아닐

11) 비로 우리나라 청소년기본법에 보면, 청소년을 9~24세로 규정하고 있기도 하지만, 물리적-법적 연령으로 청소년을 정할 수는 없지 않을까?

수 없다. 인간의 삶에는 법 이외에도 영향을 주는 기준들은 도덕, 윤리, 양심, 책임, 자유, 의지, 정의 등 수많은 영역들이 존재한다. 이렇게 본다는 민속방법론적 접근에서 '기준'으로 작용하는 과정, 절차, 방법 역시 이를테면 '법' 하나로 제한될 이유는 없다. 결국 청소년문화에 대한 이해를 위해선 보다 포괄적이고 다차원적인 상호 이해가 요구된다고 할 수 있다.

2. 철학적 관점

청소년문화의 이해를 위한 철학적 관점은 크게 인식론적 접근, 존재론적 접근, 가치론적 접근으로 구성된다. 여기서 존재론적 접근은 현상학적 접근, 해석학적 접근, 실존론적 접근으로 세분될 수 있다. 특히 여기서 다루어지는 현상학적 접근은 비록 '철학적 차원'을 중심으로 하고 있지만, 위에서 제시된 '사회학적 관점 중 미시적 접근으로서의 현상학적 접근'과 내용적으로 겹친다.

1) 인식론적 접근

인식론(Epistemology)은 '지식', '참된 앎'이라는 뜻의 그리스어 epistēmē에서 유래하며 logos(이론)와 합쳐서 이루어진 합성어이다. 이는 인간의 인식의 기원・본질・한계 등을 연구하는 철학의 한 분야로서 "지식론"이라고도 불린다(브리태니커). 한마디로, 인식론은 절대 불변의 진리와 우주 그리고 인생의 본질을 설명하는 지식의 근거, 성격, 구조, 방법을 탐구의 대상으로 하는 '앎의 과학'이다. 즉, 우리가 인식하고 있는 진리와 지식들이 참이냐 거짓이냐, 변하느냐 변하지 않느냐를 탐구하는 학문으로서, 절대론, 상대론, 회의론으로 구분된다.

구체적으로 인식론은 "지식이 무엇인가?", "지식은 어떻게 획득되는가?", "사람들은 무엇을 아는가?", "인간은 어떻게 알게 되는가", "인식한다는 것은 구체적으로 무엇인가", 즉 "과연 '인식한다'는 것은 무슨 뜻인가?" 등등 이러한 질문들에 대한 대답이다. 우리 인간은 항상 무엇을 알려고 한다. 알고자 하는 욕망은 호기심으로 시작되지만 궁극적으로 사물의 본질을 인식하여 진리를 밝혀내기 위함이다. 무엇보다도 인식함으로써 우리는 삶의 불안으로부터 해방된다. 안다는 것은 산다는 것과 통한다. 즉, 알지 못하면 죽을 수도 있다. 원칙적으로 인간의 인식은 외부세계와 내부세계를 동시에 지향한다. 따라서 모든 철학적 사유는 인식론적으로 시작된다.

그러나 철학에서 (자연)과학이 파생하면서부터 인식론적 사유는 극단적으로 변형되기 시작한다. 갈릴레이부터 뉴턴으로 이어지는 근대과학의 성립과 대륙의 합리론과 영국의 경험론의 사유방법론적 대립은 전통적인 인식론적 사유를 변형시키기 시작했다.[12] 특히 실험과학의 발달로 인해 인식하는 주체와 인식되는 대상이 분리되기 시작하면서 인식론적 왜곡은 심화된다. 특히 근세부터 발생한 인식론적 문제는 철학과 과학 사이의 긴장관계에서 발생하였다. 그러나 인간의 삶에서 인식의 주체와 대상은 분리될 수 없다. 인식하는 순간 인식의 주체인 나는 인식의 대상(객관)이 되고, 인식대상(객관)은 다시 인식주체로서의 내가 된다. 즉, 사물과 현상에 대한 철학적-인식론적 접근은 외적 인식과 내적 인식의 결합, 즉 반성적 인식을 통해서 완성된다.

과학적 사유로부터 유발된 인식론적 변형은 경험주의적-실증주의적 사유와 조우하면서 보다 명백해진다. 특히 19세기 실증주의의 등장은 과학으로 철학을 증명하려는 처사로서, 이는 과학적 사유가 철학적-인식론적 영역을 점유하는 결정적 계기를 마련한다. 전통적인 철학적 인식론이 '과학적 인식'에 자리를 내주면서, 인식론은 이제 '앎의 과학'이 아니라 '과학적 앎'으로 대치된다. 그러나 실제로 이는 오랫동안 진행되어 온 인식론적 한계의 노정이었으며 동시에 또 다른 인식론적 편견을 초래한 결과였다. 그러나 우리 인간의 삶에는 실증되고 자연과학적으로 검증되지 않는 것도 얼마든지 존재한다.

우리 인간은 본래 인식능력의 한계를 가지고 태어난 유한자로서 인식론적 접근을 통한 본질이해와 진리탐구는 늘 형이상학적 과제로 남아 있었다. 그

12) 오늘날 이러한 인식론적 왜곡은 (존재론적 차원의) 현대이론물리학이 등장하면서 해소될 가능성을 던져놓고 있다.

러나 근세부터 이러한 형이상학적 사유와 삶의 현실 사이에 과학적-실증주의적 사유가 인식론적 사유를 대신하면서, 인식론적 변형, 인식론적 한계 그리고 인식론적 편견과 오류가 심화되어왔다. 이로써 진정한 지식(episteme)을 구하기 위한 인식론적-철학적 접근은 항구적인 과제로 남게 되었다.

청소년문화에 대한 철학적 이해가 인식론적 접근으로 성취되어야 한다면, 청소년문화는 본질인식을 추구하는 '반성적 인식'의 과정을 통해서만 가능하다. 그러나 오늘날 청소년문화에 대한 이해는 – 실증주의적 사고가 우리의 현실을 지배하는 한 – 어쩔 수 없이 '인식론적 편견과 오류' 속에서 접근될 수밖에 없다. 바로 이 점이 간과되어서는 안 된다는 사실이다. 과연 오늘날 청소년문화의 본질은 무엇인가? 우리는 청소년문화에 대해서 무엇을 어떻게 알 수 있는가? 또한 우리는 청소년문화에 대해서 무엇을 인식하고 어떻게 인식하고 있는가? 이는 항상 반성적으로 접근되어야 한다.

이렇게 본다면, 우리의 청소년문화에 대한 지금의 이해는 인식론적 편견과 오류에 의한 가능성이 농후하다. 따라서 이에 신중하게 접근할 필요가 있다. 과연 누가 무슨 근거로 청소년문화를 그렇게 인식하는 것인가? 정말 청소년문화의 본질은 누군가에 의해 인식되고 판정된 그것뿐인가? 오늘날의 청소년문화에서 우리가 찾아낼 수 있는 것이 고작 그것뿐인가? 동일한 청소년문화라 하더라도 어떤 사람들에게는 비행청소년문화로 비치지만, 어떤 사람에게는 그렇지 않을 수도 있다. 개인과 개인 간에도 인식의 차이는 분명하다. 사회적 인식기준도 다양하다. 따라서 인식은 항상 상대적이다. 이는 지역적-역사적으로도 마찬가지이다. 예전에는 TV에서 연예인들이 키스하는 장면을 볼 수 없었지만, 지금은 거의 일반화되어 있다. 드라마의 생동감 때문이란다. 그러나 현상인식이 개인마다 다르다. 우리의 일상에서 이러한 사례는 수없이 많다. 또한 미국사람들과 한국사람들의 인식이 반드시 일치하는 것은 아니다. 이는 인식론적 사유가 쉽게 변형, 왜곡될 수 있고, 급기야 인식론적 편견과 오류에 빠져들 수 있다는 설명만으로도 충분하다.

정리하자면, 우리 인간은 본질적인 인식능력의 한계로 인하여 애초부터 인식론적 한계 또는 인식론적 편견을 가지고 인식론적 오류를 범하면서 살 수밖에 없는 존재이다. 따라서 인간의 생래적인 인식론적 편견과 오류는 현실 속에서는 반드시 반성적 인식을 통하여 끊임없이 극복되어야만 한다. 그래서 우리는 사는 동안 끊임없이 (인식론적) 철학을 하는 것이다. 이렇게 본다면, 청소년문화에 대한 인식론적 접근, 즉 '반성적 인식'은 – 삶의 현실에서는 인식론적 한계와 인식론적 오류를 통하여 이루어질 수밖에 없는 한계 때문에 – 우리에게 항구적인 과제가 된다.

2) 존재론적 접근

그리스의 철학자 아리스토텔레스(Aristotle, 384 B.C.~322 B.C.)는 그의 『형이상학』에서 "존재를 수용하는 존재에 관한 과학"이라고 정의했다. 존재론은 '존재를 존재하는 대로 또는 존재 일반을 탐구하는 학문'을 말한다. 존재론(Ontology)이라는 명칭을 유추한다면, '존재(being)'를 의미하는 그리스어 ὄν (또는 2격인 ὄντος)와 '논리'를 의미하는 λογία(logia : science, study, theory)의 합성어라고 볼 수 있는데, 이는 '존재와 그들의 관계에 대한 기초적 범주론'으로 해석된다. 따라서 존재론은 "존재, 실존 또는 실재 일반에 관한 철학적 연구"이다(Lavelle, 최창성 역, 1998).

역사적으로 대표적인 존재론자들은 파르메니데스(Parmenides), 헤라클레이토스(Heraclitus), 플라톤(Plato), 플로티누스(Plotinus), 아리스토텔레스(Aristotle), 아퀴나스(Thomas Aquinas), 스피노자(Baruch Spinoza), 라이프니츠(Gottfried Leibniz), 잉가르덴(Roman Ingarden), 카이파이(Joseph Kaipayi), 마이농(Alexius Meinong), 나가루나(Nagarjuna), 테일러(Charles Taylor), 샹카라(Adi Shankara), 바디우(Alain Badiou), 볼차노(Bernard Bolzano), 브렌타노(Franz Brentano), 프레드킨(Edward Fredkin), 칸트(Immanuel Kant), 헤겔(Georg Wilhelm Friedrich Hegel), 후설(Edmund Husserl), 하르트만(Nicolai Hartmann), 하이데거(Martin Heidegger), 가다머(Hans-Georg Gadamer), 콰인(W. V. O. Quine), 러셀(Bertrand Russell), 라일(Gilbert Ryle) 사르트르(Jean-Paul Sartre), 화이트헤드(Alfred North Whitehead), 비트겐슈타인(Ludwig Wittgenstein), 들뢰즈(Gilles Deleuze) 등을 들 수 있다. 이러한 존재론(Ontology)은 오늘날 현상학, 해석학, 실존주의 철학에서 중요한 역할을 하게 된다.

(1) 현상학적 접근

현상학(Phenomenology)이란 원래 고대 그리스어 '현상(Phainomai)'이라는 말과 '이성(logos)'이란 단어가 결합된 조어(造語)이다. 현상학은 칸트의 선험철학을 계승한 유대계 오스트리아의 철학자 후설(Edmund Husserl, 1859-1938)에 의해 창시된 철학으로(1901),[13] 신칸트학파와 같이 대상을 의식하거나 또는 사유에 의해서 구성하는 논리적 구성주의가 아니라, 객관의 본질을 그대로 포착하려는 철학이다. 현상학은 후설만의 독특한 철학함의 원리이며 동시에 그만의 철학하는 방법이다.

현상학은 19~20세기 자연과학에 의해 점령된 학문의 세계에서 특히 "철학의 위기"를 구하려는 후설의 노력으로 탄생했다. 즉, 당시 모든 학문이 자연과학과 실증과학에 의해 주도된 변형되고 왜곡된 인식론적 사유의 그늘 속에 들어감으로써, 과학과 철학을 분리해야 한다는 목소리들이 나오자(리케르트, 딜타이 등 신칸트학파), 이에 대해서 후설은 차라리 '존재론적으로 철학의 위상'을 복권시키고자 했던 학자라고 할 수 있다.[14] 후설의 현상학은 당시 학문과 삶의 사유형식에서 대세를 이루던 실증주의에 대한 비판철학으로부터 출발한다. 그는 실증주의가 의식과 대상을 실체적으로 분리시켜 사고하는 것이 철학적 오류라 비판하면서 "실증주의가 철학의 목을 잘랐다"(Husserl, 1965)고 주장했다.

후설은 우리가 사물을 대할 때 "선입견을 완전히 배제하라"고 가르친다. 왜냐하면 인간은 '지향성' 때문에 어쩔 수 없이 선입견(또는 편견)을 가지고 대상을 바라보게 되기 때문이다. 그러나 인간이 어떻게 선입견을 완전히 배제할 수 있을까? 이를 위해 후설은 구체적으로 "판단중지(epochē)"를 요구한다. 판단중지란 말 그대로 자신의 판단을 일단 보류하라는 말이다. 왜냐하면 판단에

13) 사실 "현상학"이라는 용어는 후설 이전에 독일의 철학자 헤겔(Georg Wilhelm Friedrich Hegel, 1770~1831)의 저서인 『정신현상학(Phänomenologie des Geistes, 1807)』에 등장한다.

14) 물론 후설의 현상학은 존재론적 차원을 추구했지만 오히려 칸트의 선험적 이성철학에 보다 가까웠기 때문에 인식주체와 인식대상이 완전히 합일되는 경지에는 오르지 못했다. 철학의 존재론적 복권은 나중에 그의 계승자인 하이데거와 가다머에게서 이루어지게 된다. 이를테면 후설의 현상학이 인식론적이냐 존재론적이냐의 논쟁은 아직 진행 중이다. 그럼에도 불구하고 후설의 현상학은 '인식론적-존재론적 철학'의 전통을 그대로 유지하고 있다는 논리도 가능하다.

는 분명히 선입견이 들어갈 수 있기 때문이다. 다시 말하면, 일단 자신의 생각을 '괄호 넣기', 즉 자기판단을 보류하고 다시 대상에 접근해 본다면 전혀 다른 것으로 보일 수 있다는 것이다. 이러한 시도가 바로 "현상학적 환원"이다. 후설은 "우리 앞에 벌어지는 현상이 지금 여기서 과연 어떤 의미를 갖는지를 파악하는 것"이 현상학의 궁극적인 목표라고 한다. 이러한 후설의 현상학은 독일의 실존주의 철학자인 하이데거(Martin Heidegger, 1889~1976)에게서 "해석학적 현상학"으로 계승된다.[15] 이로써 철학의 존재론적 차원은 한층 성숙된다.

현상학적 접근이 우리의 사유세계에 남긴 커다란 기여는 당시 과학적 실증주의와 경험주의로 경도된 학문의 세계, 특히 당시 급격하게 부상하던 행동주의와 정신분석학의 기계론에 대한 비판을 통하여 삶의 이해방식에서의 새로운 각성을 불러일으켰다는 점이다. 특히 자연과학적-실증주의적-경험주의적 사유방식의 파시즘에 대한 일대 항거였다. 그러나 형이상학적 유산과 함께, 특히 삶의 역사성에 대한 무지는 여전히 사유의 한계로 지적된다.

현상학적 접근을 통해 청소년문화를 이해한다면, 청소년문화는 그 자체가 고유한 삶의 현상으로서 현상 그 자체로 접근되어야 한다. 즉, 청소년문화는 문화라는 본질로 직관되어야 하는 것이지, 이를테면 누군가의 선입견(또는 편견)으로 판단되어서는 안 된다는 것이다. 만약 지금의 청소년문화가 자칫 기성인 또는 성인문화의 선입견(편견)에 의한 판단이라면 이는 현상학적으로 볼 때 제고될 필요가 있다. 물론 기성인들의 판단이 옳을 수도 있다. 그러나 그렇더라도 일단 판단을 중지하고 보류하면서 가능한 선입견을 최대한 배제하면서 다시 접근해 본다면, 아마 청소년문화는 '소위 이들만의 문화'로 접근될 수도 있다. 가능한 한 선입견을 배제하는 노력은 현상의 본 모습을 얻어낼 수 있는 기회를 제공한다. 만약 우리가 사물의 본질을 직관할 수만 있다면, 선입견을 최대한 배제할 수 있는 후설의 순수의식을 얻어낼 수 있을 것이

15) 흔히 실존주의 철학자로 알려져 있으나 정작 하이데거 자신은 그러한 칭호를 거부하였다. 하이데거의 전기철학은 방법론적으로는 해석학적 현상학이며 그 대상으로 보자면 현존재, 즉 인간실존에 대한 존재론이다. 하이데거는 서양철학이 플라톤 이후로 "어떠하다(성질)"라는 뜻을 "존재"라는 개념을 써서 접근하려고 했지, 존재 자체에 대해서는 묻지 않았다고 주장하면서, 현재 존재론의 복권에 결정적으로 기여했다(위키백과 참고).

다. 본질을 직관하라. 후설의 언설이다.

그렇다면 우리가 직관해야 할 '문화의 본질'은 과연 무엇일까? 문화란 본질적으로 '인간에 의해 만들어지고, 다시 인간을 구속하는 속성'을 가지고 있다. 다시 말하면, 문화는 분명 인간이 '살아남기 위해' 만들어내지만, 문화가 형성된 후에는 바로 그 문화가 다시 이들에게 '삶의 기준'으로 작용한다는 말이다. 이에 대해서는 아래의 인류학적 관점에서 보다 자세히 다루어질 것이다.

한마디로 문화란 – 성인에게나 청소년에게나 – '삶의 조건'이다. 따라서 '삶의 조건으로서의 문화의 본질'로부터 벗어나는 청소년문화는 어떤 이유를 막론하고라도 '비행하위문화'로 전락할 수밖에 없다. 그러나 현재 우리의 청소년문화가 '자신들이 살아가는 삶의 기준'을 제시하는 '문화의 본질'을 추구하는 과정이라면, 일방적으로 기성성인이 내리는 판단(선입견)은 일단 보류되고 중지되는 것이 마땅하다.

(2) 해석학적 접근

해석학(解釋學, Hermeneutics)은 '해석(interpretation)'에 대한 이론과 해석의 방법을 다룬 이론이다. 즉, 해석학은 삶 또는 인간정신의 파악방법인 이해(理解)에 관계되는 철학이론이다(브리태니커). 해석학(Hermeneutics)이라는 용어는 그리스 신화에 나오는 신(神)들의 전령(messenger)역할을 했던 헤르메스(Hermes)라는 신의 이름에서 유래한 것이다. 즉, 헤르메스는 하나님의 말씀을 인간에게 전하는 메신저이다. 신은 항상 인간에게 어떤 것을 말하고자 한다. 반대로 인간은 항상 신의 목소리를 듣고 싶어 한다. 왜냐하면 천재지변 등 삶이 항상 불안하기 때문이다. 전지전능한 신의 메시지를 듣고 행동해야만 평안한 삶을 살아갈 수 있다. 그러나 신이 전하는 말의 뜻이 너무나 심오해서 헤르메스라는 전령신의 해석이 필요한 것이다.

해석학적 접근에 있어서는 – 현상학에서처럼 – 선입견이 배제되지 않는다. 오히려 선입견은 모두 보존되어야 한다. 하이데거(Martin Heidegger)와 가다머(Hans Georg Gadamer)에게서 개인의 선입견은 개개인에게 고유한 전통이 되며, 이는 그의 "지평(Horizont)"을 형성하게 해주는 기초 토대로 작용한다. 이러한 지평들이 서로 만나 융합될 때, 즉 "지평융합(Horizontschemelzung)"이 이루어질 때 우리는 서로 서로를 '이해'했다고 한다. 다시 말하면, 선입견이 서로 만나서 충돌하다가 결국 화해를 함으로써 우리는 하나의 마음이 된다. 이러한 점에서 볼 때 해석학은 현상학과 전혀 다르다고 할 수 있다. 물론 진리에의 접근방법에서의 차이는 존재한다. 그러나 존재론적 차원에서는 양자가 동일하다. 즉, 현상학은 현상 그 자체를 존재로 두고 이를 전체로서 직시하는 것이고, 해석학은 전통 그 자체를 존재로 보고 지평(개인이 살아 온 전통)을 해석함으로써 전체를 얻는다고 생각한다. 결국 접근방법에서는 차이가 있지만, 양자는 서로 "전체로서의 존재를 그대로 찾아간다"는 점에서 동일하다.

"해석학적 현상학"의 수립을 통하여 전통적인 존재론을 비판·수정하고 존재론적 철학을 새롭게 증축한 하이데거는 "존재"란 "세계-내-존재(In-Der-Welt-Sein)"라고 하였다. 이 세상의 모든 존재는 독단적이고 독자적인 존재가 아니라, 반드시 그 존재를 둘러싸고 있는 "세계(환경, 맥락)"에 구속되어 있다. 따라서 존재 그 자체만을 해석하고 이해한다고해서도 진리는 접근될 수 없다. 존재는 그 존재가 들어 있는 상황과 국면 속에서 함께 모습을 드러낸다. 이러한 의미에서 가다머에게 '존재'는 '상황-내-존재' 또는 '맥락-내-존재'가 된다. 따라서 존재는 상황, 국면, 맥락 속에서 파악될 때 진정으로 이해되는 것이고, 이러한 이해는 삶의 진리를 '드러낸(生起)'다.

우리가 존재론적 접근으로 청소년문화를 이해하고자 한다면, 청소년문화는 단순히 누군가의 관찰이나 인식의 실증적 대상이 될 수 없다. 즉, 청소년문화는 사회 전체의 맥락 속에서 스스로 모습을 드러냄으로써 그만의 존재성을 획득한다. 청소년문화가 자신의 존재성을 드러내기 위해서는 이의 형성에 참여하고 관여하는 청소년 개개인의 몫이다. 즉, 청소년문화의 존재성은 청소년들의 진정한 만남 또는 진정한 대화를 통해 그 모습을 드러낼 수 있다. 구체적으로 이들 간의 진정한 만남과 대화를 통한 지평융합은 세계-내-존재, 상황-내-존재, 맥락-내-존재, 국면-내-존재로서의 청소년 또는 청소년문화를 하나의 존재로서 드러나게 한다. 이로써 청소년문화는 '문화'라는 전체적 '맥락' 속에 자연스럽게 자리매김을 하게 될 것이다. 오늘날 청소년문화는 과연 청소년들의 적극적이고 능동적인 만남과 대화를 통해 형성되고 있는 것인지? 아니면 청소년들의 진정한 만남과 대화가 부재한 상태에서 발생하는 소위 일탈의 문화 내지 소외의 문화인지? 이러한 고민은 청소년문화 이해의 존재론적 차원에서 현실화된다.

(3) 실존론적 접근

실존주의(實存主義, Existentialism)는 개인의 자유, 책임, 주관성을 중요하게 여기는 철학적, 문학적 조류로서 개인만이 개인의 운명을 결정지을 수 있다는 주장이다(위키백과). 즉, 실존주의는 세계 내의 인간실존에 대한 해석에 힘쓰며 인간실존의 구체성과 문제적 성격을 강조하는 철학이다(브리태니커). 실존주의 철학의 탄생배경은 제1차 세계대전, 스페인 내전, 제2차 세계대전 등을 겪은 유럽사회였다. 허무감과 좌절감이 팽배했던 이 시절에 인간은 자신들의 이성, 역사의 발전, 신의 권능에 대하여 근본적인 회의를 가지게 되었다. 지금까지 신주단지처럼 생각했던 인간의 이성은 결국 살육의 전쟁의 주역일 수밖에 없었는가? 과연 인간의 역사는 발전하는 것인가, 퇴보하는 것인가? 아니면 신의 이성과 권위는 여전히 유효한 것인가?

실존주의는 크게 유신론적 실존주의와 무신론적 실존주의로 나뉜다. 실존주의 철학의 선구라고 할 수 있는 덴마크의 종교철학자 키에르케고르(Soren Aabye Kierkegaard, 1813~1855)는 '실존(實存, existence)'이란 '자기가 자신이 되려는 생성과정'이라고 하였다. 그는 "신 앞에 선 단독자"(Kierkegaard, 1954)로서의 인간은 스스로 주체적인 '결단'을 실천함으로써만 이 세상에 살아남을 수 있다는 삶의 숙명성(宿命性)을 주장하였다. 나의 결단만이 나의 삶을 지속시킨다. 반면 무신론적 실존주의는 후설에게서 현상학을 배운 프랑스의 철학자이며 소설가인 사르트르(Jean-Paul Sartre, 1905~1980)에 의해 주창되었다.[16] 그는 "실존이 본질에

16) 사르트르는 1938년 『구토』라는 작품을 발표하면서 세계적인 작가가 되었고, 제2차 세계대전 때 소집되어 포로가 되었다가 탈출하여 레지스탕스 운동에 참가하면서 느낀 경험을 소재로 1943년 『존재와 무』라는 철학서를 집필함으로써 세계적인 철학자의 반열에 올랐다.

앞선다"(Sartre, 1947)는 표어를 가지고 실존(實存)만이 곧 삶이라고 역설한다. 그에 의하면, "인간은 자유의 형벌을 받는 존재"이다. 즉, 인간은 자유롭게 자신의 일을 선택하지만 결국 그 자유로움 때문에 스스로 그 일에 대해서 책임을 져야 한다. 스스로 자유롭게 선택하고 결단할 수 있고 이에 대해서 스스로 책임을 질 수 있을 때, 인간은 비로소 '인격체'가 된다.

실존철학이 우리의 사유방식에 기여한 점을 꼽는다면, 인간은 본질적으로 자유롭고 자발적인 존재이기 때문에 인간의 존재성을 인격적 차원에서 생각할 수 있도록 한 점이다. 반면 실존주의 철학은 개인에게 부여된 자유를 지나치게 신뢰했다고 비판받기도 한다.

실존론적 접근으로 청소년문화를 이해하기 위해서는, 무엇보다도 선택, 결단, 책임이라는 핵심개념을 중심으로 생각해 볼 필요가 있다. 과연 오늘날 우리의 청소년들은 자기들만의 고유문화를 형성하는 과정에서 능동적이고 주체적인 선택과 결단을 하고 있는가? 더 나아가서 이들은 자신들의 문화창조 행위에 대해서 책임감을 가지고 있는가? 만약 이러한 조건을 충족시킨다면, 청소년문화는 실존주의적으로 충실하다. 이때 개개인 역시 '인격체'로 간주된다. 그러나 이러한 조건이 결여된다면, 청소년문화는 실존주의적 차원으로 설명되기 어렵다. 아니면 지금의 청소년문화는 지나친 자유만끽을 통한 방종의 산물인가?

3) 가치론적 접근

가치론(價値論, axiology)은 '가치있는'이라는 뜻의 그리스어 'axios'와 '학문'라는 뜻의 'logos'에서 나온 말로서, 광의로 '선'(善) 또는 '가치'에 관한 철학이다(브리태니커). '가치'라는 용어는 어떤 것의 '값'을 뜻한다. 그 일이 가치가 있느냐 없느냐? 그것의 가치는 얼마나 되는가? 등의 가치문제는 삶의 본질적 행동과 태도를 결정한다. 18세기 정치경제학자 애덤 스미스(A. Smith)는 '교환가치'라는 개념을 통하여 자신의 경제학 이론을 전개했으며, 로체(Rudolf Hermann Lotze)와 리츨(Albrecht Ritschl) 등 "신(新)칸트주의자"[17]들은 가치의 문제를 최초로 철학의 영역으로 끌어들였다. 이들은 사실판단도 가치판단도 그것이 성립하기 위해서는 가치요청 또는 규범이 없어서는 안 된다고 주장한다.

'가치론(Axiologie)'이라는 용어 자체는 철학자 하르트만(Karl Robert Eduard von Hartmann, 1842~1906)의 작품인 『가치론 개요 Grundriss der Axiologie』에서 처음 나타난다. 미국의 철학자로서 가치의 자연적인 이론(a naturalistic theory of value)을 주창한 페리(Ralph Barton Perry)는 자신의 저서 『일반가치론(General Theory of Value, 1926)』에서 가치란 '어떤 관심의 대상'이라고 정의했다. 후에 그는 우리 인간의 삶에는 도덕·종교·예술·과학·경제·정치·법·관습 등 8가지의 '가치영역'이 존재한다고 분류하면서, 이를 실재론적-실용주의적 접근으로 탐구했다. 독일의 철학자이며 심리학자이며 교육학자인 슈프랑어(Eduard Spranger, 1882~1963)는 자신의 저서 『삶의 형식들(Lebensformen, 1914)』에서 가치의 영역을 6가지 영역, 즉 이론적 가치, 심미적 가치, 경제적 가치, 사회적 가치, 정치적 가치, 종교적 가치로 구분했다.

철학적 관점에서 볼 때, 사회과학은 객관적으로 가치평가된 데이터(사실)를 그대로 기술하거나 아니면 데이터들의 상관관계를 밝혀내는 '사실'의 기술과학(記述科學)이다. 심지어 철학에서는 자연과학 역시 이러한 범주를 벗어나지 않는다고 본다. 그러나 사실의 근거가 되는 가치평가가 객관적으로 이루어졌는지 아닌지에 대한 타당성은 항상 의문이다. 바로 이러한 의문이 철학적 과제로 남는 것이다. 과연 인간이 무엇인가를 요구하기 때문에 그것이 가치를 갖는 것인가? 아니면 어떤 것이 가치를 가지고 있기 때문에 인간은 그것을 요구하는가? 전자가 가치에 대한 주관주의적 관점이라면, 후자는 객관주의적 관점이다.

가치론적 접근을 통하여 청소년문화를 이해하려면, 가치가 상충될 때 과연 진정한 가치는 어떤 것인가? 그리고 누구의 가치가 과연 무엇 때문에 지금의 가치기준으로 작용하게 되는 것일까? 또한 사실과 사실규명을 위한 가치판단

17) 칸트에서 시작된 독일 관념론은 1830년대의 헤겔철학에 이르러 정점(頂點)에 도달하였다. 이와 같이 헤겔학파가 좌·우·중간파로 분열되어 혼선을 일으키고 자연주의·실증주의·통속적 유물론이 한편에서 유행하기 시작하자 이들 양자를 모두 불신하고 오히려 칸트의 담백한 이성비판(理性批判)으로 돌아가 지식·과학의 기초를 새로 정립하려는 움직임이 나타났으니 이것이 바로 신칸트학파이다(위키백과).

은 누가 내리는 것인가? 만약 기성성인 내지 성인문화가 가치판단을 주도하고 가치기준으로 작용한다면, 청소년문화에 대한 이해는 일방적으로 이루어질 수 있다. 물론 그 역도 마찬가지이다. 예를 들면, 우리의 현재 청소년문화가 '불건전한 소비문화, 문란한 성문화, 혼란스러운 사이버문화' 등으로 비판된다면, 이러한 청소년문화에 대한 인식은 과연 어떤 가치판단과 가치기준에 의해서 내려진 것인가? 결국 가치판단과 가치기준의 문제 역시 양 문화 간의 대화와 논쟁 또는 조정과 타협에 의해 이루어질 수밖에 없는 영역이 된다.

가치영역을 세분화시킨 하르트만과 슈프랑어의 가치론에 근거하여 청소년문화를 이해하고자 한다면, A라는 특정한 청소년문화는 세분화된 가치영역 중에서 과연 어떠한 가치를 가장 중점적으로 추구하는가에 대해서 파악해 보는 것도 흥미로운 과제가 된다. 물론 이들에 의해 세분화된 가치영역들은 현실에서, 즉 문화에서 독립적-독자적으로 군림하지는 않는다. 다시 말하면, 세분화된 가치영역 중에서 오로지 하나의 가치로만 문화가 이루어질 수는 없다. 현실에서는 세분화된 가치영역은 통합적으로 나타난다. 그러나 정도차가 있을 것이다. 예를 들어, 어떤 청소년문화는 이론적 가치가 우선되지만 그밖에 다른 5가지 또는 7가지 가치영역이 혼재되어 있고, 어떤 청소년문화는 종교적 가치가 우선되지만 그 밖의 다른 5가지 또는 7가지 가치가 혼재되어 나타난다. 이러한 접근방식으로 문화를 파악하는 방식은 특히 문화이해를 위한 해석의 틀을 사용함으로써 궁극적으로는 가치논쟁, 즉 가치통합을 위한 문화와 문화 간의 대화와 의사소통의 지표로도 작용할 수 있다.

3. 심리학적 관점

1) 발달심리학적 접근

심리학(心理學, psychology) 또는 심리과학(心理科學, psychological science)은 인간과 동물의 마음과 행동을 연구하는 학문으로서 '영혼, 정신'을 뜻하는 그리스어 'ψυχή'(psykhē, breath, spirit, soul)와 '학문'을 뜻하는 '그리스어' -λογία(-logia, study of)의 합성어로서, 이 용어의 쓰임은 17, 18세기까지 거슬러 올라간다. 독일의 철학자 볼프(Christian Wolff, 1679~1754)는 자신의 저서 『심리실험과 심리추론(Psychologia empirica and Psychologia rationalis, 1732~1734)』에서 일반적인 심리실험의 방법은 '조건'을 수립하고 시작하는 실험을 말한다고 주장하였다.

그 후 '심리학의 아버지'라 불리는 분트(Wilhelm Wundt, 1832~1920)는 1879년 독일의 라이프찌히 대학교에 심리학 연구소인 '정신물리실험실'을 개설하면서 '실험심리학'을 시작하였다. 그의 실험심리학은 말 그대로 실험을 통하여 정신현상 및 행동을 연구하는 심리학이다. 이는 종래의 사변적인 심리학(또는 철학적 심리학)에 반대하면서 최초로 실증주의-경험주의적 차원에서 실제 인간의 눈으로 관찰되고 확인되는 소위 '실험실심리학(Labo-Psychology)'을 의미한다. 이는 이후 오늘날 모든 심리학 발달에 기초 토대가 되었다.

19세기와 20세기 초의 발달심리학자들은 주로 아동의 심리현상에 대해서 깊은 관심을 가지고 연구하였다. 20세기 중반으로 접어들면서 심리학의 영역은 청소년 그리고 성인의 영역으로 확대되면서 '발달심리학(development psychology)'으로 전개된다. 특히 미국의 심리학자 스키너(B. F. Skinner, 1904~1990)의 '행동주의 심리학'[18]과 이태리의 철학자이며 심리학자 피아제(J. Piajet, 1896~1980)의 '인지발달이론', 독일계 미국심리학자 에릭슨(Erik Homburger Erikson, 1902~1994)의 '정체감 이론'은 발달심리학의 탄생에 중요한 영향을 미쳤다. 이들의 연구

18) 행동주의 심리학은 20세기 초 존 왓슨(John B. Watson), 에드워드 손다이크(Edward Thorndike), 클라크 헐(Clark L. Hull), 에드워드 톨만(Edward C. Tolman), 스키너(B. F. Skinner) 등에 의해 행동주의 심리학이 주창되었다. 이들은 쥐, 비둘기 등의 동물을 이용하여 학습과정을 연구하였고, 인간을 포함한 동물의 학습이 환경의 자극에 대한 반응이라 주장하였다. 이 자극반응이론으로 미국을 중심으로 한 세계 여러 사회에 커다란 영향을 미쳤으며 특히 교육에 큰 영향을 주었다(위키백과).

관심은 어린이가 청소년기를 거쳐 성인으로 성장하고 발전하는 과정에서 발견되는 심리적 성장과 발달에 관한 것이었다. 특히 슈프랑거(Eduard Spranger, 1882~1963)의 저서인 『청소년 심리학(Psychologie des Jugendalters, 1924)』은 문화와 역사가 인간의 윤리와 행동에 미치는 영향에 대한 연구를 토대로 한 대표적인 "청소년기의 발달심리학"적 연구물로 꼽힌다.

발달심리학적 접근을 통해 청소년문화를 이해하기 위해서는, 전 생애와 비교하여 청소년기는 고유한 발달 특성을 가지고 있다는 사실이 전제되어야 한다. 피아제에 의하면, 청소년기에 '구체적 조작기(7~11세)'가 시작되고 형식적 조작기(11~15세)를 통해 '후형식적 조작기(15세 이상)'를 모두 경험한다. 청소년기는 인생에서 가장 중요한 발달이 모두 이루어지는 '인생의 과도기'이다. 따라서 청소년문화 역시 과도기의 문화라고 할 수 있다. 과도기라는 말은 아직 온전한 완성이 아니라는 뜻, 즉 미완성 또는 미숙한 상태라고 할 수 있지만, '아직 무한한 가능성의 시기'라고도 할 수 있다. 따라서 청소년문화는 미숙함, 미완성인 동시에 '무한한 가능성'의 영역이다. 이렇게 본다면, 소위 주류문화로서의 성인문화는 청소년문화에 대해서 보다 관대해질 필요가 있다. 그러나 과연 어디까지가 '관대함'의 범위이고, 어디까지가 '가능성'이냐의 문제는 여전히 남는다. 양 문화 간의 끊임없는 대화와 상호 이해가 필요한 대목이다.

2) 사회심리학적 접근

사회심리학이란 사회적·문화적 장면에서의 인간행동을 과학적으로 연구하는 학문이다(브리태니커). 간단히 말하면, 사회심리학은 말 그대로 사회와 문화를 연구대상으로 하는 사회학이나 (문화)인류학과 개인을 연구대상으로 하는 심리학이 서로 교차하는 영역을 다루는 학문이다.

심리학자 맥두갈(William McDougall)과 사회학자인 로스(Edward A. Ross)는 1908년 공교롭게도 『사회심리학(social psychology)』이라는 이름의 저서를 각각 발표함으로써 '사회심리학'은 사회학자와 심리학자가 공유하는 새로운 학문영역으로 자리매김을 시작했다. 실제로 두 저서는 사회와 개인 간의 상호관계를 규명한다는 점에서 공통점을 가진다. 그러나 맥두갈은 본능과 더불어 사고와 행위의 타고난 경향을 강조한 반면, 로스는 사회적인 힘(social force)을 보다 강조하였다. 따라서 전자는 심리학적 사회심리학(psychological social psychology), 후자는 사회학적 사회심리학(sociological social psychology)으로 일컬어진다.[19)]

그러나 사회적 힘과 인간행동 사이의 관계를 이해하기 위해 경험적 연구방법이 적용되기 시작된 시대는 1920년대에 들면서였으며 주로 미국의 연구자들에 의해 주도되었다. 사회심리학은 타 학문에 비해서 그의 연구범위가 광범위한 편이다. 말 그대로 사회학과 심리학의 영역을 섭렵하기 때문에 연구주제도 매우 다양하며 우리의 삶의 양식 및 행동양식과도 직결된다.

한마디로 사회심리학은 '사회적 행동에 관한 여러 현상'을 연구하는 학문이다. 우리는 사회적 환경 속에서 직접 또는 간접으로 타인들과 관계를 맺고 있다. 또한 우리는 우리가 만든 문화 · 규범 · 제도 등의 규제를 받으면서 살고 있다. 이것들은 모두 우리가 사회적으로 살아갈 수 있도록 하는 삶의 조건이며 삶의 기준이다. 여기서 우리의 경험과 행동이 이루어지는 것이다. 이러한 움직임들을 사회심리학은 설명, 분석, 해석해 주고 있다.

사회심리학의 주요한 과제는 개인과 개인이 상호 교환하는 삶의 방식, 개인과 사회 · 문화 사이의 상호작용, 즉 '환경 속의 나', 인간의 사회적 본성 또는 '사회적 인간'에 대한 과학적 해명이다. 이에 대한 생각은 역사적으로 알게 모르게 인간의 영혼을 발견한 소크라테스 이래로 수많은 사상가, 철학자들에 의해 다루어져 왔다. 그러나 사회심리학이 학문으로서 발돋움하게 된

19) 심리학적 사회심리학자들은 동조, 대인유대(interpersonal attraction), 인과적 속성, 공격, 이타적 행동, 태도와 태도가 행동에 미치는 영향에 대하여 주요한 관심을 가지고 있다. 그러나 사회학적 사회심리학자들은 사회적 역할, 사회화의 과정과 맥락, 정의와 부정의, 사회운동과 집단행동, 일탈과 사회통제, 자아와 정체성, 건강과 일, 사회이동 등에 관심을 더 두고 있다. 그러나 심리학적 사회심리학자들은 인간행위에 대해 문화경계적, 종족중심적 설명을 가하는 경향이 있으며, 이들은 사회제도와 같은 보다 광범위한 틀, 권력, 인간행위에 영향을 미치는 여타의 강제들의 영향력에 대해서는 대부분 간과하고, 실험실이나 소집단의 미시적 사회맥락 내에서의 개인에 초점을 맞추고 있다. 그러나 사회학적 사회심리학자들의 관심은 권력, 강제, 자유 등에 대한 관심을 토대로 하고 있다. 그러나 사회학적 사회심리학의 관점은 인간행위를 사회와 문화에 의해 결정되는 것으로 간주함으로써 사회변동을 설명하는 데에는 한계를 가진다. 즉, 사회변동은 단지 외재적 힘뿐만이 아니라 전승된 문화와 존재하는 사회질서에 대해서 반대하는 인간들의 힘에 의해서도 이루어진다. 인간들은 현존하는 사회적 질서의 대행자(agent)일 뿐만 아니라 그 질서를 창조하고 변화시키는 대행자이기도 하다. 사회심리학의 주요 임무는 '행위의 이론'을 창출하는 것이다. 즉, 어떻게 사람들이 사회와 문화에 영향을 받는가 하는 것을 보여주며, 어떻게 사람들의 일상행위가 더 큰 실재를 유지하고 변화시키는가를 보여주는 것이다. 사회심리학은 사회화, 인간의 본성, 일상생활에서의 행위의 실제적 유형을 중심주제로 하는 동시에 문화와 사회구조를 중시한다.

것은 수많은 사회현상을 심리학적 차원에서 새롭게 접근해 보고자 하는 학문적 열망 때문이다.

사회심리학적 접근을 통해 청소년문화를 이해하기 위해서는, 청소년 또는 청소년문화를 싸고 있는 '환경'의 문제를 거론하지 않을 수 없다. 아울러 청소년들은 자기들만의 고유문화를 형성하면서 어떻게 사회화되고 있는지 아니면 반대로 '사회화'를 통해서 이들은 어떻게 청소년의 고유문화를 만들어내고 있는지 하는 문제에 주목해야 한다. 이는 구체적으로 '환경 속의 나'에 대한 접근이자 동시에 '사회적 인간' 또는 '사회적 자아'에 대한 해석이라고 할 수 있다. 따라서 이는 사회적 관계 속에서의 자아로서, 즉 상호의존적 자아(interdependent self)를 말하는 것으로 이는 전통적인 개인심리학에서 주장해 독립적 자아(independent self)와는 다르다. 즉, 내면의 실체로서의 자아가 아니라 '타자와의 관계' 속에서의 자아개념이다.

청소년의 환경은 크게 가정환경, 학교환경, 사회환경으로 나뉜다. 또한 이러한 환경들은 물리적 환경, 심리적 환경, 제도적 환경으로 세분화된다. 물리적 환경에는 학교, 대학, 자연생태환경, 도로시설, 건축물, 유흥업소, 대중교통시설, 놀이터 시설, 유해시설, 각종 대중매체, 인터넷 등을 들 수 있고, 심리적 환경에는 경쟁심리, 공부 및 성적 노이로제, 진학, 친구, 취업, 진로, 이성, 부모, 세대 차이, 가치관, 세계관, 인간관, 이데올로기 등에 대한 고민을 들 수 있고, 제도적 환경에는 대학입시제도, 사회제도, 법적 규제 등을 들 수 있다.

우선 사회심리학적 접근은 이러한 환경 속에 살고 있는 청소년들의 심리적 변화는 과연 어떻게 진행되는가에 대한 이해를 도와줄 수 있다. 시간의 흐름에 따라서 환경도 변하고 개인의 심리적 반응도 끊임없이 변한다. 사회심리학적 접근은 이러한 경우에도 청소년의 심리변화에 대해서 객관적-과학적으로 추적할 수 있도록 해준다.

사회심리학적으로 본다면, 인간은 본질적으로 의사소통하는 존재이다. 즉, 인간은 애초부터 의사소통 없이 살아갈 수 없는 존재이며 의사소통을 통해서만 인간이 된다. 따라서 사회 역시 의사소통하는 인간 개개인에 의해 구성된다. 즉, 의사소통은 개인적 측면과 사회적 측면에서 삶에 기여하게 되는데, 전자는 개인의 생존을 위한 기본적인 삶의 과정이고, 후자는 사회구성원들 사이의 상호작용을 통한 사회유지의 방편으로 작용한다. 따라서 의사소통은 인간의 삶에서 항구적인 순환적 상호교환으로 이루어진다.

구조적 관점에서 보면 의사소통은 메시지나 정보의 송·수신과정으로 이루어진다. 그러나 기능적 관점에서 볼 때 의사소통은 기호의 사용 및 행동으로 이루어진다. 또한 의도적 관점에서 볼 때 의사소통은 내가 타인에게 영향을 주기 위해 의도적으로 계획하는 행동이다. 하버마스(Jurgen Habermas)에 의하면, 의사소통행위란 상황에 대한 해석적 합의를 통해서 이루어지고 조정되는 상호작용을 통하여 이루어진다.

결국 사회심리학적 접근은 성인(또는 성인문화)은 청소년(또는 청소년문화)과 반드시 소통해야 한다는 사실을 확인해 준다. 즉, 기성성인의 주류문화는 이들이 제시하는 (바람직한) 문화의 기준 내지 준거를 설정하는 문제부터 청소년 또는 청소년문화(또는 하위문화)와 합리적으로 의사소통함으로써 정당한 합의를 얻어낼 수 있다. 바로 사회심리학적 접근은 이러한 사실정황에 대한 과학적-객관적 입증작업이다.

따라서 이러한 사회심리학적 접근은 궁극적으로 인간중심적 가치관의 확립에도 기여한다. 즉, 기성 성인문화의 파시즘 속에서 청소년의 인권, 개성, 생명성이 함께 존중되는 풍토가 만들어졌을 때 비로소 건전한 하위문화로서의 청소년문화가 수립될 수 있다는 이해를 도와준다. 아울러 사회심리학적 접근은 "환경 속의 나"(김동배·권중돈, 1999)라는 개념을 과학적-객관적으로 확인해 줌으로써, 건전한 청소년문화는 반드시 건전한 성인문화와의 상호작용 속에서 성숙될 수 있다는 사실을 인식하게 해준다.

3) 학습심리학적 접근

(1) 행동주의(자극 - 반응) 학습이론

학습심리학은 학습활동에 따른 심리현상의 변화와 심리현상에 따른 학습활동의 강화 내지 재학습활동에 대하여 연구하는 학문으로서, 첫째, 조건반사에 의한 자극과 반응과의 연결을 다루는 자극・반응이론(행동주의 학습이론), 둘째, 통찰 또는 인지적 자극에 의한 인지적 반응을 통한 의미의 이해를 탐구하는 인지이론, 셋째, 사회모방을 통한 학습과정을 분석하고 해석하는 사회(모방)학습이론, 넷째, 인본주의 심리학을 토대로 하는 자아실현학습이론으로 나눌 수 있다.

우선 '자극-반응이론(S-R theory)'은 소위 행동주의 학습이론의 기본 원리로서 러시아의 생리학자인 파블로프(Ivan Petrovich Pavlov, 1949~1936)의 조건반사설로부터 기인한다. 유명한 "개의 실험"[20]을 통해서 그가 밝혀낸 결과는, 첫째, 시간의 원리, 둘째, 강도의 원리, 셋째, 일관성의 원리, 넷째, 계속성의 원리로서, 인간이나 동물은 모두 학습할 수 있다는 사실이었다. 학습은 투입된 시간의 양에 비례하고, 외부의 자극이나 조건의 강약에 의해서 학습의 양과 질도 달라지며, 자극-반응의 일관성 및 계속성은 학습의 효과성과 생산성을 결정한다. 손다이크(Edward Lee Thorndike, 1874~1949)의 '시행착오설'은 인간이나 동물은 시행착오를 통해서 학습을 하게 된다는 이론이다. 엄밀히 말하면, 손다이크는 적응을 위한 동물의 행동변화가 인간의 학습과 비슷하다고 생각하여, 자신의 두 법칙을 적용함으로써 행동연합(연결)을 예견할 수 있다고 생각했다. 이렇게 하여 손다이크는 동물행동과 학습과정을 연구하여 '연결주의 이론'을 정립했는데, 이는 특정 자극에 대한 행동반응이 자극과 가장 만족스러운 반응 사이의 신경연결에 영향을 주는 시행착오과정을 통해 확립된다는 이론이다(위키백과).

그가 쥐의 '미로(迷路)실험'과 고양이의 '먹이통 실험'을 통해서 밝혀낸 결과는, 첫째, 연습의 법칙(low of exercise),[21] 둘째, 효과의 법칙(law of effect), 셋째, 준

20) 그의 유명한 이 실험은 "고전적 조건화 실험"이라고 한다 : "개는 음식을 보면 무조건 침을 흘린다. 여기서 음식은 무조건자극(UCS)이 되고, 침을 흘리는 반응은 무조건반응(UCR)이 된다. 이제 개에게 음식을 줄 때마다(UCS) 반복적으로 종소리를 같이 들려준다(NS). 조건화가 된 후에는 중성자극인 종소리(NS)만 들려주어도 침을 흘리게 된다. 여기서 조건화된 후의 종소리는 조건자극(CS)이 되고, 조건화된 후에 침을 흘리는 반사는 조건반사(CR)가 된다." 결국 이 실험은 특정 반응을 이끌어내지 못하던 자극(중성자극)이 그 반응을 무조건적으로 이끌어내는 자극(무조건자극)과 반복적으로 연합되면서 그 반응을 유발하게끔 하는 과정을 보여준다. 즉, 조건화를 통한 학습효과가 발생한다. 따라서 조건을 조작함으로써 동물(인간포함)은 생리적으로 학습행위를 할 수 있다. 이 실험은 행동주의 심리학의 탄생에 기초를 제공한다. 하지만 개를 이용한 실험 때문에 동물학대를 했다는 비평을 받기도 했지만 1904년에는 노벨 생리학・의학상을 수상했다(위키백과).

21) 몇 년 동안 동물의 행동에 대한 실험을 계속한 손다이크는 1932년 연습의 법칙이 모든 경우에 전적으로 타당한 것은 아니라고 결론지었다. 그는 또 부적합한 반응에 대한 처벌이 단지 자극과 잘못된 반응 사이의 연합을 약간 약화시키는 반면 적합한 반응에 대한 보상은 항상 상당히 강력한 연합을 만들어낸다고 말하면서 효과의 법칙을 수정했다(위키백과).

비성의 법칙(law of readiness)을 통해서 학습행위가 관찰된다는 것이었다. 즉, 동물이나 인간은 생리학적으로 이러한 법칙에 의해서 학습본능을 충족시킬 수 있다는 것이다. 따라서 우리가 학습능력을 최대화시키기 위해서는 연습량을 늘리고, 효과가 있는 것부터 학습을 하도록 하고 학습은 사전 준비도에 의해서 결정난다는 사실을 인지해야 한다.

행동주의 심리학의 창시자로 불리는 스키너(Burrhus Frederic Skinner, 1904~1990)는 자신이 고안한 다양한 실험장치 일명 '스키너 상자'를 이용하여 동물들로 하여금 복잡한 행동이나 유별난 행동을 하도록 훈련시켰다. 대표적인 예로써 부단한 훈련을 통하여 소위 '탁구 치는 비둘기'를 만들어냈다. 즉, 동물들을 단계적으로 훈련시킨 경험을 통해서 프로그램 학습원리들을 정립한 스키너는 이른바 '교수기계(teaching machine)'를 사용함으로써, 그 원리들이 이루어지기를 기대했다(브리태니커). 여기서 적용된 접근법은 '강화' 내지 '보상'이었다. 즉, 강화와 보상체계를 통하여 동물과 인간의 행동과 학습능력은 탁월해질 수 있다. 이를 우리는 스키너의 '조작적 조건형성'이라고 부른다. 여기서 '조작적 조건'이란 바로 강화와 보상이다. 쉽게 말하면, 강화와 보상의 '상벌체제'를 통해서 우리는 저마다 학습행동을 변화시킴으로써 궁극적으로 학습능력을 향상시킬 수 있다.

(2) 인지학습이론

인지이론(conitive theory)은 게슈탈트 심리학에 기초한 초기 인지학습이론, 통찰설(insight theoey), 장이론(field theory), 기호형태설(sign gestalt theory)로 구성된다.

초기 인지학습이론은 게슈탈트 심리학을 창안한 체코의 심리학자 베르트하이머(M. Wertheimer, 1880~1944)에 의해 시작되었다. 베르트하이머는 자신이 고안한 "전경(前景)과 배경(背景)의 이론"을 통하여 게슈탈트(Gestalt, 형태), 즉 "전체"를 강조한다. 즉, 어떻게 보면 꽃병인데, 어떻게 보면 두 사람의 얼굴이 서로 맞대고 있다. 결국 보는 관점에 따라서 형태(Gestalt)는 달라질 수 있다. 그러나 중요한 것은 나에게 지금 보이는 것이 꽃병의 전경일지라도 그 꽃병은 이미 배경과 함께 있는 것이다. 중요한 것은 이미 "전체"가 먼저 있다는 사실이다. 다시 말하면, 우리는 무엇인가를 중점적으로 인식하지만, 본래 인식하는 것만이 존재하는 것이 아니라 "전체"가 먼저 존재한다. 그런데 인식하는 우리의 두뇌는 항상 "전체"와 관련되어 있다. 비록 관심사(또는 인식관심) 때문에 일부(부분)를 중점적으로 본다고 해도 우리 인간의 인식의 범주에는 – 알든 모르든 – 처음부터 전체가 함께 들어오는 것이다. 즉, 인간의 인지능력은 알게 모르게 전체를 먼저 인지한다. 이것이 '통찰(insight)'이다.

통찰설은 독일의 대표적인 게슈탈트 심리학자인 쾰러(Wolfgang Köhler)의 실험을 통해서 밝혀진 이론이다. 일명 "침팬지 실험"[22]으로도 유명하다. 이는 베르트하이머의 게슈탈트 학습이론의 계승으로서, 우회로 실험, 도구 사용의 실험, 도구 조합의 실험, 형태 파악의 실험 등을 통하여 쾰러는 고등동물에게는 선천적으로 '통찰능력'이 주어져 있다는 사실을 밝혀냈다. 즉, 침팬지 같이 지능이 높은 영장류, 즉 유인원은 일종의 고등동물로서 자극-반응에 의한 훈련이나 시행착오를 통하여 학습행위가 발생하는 것이 아니라, 선천적인 "통찰능력"을 통해서 본능과 욕구를 충족한다. 이러한 통찰능력은 고등동물에 속하는 영장류에게만 특별히 부여된 '인지능력'이다. 즉, 고등동물에게는 하등동물에게는 없는 인지능력이 존재하는 것이며, 이러한 인지능력을 통하여 인간은 통찰학습을 해낼 수 있다.

인지심리학(cognitive psychology)은 형태심리학이나 피아제나 비고츠키 등에 의해서 인지(cognition)에 대한 연구가 수행되면서 형성되기 시작했으며, 1967년 나이서(Ulric Neisser)가 『인지심리학』이라는 제목의 책을 출판하고 나서야 이 개념이 일반화되기 시작했다. 인지란 지각 · 이해 · 기억 · 사고 · 학습 · 추론 · 문제해결 등을 포함하는 포괄개념이다. 한마디로 인지(認知)란 '아하, 그렇구나(Ah! experience)' 하고 무엇인가를 통찰할 수 있는 의식이다.

인지주의 학습이론에 의하면, 학습현상은 인지적 자극을 통하여 인지적 평형상태가 깨졌을 때 인지적 갈등 속에서 발생한다. 즉, 인간은 '아하!' 라고 하면서 '유레카, 유레카', 즉 강한 충격을 받게 되는데, 이때 학습된 결과는 매우

22) 쾰러는 유리관에 배고픈 침팬지를 넣고 천장 위에 바나나 뭉치를 매달아 놓았다. 처음에 침팬지는 껑충껑충 뛰지만 닿지 않는다. 잠시 후 침팬지는 유리관 속에 들어온 막대기를 보고는 이를 집어들고 바나나를 따먹는다. 다음 실험에서는 빈 박스가 들어오자 이번에도 박스를 쌓아 사다리를 만들어 그 위로 올라가서 바나나를 따먹는다. 그런데 침팬지는 이러한 훈련을 사전에 단 한 번도 받아 본 적이 없다는 사실이다.

오래 머릿속에 기억된다. 소위 우리가 말하는 '이해학습'도 인지능력을 자극시킴으로써 이루어지는 대표적인 경우이다. 하등동물은 결코 '아하, 그렇구나'의 반응을 보일 수 없다. 이러한 능력은 고등동물만의 고유영역이라고 할 수 있다. 한마디로 고등동물과 하등동물의 차이는 바로 '아하! 능력', 즉, '인지능력'의 있음과 없음(또는 미약함)이다. 전자는 인지능력을 가지고 태어나며, 하등동물로 갈수록 인지능력이 미약해진다.

독일의 계몽주의 철학자인 칸트의 "범주론"에 대해서 깊이 연구한 스위스의 철학자, 자연과학자, 심리학자인 피아제(Jean Piajet, 1896~1980)는 인지적 평형이 깨지면서 인지적 갈등이 발생하는 학습과정을 자신의 "스키마 이론(schemata theory)"을 통하여 설명한다. 피아제의 스키마 이론은 인간이 외부세계를 파악하고 이해하는 기초적 도식(schema)을 말한다. 이 도식은 선천적으로 부여받은 범주로서, 이를 통하여 외부의 사물이나 사건의 전체적 윤곽이나 개념이 인식된다. 간단히 말하면, 인간은 자신이 미리 가지고 있는 범주, 즉 스키마 속으로 외부의 자극을 끌어넣으면서 외부환경을 인지한다. 이러한 도식은 개인마다 다른데, 그 이유는 서로 살아온 경험이 다르기 때문이다. 즉, 도식은 일생을 통해 개발되고 발전되며, 도식의 다양성 때문에 똑같은 것을 보고서도 서로 생각이 다른 것이다.

한마디로 학습현상은 스키마 도식의 동화와 조절과정을 통하여 학습자의 인지구조를 변화시키는 것이다. 일단 외부에서 들어온 인지적 자극을 통해서 우리는 의도적으로 거기에 우리의 인지구조, 즉 스키마를 동화시키려고 한다. 그러나 쉽게 동화가 되지 않을 경우에는 조절의 과정을 거치면서 어떻게든 다시 동화시키려고 한다. 이러한 과정에서 인지구조는 인지적 평형을 깨뜨리면서 학습현상을 누적시키는 것이다. '아, 저건가? 아닌가?'를 되풀이하면서, 즉 동화와 조절의 과정을 되풀이하면서 인간은 학습한다. 다시 말하면, 인간의 인지구조는 동화(assimilation)와 조절(accomodation)이라는 적응과정을 통해서 끊임없이 변화하는데 이 과정에서 학습이 발생한다(Piaget & Inhelder, 1958). 이러한 인지주의는 "구성주의 학습이론"[23]의 토대가 된다.

---

23) 이에 대해서는 아래 4) 구성주의 학습이론 편에서 보다 자세히 다루겠다.

세 번째 장이론(field theory)은 독일계 미국심리학자인 레빈(Kurt Lewin, 1890~1947)과 그의 추종자들이 발전시킨 심리이론이다. 이는 인간의 행동을 개인의 '상황', 즉 개인의 심리적 장(場)과의 관계로 설명하려는 이론이다. 다시 말하면, 정신현상이나 사회현상은 전체가 하나의 장을 구성하고 있고 그 내부는 상호의존적인 관계를 이루고 있다. 따라서 장이론은 개개의 현상이 생기는 원인을 그 사상(事象) 자체에서 찾지 않고 그 사상을 포함하는 '전체로서의 장(field)'으로부터 구하려 한다. 여기서 레빈에게 장은 집단, 특히 '심리적 힘의 집단'이며 집단현상은 집단역학(group dynamics)으로 설명된다.

마지막으로 기호형태설(sign gestalt theory)은 미국의 실험 심리학자 톨만(E. C. Tolman)에 의해 주창된 심리이론으로서, 우리 인간의 인지능력을 바탕으로 보상기대(reward expectancy)에 의한 학습, 공간지능학습(place learning) 그리고 잠재능력학습(latent learning)이 가능하다는 사실을 입증하였다.

(3) 사회(모방)학습이론

캐나다의 심리학자 반두라(Albert Bandura, 1925~)는 "보보인형 실험(Bobo doll experiment)"[24)]으로 유명하다. 그의 연구의 초기 관심은 아동의 '공격성'이었는데, 공격성은 모델링될 수 있다는 가설을 실험을 통해 입증하였다. 즉, 인간과 동물은 관찰과 모방을 통해 모델링을 하고 이에 따라 행동한다. 이는 모델링을 통한 학습의 중요성을 알게 한다. 결국 그는 아동이 모방을 통해서 학습한다는 사회(모방)학습이론을 수립했다. 아동은 환경과의 접촉, 그리고 환경의 모방을 통해서 자기의 행동유형을 발전시켜나간다. 가정에서는 부모, 사회에서는 사회지도자, 학교에서는 교사가 모델링될 수 있다. 이는 모델링하는 아동의 성격형성에도 지대한 영향을 미친다. 만약 '가정, 학교, 사회에서 체벌과 폭력을 보고 자란 아이는 체벌과 폭력의 주체가 될 수 있다'는 연구결과가 나왔다면, 이는 사회학습이론의 가설을 입증하는 셈이 된다. 또한 "텔레비전 속

24) A라는 성인모델은 통제집단에게는 '보보인형은 장난감'이라고 설명하고 방을 떠났고, B라는 공격적 성인모델은 10분 동안 보보인형에게 공격적 행동을 하였으며, C라는 비공격적 성인모델은 10분간 보보인형을 무시하고 놀았다. 실험결과는 "공격성 행위에 대한 모델링 효과"라는 실험의 주제를 입증했다[로저 R. 호크, 유연옥 역(2008). 심리학을 변화시킨 40가지 연구. 서울 : 학지사].

의 폭력장면들은 일상생활에 있어서 청소년들의 공격성을 증가시킨다"는 연구결과가 나왔다면, 이 역시 사회학습이론의 가설검증이라고 할 수 있다. 따라서 사회학습이론은 아동에게 습관처럼 나오는 행동의 원인 중에는 모델링의 가능성에 대해서 염두에 둘 필요성을 강조한다.

반두라(Bandura)의 사회모방학습이론에 대한 평가는 다음과 같다. 첫째, 모방학습의 중요성에 대한 인식을 증진시켰으며, 둘째, 인간에게 사회적 환경이 얼마나 많은 영향을 미칠 수 있는가에 대한 경각심을 불러일으켰으며, 셋째, 자기강화(self-reinforcement)와 자기효력(self-efficacy) 같은 인지적 요소의 중요성을 부각시켰다. 그럼에도 불구하고 한계점으로는 외부환경의 중요성을 지나치게 강조하다 보니까, 인간행동의 내적-자발적 차원을 상대적으로 과소평가한 점이 지적될 수 있으며, 관찰학습과 모방학습은 단순한 행동을 통한 학습에 대해서는 수많은 일치된 결과를 내고 있지만, 보다 고차원적이고 복잡한 행동이나 학습효과에 대해서는 상당수 다른 연구결과도 나오고 있다. 또한 인간행동의 발달수준은 연령별-단계별로 서로 다르기 때문에, 인지적 수준에 따른 학습능력과 학습결과에 대해서는 이론을 일반화하는 데 어려운 측면도 있다.

(4) 구성주의 학습이론

학습이론은 크게 객관주의 학습이론과 '구성주의 학습이론'을 구분한다. 전자는 지식이란 개인의 직접 경험의 세계와는 무관하게 객관적-이상적으로 존재한다는 합리주의적 입장으로 지식의 '객관주의(objectivism)'에 기반을 두고 있고, 후자는 지식이란 개인의 직접 경험을 바탕으로 개인의 입장에게서 창출된다는 경험주의적 입장으로 지식의 구성주의(constructivism)에 근거하고 있다. 그런데 구성주의 학습이론이 나오기 이전의 전통적인 학습이론은 일반적으로 '객관주의 학습이론'으로 지칭된다.

지금까지의 전통적인 객관주의 학습이론에 의하면, 지식은 고정적이고 확인될 수 있으며 역사적, 문화적, 시대적인 제약을 초월하여 항구적이며 보편타당하다. 따라서 객관주의의 학습이론의 최종 목표는 초역사적, 초공간적, 우주적-보편적 진리를 발견해내는 것이다. 반면 구성주의 학습이론에서 지식은 사회적, 문화적, 역사적 배경에 영향을 받으면서 구성되고 재구성되며 심지어 새롭게 창조되는 것이다. 특히 지식은 이를 받아들이는 수용자의 인지적 능력 및 수준과 사회현상 간의 이해관계 속에서 구성되기 때문에 지식은 결코 고정적이고 절대적일 수 없다. 구성주의 학습이론에서 지식은 개인의 '인지적 차원'과 '사회적 차원'의 요소와 역할을 강조한다. 따라서 지식의 보편성 내지 일반성 그리고 절대성은 거부된다. 구성주의 학습이론에서 추구하는 지식은 객관주의적 절대지식이나 진리라기보다는, 개인이 현실을 살아가고 이해하는 데에 있어서 본인에게 가치있는 의미있는 유용한 지식이다. 따라서 지식은 삶의 현장과 상황 속에서 직접 (재)구성될 수밖에 없다. 왜냐하면 개인에게 삶의 현장과 삶의 상황은 모두 다르며, 삶의 의미와 현실문제도 모두 다르기 때문이다. 결국 구성주의 학습이론의 차원에서 지식은 각자에게 모두 다르다. 보다 정확히 말하면, 같은 지식이라도 학습자 각자에게 지식은 전혀 다르게 인지되고 사용된다. 심지어 구성주의에서는 (삶의) 의미까지도 재구성된다.

한편 구성주의 학습이론에서 교사는 더 이상 가르치는 자(teacher)나 일방적으로 지식과 정보를 전달하는 자(instructor)를 의미하는 것이 아니며, 교육과 학습의 관리자, 감독자, 통제자도 아니다(강인애, 1997). 이제 교사는 학습의 촉진자(facilitator), 동료학습자(co-learner), 학습도우미(helper, guidance, scaffolder, coach, mento)가 된다(김종문 외, 1998). 아무리 교사가 잘 가르쳐도 학습자가 수용하지 않으면 교육은 의미가 없다. 마찬가지로 아무리 사회환경이 훌륭해도 – 반대로 아무리 사회환경이 험악해도 – '개인'이 수용하지 않으면 아무 의미가 없다. 이러한 논리는 '수요자 중심의 사회' 또는 '소비자 중심의 사회(customer-based-society)'라는 맥락과 같으며 개인의 능동적이고 자발적인 자기주도학습(self-directed learning)을 가능하게 한다.

학습심리학적 접근을 통해서 청소년문화를 이해한다면, 첫째, 우리의 청소년들은 청소년문화를 형성하는 과정에서도 부단히 무엇인가를 학습하고 있고, 둘째, 이렇게 얻어진 학습결과는 또 다시 청소년문화의 형성에 영향력으로 작용한다. 특히 행동주의 학습이론에서는 '자극과 반응', 처벌과 강화, 상벌체제 등의 과정을 통해서 인간행동의 변화가 일어날 수 있다는 사실을 시사하고 있는 반면, 인지학습이론에서는 인간은 타 동물과 달리 (고등)인지구조를 선천적으로 타고나는 고등동물로 간주된다. 즉, 인간에게는 인간끼리의 사회적 상호작용 및 상호교류 등 사회활동과 사회화의 과정을 통하여 인지영역에서의 고차원적 학습현상이 발생한다. 따라서 인간은 '단순한 생리적 자극-반응' 이상, 즉 타 동물들의 기계적 메커니즘적인 행동변화 이상의 사고능력과 사고변화를 학습을 통해 이룰 수 있다는 사실이 암시된다. 세 번째, 사회(모방)학습이론에서는 인간은 사회생활과 사회화 과정에서 쉴 새 없이 누군가를 모델링하면서 학습하고 이로써 행동변화도 가능하다는 사실이 암시된다. 네 번째, 구성주의 학습이론에 의하면 인간은 단순한 정보와 지식을 전달하고 전달 받는 수동적 학습 이외에도 지식을 스스로 해석하고 구성하고 재구성하고 심지어는 새롭게 지식과 의미를 창조하는 소위 능동적이고 고차원적인 자기주도학습의 능력도 천부적으로 받았다는 사실이 암시된다.

이렇게 본다면, 청소년문화의 형성과정에서 작용하는 변인관계는 실제로 무척 복잡하다는 사실을 알 수 있다. 단순한 자극과 반응의 과정에서도 학습 및 행동변화가 일어나는가 하면, 고차원적인 인지적 차원에서도 학습 및 행동변화가 일어난다. 또한 누군가를 모방하면서 자신의 행동을 수정하고 변화시키기도 하고, 현재의 지식을 자신의 현실에 보다 유용하고 의미있게 구성하고 재구성하고 새롭게 창조하고 각색하면서 사고와 행동의 양과 폭을 확대하기도 한다.

그렇다면 여기서 우리는 적어도 위의 네 가지 학습유형 중에서 도대체 '어떠한 유형의 학습'이 주로 이루어졌기에, 우리의 청소년문화가 비판되고 있는가? 하는 질문을 던질 수 있다. 아니면 아직 어떠한 학습수준은 이루어지고 있지 않다든지 또 아니면 A라는 문화과정에서는 B라는 학습현상이 주도하고 있다든지 하는 분석이 가능할 것이다. 이러한 과학적 분석과 해석을 통하여 우리는 현재의 청소년문화를 보다 온전히 이해할 수 있을 것이다. 더 나아가

보다 바람직한 청소년문화의 형성을 위해서 성인 또는 성인문화는 어떻게 학습도우미로 나설 수 있으며 어떻게 이들을 조언하고 상담할 것인지에 대한 전략수립도 가능해질 수 있을 것이다.

4. 인류학적 관점

문화연구의 인류학적 관점은, 첫째, 발생론적 접근, 둘째, 역사적 접근, 셋째, 사회인류학적 접근으로 형성된다. 발생론적-인간학적 접근은 주로 형질인류학의 발전을 야기했고, 역사적 접근은 문화인류학의 발전을 야기했고, 사회인류학적 접근은 사회학의 발전을 야기했다. 여기서는 사회인류학적 접근은 생략한다. 이는 우리가 이미 '사회학적 관점'에서 다룬 내용과 겹친다. 여기서도 학문 간의 엇물림 현상이 나타난다.

1) 발생론적 - 인간학적 접근

인류학은 형질인류학과 문화인류학으로 나뉜다. 형질인류학이 발생론적 접근을 통해서 발전되었다면, 문화인류학은 역사적 접근법을 통해서 발전되었다고 할 수 있다.

발생론적 접근을 통해서 형질인류학을 기초한 대표적인 학자는 독일의 철학자 겔렌(Arnold Gehlen, 1904~1976)이다. 그는 자신의 저서 『인간(Der Mensch, 1940)』에서, '인간이 무엇인가'라는 테마를 생물학적 특성분석을 통해서 연구하였다. 결국 인간은 '문화를 창조하는 존재'로 밝혀졌다. 우선 그에게서 인간은 선천적 '결핍존재(缺乏存在, Mängelwesen)'로 나타난다. 이를테면 호랑이나 사자 그리고 독수리에 비해서 인간은 생물학적으로 완전하지 않다. 우리와 몸집이 비슷한 침팬지와 비교해도 우리는 야자열매와 바나나를 따먹는 경쟁에서 이길 수 없다. 심지어 몸집은 작지만 천적이 나타나면 색깔이 변하여 몸을 보호할 수 있는 도롱뇽이나 딱딱한 등껍질을 달고 다니면서 스스로를 보호하는 거북이보다도 우리 인간은 삶의 능력 면에서 더 나을 것이 없다. 한마디로 인간은 다른 동물들에 비해 공격무기, 방어무기, 생활무기를 가지고 태어나지 못한다. 즉, 인간의 몸에는 어디 하나 무기로 사용할 수 있는 것이 없다. 손톱, 발톱, 근육, 피부 등 어느 하나 공격하거나 방어하기에 유리하지 않다. 이러한 의미에서 인간은 결핍존재이다. 인간의 결핍조건은 생존조건의 결핍을 의미한다. 따라서 인간은 선천적으로 결핍된 무기를 대신하기 위해서 – 즉, 살아남기 위해서 – 후천적으로 인간만의 고유한 무기, 즉 도구(道具)를 만들어서 사용할 수밖에 없게 되었다. 호랑이와 사자의 공격에 대적하기 위해 인간은 후천적으로 창과 활을 만들어내었고, 독수리의 밝은 눈에 대적하기 위해 만원경과 현미경을 만들어내었다. 또한 거북이의 등껍질을 닮은 방패를 만들어냈으며, 침팬지의 발바닥을 대신할 신발을 만들어냈으며, 두더지와 오소리의 앞발을 대신할 삽을 발명하였다.

이러한 맥락에서 겔렌은 인간이 자신들의 선천적 결핍조건을 극복하기 위해서 발버둥치다 보니까 마침내 "문화(Kultur)"가 창조된 것이라고 주장한다. 그에 의하면, 문화는 '제2의 자연'(Gehlen, 1940)이다. 인간은 나무를 베어 종이를 만들고 책상을 만든다. 이때 나무는 자연이고 종이와 책상은 '제2의 자연'이다. 그렇다면 제2의 자연으로서의 문화란, 결국 인간은 자신들의 삶의 편의상 자연을 가공해서 인위적으로 바꾸어놓은 삶의 흔적에 불과하다. 이렇게 본다면 선천적 결핍존재로서의 인간은 살아남기 위해서 – 또는 더 잘 살기 위해서 – 문화를 만들게 된 셈이다. 즉, 인간이 살아남는 과정에서 극히 자연스럽게 문화가 발생한 것이다.

결국 애초에 살아남기 위해서 궁여지책으로 문화를 창조한 (선천적) 결핍존재인 인간은 문화를 통하여 계속 살아남게 되었다. 이렇게 본다면, 문화는 인간이 '살아남은 흔적'이다. 그런데 훗날 문화는 인간이 살아남는 또는 살아가는 '기준(基準)'으로 작용하게 된다. 만약 어떤 사람이 자신들이 만들어놓은 문화를 어기거나 문화에 어긋나는 행동을 하게 되면, 그는 공동체로부터 제제를 받게 된다. 한마디로 문화를 어기면 야만(野蠻, barbarian)이다. 문화를 어긴

야만은 도의적 비난을 넘어서 공동체의 삶에서 퇴출된다.

오늘날 우리가 청소년문화에 대한 이해를 인류학의 발생론적 접근을 통하여 접근해 보고자 한다면, 우리의 청소년문화는 청소년들이 스스로 살아남기 위한 발버둥으로서, 즉 이들만의 '삶의 흔적'이면서 동시에 이들에게 스스로 삶을 자율적으로 구속하고 규율하는 '삶의 기준'으로서 인식될 필요가 있다. 과연 현재 우리의 청소년문화는 청소년들이 이룩해 온 자신들만의 삶의 흔적들이며 동시에 이 문화가 이들에게 현재 삶의 기준으로서 작용하고 있는가? 만약 현재의 청소년문화가 이들만의 고유한 삶의 흔적이자 삶의 기준으로 작용하지 못하고 있다면, 우리는 청소년문화에 대한 진정한 이해를 거론할 수 없다. 반대로 현재 우리의 청소년문화가 진정 우리 청소년들만이 이들 스스로 살아남기 위해서 만들어 온 삶의 흔적이고 동시에 이들의 삶을 자율적으로 규제하는 기준척도로 작용하고 있다면, 오히려 문제는 이를 비판하고 비난하는 기성성인들(또는 성인문화)에게 있다.

2) 역사적 접근

인류학자들은 인류의 전 역사과정에서 특정 집단과 활동이 갖는 고유한 특성을 연구한다. 현대의 인류학은 대륙탐험의 역사시대로부터 시작되었다. 이 시기에 유럽의 발전된 고급문화는 타 문화를 '야만' 또는 '원시(또는 미개)'문화로 규정하면서 자신들의 문화제국주의적 침략전략을 합리화하였다. 즉, 문화민족이 야만(미개)민족을 구해준다. 이것이 강대국에 의한 제국주의적 문화침략이었다.

특히 1859년 다윈(Charls Darwin)이 발표한 『종의 기원(The Origin of Species)』은 "진화의 개념"을 중심으로 인류발전에서의 진화와 진보 문제를 제시함으로써 문화의 발달수준과 문화의 발전과정을 '역사적 접근'으로 추적할 수 있는 학문적 기반을 마련해 주었다.[25)] 이때부터 인류학의 연구경향 역시 역사연구와

25) 인류학은 19세기 중반 당시 유행하던 여러 학문들의 지적 유산에 영향을 받아 탄생했다. 초창기에는 진화론 · 우생학 등에 큰 영향을 받아, 친족형태의 진화, 문명의 진화, 종교의 진화 등을 중심적으로 연구하며 인종주의 및 제국주의의 발흥에 기여하기도 했다.<Wikipedia>

동일시되었다. 대부분의 연구들은 인류의 문화적 진화는 처음에 '야만' 또는 '미개'의 상태에서 점차 '문명인'(예를 들면, 서구 유럽인)의 단계로 들어가면서 문화가 발전한다는 가설을 입증하고 검증하는 방식으로 이루어진다. 문화적 진화의 현실이 과학적으로 입증된 것이다.

20세기에 들면서 초기 인류학자들의 이러한 경향은 심각한 비판에 부딪히기 시작한다. 이러한 비판은 비판철학자, 비판사회학자들의 활동에 크게 의존한다. 특히 마르크스(K. Marx)의 "사회진화론(社會進化論)"은 이러한 사회문화연구에 대한 대표적인 비판논리로 작용했다. 또한 네오막시즘에 토대를 둔 영국 버밍엄학파의 문화연구(cultural studies)도 이에 한몫을 한다. 결국 이러한 도전을 통해 오랫동안 이어온 소위 '문화적 편견'이 점차 사라지기 시작하면서, 문화적 다양성에 대한 새로운 시각이 등장하였다. 급기야 '문화상대주의'가 부상하게 되었다. 이로써 문화연구 및 문화인류학 연구에서 전통적인 '진화론적 오류'가 수정되는 계기도 맞게 되었다.

문화란 어떤 특정 문화가 다른 문화에 우세한 것이 아니다. 문화는 서로 다른 민족적 특성이나 지역적 상황 그리고 문화발생의 역사성과 전통에 따라서 서로 다르게 나타날 뿐이지, 누구의 문화가 누구의 문화보다 훌륭한 것이라고 단정짓지 못한다. 따라서 중요한 것은 오로지 자국의 문화우월주의를 고수할 것이 아니라, 문화접촉, 문화접변 등을 통해서 타의 문화를 이해함으로써 문화를 비교·연구해 보는 것이다. 이를 위해 이들은 '현장조사(fieldwork, 현지연구, 현장연구, 현지조사)'[26]를 통하여 객관적 데이터를 모으는 것이 중요하다. 이러한 방법론은 전통적인 문헌연구의 허구성을 반박하면서 소위 '발로 뛰는 학문으로서 인류학'의 실천적 성격을 확립하는 계기를 마련하게 된다. 이렇게 하여 문화연구의 방법론이 발전하게 되는 것이다. 특히 '민속지적 연구방법론(ethnomethodology, ethnography)'이 발전하게 된 것도 이러한 연유에서이다. 아울러 사회연구방법론으로 발전한 현상학적 접근방법과 '상징적 상호작용론적 접근법'도 이에 합류하면서 인류학적 연구방법이 정립된다.

26) 일반적으로 현장조사에는 참여관찰, 인터뷰, 설문조사법, 지도 그리기, 물질문화 수집, 영상촬영 및 녹음 등 다양한 방법이 사용된다.

오늘날 문화인류학은 인류가 창조해온 문화와 사회에 대한 연구로서, 지구상의 인간출현으로부터 시작해서 지금까지 인류의 모든 발자취를 역사적으로 추적한다. 또한 공간적으로는 특정한 민족의 체질적, 심리적, 지리적 특성을 비롯하여 이들의 삶을 싸고 있는 자연 및 생태환경, 언어, 예술, 종교 등의 심리사회적 환경 그리고 가족, 혼인, 친족, 경제, 정치, 법률, 종교제도 등 각종 사회제도와의 관련 속에서 연구한다. 심지어 미국의 빈민가에 거주하는 흑인, 페미니스트, 인디언 같은 소수집단, 다국적 기업, 환경문제, 사이버 공간의 문화 등도 인류학자들의 연구대상이다.[27)]

문화에 대한 가장 오래되고 포괄적인 정의는 타일러(Tylor, Sir Edward Burnett, 1832~1917)의 정의이다. 그에 의하면(1871), 문화는 지식, 신앙, 예술, 법률, 도덕, 관습, 그리고 사회의 한 구성원으로서의 인간에 의해 얻어진 다른 모든 능력이나 관습들을 포함하는 복합총체이다(Tylor, 1920). 타일러를 계승한 화이트(White)는 "인간은 상징할 수 있는 유일한 동물"이라고 하면서 문화의 대표적인 속성으로 '상징'을 꼽았다(White, 1959).

이러한 역사주의적 접근방식을 통한 인류학의 연구전통을 발생론적 접근에 비해서 문화의 관념론적 차원을 보다 강조하게 된다. 이들에게 문화란 한 사회 성원들의 생활양식을 기초하는 관념체계 내지 개념체계가 중심 개념이 된다. 즉, 발생론적 접근에서 포함되었던 물질적 유형의 영역이나 가시적 영역인 도구, 행동, 제도 등은 문화의 개념에서 제외되고, 삶의 행동기준, 표준, 규칙 등 무형의 영역이 핵심개념으로 부각된다.

미국의 문화해석학자 기어츠(Geertz, Clifford James, 1926~)는 '상징 및 의미체계로서의 문화'에 보다 집중하는데, 이는 집단구성원이 공유하고 있는 의미체계로서의 문화를 말한다. 그는 사회적 특정 사건이나 특정 상황에 부여하는 의미를 문화이해의 중요한 관건으로 간주한다. 따라서 그는 문화란 반드시 해석학의 대상이 되어야 한다고 주장하면서 문화해석학의 영역을 개척한다.

---

27) 인류학은 종교인류학, 경제인류학, 정치인류학, 법인류학, 교육인류학, 예술인류학, 생태인류학, 심리인류학, 상징인류학, 응용인류학 등으로 광범위하며, 도시인류학, 기업인류학, 영상인류학, 역사인류학, 의료인류학, 관광인류학, 환경인류학, 정보인류학 등 새로운 분야도 계속 등장하고 있다.

문화는 주류(지배)문화와 비주류문화, 즉 하위문화로 대별된다. 일반적으로 주류문화(main culture)에는 성인문화, 고급문화, 왕의 문화, 도시문화 등 지배권 내지 기득권 세력의 문화가 속하고, 하위문화(subculture)에는 소위 피지배계급의 문화 또는 소수의 특정 문화, 즉 저급문화로서의 대중문화, 민중문화, 흑인문화, 소수민족문화, 농촌문화, 여성문화, 청소년문화, 아동문화, 노인문화, 미개인문화 그리고 '비행하위문화로서의 범죄집단문화' 등이 속한다. 이밖에도 문화는 존재양태에 따라 표현문화와 내재문화, 실제문화와 이상문화, 물질문화와 비물질문화로 분류된다.

일반적으로 많은 연구결과에서 나타난 청소년문화의 성격과 특징을 정리해 보면, 청소년문화는 미숙한 문화, 비행문화, 하위문화, 대항문화 내지 반(反)문화, 신세대문화 등 다양하고 복합적인 문화형태로 나타난다. 이러한 사실은 청소년문화의 특성 역시 다양성, 공유성, 가변성, 학습성, 역사적 축적성, 체계성, 총체성(또는 맥락성)[28]을 가지고 있다는 사실을 알려준다.

우리가 역사적 접근을 통한 인류학의 관점에서 청소년문화를 이해하려고 한다면, 우선 '진화론적 오류'가 수정될 필요가 있다. 진화론적으로 본다면 성인문화가 청소년문화보다 우위에 있을 수 있다. 그러나 탈제국주의의 인류학적 접근은 '문화적 편견'의 제거를 통하여 문화상대주의, 즉 각 문화의 고유성과 독특성을 동가치적으로 인정하고 있다. 따라서 오늘날 비판받는 청소년문화가 만약 소위 성인주류문화의 기준에서 내려진 평가라면 재검토될 필요가 있다. 왜냐하면 성인주류문화만이 문화의 기준이라고 단정할 수 없으며, 문화는 저마다 고유성과 독특성을 가지고 있기 때문에 편견없이 동가치적으로 인정될 수 있기 때문이다. 더 나아가 중요한 것은 오늘날의 청소년문화가 어떠한 상징체계 및 의미체계를 가지고 있는가에 대한 해석이며 이는 과연 전체로서의 문화이해를 위해 어떻게 작용하고 있는가에 대한 이해이다. 하다못해 성인들이 볼 때 전혀 가치도 없고 문화도 아닌 소위 비행하위문화로서의 청소년문화라고 하더라도 이의 형성과정이 도대체 이들에게 무엇을 상징

28) 일반적으로 사회에서는 정치, 경제, 종교, 교육, 지식, 예술, 법, 제도 등 수많은 영역들이 독립적으로 존재하지 않고 하나의 전체 또는 체계를 이루고 있듯이, 청소년문화가 형성되는데에도 입시제도, 교우관계, 경쟁심리, 대중매체 등이 복합적으로 영향을 미친다.

하고 있으며, 이 과정에서 이들은 도대체 무엇을 의미로운 것으로 받아들이고 있는지에 대한 해석은 항구적 연구과제임이 분명하다.

3) 놀이이론적 접근

네덜란드의 역사인류학자인 요한 호이징가(Johan Huizinga, 1872~1945)의 저서인 『호모 루덴스(Homo Rudens, 1938)』는 우리 말로 "놀이하는 인간"으로 번역된다. 그는 이 책의 서문에서 직접 밝혔듯이, 인간은 호모 사피엔스(Homo Sapiens, 생각하는 인간)나 호모 파베르(Home Faber, 일하는 인간)라기보다는 오히려 호모 루덴스(Home Ludens), "놀이하는 인간" 이라고 주장했다. 그런데 이 책은 "문화의 원천으로서의 놀이"라는 부제를 달고 있다. 이렇게 본다면, "놀이하는 인간"은 "문화를 창조하는 인간"이 된다. 즉, 놀이는 문화의 한 요소(이를테면 놀이문화)가 아니라, 놀이 자체가 '문화'다.

지금까지 "인간"을 지칭하는 대표적인 학명(學名)은 "호모 사피엔스(homo sapiens)", "호모 파베르(homo faber)"였다. 그러나 호이징가의 이 저서가 나온 이래로 "호모 루덴스"가 인간의 학명으로 첨가되었다. 결국 인간은 '생각하면서', '도구를 만들어 사용하면서 일하면서' 그리고 '놀면서' 살아가는 동물이다. 호이징가는 이 책에서 호모 루덴스는 호모 사피엔스와 호모 파베르의 개념을 대신하는 것이 아니라, 이 두 개념을 보충하는 것으로써 쓰고 있다. 즉, 인간의 삶에 '놀이개념'이 뒷받침될 때 비로소 인간은 문화를 창조할 수 있는 동물이라는 사실을 주장한다.

그는 여기서 원시인으로부터 역사적으로 인간이 어떻게 놀이를 통하여 문화와 문명을 창조해왔는가에 대해서 다루고 있다. 원시 밀림에서의 사냥부터 시작하여, 말하는 것, 철학하는 것, 춤추고 시를 짓고 음악하고 조각하는 모든 예술활동, 사랑행위, 학습, 재판, 정치, 스포츠, 심지어 종교의식과 전쟁조차도 모두 놀이의 성격을 가지고 있다. 특히 원시 공동체에서의 생활은 그 자체가 놀이의 형식으로 진행되었다. 결국 놀이 속에서 문화가 탄생하는 것이다. 애초에 육체적 활동으로 시작하는 놀이는 문화창조행위를 하게 됨으로써 정신적 차원까지 포괄하게 된 것이다.

호이징가에 의하면, 놀이는 문화보다 오래되었다. 즉, 놀이가 먼저다. 다시 말하면, 우리 선조들이 "빛나는 문화를 창조하자"고 하면서, 문화를 만들어 낸 것이 아니다. 문화는 인간이 살아가는 과정에서 자연스럽게 발생한 것인데, 훗날 인간들이 그것을 '문화'라고 지칭했을 뿐이다. 살아가는 과정, 즉 인간은 처음부터 놀이를 통하여 살았던 것이며 그러한 자연스러운 놀이과정 속에 자연스럽게 문화가 발생하고 탄생한 셈이다. 호이징가는 말한다 : "문화는 놀이의 형식 속에서 발생한다." 그러니까 인간의 삶은 '놀이'부터 시작한다. 이런 점에서는 다른 동물의 삶도 마찬가지이다. 동물새끼들은 태어나면서 서로 어울려 뒹굴고 놀면서 먹이를 공격하는 사냥방법까지 배운다(Groos, 1896, 1930). 즉, 인간이나 동물이나 모든 생명체는 놀면서 삶을 시작하고 놀면서 삶의 능력을 터득하는 것이다.

또한 호이징가는 이 책에서 수톤 스미스(Brian Sutton-Smith)를 인용하면서, 놀이의 "즐거움"이라는 성격적 특성을 부각시킨다. 그러면서 그는 놀이의 여러 가지 특징들을 나열하고 있다 : "놀이는 자유롭다. 놀이는 의식적이거나 실재적인 것은 아니다. 놀이는 질서를 그것도 아주 절대적이고 최고의 질서를 창조한다. 놀이는 물질적 관심이 없으며 거기서 어떤 이득도 취하지 않는다." 그렇다면 이러한 놀이의 특성들이 문화를 창조하는 원동력으로 작용한다는 의미가 된다. 그는 말한다 : "놀이는 모든 문명의 삶의 원리"이며, "놀이정신이 빠진 문명은 불가능하다".

독일의 놀이철학자 예안그로스(Erwin Jeangross)에 의하면, 청소년은 "놀이의 세계"(유아의 세계)와 이별하면서 "일과 직업의 세계"(성인의 세계)로 나아가는 과도기에 서 있는 존재이다(Jeangross, 1951). 청소년문화는 이러한 과도기적 존재로서의 청소년들에 의해 만들어지고 있다. 이렇게 본다면, 오늘날 여기저기에서 만들어지고 있는 청소년놀이시설, 놀이공간, 놀이문화 등의 개념은 청소년문화가 형성되는 과정에서 필수적인 바람직한 현상이라고 할 수 있다. 이는 놀이를 통해서 문화가 발생한다는 사실을 입증하는 현실적 사례이기도 하다.

이미 우리 사회에서는 놀이와 공부 또는 놀이와 일이 이분화되어 있다. 호이징가에 의하면, 이미 언급한 대로 놀이는 '일하는 인간', 즉 호머 파베르(homo faber)의 대립하는 개념이 아니라, 보충과 보완하는 개념이다. 놀이의 세계는 일 또는 공부의 세계와 대립하는 것이 아니다. 만약 우리 사회가 이러한 이분법적 도식을 고수한다면, 호모 루덴스의 관점은 설명되기 어렵다.

물론 놀이에는 부정적 차원도 존재하며 부작용도 얼마든지 발생한다. 특히 다른 사회에 비해서 입시공부(入試)의 비중이 큰 우리나라에서 청소년들이 놀이에 빼앗기는 시간은 오히려 독(毒)이 될 수 있고 놀이후유증은 또 다른 스트레스가 될 수도 있다. 놀이를 통한 청소년들의 탈선도 도처에서 목격될 수 있으며,[29] 심지어 도박, 오락, 불법게임 등 '사행성 놀이'와 '음주, 흡연, 마약, 성행위' 등 소위 '금지된 놀이'의 유혹에서도 크게 자유롭지 않다. 오늘날은 사이버상의 컴퓨터게임, 전자오락을 통한 놀이의 등장으로 인하여 청소년들에게 시간적 남용뿐만 아니라 정신적-육체적 차원(게임중독, 인터넷 중독, 핸드폰 중독, 스마트 폰 중독, 사이버 중독 등)까지 혼을 빼감으로써 사이버 놀이의 후유증은 실로 막대한 것으로 조사되고 있다. 즉, 청소년의 세계에서는 소위 '일탈적인 청소년문화'가 우리의 일상에 혼재하고 있는 것이다.

그러나 여기서 말하는 '일탈'이 과연 누구에 의해서 무슨 기준으로 규정되었는지에 대한 검토가 이루어진다면, 상황은 많이 달라질 수도 있다. 혹시 기성성인의 잣대에서 일방적으로 규정된 '일탈'은 아닌지? 물론 성인의 기준이 정당할 수도 있다. 그러나 문제는 일탈의 기준과 범위 등이 성인 개개인에게도 서로 다를 수 있다는 사실이다. 심지어 법적 차원에서 정한 기준이라면 즉 그것이 자연법의 기준이 아니라 실정법(實定法)상의 기준이라면, 오히려 놀이 본래의 '자연법적 성격'이 먼저 고려될 수 있어야 할지도 모른다. 결국 여기서도 '일탈'이라는 개념의 성격규정과 기준범위 등에 관해서 청소년문화와 성인문화 사이에 존재하는 보이지 않는 벽이 허물어질 수 있어야 할 것이다. 만약 '일탈'개념에 성인들과 청소년들이 합의할 수 있다면, '일탈로부터의 자

29) 이른바 폭력성, 음란성, 도박성이 강한 놀이가 대표적이라고 할 수 있다.

유' 또는 '일탈기준의 일상적 적용문제'가 보다 정당하게 이루어질 수 있을 것이다.

정리하자면, 긍정적 차원에서 청소년문화는 놀이로부터 창조되고 재창조될 수 있다. 그러나 부정적 차원에서는 소위 '일탈된 놀이'를 통한 청소년문화의 창조는 문제가 될 수 있다. 반대로 도대체 '건전한 놀이'란 무엇인가? 아니면 '불건전한' 놀이, '퇴폐적인' 놀이 등의 개념은 무엇이고 이는 누구의 기준에서 '불건전'이고 '퇴폐'인가?

결국 문제는 '일탈' 또는 '일탈된'의 개념 그리고 '건전한' 놀이에 대한 사회적 합의 여부이다. 이를테면 청소년들은 정말 자신들이 하고 있는 놀이가 일탈된 것인지 모를 수도 있으며, 일탈의 기준범위가 서로 다를 수 있기 때문에 일탈개념에 무감각할 수도 있다. 또한 성인들이 말하는 '건전한' 놀이는 과연 무엇을 말하는 것인지? (지금의) 기성성인들이 말하는 건전한 놀이만 한다면, 정말 우리의 문화와 우리 사회는 건전해지고 건강해질 수 있는 것인지? 18세기 프랑스의 사회사상가인 루소(Jean-Jacques Rousseau)는 자신의 저서 『에밀(Emile ou De l`Education, 1762)』에서 '어린이들은 새로운 어른을 꿈꾼다'고 했다. 그는 "우리가 조물주의 손에서 나올 때에는 선(善)하지만, 사회생활을 하면서 인간은 점점 악해진다"고 주장했다. 기성성인이 만든 사회를 믿을 수 없다는 논리이다. 그래도 정말 지금의 어른들의 기준을 따라도 되는 것인지? 실제로 우리는 많은 연구에서 "건전한 놀이(문화)의 육성이 중요하다"는 말은 무수히 해왔지만, 청소년들에게 과연 진정으로 '건전한 놀이'란 무엇일 수 있는지에 대해서 객관적-과학적으로 대답해 준 적이 있는지?

물론 '일탈된 놀이'의 개념 또는 '건전한 놀이' 개념에 대한 사회적 합의는 청소년들로 하여금 정당한 놀이행위와 정당한 문화창조행위를 도와줄 것이다. 아니면 카일로이즈(Caillois, 1958)의 주장처럼, "놀이는 비생산적이고 허구적"이기 때문에 문제일 수 있다는 관점을 가지고 있다면, 과연 그런가에 대한 정당한 논의도 있어야 할 것이다.

호이징가의 논리에 의하면, 놀이의 위기는 문화의 위기이자 삶의 위기이다. 이는 청소년세계에서도 마찬가지이다. '청소년의 위기'는 '놀이의 위기'이며 '청소년문화의 위기'가 된다. 결국 인간의 문화적 본질인 '놀이문화로서의 청소년문화'를 연구하는 일은 현재 우리의 청소년문화가 마침내 (정당한 또는 건전한) 하위문화로 자리매김을 하는 데 있어서 필수과제라고 할 수 있다.

5. 생태학적 관점

사전적인 정의(Daum)에 의하면, 생태학(ecology)은 "생물의 생활상태, 생물과 환경과의 관계 따위를 연구하는 학문으로서 생물학의 한 분야"이다. 즉, 생태학은 생물과 그들의 환경 사이의 상호관계 및 생물 상호간의 관계를 연구하는 학문, 자연의 경제학, 생태계 생물학 등으로 다양하게 정의되어왔다(Daum 백과사전). 한마디로 생태학은 생명의 실재(reality)에 대한 새로운 학문적 인식이다.

노르웨이의 생태철학자인 나에스(Arne Dekke Eide Næss, 1912~2009)는, 생태학을 표층생태학(the shallow ecology)과 심층생태학(the deep ecology)으로 구분했다. 따라서 생태학적 관점은 표층생태학적 접근과 심층생태학적 접근으로 구분된다. 전자는 현재 인류에게 직면한 생태문제를 '인간중심(anthropocentrism)'으로 해결해보려는 차원에서 출발했고, 후자는 인간 역시 생태계의 일부분으로서 이러한 문제는 '생명성'이라는 '생태중심(ecocentrism)'의 전체적-총체적 차원에서 해결되어야 한다는 입장이다.

1) 표층생태학적 접근

표층생태학자들은 인간-동물-식물-광물과 같이 '인간중심'의 수직적 위계질서 패러다임을 가지고 있다. 가장 고등동물인 인간이 맨 위에서 이들 모두를 지배하는 주인역할을 한다. 그 아래 하등동물, 식물 그리고 광물(무생물) 등의 순서로 생태계는 구성된다. 또한 이들은 인간과 자연을 엄격히 분리하여 생각하는데, 이러한 생각은 데카르트 철학의 이분법적 사유로부터 유래한다. 즉, 이 세상의 주체는 인간이고 모든 것은 인간에게 대상이다. “나는 생각한다. 그러므로 존재한다”는 데카르트(Ren Descartes, 1596~1650)의 소위 ‘고기토 명제(Cogto Ergo Sum)’에서는 인간에게 사고능력은 삶의 시작이다. 따라서 고등동물인 인간의 사고능력은 모든 자연의 지배적 위치를 가지게 된다. 인간중심사상이라는 것은 달리 말하면 ‘이성중심사상’과 다름이 없다.

이런 생각은 계몽주의 시대에 절정을 맞이하게 된다.[30] 계몽주의란 중세기독교 사상에서 “신중심사상”으로부터 “인간중심사상”으로 전환된 역사적 사건이다. 인간중심사상은 인간이 원하는 대로 자연을 ‘개간하고 개척(culture)’할 수 있도록 했다. 본질적으로 ‘자연의 개간 및 개척행위’는 인간이 문화와 문명을 만드는 최초의 단서가 된다. 자연을 개간하고 개척함으로써 인간은 점점더 살아남기 유일한 조건을 만들어 갈 수 있다. 이렇게 하여 탄생한 문화와 문명은 인간으로 하여금 자연개발과 개척을 본격화하도록 한다. 여기서는 자연은 인간에게 오로지 ‘도구적 가치’ 또는 ‘사용가치’로만 의미가 있다.

과거 중세시대에는 교황과 성직자들이 허락하는 영역만을 개발하도록 했으며, 중세봉건영주들에게도 자연개발의 한계는 명확했다. 또한 과거에는 테크놀로지의 발달수준도 높지 않은 관계로 자연개발은 한계가 있었다. 그러나 신의 이성 대신 ‘인간의 이성’을 믿기 시작한 계몽주의 시대에는 자연개발이 인간의 손아귀로 들어간다. 인간의 손아귀에 들어간 자연개발은 자연과학의 발달, 테크놀로지의 발달과 함께 급속하게 진행된다. 오늘날 이러한 자연개발은 도를 넘으면서 자연정복, 자연파괴, 자연훼손 등의 후유증을 남기게 된다. 이는 사회적 · 정치적 문제로 비화되기도 한다. 멜더스(Malthus)의 인구론에 의하면, 모든 사회문제의 양산구조는 인구팽창과 이에 따른 식량부족 문제와 관련된다. 결국 인구가 늘면서 식량문제가 심각해지면서 자연개발은 소위 ‘마구잡이 개발’ 식으로 변하게 되는 것이다.

30) 데카르트(Ren Descartes, 1596-1650)부터 뉴턴(Isaac Newton, 1642-1727)시대까지를 계몽주의 시대의 절정이라고 할 수 있는데, 이 시기에 형성된 사고방식은 표층생태학적 사유의 뿌리가 된다.

급기야 오늘날 자연훼손으로 발생한 환경오염 및 생태계 파괴는 지구 생태계 위기를 촉발시켰다. 이는 사회 전반에 영향을 미쳐 사회적, 정치적, 경제적 문제를 낳게 된다. 한마디로 오늘날 우리는 자연생태학적 문제 속에서 삶의 위기를 맞고 있는 것이다. 심지어 일상에서도 생태학적 문제와 관련되지 않는 것을 찾아보기가 어렵다. 따라서 생태학은 20세기 후반에 들어 대표적인 '통섭학문'으로서 우리 사회의 전면에 급부상하면서 모든 학문영역에 깊숙이 파고들고 있다. 생태철학, 생태윤리학, 생태경제학, 생태정치학, 생태사회학, 생태문학, 생태교육학, 생태심리학, 생태종교학, 생태예술학 등 인문사회과학 및 예술의 영역에서도 이미 생태학적 관점이 연구의 중심으로 급부상하고 있으며, 자연과학과 공학에서는 말할 것도 없다. 이러한 현상은 앞으로도 '환경 및 생태위기'[31)]는 지금보다 더 심각해질 밖에 없으므로, 생태학 또는 생태학적 관점은 주류학문으로서 학문의 중심으로 급부상할 수밖에 없다. 모든 학문의 세계에 생태학적 패러다임이 지배하게 된 셈이다.

그러나 생태환경의 중심에 '인간'을 세우는 논리는 표층생태학과 심층생태학을 갈라놓는 결과를 낳고 말았다. 즉, 표층생태학은 생태사상, 생명사상에서 "인간중심의 패러다임"을 가지고 있다. 따라서 표층생태학의 관심은 특정한 생태환경 문제이며, 아울러 이에 대한 인간중심의 기술적 해법의 개발과 사용이다. 물론 환경 및 생태보호를 목표하지만, 반드시 이는 인간의 이성적 능력과 기술개발의 능력에 의해서 주도되어야 한다는 것이다. 그러나 이는 환경오염이나 자원고갈 같은 제한된 문제에 대해서 근시안적, 인간중심적, 기술지상주의적으로 접근하는 환경운동이다. 다시 말하면, 이는 우리 눈에 보이는 극히 '표층'적이고 표면에 노출된 문제만을 중점적으로 다루기 때문에, 산업사회 패러다임이 안고 있는 이데올로기나 권력집중의 문제 등 형이상학적 차원에서의 근본 논의는 제외되어 있다.

31) 구체적으로 우리 앞에 닥친 환경 및 생태위기로는 대기오염, 오존층 파괴로 인한 지구온난화, 산성비로 인한 토양의 부식, 환경재앙, 동식물의 멸종사태, 자원고갈, 인류문명의 위기 등을 꼽을 수 있다.

표층생태학적으로 보면, 청소년도 인간이기 때문에 자연의 지배자에 해당된다. 그러나 이 관점에서는 위계계열상 성인이 청소년의 지배자가 된다. 왜냐하면 인간 중에서도 계몽하는 계층과 계몽되는 계층 간에는 엄격한 위계구조가 형성되어 있기 때문이다. 즉, 많이 배우고 많은 지식을 가진 자가 덜 배우고 지식을 많이 가지고 있지 못하는 자를 계명(啓明)시키는 것이 계몽(啓蒙)이다. 계몽주의적 관점에서는 인간과 인간 간에도 위계질서는 명백하다. 이는 마치 유교사상에서의 위계사상과도 내용 면에서는 다를 바가 없다. 일반적으로 성인들은 청소년에 비해서 인생에서도 선배격이요, 지식 면에서도 우월하다고 간주된다. 또한 성인이 청소년보다 더 '이성적'이라는 판단이다. 이러한 표층생태학적 논리는 인간의 삶에서도 수직적 지배구조의 논리를 변호하는 꼴이 되고 말았다.

결국 이러한 관점에서 본다면, 성인문화에 비해서 청소년문화는 하위문화가 된다. 그런데 여기서의 하위문화는 수직적 상하위계구조(hierarchy) 속에서의 '위상관계'에 보다 중점을 둔 '하층문화'가 된다. 즉, 성인문화는 상위문화가 되고 청소년문화는 '하위에 서있는 하층문화'가 된다. 따라서 주류문화인 성인문화가 모든 '문화의 기준'이 되며, 청소년문화는 성인문화에서 규정한 잣대에 의해 재단될 수밖에 없는 상황이 된다. 예를 들어, 성인문화에서 청소년문화의 특성을 비행, 불건전, 불법 등으로 규정하면, 우리의 청소년문화는 당장 '비행하위문화'로 전락된다. 그렇다면 과연 기성성인들이 만들어놓은 지금의 문화가 양질의 문화를 잴 수 있는 절대 잣대로서의 진리의 문화이며 이상문화란 말인가? 다시 말해서, 주류문화인 성인문화는 청소년문화를 평가하고 판단할 수 있는 완전한 절대진리의 문화이며 이상향인가? 여전히 이런 의문은 남을 수밖에 없다.

2) 심층생태학적 접근

미국의 생태운동가 레이첼 카슨(Rachel Carson, 1907~1964)의 베스트셀러 『침묵의 봄(Silence of Spring, 1963)』[32]을 읽고 감격한 노르웨이의 생태철학자 아른 나에스(Arne Naess)는 '심층생태학(deep ecology)'의 탄생을 선포한다.[33] 여기서 그는 인간과 다른 동물 그리고 식물은 생태계에서는 똑같은 생명의 일부로 간주한다. 심지어 무생물인 광물(이를테면 돌, 광석 등)도 인간과 다름없는 생명의 일부이다.[34] 심층생태학에서 모든 생명은 '수평적 관계(lateral relation)' 속에 들어 있다. 이에 반해 표층생태학에서는 생명은 모두 수직적 위계관계(hierarchy)로 존재한다.

생태학자 카프라(F. Capra)는 과거 낡은 패러다임이 인간중심적(anthropocentric) 가치들에 기반하고 있는 반면, 심층생태학은 생태중심적(ecocentric) 가치들을 토대로 삼고 있다고 한다(프리쵸프 카프라, 1996, 김용정 · 김동광 역, 1999 : 27). 즉, 표층생태학은 지구상에서 인간이 중심이라는 관점을 가지고 있는데 반하여, 심층생태학은 인간 역시 자연의 일부분으로서 생명 그 자체가 중심이 되어야 한다는 관점을 지닌다(이상오, 2004, 2006). 또한 표층생태학에서는 산업사회 패러다임이 안고 있는 이데올로기나 권력집중의 문제 등 형이상학적 차원에서의 근본 논의는 제외되어 있는 반면, 심층생태학에서는 삶의 신념, 사회적 이데올로기, 인간관, 세계관 그리고 인간의 문화적 생활양식 등에 대해 '근본적인' 질문을 던진다. 즉, 심층생태학은 제반 사회현상들에 대한 비판적 성찰을 통해서 새로운 비전을 제시하는 근본적 또는 급진적 생태운동을 전개하기도 한다.[35]

32) 미국의 해양생물학자인 레이첼 카슨(Rachel Carson)은 1962년 6월 16일 『뉴욕커(New Yorker)』지에 대규모 화학공장에서 생산되어 보급되는 살충제로 인하여 동식물의 환경 및 생태계가 파괴되고 급기야 그것을 만든 인간에게도 치명적 피해가 되돌아 올 것이라는 글을 통해 살충제의 위험성을 경고했다. 카슨의 이러한 경고와 함께 그 이듬해에 『침묵의 봄(Spring of silence, 1962』을 출간하게 되는데, 이 책이 대중들로부터 유래가 없는 커다란 반응을 받게 되면서 카슨은 미국 환경운동가의 대부라는 명칭을 얻게 된다. 그에 의해 주창된 환경보호론은 급기야 미국 환경운동의 기폭제 역할을 하게 되었다(이상오, 2004, 2006).

33) 아른 나에스(A. Naess)는 철학분야 국제전문학술지인 『inquiry』의 1973년판 여름 호에 실린 자신의 논문인 [표층생태운동과 깊고 멀리 걸친 생태운동(The Shallow and the Deep. Long-Range Ecology Movements, 1973)]에서 새로운 생태학으로서의 '심층생태학'의 필요성을 처음으로 주장했다.

34) 영국의 생태학자 슈테판 하딩(Stephan Harding)은 모든 생물들이 바위에서 태어나 바위로 돌아간다고도 했다(Harding, 1994 : 12). 즉, 돌이 풍화작용을 일으켜서 먼지상태로 공기에 떠다니다가 결국 천재지변의 지각작용을 통해서 생명체가 되고 급기야 인간까지 되었다는 가설이다.

35) 이러한 의미에서 문순홍(1999)은 자신의 저서 『생태학의 담론(1999)』에서 이를 '근본생태학'으로 번역했다. 'deep'을 'radical'로 본 것이다.

한마디로 자연에는 중심도 없으며 주인도 없다. 자연의 순환적 관계 속에서 인간도 생태계의 일부로 파악될 뿐이다. 따라서 나에스는 인간의 자아개념도 심리학적 차원에서 생태학적 차원으로, 즉 '생태적 자아(ecological ego)'의 개념으로 바뀌어야 한다고 주장한다. 그가 말하는 생태학적 자아란 확장된 자아개념으로서 인간 역시 '생명(생태계)의 일부로서의 자아'라는 사실에 대한 자기인식을 말한다. 마찬가지로 심층생태학과 표층생태학에서는 가부장, 사회지도자, 학교장(또는 교사), 사장, 성인, 남자 등 힘에서 우세한 계층에 대해서 보는 관점 역시 크게 다르다. 물론 가정에서도, 사회에서도, 학교에서도, 직장에서도 분명히 리더(leader)는 존재해야 하겠지만, 이들을 보는 관점은 전혀 다르다.

아이즐러(Riane Eisler)는 (심층)생태학이 탄생하게 된 동기를 인간의 반(反)생태학적 본능 때문이라고 지적한 바 있다(Eisler, 1987 : 13). 인간은 생태환경을 보호하려는 본성도 가지고 있지만, 생태를 파괴하려는 반(反)생태학적 본성도 함께 가지고 있다. 그런데 지금까지 우리 인간을 지배해 온 본성은 반(反)생태학적 차원이었다. 바로 이러한 인간의 반(反)생태학적 본성은 역사시대 이래로 인간으로 하여금 항상 "지배자 체계(dominator system)"(Eisler, 1987)를 구축하면서 살게 하였다.

아이즐러는 제국주의, 자본주의 그리고 인종차별주의가 인간의 반(反)생태학적 본성이 발현된 대표적 사회지배의 전형으로 꼽고 있다. 특히 사회생태학의 일종인 에코페미니즘(eco-feminism)에서는 남성에 의한 여성의 가부장적 지배를 여러 가지 계급적, 군국주의적, 자본제적 그리고 기업적 형태 속에서 이루어지는 모든 지배와 착취의 원형으로 간주한다(프리쵸프 카프라, 1996, 김용정 · 김동광 역, 1999 : 25).

표층생태학은 역사 이래로 인간이 역사적 지배자 체계를 창조하면서 자연을 도구적 가치와 수단으로 활용하였던 방식을 그대로 적용하고 있지만, 심층생태학은 인간과 자연은 주관과 객관, 즉 주체와 대상의 관계가 아니라 상호 공존하고 상호 의존적인 우주의 동일현상으로 간주한다. 심지어 심층생태학에서는 영적 또는 종교적 차원의 인식까지 포괄하고 모든 개체들이 인간이건 자연이건 전체로서의 우주 속에 서로 연결되고 의존되어 있다. 즉, 자연과 자아가 하나라는 영적 체험을 기반으로 하고 있는 셈이다. 이렇게 본다면, 심층생태학적 인식은 생태학적 생활양식과 환경적 행동주의를 위한 가장 이상적인 철학적, 영적 기반을 제공해 준다(프리쵸프 카프라, 1996, 김용정 · 김동광 역, 1999 : 24). 한마디로 자연과 자아의 일치를 통해 가능해지는 모든 방향으로의 자아확장이 바로 심층생태학의 기반이다(프리쵸프 카프라, 1996, 김용정 · 김동광 역, 1999 : 29). 또한 심층생태학은 모든 생물을 본질적인 가치로 인정하고, 자연과 다른 생물과 마찬가지로 인간을 생명이라는 전체라는 그물 속에 포함되어 있는 한 가닥의 씨줄이나 날줄에 불과한 것으로 본다(프리쵸프 카프라, 1996, 김용정 · 김동광 역, 1999 : 23).

심지어 카프라는 가치의 문제를 심층생태학의 핵심으로 보고 있다(프리쵸프 카프라, 1996, 김용정 · 김동광 역, 1999 : 27). 다른 말로 하면, 오늘날 생태학에서는 자연과 인간의 자아를 가치(또는 의미)차원에서 '똑같은 가치'로 보고 있다. 달리 말하면, 인간의 이성은 다른 생명체에 대해서 우월함을 가질 근거가 없다. 왜냐하면 인간 또는 인간의 이성이 환경생태계 파괴의 주범이기 때문이다. 특히 오늘날 이성은 감성, 감각, 감수성, 비이성, 심성, 인성, 감정, 창의성 등에 의해서 다각적으로 공격을 받고 있다. 소위 이성만능의 시대가 저물고 있는 셈이다. 21세기에는 문화적 감수성의 시대라고도 하고, 상상력과 창의성의 시대라고도 한다. 삶에서 이성이 독점적으로 군림하던 시대가 지났다. 따라서 인간의 이성만이 더 이상 우리 생태계의 주인이 될 수는 없다. 인간의 이성 역시 생태계의 한 부분일 뿐이다.

심층생태학의 대부격인 메이시(Joanna Macy), 폭스(Warwick Fox), 로스작(Theodore Roszak) 그리고 나에스(Ame Naess) 등은 생명의 모든 현상이 상호의존하며 상호작용한다는 사실에 동의한다(이상오, 2004, 2006). 여기서 생명의 원리는 대립이 아닌 협동이고 상호작용이다(이상오, 2004, 2006). 심층생태학은 모든 현상들의 근본적인 상호의존성을 인식하며, 개인과 사회로 구성되는 우리들이 모두 자연의 순환적 과정들 속에 깊숙이 묻혀 있으며 궁극적으로는 거기에 의존하고 있다는 사실을 인식하고 있다(프리쵸프 카프라, 1996, 김용정 · 김동광 역, 1999 : 22). 스코틀랜드의 지질학자 제임스 허튼(James Hutten)은 생물학적 과정이 모두 상호 연관되어 있고 순환한다고 하면서 지구상에서 물의 순환과 동물과 인체 내의 순환계를 같은 원리로 보았다. 즉, 생태계는 모두 '연결망 구조(network structure)' 속에서 서로 유기적으로 이어져 있다. 이러한 연결망 속에서 인간은 자연으로부터 분리되지 않는다. 즉, 세계는 분리된 사물들의 집적물이 아니다. 또한 이들은 서로 빈틈없이 하나로 연결되어서 상호의존적일 수밖에 없다. "가이아(Gaia, 흙의 신) 가설"로 생태학을 시작하는 제임스 러브록(James Lovelock)은 '가이아'를 '살아있는 지구'로 표현한다(Lovelock, 1979). 여기서는 생태계의 흐름이 생물과 생물 간의 순환적 흐름만을 의미하지 않는다. 지구상에 살고 있는 전체의 형태들, 즉 식물과 동물 같은 생물들, 암석, 흙, 동굴, 해양, 강, 구름, 바람 같은 무생물 그리고 박테리아 같은 미생물이 모두 하나의 흐름으로 연결되어 있다. 가이아 이론에 의하면, 생물체계와 무생물 체계가 하나의 단일한 그물을 이루며 복잡하게 짜여져 있으며 가이아 체계는 자기생성적(self-generating)이다(프리쵸프 카프라, 1996, 김용정 · 김동광 역, 1999 : 283). 한마디로 가이아는 자체적으로 살아 있는 생명체이며 생명의 흐름으로 연결된 생명의 그물이다. 생태학자들이 발견한 보다 중요한 사실은 이 세상에는 쓸모없는 것은 하나도 없다는 사실이다.

한국의 생태연구가 김재일은 자신의 저서 『생태기행, 2000』에서 "자연에는 미물(微物)이라는 것이 없고, 우리가 흔히 혐오하는 거머리며, 뱀이며, 송충이며, 독버섯이며, 바퀴벌레며, 황소개구리까지… 이 지구상에서 실수로 태어난 것은 없다"고 주장한다. 만약 지금까지 하찮은 것으로 여겨지는 지렁이가 없다면, 흙은 영원히 생명력을 잃음으로써 우리는 더 이상 곡식을 재배할 수 없게 된다. 또한 박테리아가 없는 토양에서는 식물도 동물도 살 수 없다. 세균은 질병을 일으키지만 대부분은 무해하며, 오히려 우리에게 유익한 종류도 많다. 결국 인간이 모든 면에서 다른 생명에 비해 우세해 보이지만, 다른 종들 역시 인간이 가지고 있지 못한 이들만의 독특하고 고유한 특성을 가지고 있으며, 자기 나름의 고유한 방식으로 생태계의 전체적 존속과 그의 연속성 유지에 기여하고 있다. 따라서 인간이거나 인간이 아니거나 모든 생명체는 특정한 능력과 자질에 관계없이 나름대로의 고유한 가치를 지니고 있다.

이제 인간은 자신들이 생태계의 중심이 아니고 생명 자체가 우주의 중심이라는 사고체계를 바탕으로 인간 역시 다른 생명과 함께 생태계의 일부로 연결망 속에서 '공생(symbiosis)의 관계'를 가질 때 비로소 삶의 환경 및 생태계(자연)는 유지될 것이다(이상오, 2004, 2006). 왜냐하면 개인과 사회로 구성되는 우리들 그리고 세상의 모든 현상들은 상호의존성 속에서 자연의 순환적 과정들 속에 깊이 얽혀 있으며, 이에 유기적으로 의존하면서 살고 있기 때문이다. 인간은 자연의 주인도 하인도 통제자도 청지기도 아니며 오로지 서로 함께 생태계의 생명성을 이어가는 생명의 동반자이며 친구일 뿐이다. 우리가 모든 생명체의 고유한 가치를 인정하는 순간 모든 생명체는 경이로움으로 다가온다. 이러한 생각은 우리가 자연과 분리된 존재라는 생각을 버릴 수 있을 때에만 가능하다.

심층생태학적 관점으로 청소년문화를 이해해 본다면, 청소년문화는 기존성인문화와 '문화'라는 범주에서 동일한 가치를 가지고 있다. 즉, 기성성인들이 제시하는 문화만이 인간의 문화가 아니다. 청소년들의 문화도 분명 문화이다. 소련의 사회학자 피오트르 츠톰까(1979)에 의하면, 이 세상에 부분은 없으며 전체와 전체만이 함께 존재할 뿐이다. 물론 크기의 차이는 가능하다. 따라서 심층생태학적 접근이란 '전체론적 접근'(holistic approach)을 의미한다. 왜냐하면 이 세계는 분리된 전체 또는 부분의 합으로 이루어진 것이 아니라 큰 전체와 작은 전체가 서로 유기적으로 조화롭게 모여 있는 하나로 '통합된 전체'이기 때문이다.

이렇게 본다면, 성인문화나 청소년문화나 모두 문화라는 전체 속에 포함된다. 물론 성인문화가 큰 전체일 수 있다. 그러나 양 문화는 전체와 부분의 관계라기보다는 서로 대등한 전체로서의 속성을 가지고 있다. 이렇게 본다면, 양 문화는 대등한 관계, 즉 수평적 관계형성을 가능하게 할 것이다. 인생은 미완성이고 성인 역시 계속 인간됨을 성숙시켜나가는 과정이라고 인정한다면,

기성의 성인문화도 항상 수정・보완되면서 새롭게 재탄생될 필요가 있다. 즉, 문화의 지속적인 '가치의 현실화'(A. Kroeber)를 추구하기 위해서 계속 수정되고 보완될 필요가 있다는 말이다.

만약 기성성인 또는 성인문화의 기준에서 청소년문화가 비판된다면, 심층생태학적 관점에서는 무의미하다. 왜냐하면 청소년문화와 성인문화는 '동가치적 문화'라는 '전체적 연결망' 속에 함께 존재(상호공존)하기 때문이다. 심층생태학적 관점에서 성인문화와 청소년문화는 오월동주(吳越同舟)이다. 즉, 비난을 받아도 같이 받아야 하고, 칭찬을 받아도 같이 받아야 한다.

이제 남은 문제는 양 문화의 상호공존, 상호공생, 상호공진화를 구현하는 일이다. 과연 어떻게 양 문화가 하나의 전체(전체적 연결망)로서 서로 공존하고 공진화하면서 보다 바람직한 전체로서의 신문화를 창조하고 이를 성숙시켜 나갈 것인가에 대해서 고민하여야 할 때이다.

첫째, 바람직한 신문화를 수립할 수 있는 조건으로서는 성인과 청소년 또는 성인문화와 청소년문화 간의 '상호인정'이다. 즉, 양 문화는 상호간의 존재성을 서로 인정하고, 문화이해 및 신문화 창조의 '동반자 관계'로 인식되어야 한다고 한다. 심층생태학적 관점에서 본다면, 이 세상에 쓸모없이 태어나는 것은 없으며, 하나도 버릴 것이 없다. 다만, 우리가 의도적으로 무엇인가를 배척하면서 쓸모없는 것으로 만들고 있을 뿐이다(이상오, 2004, 2006). 따라서 성인이나 청소년이나 문화이해 및 신문화 창조에서 모두 쓸모가 있고 동가치적이기 때문에 어느 것도 버려져서는 안 되며 모두 동참되어야 한다.

둘째, 성인문화와 청소년문화, 또 다른 청소년문화 더 나아가서 여성문화, 아동문화, 노인문화가 모두 하나의 '문화연대' 속에서 공존하는 문화 네트워크가 형성되어야 할 것이다. 물론 이러한 문화연대는 수직적 위계질서가 아닌 수평적 네트워킹 속에서 연결망 고리관계로 위치해야 할 것이다.

셋째, 아른 나에스의 발견인 '생태학적 자아(ecological self)'에 대한 의식이다. 인간은 '생태학적 자아'로 거듭나야 한다. 왜냐하면 아무리 성인과 청소년이 상호 인정한다고 하더라도 결국 생태학적 패러다임을 구현하는 주체는 인간

즉, 자아(self)이기 때문이다. 생태학적 자아란 이기적 자아나 개인적 자아의 개념을 넘어서는 자아개념, 즉 '확장된 자아' 내지 '초개인적 자아(transpersonal self)'를 의미하는 것으로, '생태계 속에서 과연 나는 누구인가, 나의 실체는 무엇인가'에 대한 본질론적 질문으로부터 나온다.[36)]

6. 사회복지학적 관점

사회적 존재로서의 인간은 보다 가치롭고 의미있는 생존을 위해서 사회제도를 만든다. 그러나 사회의 구조적 모순 때문에 각종 사회문제가 발생하고 있다. 이러한 사회문제를 해결하기 위해 요청되는 것이 사회복지이다. 사회복지학은 제도로서의 사회복지를 과학적-체계적으로 연구하는 학문이다. 청소년문화를 이해하기 위한 사회복지학적 관점은, 첫째, 인간복지론적 접근, 둘째, 체계이론적 접근으로 구성된다.

1) 인간복지론적 접근

인간은 본래 불평등하게 태어난다. 우선 유전적으로 불평등하다. 어떤 사람은 건강한 유전자를 가지고 태어나며, 어떤 사람은 그렇지 못하다. 어떤 사람

36) 극단적으로 초개인적인 자아란 '나는 우리 지구생태계에서 흙, 돌멩이, 나뭇잎, 지렁이, 벼룩 등에 비해서 결코 나을 것도 없고 그렇다고 못할 것도 없다'는 사고인식을 토대로, '이런 상황에서 과연 나는 무엇을 할 수 있는지'에 대한 심층적 자아성찰에서 나온다. 나에스(A. Naess)는 우리가 '생태학적 자아발견'을 통하여 '초개인적-초자아적 정체감', 즉 '생태학적 자아정체감'을 찾아야 한다고 주장한다. 그는 어느 날 '산성화학물질로 뛰어드는 바람에 결국은 죽어야 하는 벼룩의 죽음'을 현미경으로 살펴보면서 과연 우리는 어떤 정서적 반응(연민, 동정, 감정이입, 무시, 공격 등)을 하고 있는가에 대해서 실험을 한다. 이런 식으로 우리는 생태학적 자아발견을 통한 정체감을 찾아갈 수 있다 : "나는 내 속에서 죽어가는 벼룩을 보면서 죽어가는 벼룩 안에서 또 다른 나를 본다." 이때 나도 생태적 자아지만, 벼룩도 생태적 자아이다. 나는 나와 똑같은 생태적 자아인 벼룩이 되어 보는 것이다. 또한 자원낭비를 하면 "지구가 아프데요"라는 구호는 대표적인 생태적 자아체험이다. 이는 청소년, 노인, 여성, 흑인, 장애인 같은 세상의 마이너리티그룹에 대해서, 더 나아가서 세계의 고통, 즉 아마존 열대우림 파괴, 아프리카의 기아, 노숙자, 북한인권, 에이즈 환자, 말기암 환자 등에 대해서도 많은 생각을 하게 한다. 모두가 다 같은 생명이며 언젠가는 모두 죽는다. 그러나 생태계는 남는다. 이때가 바로 '생태적 자아체험'(S. Grof/ holotropic breathwork)을 통한 '생태학적 정체감'이 탄생하는 순간이다. 나에스와 달리 메이시(Macy)는 아예 '자아의 경계'를 완전히 허물어 버린다: "자아는 오로지 은유(metaphor)일 뿐이며, '나'라는 자아와 생태계는 하나다." 폭스(Fox)는 더 나아가 '나와 우주는 하나다'라는 가정하에 '우주적 자아개념'을 도입하면서, '생태학적 자아 정체감'을 확립하기 위해서는 보다 확장된 자아개념이 요청된다고 주장한다.

은 키가 커지는 유전자를 가지고 태어나는 반면, 어떤 사람은 그렇지 못하다. 또한 어떤 사람은 유복한 가정에서 태어나고 어떤 사람은 그렇지 않다. 그러나 인간은 본능적으로 평등해지려고 한다. 아니면 남들보다 더 나은 삶의 환경을 추구한다. 하여간 불평등의 문제가 해결되어야만 가능해진다.

1755년 『인간불평등기원론』을 발표하여 세상의 주목을 받았던 스위스 태생의 프랑스 사상가인 루소(J. Rousseau)는 인간이 자연상태를 떠나 사회제도에 들어가 살게 되면서 불행해지기 시작했다고 주장한다. 그에 의하면, 특히 '사유재산권'을 인정하는 정치사회제도는 인간에게 불평등을 조장함으로써 인간을 행복의 세계에서 추방했다. 이러한 주장은 자본주의 사회의 성숙에 대한 경고로 이어지면서 사회주의 혁명을 주도한 마르크스주의가 탄생하는 데 결정적인 근거를 제공하기도 했다. 마르크스의 혁명은 자본주의 사회라는 '체제'에 대한 직접적인 공격이었다. 비록 사회주의가 몰락했지만 자본주의의 병폐는 여전히 남아있다. 이렇게 본다면, 루소의 사회비판은 지금도 유효하다.

그러나 루소의 사회비판은 '체제를 비판하는 것'으로만 제한되는 것은 아니다. 인간의 삶이 불평등해지고 불행해진 것은 단지 어떤 사회체제의 삶으로서만 해결될 수 있는 것은 아니다. 루소의 주장은 이보다 훨씬 더 근본적(radical)이다. 그에게서 '인간'은 특정한 국가체제나 사회체제 속에서의 인간이 아니라, '자연적 존재로서의 인간'이다. 다시 말하면, 인간에게는 사회가 만들어지고 사회가 제도화되어 구체화됨으로써 문제가 발생한 것이며, 다시 자연으로 돌아간다면 문제도 사라질 것이라는 논리이다.

그렇다면 그가 말하는 인간의 '자연성'은 무엇일까? 인간의 본성이며 본능이다. 루소는 인간의 본성은 원래 착하다고 본다. 이른바 그는 성선설(性善說)을 주장한다. 그는 자신의 교육소설 『에밀, 1762』에서 말한다: "인간은 조물주의 손에서 나올 때는 선한데, 사회에 나오자마자 악해진다." 본래 본성이 선한 인간은 자연스럽게 본능에 따라 산다면 사회도 선해질 것이다. 우리 인류의 역사에 이러한 이상사회가 있었다. 그것은 바로 '원시공산사회'이다. 19세기에 이를 실재로 구현해 보고자 했던 역사가 바로 마르크스 혁명의 역사이다.

그 이후 1989년 베를린 장벽이 무너질 때까지 우리는 자본주의 사회체제와 사회주의(또는 공산주의) 사회체제로 양분된 사회체제 속에 살게 되었다. 이른바 냉전시대라고 불리는 시대였다. 그런데 이 시기 동안 양 진영에 똑같이 주어진 과제가 있었다. 과연 사회는 인간의 본질적인 불평등의 문제를 어떻게 해결해 줄 것이며 어떻게 평등사회, 정의사회를 구현할 것인가? 인본주의 경제심리학자인 아브라함 매슬로우(Abraham Maslow)에 의하면, 가장 근본적인 욕구인 생리적 욕구에 '경제적 욕구'를 중심에 두고 있다. 마르크스에게서도 경제구조가 하부구조로서, 인간의 삶에서는 무엇보다도 경제문제를 해결해 주는 것이 가장 중요하고 시급하다. 이러한 연유로 두 사회체제에서 세운 정책이 바로 사회복지제도로 명문화되었다.

우리는 사회복지제도란 사회주의의 전유물로 착각하기도 한다. 심지어 개인에게 사유재산권을 인정하고 자유경쟁을 허용하는 자본주의 사회에서는 복지(Well-Being)의 문제는 개인의 몫으로 인식되고 있기도 하다. 그러나 역사적으로 볼 때 그렇지 않다. 삶의 본질적 차원에서 볼 때에 전혀 그렇지 않다. 실제로 원시공산사회도 그렇고 이후 복지의 문제는 '사회적 삶'을 살아가는 인간에게 회피할 수 없는 삶 그 자체였다고 할 수 있다. 다만, 자본주의의 성숙과정에서 수많은 정치사회세력과 반(反)정치사회세력 간의 문화적 권력투쟁(Kulturkampf, J. Habermas)에 의해서 사회복지의 개념이 왜곡되고 변질되었을 뿐이다. 이를테면 자본주의에 대한 지속적인 역사비판은 '수정자본주의'의 논리를 가속화시키고 있다. 한마디로 수정자본주의란 자본주의에 복지체제를 강화시키는 것이다. 이렇게 본다면 복지의 문제는 정치사회체제를 떠나서 인간의 삶에서 근본적으로 해결되어야 하는 기초적인 삶의 과제라고 할 수 있다.

다만, 사회주의와 자본주의는 복지체제를 구현하는 방법에서 상이하다. 전자는 공동으로 재화를 생산하여 그 자리에서 재화를 똑같이 배분하는 방식이고, 후자는 상대적으로 능력과 자질이 있는 자로 하여금 재화를 생산하도록 독려하면서 이들에게 자발적인 사회환원의 체계를 가동한다. 전자는 재화생산과 재화배분에서 단순하고 투명하고 평등하기도 하지만, 후자는 전자에 비해서 복잡하고 불투명하다. 그러나 후자가 재화의 양적 확장 면에서는 보다 풍요로운 편이다. 왜냐하면 개인의 사유재산은 자유경쟁을 통하여 이자확산이 이루어지기 때문에 재화가 재화를 생산하는 것이 가능해진다. 그러나 사유재산을 자발적인 사회환원으로 유도해야 하기 때문에 어려운 일이다. 특히 절차와 과정이 단순하지가 않다. 또한 전자는 원칙적으로 국가와 정부 또는 공공기관에 의해서 주도되지만, 후자는 개인 또는 민간단체에 의해서 이루어진다. 전자가 주로 전통적인 유럽사회주의형이라면(극단적인 경우는 과거 공산주의 국가체제), 후자는 영미자본주의형이라고 할 수 있다. 그러나 중요한 것은 우리가 어느 사회체제에 살고 있든 인간의 복지는 삶의 일부 또는 선택이 아니라 삶과 결코 떨어져서는 생각조차 할 수 없는 삶 그 자체라는 사실이다.

가난, 빈곤, 질병, 재난, 재해, 폭력, 테러, 살인, 인종차별, 실업, 전쟁, 환경파괴 등 인류역사 이래로 지금까지 수없이 발생하고 있는 삶의 근본 문제들이다. 이미 로마 제국시대에 황제 트라얀(Trajan)에 의해서 가난한 자들을 지원하는 복지체제가 확대되었다는 기록이 나오고 있으며(Britannica), 이 프로그램은 정치가 플리니(Pliny)에 의해 극찬되었다는 기록도 나온다(Wikipedia).

유태인의 전통에 의하면, 정의의 여신(女神) 제다카(tzedakah)가 자선(charity)을 베풀었다고 되어 있고, 가난한 사람들은 자선을 받을 권리가 있다고 전해진다. 오늘날 이러한 전통은 십일조(Maaser Ani)의 명문화로 이어졌다. 또한 가난한 자들은 들판에서 이삭을 주을 수 있게 되었으며, 안식년(Shmita) 동안에는 경작도 허가되었다. 특히 자발적인 자선행위는 – 물론 기도와 회계를 함께 하면서 – 악행으로부터의 구원으로 간주되기도 한다(Wikipedia). 이러한 복지의 개념은 고대 이슬람 칼리파트(Caliphat) 법전에서도 자선(Zakat, charity)의 형식으로 도입되었다. 8세기 후부터 이슬람 정부는 세금을 가난한 자, 노인, 고아, 과부 그리고 장애자 같은 곤궁한 자를 위해 제공하곤 했다. 이슬람의 법률심판관이었던 알가잘리(Al-Ghazali, 1058~1111)에 의하면, 국가는 재앙과 굶주림의 사태를 대비해서 음식물을 모든 지역에다 저장했다.

중세시대부터 산업혁명까지 이러한 자선사업에 대한 통계 데이터는 많이 남아 있지는 않다. 이는 당시의 자선사업이 사라진 것이라기보다는 주로 민간의 차원에서 개인적으로 이루어졌다는 사실을 의미한다. 1601년 제정된 영국의 빈민법은 국가가 가난한 자들에게 복지연금을 마련하는 책임을 부여한 법이다(영국노동법). 이 체계는 19세기에 빈민노동법 수정안으로 의회에서 채택되었다.

그러나 유럽에서 본격적인 사회복지사업의 시작은 19세기 중엽으로, 특히 1852년 독일에서 결성된 "에버펠트 시스템"(Eberfelder System)은 사회복지사업단체들의 연합으로서 전 유럽대륙에 사회복지사업을 대중화하기 시작했다(Erler, 1993 : 10). 이 시스템은 사회복지사업의 시스템들을 상시 고용인이 아닌 자원봉사세력들로 구성하면서, 주로 자발적인 참여의지를 가진 명예직 빈민구제사업의 희망자들을 결집시켰다. 즉, 빈민구제사업을 위하여 자선사업가 또는 자원봉사자들을 모집하여 이들의 인적자원을 하나의 통합된 연합체제로 묶어주었던 네트워 체계가 바로 에버펠트 시스템이었다.

이 시스템을 통하여 그 동안 사방팔방에 흩어져 있는 빈민들을 통제 및 관리하면서 사회복지사업은 보다 조직적-체계적으로 실천될 수 있는 계기가 만들어졌다(Sachbe, Tennstedt, 1980 : 23). 뜻있는 유휴 노동력을 자원봉사세력으로 활용하면서 사회복지사업을 펴나갈 수 있도록 조건과 환경을 만들어 주는 이 시스템에 따라 유럽의 사회복지사업은 제도화의 발판을 마련하게 된 셈이다. 이렇게 민간 자원봉사로 시작된 사회복지사업은 점차 국가가 주도하는 후생복지사업을 위한 토대가 되었다. 즉, 시간이 지나면서 명예직으로 자원봉사를 하던 사람들이 정규 국가공무원으로 임명되면서, 결국은 이들이 유럽에서 국가주도의 초기 사회복지사업 및 복지정책을 이끄는 핵심세력이 되었다(Erler, 1993 : 11).

드디어 19세기 말, 20세기 초에 많은 나라에 복지에 관한 법들이 보다 조직화된 체계로 도입되면서 사회사업은 유럽의 지배적인 풍조가 되었다. 독일의 철혈재상 비스마르크(Otto von Bismarck)는 최초로 노동자계급을 위한 복지체계를 도입했다. 영국에서는 헨리 캠프벨-베너만(Henry Campbell-Bannerman)과 데이비드 조지(David Lloyd George)의 자유당 정권이 1911년 국가보험체계를 도입했으며, 이는 훗날 클레멘트 아틀리(Clement Attlee)에 의해 확장된다. 미국은 대공황까지 복지체계를 조직하지 못하다가 루즈벨트 대통령(Franklin D. Roosevelt)에 의해서 뉴딜정책 실시 동안 공공부조의 초안이 된 '긴급구호조치' 법안이 도입되었다. 결국 이렇게 해서 사회복지의 문제는 정부중심 또는 민간중심으로 세계 각국에 또 하나의 사회제도의 일환으로 자리매김을 하게 되었다. 그런데 주목할 것은 이들에게 사회복지의 개념은 자비(benevolence)가 아니라 자선(charity)으로 표현되었다는 사실이다. 즉, 사회사업이나 복지는 단순히 누군가가 있는 사람이 없는 사람들에게 자비를 베푸는 것이 아니라, 정리하자면, 복지의 문제는 아주 오래 전부터 개인의 문제라기보다는 국가와 사회에서 해결해 주어야 할 사회문제였다.

이미 태어날 때부터 불공평하고 불평등하게 삶을 시작하는 개개인에게 사회문제가 되어버린 이런 사회문제들을 각자 알아서 능력껏 스스로 해결하라고 한다면, 국가나 사회는 더 이상 '존재의 근거' 자체가 사라진다. 이런 연유에서 지구상의 모든 국가들은 언젠가부터 저마다 '사회복지체제'를 마련하고 있다. 따라서 오늘날 강력한 사회복지중심의 사회주의가 사라진 자본주의 독점의 시대에도 모든 국가들은 복지구현의 정도에 따라서 국가의 존폐가 결정될 전망이다. 이렇게 본다면 예나 지금이나 사회복지는 국민에 대한 국가와 정부의 '의무'이자 '책임'이다. 실제로 만약 지금도 사회정의의 이상이 정당하고 사회평등의 문제가 국가사회의 궁극적인 과제라고 한다면, 사회복지는 삶에 본질적인 자선활동이며 모든 사람이 함께 더불어 살아갈 수 있게 하는 최선의 전략이다.

오늘날 우리는 심각한 사회양극화의 시대에 살고 있다. 특히 경제적 양극화의 문제는 가장 심각하며 우선적으로 해결되어야 할 과제이다. 미래학자들은 앞으로 양극화의 문제는 보다 더 심각해질 것으로 전망하고 있다. 사회양극화는 결국 사회공동체로 이루어진 이 지구공동체를 분화시킴으로써 사회는 공멸될 수 있다. 이들이 제시하는 해결책은 더 많이 버는 사람이 덜 버는 사람을 위해서 무조건 기부하고 환원해야 함으로써 공생의 진리를 구현해야 한다는 사실이다. 과거의 록펠러재단과 카네기재단 그리고 오늘날 빌게이츠 재단(빌 & 메린다 게이츠 재단)이나 워렌 버핏 재단 같은 초거대사회사업단체가 등장하는 것도 이러한 맥락에서 벗어나지 않는다. 특히 사회적 약자계층에 대한 사회적 배려는 이제 선택이 아닌 필수가 되었다. 이들에 대한 배려 없이 혼자서 잘 사는 시대도 옛말이 되었다. 이제 삶은 공생(共生)이며, 공생은 상생(相生)이다. 상생은 우리에게 선택의 문제가 아니라 시대적 요청이자 필수과제가 되었다.

실제로 사회복지체제가 잘 되어 있는 나라가 경제적으로도 더 잘 산다는 시각도 있다. 이를테면 핀란드, 덴마크, 스웨덴, 노르웨이, 스위스 같은 나라는 세계 최고수준의 사회복지체제를 가지고 있지만, 국민경제수준도 세계 최고수준이다. 배분과 분배가 새로운 부(富)를 창출하기 때문이다. 자본주의 사회에서는 자본이 돌아야만 경제가 산다. 케인즈가 주장한 '이자확산의 원리'에 따라, 자본주의 사회에서는 돈이 돌고 시장이 활기를 띠어야만 국가경제가 살아난다. 사회적 약자에게 베푸는 배분과 분배는 결국 시장으로 다시 빠져 나오기 때문에 국가경제를 제대로 순환시키기 위해서도 사회복지의 체계는 적극적으로 가동되어야 한다. 우리는 경기 침체기에는 소비자가 지갑을 열어야 한다고 한다. 그만큼 우리의 경제환경에서도 생산자보다는 소비자의 입김이 세졌다. 빈곤층에게 생활비로 배분된 재화는 소비자의 지갑이 되어서 재생산과정에 다시 투입된다. 그만큼 이자확산, 즉 이윤(利潤)이 발생하는 것이다. 이로써 자본주의 경제가 다시 활성화된다. 공생이 상생이며 상생이 국가경제도 살린다. 즉, 사회적 약자에 대한 자선과 배려가 복지사회구현을 통해서 오히려 불안한 사회공동체를 다시 정상화시켜주는 가장 기초적이고 본질적인 과제가 된다. 바로 이것이 인간복지의 원리이다. 이는 "최대 다수의 최대 행복"(J. S. Mill)이라는 공리주의의 원칙(자본주의의 기초 원리)에도 부합되며, 오늘날 인구에 회자되는 "삶의 질(quality of life)" 향상과도 다름이 없다.

정리하자면, 어쩔 수 없이 태어날 때부터 우리의 인생은 불평등하고 불공평하게 시작된다. 그러나 이러한 부조화를 시정하고 조정하여 궁극적으로는 정의사회와 평등사회에서 함께 살아가는 공존의 세계를 구현해야 한다면, 청소년문화와 타 문화, 특히 성인문화 간에서 상호공존관계의 복원이나 수정도 이러한 프로젝트에 기여할 것이다. 인간복지론적 접근으로 우리는 청소년문화의 이해를 위해 다음과 같은 시사점을 얻을 수 있다.

첫째, 일반적으로 청소년들은 사회적 약자계층에 속한다. 특히 성인층에 비해서 상대적 약자층이며 빈곤층이라고 할 수 있다. 우선 청소년들은 물질적-경제적으로 약자들이다. 우리 사회는 법적-제도적으로 청소년에게 생산활동이나 직업활동을 금지하고 있다. 따라서 이들은 경제적 약자계층으로서 소위 빈곤계층에 해당된다. 실제로 유럽의 선진복지국가에서는 청소년들을 극빈곤(極貧困) 계층으로 분류하여 모든 일상에서 '청소년 할인'을 법적으로 의무화하고 있다. 단지 청소년이라는 이유 때문에 사회복지혜택을 받고 있는 것이다. 우리의 청소년들도 버스나 기차 등 대중교통을 이용할 때에는 할인을 받는다. 그러나 아직 유럽처럼 일상 모두에서 혜택을 받는 데에는 제한이 많다. 또한 청소년들은 아직 심리적-정신적으로 약자이며, 정서적으로도 빈곤층에 속한다. 발달심리학적으로도 밝혀진 일이지만 아직 여러 가지로 미숙한 관계로 청소년들은 성인들처럼 매사에 민첩하고 유용하게 대처하지 못한다. 굳이 장애가 아니더라도 성장의 과도기에 처해 있는 청소년들은 약자임에 분명하다. 심지어 이들은 육체적으로도 약자라고 할 수 있으며 정치·사회·종교적으로도 약자층에 해당된다. 결국 육체와 정신, 즉 심신(心身)의 모든 측면에서 청소년들은 성인들에 비해 상대적 약자계층이다. 결국 청소년들에 의해 주도되고 형성되는 청소년문화는 상대적으로 약자라고 할 수 있다. 이러한 약자에 대한 자선과 배려는 복지구현을 통해 양극화로 몸살을 앓고 있는 우리의 사회공동체를 다시 정상으로 되돌리는 기초적이고 본질적인 과제이다.

둘째, 성인문화와 청소년문화가 공생하지 않으면 지구상에서 인간의 모든 문화는 소멸된다. 왜냐하면 삶에서 공생은 이제 선택이 아니라 필수가 되었기 때문이다. 우리 사회는 이미 제어할 수 없을 정도로 양극화로 치닫고 있기 때문에 언젠가 완전히 문을 닫을지도 모른다. 문화도 마찬가지이다. 성인문화만이 항구적인 주류문화로서 지속된다면, 문화독점 및 문화소외로 인하여 문화양극화의 현실은 명약관화하다. 청소년문화는 성인 주류문화에 대해 소위 '소외문화'가 된다. 문화가 문화의 대열에서 빠지면 그것이 소외이다. 문화의 양극화는 삶의 양극화이며 사회공동체의 양극화이다. 결국 문화양극화로 인해서도 우리 사회는 언젠가 문을 닫게 된다. 반대로 문화공존은 삶의 공존이며 사회공동체의 생존이다. 따라서 문화공존을 위해서 성인문화는 청소년문화의 (건전한) 형성을 위해서 – 자기 잣대로 – 비판만 하지 말고 오히려 이들에게 소외되고 결핍된 것들을 배려할 수 있는 역량을 보여줄 수 있어야 한다.

2) 체계이론적 접근

(1) 체계이론의 근거

체계(system)라는 용어는 그리스어 'synhistanai'에서 파생된 말로 '함께 두다'는 뜻인데, 1940년대 중반 컴퓨터가 세상에 처음 나오면서 인구에 회자되기 시작했다.[37] 모든 것을 함께 두면 체계가 된다. 즉, 함께 두지 않으면 체계는 성립되지 않으며, 모든 요소들이 그 안에서 함께 작용한다. 결국 체계는 상호의존(interdependent)하고 상호작용(interaction)하는 여러 요소들의 전체를 말한다(Bertalanffy, 1945). 또한 체계는, 가장 효율적이고 가장 효과적으로 움직인다. 말하자면 체제는 '최소의 투자에 최대의 효과(Minimum-Maximum Principle)', 즉 경제의 기본 원리를 충족시키기에도 적격이다. 따라서 사회도 조직도 체계를 갖추었을 때 가장 효율적이고 생산적이다. 또한 체계는 '부분들 사이의 관계에서 본질적 특성이 발생하는 통합된 전체'이다. 즉, 체계는 체계를 구성하는 제반 성분들과 이들 간의 상호관련들로 구성되지만(Ninck etc, 2001 : 36), 일단 구성성분들이 모여서 하나의 체계로 구축되면 이전에는 각 부분들에게 볼 수 없었던 전혀 다른 특성을 가지게 된다. 따라서 체제는 특정한 목표를 성취하기 위해서 때로는 상호 독립적으로 기능하기도 하고 때로는 상호작용적으로 기능하는 개별요소들의 총체이다.

37) 1946년 헝가리 출신의 수학자인 존 폰 노이만(John Von Neuman)에 의해 컴퓨터의 아이디어로 작용하게 된 일명 산타크로스 기계가 발명되면서 컴퓨터 세상이 시작되었다.

우리가 알고 있는 가장 간단한 생명체계는 세포이다. 세포는 세포핵, 세포질, 핵소체, 골지체, 리보솜, 리소좀, 엽록체, 미토콘드리아, RNA, DNA, 세포막 등으로 구성되며, 이들 간의 상호관계 그리고 작용과 반작용의 과정 속에서 이루어지는 하나의 체계며 동시에 '전체'이다. 모든 생물체는 체계와 체계들의 조합으로 이루어진다. 세포와 세포라는 작은 체계들이 만나서 좀더 큰 체계를 만든다. 신경체계, 순환체계, 소화체계, 호흡체계, 자율체계 등이 그것이다. 이는 개인이든 조직이든 사회든 마찬가지이다. 어떤 조직이든 개인이든 섬이 될 수는 없다. 우리를 비롯해 우리와 관련된 모든 조직은 국가, 사회, 문화, 직업군과 같은 더 큰 체계의 일부분이다(로버트 딜츠 외, 2002, 박정길 역, 2003 : 219). 이미 18세기 독일의 계몽주의 철학자 칸트(Immanuel Kant, 1724~1804)는 인간의 삶 자체를 하나의 체계라고 보았다(Luhman, 1996 : 15). 체계가 부실할 때 삶은 부실한 것이며, 삶이 완숙할 때 체계도 완벽하다.

그런데 여기서 주의해야 할 것은 세포와 세포의 구성으로 이루어지는 체계는 각 세포의 특성과는 전혀 다른 새로운 특성을 지니게 된다는 사실이다. 따라서 삶은 세포의 총합이 아니며 세포 하나하나의 특성과도 무관하다. 즉, 부분의 합은 전체가 아닌 것이다. 전체는 그 이상이다. 이는 마치 수소분자 2개와 산소분자 1개로 구성되는 물(H_2O)이 산소와 수소의 개별적 특성과는 전혀 다르다는 사실과 이치가 같다. O_2와 O_3는 전혀 다른 물질이다. 반대로 전체를 부분으로 다시 갈라놓는다고 해도 전체가 가지고 있었던 속성으로 결코 환원되지 않는다. 부분이 전체를 결정하는 것이 아니라, 전체가 부분을 결정한다.

체계의 본질은 생물체에만 국한되지 않는다. 생물체 이외의 영역에서도 체계는 존재하며 하나의 체계는 다른 체계와 연결되어 있다. 스코틀랜드의 지질학자 허튼(James Hutton, 1726~1797)은 지구상의 모든 지질학적 과정들과 생물학적 과정들은 상호 연결되어 있다고 보았다(프리쵸프 카프라, 1996, 김용정 · 김동광 역, 1999 : 40). 그는 "물의 순환"을 그 근거로 들고 있다. 더 나아가 제임스 러브록(James E. Lovelock)은 자신이 변호하는 가이아(Gaia) 이론에서 지구상의 모든 물체는 하나의 체계로 연결되어 있다고 주장했다(Lovelock, 1979).

결국 우리의 생태계에서는 모든 생물과 무생물이 하나의 통합된 체계 속에서 서로 연결되어 있다. 또한 체계 밖에 또 다른 체계가 있으며 이들은 상위 및 하위 체계로 서로 연결되어 있다. 말하자면 크기에 무관하게 이 세상에는 체계 아닌 것은 아무 것도 없다. 결국 이 세상에 있는 모든 것들은 크나 작으나 모두 그 자체적으로 체계며 그 체계는 주변의 다른 체계와 연결되어 있다. 그런데 이들은 물질과 정보를 상호 교환하면서 생명력을 유지하고 있다.

사회도 하나의 체계이다. 따라서 개인과 개인이 모여서 구성되는 사회체계는 구성원들이 가장 효율적으로 움직일 수 있도록 함께 구성되며, 사회체계는 각 개인의 특성과도 다르다. 엄밀히 말하면, 개인의 특성이 작용하겠지만 사회체계의 속성은 개인과 개인 간의 '관계'로부터 연유하는 전체이다. 따라서 개인의 특성을 파악함으로써 사회체계를 이해하는 것은 그저 하나의 참조근거일 뿐이다. 심지어 사회는 개인적 특성의 연장선도 아니다. 왜냐하면 사회란 개인과 개인 간의 관계의 총체성에 의해서 때로는 그 개인들의 의지와는 전혀 무관하게 움직이기 때문이다. 쉽게 말하면, 개인과 개인의 관계에서 발생하는 전체는 개인의 속성의 합이 될 수도 있지만 그 이상이 될 수도 그 이하가 될 수도 있다. 따라서 개인을 무시하고 사회체계를 이해할 수는 없다. 그러나 사회구성원인 개인은 결코 사회를 모두 대변하지는 못한다. 결국 개인은 사회체계의 이해를 위한 필요조건이지만, 충분조건은 아니다. 인간은 개인적 특성으로도 살아가지만, 사회체계의 특성에 따라 살아가야 하는 이중적 존재가 된다. 그래서 인간은 사회적 존재가 된다.

이렇게 이중적인 특성 – 또는 세포의 수로 따진다면 '매우 다중적인 특성', 즉 다중이(多重)의 특성 – 을 지닌 것이 바로 인간이며, 심지어 이러한 이중적·다중적인 특성은 바로 인간이 결코 피할 수 없는 숙명(宿命)이기도 하다.[38] 결국 전체(사회체계)는 부분(개인)의 합이 아니며 때로는 그 이상이기도 하고 때로는 그 이하이기도 하다. 왜냐하면 부분과 부분 사이에 '관계(關係)'가 개입되기 때

38) 하버드대학교의 세계적인 정신심리학자인 하워드 가드너는 "인간이란 IQ 테스트 하나로 밝혀질 수 있는 단순한 실체가 아니다"라는 사실에 착안하여 다중지능이론을 창안하게 되었다. 그는 1983년 『마음의 틀』이라는 자신의 책에서 인간의 정신은 IQ 테스트로 측정될 수 있는 간단하고 단순한 존재현상이 아니라, 언어, 수학, 음악, 공간, 대인지능 등 다차원적인 지능을 갖고 있는 일종의 복잡계라는 주장을 펼친 바 있다.

문이다. 체제는 부분들의 전체적 관계를 명시해 주는 질서잡힌 전체의 구조이다.

체계의 속성으로는, 첫째, 체계는 형성되는 순간 '소멸하려는 경향', 즉 엔트로피(entropy)의 요소를 지니고 있으며, 둘째, 체계와 체계 간에 '경계(반투막)'를 가지고 있으며, 셋째, 반드시 환경을 가지고 있으며 환경과 엇물려 있으며, 넷째, 변인과 매개변인에 의해서 영향을 받고 있으며, 다섯째, 하위체제와 상위체제가 공존하고 있다.

따라서 체계는 각각 고유한 특성을 가지고 있음에도 불구하고, 서로 유기적으로 상호연계되고 상호의존하며 상호교환하지 않으면 생명의 최후 목표인 상위체계의 생명력을 극대화하는 데 실패한다. 체계의 와해는 생명의 소멸이다. 사회체계 역시 예외가 아니다. 기업조직의 예를 들어보자. 수직적 하이어라키 위계구조에서 볼 때, 말단직원들을 하위체계로 간주한다면 의사결정의 상층부인 상부조직은 상위체계가 될 수 있다. 이 경우 하위체계와 상위체계는 서로 성격이 다르다. 상위체계는 의사결정과 경영관리 및 명령과 통제관리의 역할을 수행하지만, 하위체계는 하달된 명령을 충실히 수행한다. 그러나 상위조직과 하위조직의 일이 서로 무관한 것이 아니다. 모든 것이 상호협력으로 그리고 상호의존적이며 상호교환으로 수행되어야 한다. 그렇지 못한 조직을 우리는 소위 "콩가루 조직"이라고 한다. 체계가 와해되는 것이다.

(2) 개방체계이론

생물학자 루드비히 폰 버틀란피(Ludwig von Bertallanfy)는 자신의 『일반체계이론(General systeme Theory, 1945)』을 통하여 체계란 원칙적으로 '개방체계(open systems)'라는 사실을 밝혀 놓았다.

개방체계는 다음과 같은 특징을 가지고 있다. 체계가 열려 있지만 카오스(chaos) 상태로 열려 있는 것이 아니라 항상 안정상태 또는 평형상태로 돌아가려고 하는 항상성(homeostsis)의 성질을 가지고 있다. 이는 자동통제체제로서 작용하는 환류작용(feedback)의 결과이기도 하다. 그러나 이는 역동적 항상성이다. 왜냐하면 항상 살아서 움직이기 때문이다. 또한 체제 간에는 역동적이며 다중적인 상호작용이 일어나고 있으며, 점차 체제는 분화되고 확산되지만 결국은 새로운 질서를 창조하는 메커니즘을 만들어나간다.

원칙적으로 우리가 만드는 사회체계 역시 '개방체계'이다. 사회체계는 비교적 그 체계 내부에서 독립적 고유구조와 기능을 가지고 있지만, 개인의 인성체계, 문화체계, 그리고 물리적 환경체계 같은 주변의 다른 체계들과 교류하면서 서로 영향을 주고받는다. 즉, 사회체계를 구성하는 요소들은 기능상 상호 의존적이며, 체계의 계속적 작용에 공헌하며, 다른 체계에 영향을 주며 상위체계(super system)에 대하여 하위체계(subsystem)가 된다(Parsons, 1950). 따라서 하위체계는 상위체계와 상하관계나 위계질서구조에 있는 것이 아니라, 양 체계는 하나의 전체라는 생명력을 유지·발전시키기 위해서 상호교환과 상호작용을 하는 영원한 상호보완적 관계에 들어 있다.

결국 버틀란피는 이 지구상의 모든 생물은 '개방체계(open system)' 속에 살고 있다고 주장한다. 왜냐하면 모든 체계는 체계 주변에 외부환경을 가지고 있기 때문이다(Prigogine, 1961 : 15). 즉, 투입(input) — 전환(conversion, transformation) — 산출(output) — 환류(feedback)의 과정에 개방체계를 형성함으로써 생명이 유지되는 것이다. 또한 개방체계는 외부환경으로 또는 환경으로부터 에너지 또는 물질의 이동과 연계되어 있기 때문에 엔트로피(entropy) 생산을 위한 내부적 원천도 있지만 외부적 원천도 가지고 있다(Mainzer, 1997 : 91). 생물체에게서 물질은 끊임없이 외부환경으로 흘러나오기도 하고 반대로 외부환경으로부터 에너지를 유입시키기도 한다. 따라서 요소들은 상호역동적으로 연결되어 있기 때문에 체제라는 전체를 떼어놓고서는 생각조차 할 수가 없다.

독일의 사회학자 니클라스 루만(N. Luhmann)은 칠레의 생물학자인 마투라나(Humberto Maturana)와 바레라(Fancisco Varela)가 생물의 본능적인 '자율성'과 '자생성(自生性)'의 복합개념(또는 '자율적 자생성')으로 사용한 '아우토포이에시스(Autopiesis)'의 개념을 자신의 사회체계이론(social systems theory)에 끌어오면서(Lumann, 1996), 버틀란피의 '개방체계이론'을 보다 체계적이고 현실적으로 확장시켰다. 그에게서 사회체계는 최고 유동적인 생명유기체의 인간집단으로 구성되기 때문에 많은 상호작용이 가능한 특수한 체계가 된다. 심지어 항상 살아 움직이는 생명체계에서 가장 빈번하게 상호작용을 허락하는 구조는 '자기생산 및 자기 갱신구조, 즉 아우토포이에시스(Autopoiesis)'이며 이러한 구조가 생명 속에서는 항상 새롭게 생성되고 있는 것이다. 이것이 바로 '자율적 자생성'의 내막인 셈이다. 즉, 자율성을 가진 생명체계는 자기 스스로 조직하고 창조할 수 있다. 개방체계 속에서의 자율적 자생성은 닫힌 체계 속에서의 자율성과는 판이하다. 인간과 우주를 기계로 보았던 뉴턴의 중대한 오류는 바로 우주와 자연 그리고 생명이 닫힌 체계인 기계적 자율성을 기초로 하고 있다는 사실에서 비롯된다. 따라서 루만은 컴퓨터 같은 기계가 아우토포이에시스(Autopoiesis) 상태에 있다고 주장하는 것이 아니고, 생물학적인 것도 아닌 아우토포이에시스 상태로 존재하는 체계가 먼저 존재한다(Brier, 2000 : 279). 바로 이렇게 아우토포이에시스로 현상하는 체계가 개방체계가 되는 것이다. 루만에 의하면 우리의 삶에서 분화와 통합은 자동생산, 즉 자생력(아우토포이에시스)과의 구조적 연계의 차이정도에 따라 이루어진다(Luhmann, 1996 : 28). 즉, 차이를 유발하는 아우토포이에시스의 선천적 기능에 의해서 우리의 삶에서는 분화와 통합이 번갈아 일어나면서 분화와 통합 그리고 이를 통한 창조가 이루어진다. 사회의 생명도 이러한 삶의 원리에 근거하고 있다.

그런데 지금까지 우리 사회를 주도하고 우리의 사유방식마저 결정해 주고 있는 하이어라키 사회체계는 극히 제한된 닫힌 체계의 하나가 되었다. 닫힌 체계로서의 우리 사회가 그래도 죽지 않고 살아남은 것은 오로지 닫힌 체계가 가지고 있는 '효율성'이라는 특징 때문이다. 그러나 오늘날 효율성과 효과성이라는 특징을 발휘하기 위한 닫힌 체계는 개방체계라는 생명의 원리를 거역하는 바람에 얻은 것 – 이를테면 효율성과 효과성의 덕분으로 얻어낸 결과들 – 보다는 더 많은 것을 잃었다. 하이어라키 조직의 단점이 모두 여기에 근거한다.

오늘날 빅뱅이론(big-bang theory)이 나오면서 개방체계로서의 우주이론이 보다 가속화되고 있다. 심지어 지구 역시 열에너지, 즉 엔트로피의 40%가 어디로 유실되는지를 모른다고 알려지면서 지구 자체도 에너지 총량의 법칙이 적용될 수 없다는 가설이 나오고 있다. 이 가설이 입증된다면 지금까지 우주에서 유일한 닫힌 체계로 알려진 지구 자체도 개방체계로 간주된다.

이미 언급한 대로 사회체제는 지구공간에 자리잡고 지구인들에 의해 디자인되어 운영되다가 없어지기도 하는 – 비록 아직은 닫힌 지구체계라고 간주되는 폐쇄체계 내에서지만 – 개방체계의 일종이라고 할 수 있다. 그러나 우리가 사회와 조직을 내용적으로 볼 때 완전히 개방체계라고 볼 수 없는 근거도 있다. 왜냐하면 자연적 체계의 구성물들인 생물체계나 생태체계와 달리 사회체계란 인간에 의해서 '인위적으로' 구성되기 때문이다. 즉, 사회체계는 언제라도 해체될 수도 있고 심지어는 강제적이며 왜곡 · 조작되어 설계 · 운영될 수도 있다. 따라서 사회체계는 개방체계로 위장된 채 내용적으로는 얼마든지 닫힌 체계로 설계되고 운영될 가능성이 상존한다.

실제로 만약 우리 사회가 지금까지 처음부터 개방체계로 디자인되었다고 한다면, 지금처럼 효율적이며 효과적으로 산업혁명의 막중한 임무를 완수해 낼 수 있었을까? 대량생산과 대량소비의 시대, 즉 산업혁명의 시대에 생산의 신속성을 보장하는 것은 상명하달의 일사분란이라는 효율적이고 효과적인 움직임뿐이었다. 여기서는 개방체계로서의 제반환경들이 개입할 여지는 없다. 왜냐하면 개방체계는 효율성과 효과성의 차원에서는 무의미하고 심지어 무가치할 수 있기 때문이다. 오히려 사회체제에서 다양한 개인의 의사와 요구, 즉 다양한 열린 의견들을 모두 반영하다 보면 일의 효율성이나 효과성에서 제동이 걸릴 것이다. 이는 결국 생산성 향상이라는 목표달성을 저해하는 구실만을 하게 될지도 모른다. 바로 이러한 생각이 사회 전반에 뿌리박혀 있었던 통념이었던 것이다. 한마디로 지금까지 우리 사회에서 일반체계로 작용했던 닫힌 체계야말로 효율성과 효과성의 차원에서는 극히 탁월한 성과를 낼 수 있었다. 따라서 외부에서의 여러 다양하고 복잡하고 다양한 투입(input)에 신경을 쓰지 않고도 이미 정해진 목표대로 그리고 정해진 시간 내에 정해진 몫을 완수해내면 되었다.

그러나 오늘날 우리는 변혁과 혁신의 시대에 살고 있다. 언제 어디서라도 혁신은 지칠 줄 모른다. 이미 우리 사회는 모든 차원에서 지금까지의 닫힌 체계에서 개방체계로 줄달음을 치고 있다. 일단 21세기 개방사회라는 의미는 사회가 열린다는 것인데, 조직도 열려야 한다는 의미가 된다. 실제로 인류역사상 가장 오랜 세월을 삶의 기준으로 작용해 온 하이어라키의 관료주의 체제가 이미 경직된 수직체제라고 비판받아 온 지 오래이다.

캐나다의 경제학자 드보노(Eduard DeBono, 1990)에 의하면, 이미 우리 사회는 모든 것이 수직조직에서 수평조직으로 움직이고 있다. 지금까지 효율성과 효과성의 신화를 낳은 하이어라키 관료주의 위계사회에 이상(異常)의 징후가 발견되기 시작하고 있다. 기업조직도 이러한 변화추세로부터 결코 자유로울 수 없다. 특히 인터넷으로 열리는 세상은 이를 더욱 가속화시키고 있다. 이제 무한자유경쟁이 일상화되고 세계화와 국제화의 속도감각을 익히지 못하는 사회는 개방체계로 거듭나지 못한다면 이미 사회는 사멸되는 것이나 마찬가지이다.

우리가 체계이론적 접근을 통하여 청소년문화를 이해하고자 한다면, 우선 우리는 체계분석적 방법(system analysis) 또는 체계접근적 방법(system approach)을 활용하는 것을 말한다. 이는 전체를 구성하는 부분과 전체와의 관계, 부분들 상호간의 관계에 대한 분석을 통해서 전체의 문제를 해결하는 방식을 말한다.

전통적인 체계이론적 접근은 다음과 같은 한계가 지적되고 있다. 첫째, 체제를 지나치게 강조하다보니 인간적 측면이 무시될 위험성이 있으며, 둘째, 따라서 사고의 융통성과 탄력성을 잃을 가능성이 있으며, 셋째, 변화의 중요성을 간과할 가능성이 있으며, 넷째, 체제 내적 요인의 자율성이 무시될 가능성이 있다. 그러나 루만의 자율적 자생성, 즉 아우토포이에시스의 개념에 근거한 사회체계이론은 이러한 한계를 대폭 극복하는 계기를 마련해 주었다고 할 수 있다.

이렇게 본다면, 청소년문화를 비판하는 그 자체는 닫힌체계이론을 기반으로 접근하는 것이다. 개방체계이론적 접근에서는 비판 자체가 모순이다. 상호개방체계 속에서는 서로가 연결된 공범(共犯)인데, 누가 누구를 비난하고 비판한다는 것 자체가 어불성설이다. 또한 상위체계로서의 성인문화는 하위체계로서의 청소년문화와 상하위계관계 또는 수직적 위계구조 속에 있거나 아니면 명령체계 속에 있는 것이 아니라, 전체로서의 인간문화의 생명성을 유지·발전시키기 위해 상호교환하고 상호작용하고 상호의존하는 공생과 공진화의 상보적 관계에 들어 있다.

그렇다면 우리가 청소년문화를 비행하위문화의 범주 속에 넣고 이를 비판한다는 것은, 현재 우리의 청소년문화가 개방체계 속에 들어 있지 않다는 사실의 반증이라고도 할 수 있다. 그러나 개방체계로서의 청소년문화를 지향하고 또 그렇게 청소년문화의 본질을 이해하고자 한다면, 다음의 사항들이 심각하게 고려될 필요가 있다.

첫째, 개방체계의 기본 원리, 즉 '투입-전환-산출-피드백'의 순환이 현재 청소년문화의 형성과정에서 어떻게 목격되고 있는가? 즉, 현재의 청소년문화가 형성되는 과정에서 도대체 어떠한 '투입-전환-산출'이 어떻게 이루어지고 있으며, 또한 '자기통제기제로서의 피드백(환류, feedback)'은 과연 어떻게 이루어지고 있는가? 개방체계는 환경과의 상호교환과 상호교류, 즉 물질, 정보 그리고 에너지 교류의 관계가 서로 열려 있다는 뜻인데, 그렇다면 현재 우리의 청소년문화가 가지고 있는 '환경'은 과연 무엇이며, 환경과의 상호교환 및 상호교류 그리고 피드백의 과정은 어떻게 이루어지고 있는가? 아마 청소년문화의 환경이 성인문화라고 한다면, 결국 우리의 청소년문화는 성인문화와의 상호교환과 상호교류를 통해 이루어질 수밖에 없다. 그렇다면 성인문화는 청소년문화를 결코 마음대로 비판할 수도 없게 된다. 왜냐하면 체제와 환경은 상호교환하기 때문이다. 한마디로 체제와 환경은 모든 문제에 공동책임이다. 이밖에도 꼽을 수 있는 청소년문화의 환경으로는 대중매체, 성산업, 퇴폐향락산업 등 각종 유해환경 등이 있다. 또한 개방체계는 환경과 반투막의 경계를 통하여 자기의 고유성을 유지한다. 그렇다면 개방체계로서의 청소년문화는 환경과 상호작용하면서 어떻게 자기 문화만의 고유성을 보존할 수 있을까?

셋째, 개방체계는 '소멸하려는 경향', 즉 엔트로피의 현상을 본질로 하고 있다. 그렇다면 우리의 청소년문화가 만약 개방체계로 거듭나야 한다면 과연 어떠한 엔트로피의 현상이 목격되고 그러한 엔트로피 현상은 어떻게 만회될 수 있을까? 아니면 청소년문화 형성에 생명성을 불어넣는 '부적 엔트로피(negative entropy)'는 무엇인가?

넷째, 개방체계의 가장 뚜렷한 특징은 자발적 자생성, 즉 아우토포이에시스(Maturana & Varela)의 기능이다. 즉, 개방체계는 자발적 자생성의 기능을 통하여 엔트로피도 보충하고 자기통제적 피드백도 원활하게 함으로써 생명성을 유지하고 더 나아가서 생명성을 새롭게 재창조해낸다. 만약 우리의 청소년문화가 개방체계로 형성된다면, 우리의 청소년문화는 생명성을 유지하면서 신문화로의 창조 및 재창조가 가능해진다. 왜냐하면 아우토포이에시스, 즉 자발적 자생성은 '창발(emergence, 創發)'을 가능하게 해주는 생명에의 기본 원리이기 때문이다. 이러한 창조 또는 창발은 폐쇄체계로서의 청소년문화에게서는 조금도 기대할 수 없는 차원이다. 왜냐하면 원칙적으로 아우토포이에시스는 개방체계에서만 가능하기 때문이다.

7. 포스트모던적 관점

1) 포스트모던 논쟁

포스트모던은 모던(modern, 근대성 때로는 현대성)의 모순과 부작용에 대한 반작용이다. 모던은 계몽주의의 계승이며 확장으로서, 이성과 과학에 대한 무한한 신뢰, 기계론적 세계관 그리고 발전적 역사관을 특징으로 하고 있다. '탈이성(脫理性)'과 '탈합리(脫合理)'로 대표되는 포스트모던에서는 이성 대신에 감각과 감성, 합리 대신에 무합리, 무논리, 비구상이 들어선다. 또한 합리와 이성 그리고 논리의 바탕에서 구축된 과거의 구조, 즉 삶의 텍스트(text)가 해체된다. 탈(脫)경전(經典), 탈(脫)텍스트의 시대가 도래하고 있는 것이다.

그러나 포스트모던은 모던의 계승이기도 하다. 왜냐하면 뿌리가 없는 역사는 존재하지 않기 때문이다. 이러한 입장을 대변하는 기든스(Anthony Giddens)는 자신의 저서 『포스트모더니티(1990)』에서 현 사회가 당면하고 있는 위기상황을 모던의 해체라기보다는 모던의 결과들이 보다 보편화된 결과라고 진단한다. 마자르(M. Mazar) 역시 포스트모던이라는 개념은 모던의 반대를 나타내는 것이 아니라, 모던보다 분명한 표현을 의미한다고 보고 있으며(마이클 마자르, 1999, 김승욱 역, 2000 : 26), 바우만(Zygmunt Bauman)은 포스트모던을 "완전히 발전된 현대성"으로 파악하고 있다(Bauman, 1992 : 149).

포스트모던이란 용어는 스페인 작가인 오니스(Federico de Onis)의 저서인 『스페인 및 라틴 아메리카 시선집(1934)』에서 처음 등장했다. 그는 여기서 포스트모던을 모던에 대한 반발로 사용하고 있다. 영국의 역사학자 토인비(Arnold Toynbee)는 자신의 저서 『역사의 연구(1939)』에서 제1차 세계대전의 종료와 함께 우리 현대인들은 새로운 시대를 시작하고 있으며, 이를 이른바 포스트모던이라고 표현했다. 포스트모던이란 새로운 개념은 1960~70년대부터 건축과 예술 영역에서 크게 주목을 받기 시작하였으며, 1980년대에는 문학, 철학, 사회과학 등 학술분야는 물론 대중문화로 확산되었으며, 20세기 후반에 들어 시대정신으로 간주되게 되었다. 심지어 정치, 경제 그리고 사회적 일상에서 포스트모던의 입김은 점차 거세지고 있다.

1961년 요른 우트존(Jorn Utzon)에 의해 설계되고 1973년 완공된 호주 시드니의 오페라하우스는 종래의 통념을 깨고 지붕의 둥근 형상을 조가비 모양의 구조로 설계함으로써 포스트모던 건축의 진수를 보여 준 것으로 평가되고 있다. 1960년 초 비달 사순(V. Sassoon)이 뉴욕 한복판에서 세계 최초로 커트 머리를 선보였을 때, 파마(permanent)머리에 익숙했던 뉴욕 시내의 부녀자 세계에 일대 회오리바람이 일었다. 이러한 것들은 포스트모던 사회의 상징적 움직임들이었다.

그러나 우리는 포스트모던을 외치면서도 아직도 많은 영역에서는 여전히 모던의 시대를 떨쳐버리지 못하고 있다. 아마 포스트모던으로 넘어가는 과도기에 있다거나 모던과 포스트모던이 오버랩(over-rap)되는 과정에 있다는 표현이 맞을지 모른다. 아널드(Matthew Arnold)에 의하면, 우리는 이미 '한 세계가 사멸되었지만, 아직 태어나지 않은 다른 세계' 사이에 살고 있다. 포스트모던은 19세기 말 이미 니체(Friedrich Nietzsche, 1844～1900)가 『짜라투스트라는 이렇게 말했다(1883)』라는 저서를 발표하면서 예고된 일이었다. 이를 계승하는 리요타르(Jean-Francois Lyotard), 데리다(Jacques Derrida), 라캉(Jacques Lacan), 부르디외(Pierre Bourdieu), 벨(Daniel Bell), 하산(Ihap Hassan), 푸코(Michael Foucault) 등 많은 사상가들은 모던의 종말을 선언하고 있다. 모던의 종말은 인간이 만들어놓은 역사시대의 종말을 의미한다. 이는 탈이성(탈합리)과 탈이데올로기의 시대를 의미한다.

이제 포스트모던시대에는 모던시대에는 세상에서 취급도 못받고 무시되어 왔던 것들, 이를테면 소수민족, 여성페미니즘, 마이너리티 등의 가치와 의미가 인정된다. 기존 사회 자체가 "해체"(J. Derrida)되는 것이다. 여기서 '해체'란 허무주의적인 파괴를 의미하는 것이 아니고, '잘못된 개념으로부터 자유롭게 되는 것'을 의미한다. 또한 '중심과 주변'이라는 이분화된 패러다임으로 결속된 모던세계는 주변적인 것들의 반란을 통해서 포스트모던으로 진화된다.

푸코는 지금까지 서구사상을 지배해 온 질서개념은 잘못된 역사였다고 비판한다. 그는 서양의 현대사회를 "유폐적 그물망"이라고 표현한다. 특히 그는 모던시대의 이분법적 사고가 '해체'되어야 한다고 주장한다. 그에 의하면, 모던은 로고스 중심(logos-centrism)의 허구다. 그는 백인이 흑인을 지배하고 남성이 여성을 억압하는 것을 모두 같은 범주로 보았다. 라캉은 데카르트의 합리적 절대자아란 존재하지 않는다고 말한다. 그는 상상과 상징시스템으로 되어 있는 인간에게 '자아(self)'라고 주장할 수 있는 절대 주체는 없다고 주장한다. 리오타르는 모든 합리주의 도그마(dogma)는 해체된다고 하였다. 그는 오늘날 세계에서는 차이(difference)와 차연(differance)이 강조됨으로써 기존 사회의 인식론적 총체성과 그동안 사회적 이데올로기를 지탱해 온 모던의 거대담론이 분쇄된다고 보았다. 여기서는 '작은 이야기들'이 존중된다.

그러나 건축가 젠크스(Charles Jencks)는 앞으로 포스트모던 사회에서 '진보적 절충주의'가 부각될 것이라고 주장한다. 여기서는 가치의 극단적 대결 대신 '다(多)가치성'이 인정된다. 예를 들면, 보보 카운티(Bo-Bo County)의 출현이 대표적이다. 오늘날 부르주아지들은 과거 거리감을 보이던 보헤미안들과 손을 잡고 협력함으로써 새로운 진보를 꿈꾼다. 보헤미안들도 과거 같으면 적대시하던 이들과 공생하면서 새로운 꿈에 도전한다. 대립을 풀고 협력함으로써 새로움을 창조한다.

물론 포스트모던은 애초에 문화와 예술 영역에서 하나의 통일된 사상적 사조나 운동으로 시작하지는 않았다. 다만, 모던을 통해 형성된 고급문화와 저급문화 간의 구분을 해체하고 각 영역 간의 폐쇄성을 개방시키려는 노력들로 이루어졌다. 실제로 포스트모던은 아직 그 실체가 완전히 드러난 것도 아니다. 계속 형성되는 과정(process)에 있다고 할 수 있다. 따라서 아직도 많은 학자들 간에는 의견이 엇갈리고 있다. 그 하나는 포스트모던이 모던을 계승하면서 모던을 더욱 강화시키는 연장선상에 있다는 의견과, 다른 하나는 포스트모던이란 모던에 도전하고 정면에서 항거하는 새로운 전위운동을 의미한다는 의견이다. 전자에 의하면, 포스트모던 이전에 이미 모던은 리얼리즘의 반동으로 태어났으며 그러한 모던이 포스트모던에 의해서 리얼리즘을 보다 극단적으로 해체시키고 있다는 견해이다. 특히 포스트모던은 모던의 기본 입장인 다다이즘, 초현실주의, 아방가르드 운동까지 거의 다 수용하면서 단지 이를 극단적으로 발전시키고 있을 뿐이다. 즉, 포스트모던은 모던의 좀 파격적인 계승이다.

2) 포스트모던의 실재

포스트모던은 '모던에 대한 반동'이든 아니면 '모던의 계승'이든 파격적이다. 왜냐하면 포스트모던은 기존 사회체제의 '해체'를 기반으로 하고 있기 때문이다. 새로운 창조를 기약한다는 의미에서 포스트모던은 '창조적 해체'이며 '창조적 파괴'이다. 파괴는 새로움을 창조하는 데 필수다(마가렛 휘틀리, 1999, 한국리더십학회 역, 2001 : 174). 헤르만 헤세는 소설 『데미안』에서 말한다 : "새는 알을 깨고 나온다. 알은 새의 세계이다. 태어나려는 자는 한 세계를 파괴해야 한다." 창조가 가능하기 위해서 파괴가 먼저다. 세계적인 경영 컨설턴트인 톰 피터스(Tom Peters)는 "파괴하지 못하는 자는 창조하지도 못한다"고 선언한다.

포스트모던에서는 모험과 실험정신을 바탕으로 전혀 예측할 수 없는 엉뚱한 일도 벌어진다. 포스트모던에서는 전혀 새롭고 또 다른 세상을 기원하는 의지도 강하다. 포스트모던의 사람들은 유기적 통일성이나 일관성 대신 편리성, 임의성, 유희성을 선호한다. 이들은 완성작품을 내놓는 것이 아니라, 아직 미완성적인 것 그러나 무한한 가능성을 내놓는다. 지금까지는 하찮은 것, 지금의 기준으로 보면 전혀 기준에 닿지도 않는 것 소위 옛날 같으면 말도 안 되는 것도 버젓이 내놓고 있다. 엉뚱한 행동도 개성(個性)이라고 표현되면 모든 것이 허용된다. 모던에서 옳고 그름이 삶의 척도가 되지만, 포스트모던에서는 좋으면 하고 싫으면 안 한다. 포스트모던 사회에서는 모든 기성의 기준과 표준이 해체되는 것이다. 지금까지 맹신되어왔던 사회적 기준과 표준에 대한 신뢰가 무너지면서 자신의 행동 자체가 기준이 된다.

로버트 올터(Robert Alter)는 자신의 저서 『Partial Magic : The Novel As Self-Conscious Genre(1978)』에서 포스트모던에서 나타나는 극도의 실험성을 가리켜 자유가 아닌 방종이라고 혹독하게 비판한다. 그러나 자유이건 방종이건 분명한 사실은 포스트모던에서는 사회가 고정적이지 않고 항상 역동적이며, 실재적이지 않으며 비결정체로 계속 생성된다는 사실이다. 이러한 의미에서 미국의 분석철학자이며 생철학자인 화이트헤드(Alfred North Whitehead, 1861~1947)는 "우리의 현실은 실체가 아니라 사건(event)"이라고 한다.

따라서 포스트모던에서는 절대적 진리, 영원불변한 실재 그리고 모든 판단의 근거를 제공하는 초월적 관점이나 원리 그리고 보편적 사실들은 존재하지 않는다. 모든 담론들은 개별적이며 제한되고 하나의 관점에 귀속되어 있을 뿐이다. 관점이 바뀌면 지식도 바뀐다. 생태문학의 고전으로 꼽히는 『월든(Walden, 앙리 D. 소로, 1854, 양병석 역, 1995)』에 보면 이런 구절이 있다 : "모든 사람들이 진리라고 받아들이는 것이 내일에는 거짓으로 판명될지도 모른다." 판타 레이

(panta rai)! 모든 것은 흐른다. 한번 흐른 강물에는 두 번 들어갈 수 없다. 이렇게 본다면, 포스트모던의 조류는 헤라클레이토스의 "만물유전론"에서 그 모태를 찾게 된다.

포스트모던을 이해하는 입장과 견해의 차이에도 불구하고 포스트모던과 모던은 전통과의 단절, 반리얼리즘, 전위적 실험, 비역사성, 비정치성이라는 차원에서는 공통점을 가지고 있다. 특히 포스트모던과 모던은 공히 리얼리즘에서 추구하는 모방성과 재현성에 대하여 거부한다. 그러나 모던사회는 구조기능주의 사회시스템의 특성인 획일성, 통합성 그리고 이성적 권위에 결부되어 있다. 포스트모던에서 이는 도저히 설명할 수 없는 영역이 된다. 모던사회는 기성 전통과 인습에 대하여 한편으로는 도전하고 비판하지만, 다른 한편에서는 기성사회의 권위에 대한 갈망이 여전하다. 이는 20세기 들어 사회에 만연되기 시작한 무질서와 혼돈으로부터 사회를 질서 있고 균형 있게 유지하고자 하는 보수적 경향이라고 할 수 있다.

그러나 모던사회는 많은 영역에서 기성사회의 문제에 대해서 급진적이고 혁명적으로 다가서지만, 개인보다는 '공동체라는 개념 앞에서는 머뭇거리는' 이중적 입장을 가지게 되는 것이다. 1960년대 신학의 영역에서 포스트모던이라는 용어를 처음 사용한 존 캅(John Cobb, Jr.)은 포스트모던이 모던으로부터 거부한 것은 개인주의, 유물론적 원자주의, 인간중심주의, 관념론인 반면, 계승한 것은 자기 비판주의, 개인에 대한 관심, 인간 자유에 대한 헌신, 탐구의 자유 등이라고 정리한 바 있다. 이러한 관점에서 그는 포스트모던이 모던의 논리적 발전이며 계승인 동시에 모던에 대한 비판적 반작용이며 동시에 의식적인 단절이라고 설명하고 있다.

한마디로 포스트모던 사회는 획일성을 거부하는 이질성과 다원성으로 구성되는 사회를 말한다. 따라서 포스트모던은 기존의 획일성, 통합성 그리고 권위와 질서로부터 우선 자기 스스로를 해체한다. 이는 마치 의도적으로 카오스(Chaos)를 노리는 듯하다. 그러나 이들은 서서히 그리고 조심스럽게 해체 후의 새로운 종합을 모색하기도 한다. 예를 들어, 예술가들에게는 기존 질서를 무너뜨리고 새로운 질서를 추구하는 '예술적 게릴라의 세계'가 용납된다.

아방가르드(avant-guarde, 前衛) 예술에 대한 또 하나의 세력이 형성되고 있는 것이다. 포스트모던사회는 모던의 핵심 개념인 아방가르드에 대해서 두 가지 상반된 입장을 취하고 있다. 하나는 아방가르드를 거부하는 입장이고, 다른 하나는 아방가르드의 전략과 이상을 고도화시킨다. 즉, 포스트모던은 아방가르드가 대중문화를 거부하는 것에 대해 못마땅하게 생각하지만, 아방가르드의 사회편견에서 벗어난 혁신적 도전정신을 적극적으로 수용하고 있다. 이런 의미에서 포스트모던은 "네오 아방가르드"로 간주되기도 한다.

오늘날 우리는 포스트모던 사회에 발을 깊숙이 들여놓고 있다. 가장 대표적인 것은 냉전체제의 붕괴로 인한 절대적 이데올로기의 와해, 개성적 생활의 중시, 논리의 다원성을 인정하는 민주주의화를 들 수 있으며, 현실적으로는 다국적 기업의 탄생, 흑인인권운동 확대, 마이너리티(minority) 운동, 페미니즘운동, 환경운동, 소비자 운동, 제3세계 민족해방운동, 대체의학운동(holistic medicine) 등을 들 수 있다. 특히 1960년대를 전후로 하여 시작된 정보통신혁명과 함께 대중매체의 확산으로 인하여 국가 간의 경계가 소멸하기 시작했다. 그동안 이분화된 폐쇄적 이데올로기의 대립을 옹호했던 모던사회에 대한 신뢰도 무너지기 시작했다. 결국 모든 사회가 개방화되고 투명하게 되는 사회현상이 발생하기 시작한 것이다. 이러한 변화는 모던의 관점에서 보면 그야말로 무질서, 즉 카오스 그 자체이다.

한편 포스트모던은 자본주의의 논리하에서 상업적으로 이용당하는 경향도 농후하다. 즉, 개성 분출을 빌미로 확대되는 과장광고, 고가품의 사치풍조를 유발시키는 명품전시회 등은 대중조작의 수단을 포스트모던으로 강화시키고 있다. 이러한 사실을 감안하면, 포스트모던은 오히려 지금까지 모던이 대중사회에 대해서 해왔던 최소한의 저항 – 이를테면 프랑크푸르트학파의 사회비판 등 – 도 못하고 있는 실정이다. 문화 전반에서도 포스트모던의 영향력은 엄청나다. 존 케이지의 마술적 선율, 앤디 워홀과 로이 리히텐슈타인의 팝아트 미술, 백남준의 미디어 아트 등을 위시해서 레게음악, R & B, 랩음악 등은 모던사회에서는 소위 정통예술가들로서는 도저히 감당할 수 없는 낯선 사건들이었다. 심지어 서태지와 아이들이 등장하면서 조용필의 무대가 사라진 것은 포스트모던이 창조해낸 한국 가요계의 패러다임 전환이었다고 할 수 있다.

그러나 역사란 뿌리를 가지고 있는 법이다. 아무리 탈(脫)역사(post-history)를 주장해도 우리 인간은 역사와 전통을 벗어날 수 없다. 이렇게 본다면 포스트모던은 모던의 뿌리 위에서 가능했던 논리적 연장이며 계승이라고 할 수 있다. 물론 포스트모던은 모던에 대한 비판을 근저로 하는 단절을 주도하고 있다. 이를테면 60~70년대 이후 득세하기 시작한 히피(Hippy)와 여피(Yuppy : young, urban, professional) 등으로 대변되는 새로운 청년문화현상은 고사하고라도 기성문화에 대한 청년들의 일상적 반문화적 일탈행동들, 엘리트 고급문화에 대항하는 대중문화의 폭발적 확산, 가부장적 남성중심사회의 엄격한 지배의 틀에 항거하는 페미니즘 문화는 포스트모던에서 핵심적으로 나타나는 탈중심화와 탈정전화 현상이라고 볼 수 있다.

심지어 포스트모던사회에서는 모던사회에서 소외되고 무시되었던 것들이 지배권력으로 등장하기도 한다. 그러나 이러한 것은 모던에서 없었던 것이 새롭게 창조된 것이 아니다. 오히려 '억압된 것의 복권'이라는 표현이 타당하다. 반대로 모던에서는 핵심적이었던 것이 포스트모던에서는 주변적인 것으로 전락하기도 한다. 세대교체가 대표적 사례이다. 아니면 적어도 '중심과 주변'의 상호공존을 의미하는 '상호텍스트'의 개념이 일반화된다. 또한 포스트모던에서는 장르와 장르, 분야와 분야 간의 경계선이 허물어지면서 그 간격을 메우려는 시도도 빈번해진다. 예를 들어, 포스트모던에서는 고급문화와 대중문화 사이의 간격이 허물어진다. 간격이 허물어지면서 생겨나는 틈새로 또 다른 문화가 끼어든다. 고급문화와 대중문화의 간격이 허물어지는 틈새에 등장한 새로운 팝 아트(pop art)는 대표적인 실제가 된다.

포스트모던 사회에서는 같은 대상이 다른 모습으로 반복되는 것도 가능해진다. 이는 공교롭게도 언제 어디서라도 복제(copy)와 복사가 가능해진 디지털 시대와 함께 가속화되고 있다. 위에서 언급한 팝 아트는 대표적인 복제문화의 실제이며, 원본을 패러디(parody) 하는 다양한 재현들이 가능해지고 있다. 이로써 현실과 가상, 현실과 허구의 구분은 점점 더 희미해진다. 린다 허치언은 패러디(parody)란 과거를 부정하지 않지만, 과거와 유리될 수밖에 없는 현실을 위한 아이러니를 사용하는 형식이라고 설명한다. 현재는 과거의 연속이며 계승이지만 거기에는 분명한 차이가 있다는 것이다. 포스트모던은 바로 이러한 차이와 차연을 부각시키면서 급부상하고 있다.

심지어 실제로 존재하지 않지만 현실로 존재하는 시뮬라시옹(시뮬라크르 하기)의 원리에 따라 보드리야르(Jean Baudrillard)는 하이퍼리얼리티(hyper-reality)라는 개념을 사용하면서 포스트모던시대에 가상(假想)은 현실보다도 더 현실적이라고 주장한다(이정춘, 2000 : 171). 하이퍼리얼리티에서는 대상이 없으며 대립의 양극 사이에서 무수히 가능한 환영과 모사만이 존재한다. 특히 오늘날의 커뮤니케이션 메커니즘하에서는 현실과 가상의 구분이 없어지고 사실적인 것보다 더 사실적으로 보이는 하이퍼리얼리티가 모사를 통해 양산됨으로써 지배의 구도가 사실상 신비화되고 복제된 전체성 속에서 은폐되기에 이른다(이정춘, 2000 : 188). 누가 누군가를 지배하고 또 지배해야 하는지 또는 누구에 의해 지배되고 있는지가 분명하지 않다. 무한한 정보로 채워지는 사이버 공간이 대표적 사례가 될 것이다. 여기서는 수많은 익명성과 타자지향성이 보장된다. 즉, 수많은 의견과 정보는 자아중심성을 탈피함으로써 의사결정의 새로운 변수로 작용한다. 따라서 지금까지 민주주의의 상징이 되었던 다수결의 원리에 의한 다수의 횡포나 일인 지배의 독재도 불가능해지고 있다. 오로지 자아중요성은 자아의 변형과정으로서 자아가 비슷한 것을 계속 만들어낼 때에만 인정된다. 사이버 아고라 게시판 문화가 대표적이다. 이제 자아는 하나의 주제로 갇혀 있는 것이 아니라, 주체와 객체 간의 끊임없는 상호작용으로 상호텍스트를 만들어낸다. 자기(自己)를 버리는 자만이 진정한 자아(自我)를 획득한다.

포스트모던적 접근을 통한 청소년문화의 이해는 역시 모던과의 관계로부터 시작될 수밖에 없다. 만약 오늘날 청소년문화에 대한 비판이 모던을 기준으로 나왔다면, 포스트모던으로서의 청소년문화는 부정적일 수밖에 없다. 반대로 포스트모던의 기준에서 보아도 그렇게 판정될 수밖에 없다면, 오늘날 우리의 청소년문화는 그렇게 평가되는 것이 타당하다. 왜냐하면 인류의 역사는 모던과 포스트모던의 교차관계의 연속이었기 때문이다.

지금까지 우리는 포스트모던과 모던을 분리해서 생각할 수도 있지만, 명백하게 구별할 수 없다는 논리도 보아왔다. 그럼에도 불구하고 두 차원에서 강조되는 대표적인 개념을 들라면 아마 '해체'(J. Derrida)일 것이다. 즉, 탈(脫)텍스트, 탈(脫)모던 등 기존의 텍스트를 해체하라는 것이다. 그러나 해체의 끝은 크게 두 가지로 이어진다. 즉, 영원한 해체로써 완전히 삭제하고 처음부터 다시 시작하는 것을 의미하지만, 소위 이 세상에서 가능한 모든 해체는 '창조적 해체'(니체)로서 새로움의 탄생을 기약한다. 그것이 어떠한 해체이건 포스트모던적 접근으로 청소년문화를 이해하기 위해서 우리는 역시 '해체'의 개념에 주목할 필요가 있다.

결국 포스트모던적으로 청소년문화를 이해하려고 한다면, 현재 우리의 청소년문화에서는 어떤 것이 해체되고 있으며, 과연 그것은 창조적 해체인지 아닌지에 대하여 검토되어야 한다. 만약 그것이 '창조적 해체' 또는 '창조적 파괴'라면, 그것은 과연 어떠한 문화를 창조하기 위한 것인지? 아니면 오늘날의 청소년문화는 '해체'된 후에 발생하는 카오스, 즉 과도기적 혼란상황인지? 또 아니면 이러한 해체는 영원히 지속되고 말 수도 있는 것인지? 등에 대한 질문이 있어야 한다.

이미 언급한 대로 루소는 우리 아이들은 새로운 문화를 창조하기 위해 태어났다고 한다. 그렇다면 과연 오늘날 우리의 청소년들에게 앞으로 새롭게 창조될 소위 '루소의 문화'는 구현될 수 있을 것인가? 이에 대한 검토와 성찰이 바로 포스트모던적 접근을 통한 청소년문화의 이해라고 할 수 있다.

CHAPTER 04

청소년문화의 전망

CHAPTER 04

청소년문화의 전망

1. 지역사회 청소년시설로서 청소년문화의 집

1) 청소년문화의 집 역사

'문화의 집'이란 명칭은 본래 프랑스에서 차용되었으나 그 규모와 기능 면에서는 상당히 차이가 있다(조혜영 · 유진아, 2008). 프랑스 문화의 집은 대규모 복합문화센터를 말하는 반면 우리는 용어만 사용할 뿐 소규모의 읍 · 면 · 동 단위의 지역사회 소규모 시설일 뿐이다. '청소년문화의 집'은 1999년 청소년기본법령 개정에 따라 기존의 청소년수련실 유형을 대체하는 청소년수련시설의 유형으로 설정되었다. 최초의 청소년문화의 집은 청소년수련실이라는 법적의 공공시설을 활용하여 일부 공간을 활용하는 방식으로 설치되었는데, 1997년 준비기간을 통해 1998년 1월 30일 노원청소년구현관 4층에 처음 개원되었다. 2003년 현재 청소년문화의 집은 공공기관에서 운영하는 181개소, 민간에서 운영하는 7개소로 총 188개소가 설치 · 운영되고 있다(국가청소년위원회, 2007).

이후 문화관광부의 청소년수련시설 관련 중점 정책과제로 추진되어 온 청소년문화의 집은 기존의 대규모 청소년수련관이나 사회교육시설, 문화예술회관이나 문화강좌센터와는 그 취지나 운영방향에서 차별화를 요구하게 되었다. 또한 지역사회 주민대상의 '문화의 집'이나 주민자치센터로 리모델링되는 동사무소 등과 차별화될 수 있는 청소년 중심의 문화공간 또는 수련시설로서의 개념과 기능의 설정이 요구되어왔다.

2) 법적 개념

이 장에서는 지역사회 청소년시설로 청소년문화의 집을 중심으로 이용실태 및 운영현황을 살펴보고자 한다. 청소년문화의 집은 청소년활동진흥법 제10조에 의거 "간단한 수련활동을 실시할 수 있는 시설 및 설비를 갖춘 정보·문화·예술중심의 수련시설"이라 정의된다. 현재 청소년문화의 집은 법적인 시설유형으로 청소년활동시설의 하위범주인 수련시설에 해당되므로 시설설치기준상의 법적 기준뿐만이 아니라 시설설치 취지상 기본적으로는 청소년수련활동 서비스 기관이라 할 수 있다(김정주 외, 2002).

청소년문화의 집에 대한 이러한 규정은 정보·문화·예술 중심의 수련시설로 기능을 전문화함으로써 시설성격을 분명히 하고자 한 측면에서는 의의가 있으나 법적 개념상의 불명확성에 대해 문제가 제기되고 있다(조혜영·유진아, 2008). 이러한 정의에서는 '간단한'의 의미가 소수인원을 대상으로 하거나 일회성 소규모 행사와 같은 단순한 사업을 의미하는지 불분명하다는 문제가 있으며, '수련활동'이라는 의미와 범주가 무엇이고, 문화, 예술 증진의 수련시설이라 할 때 문화, 예술의 의미가 무엇인지 명료하지 못하다.

3) 청소년문화의 집 기능

청소년문화의 집의 기능은 만남과 소통의 기능, 문화체험의 기능, 네트워크 기능 등으로 구분되고 있다. 만남과 소통의 기능은 청소년문화의 집의 기본적인 서비스 기능으로서 개인 또는 청소년들이 자유롭게 시설을 이용하면서 서로를 만나는 과정에서 대화와 의견교환을 통한 소통의 장으로 기능하여야 함을 말한다. 문화체험기능은 청소년들의 문화적 요구에 따른 다양한 영역의 문화활동의 기획과 실행과정에 참여할 수 있는 기회를 제공하는 기능을 말한다. 네트워크 기능은 정보서비스 기능과 더불어 사람, 기관, 지역을 위한 '연계' 중심의 기능을 말하는 것으로, 대외적인 서비스 측면에서 지역사회 청소년서비스의 거점으로서의 기능을 말한다(김정주 · 김혁진, 2002).

(1) 만남과 소통의 기능

만남과 소통의 기능은 청소년문화의 집의 기본적인 서비스 기능으로서 개인 또는 청소년들이 자유롭게 시설을 이용하면서 서로의 만남을 통한 대화와 의견의 교환을 통한 소통의 장으로 기능하여야 함을 말한다. 특히 우리나라 청소년시설이 갖고 있는 단점 중의 하나로 청소년들이 각종 강좌 등 프로그램에 회원으로 등록하지 않고는 자유롭게 활용할 공간이 거의 없다는 문제점이 있다. 이와 같은 시설이용의 경직성은 청소년전용시설에서는 청소년들이 개인적으로 여가시간에 자유롭게 활용할 수 있는 문화적 공간으로서의 기능이 필요하게 된다.

따라서 청소년문화의 집은 만남과 소통의 기능을 통하여 청소년들이 개인적 또는 집단적으로 자유롭게 공간을 활용할 수 있는 기능을 갖추는 것이 필요하다. 이러한 만남과 소통의 기능을 통하여 청소년들이 동아리나 다른 모임 등을 통하여 같은 취미와 주제를 가지고 대화나 모임을 가질 수 있는 공간을 제공받으면서 자율적인 활동을 실시할 수 있게 된다.

(2) 문화체험의 기능

문화체험의 기능은 청소년들의 문화적 요구에 따른 다양한 영역의 문화활동의 기획과 실행과정에 참여할 수 있는 기회를 제공하는 기능을 말한다. 여기서 청소년문화의 개념과 범주는 단순히 문화예술 중심의 감상이나 기능 습득을 위한 강좌나 창작활동 등과 같은 문화예술활동만을 의미하는 것이 아니라 포괄적인 의미에서 문화의 개념을 갖는다. 즉, 문화예술활동뿐만 아니라 N세대 청소년문화의 특징을 살릴 수 있는 정보문화를 영역으로 설정할 수 있고, 지역적 여건과 시설 특성 또는 청소년문화의 집이 추구하는 사업추진 방향에 따라 미디어 문화, 과학문화, 직업진로, 지역봉사, 환경활동, 시민참여문화 등과 같이 다양한 영역에서 활동분야를 선택하여 설정할 수 있다는 것을 의미한다.

이와 더불어 문화체험활동이라고 할 때에는 체험활동의 의미는 청소년들이 수동적으로 주어진 문화작품을 감상하는데서 그치지 않고 청소년들이 주체적으로 문화창조활동을 전개하는 것을 의미한다. 이것은 청소년문화의 집에서 문화체험기능을 수행하기 위해서는 프로그램의 개발과 운영방식을 지도자와 청소년이 파트너십에 의해 아이디어를 발굴하고 기획단계부터 최종 정리단계까지 함께 참여함으로써 청소년 중심의 프로그램을 만들어가도록 하는 것을 강조하는 의미를 갖는다.

(3) 네트워크 기능

네트워크 기능은 정보서비스 기능과 더불어 사람·기관·지역을 위한 '연계'중심의 기능을 말하는 것으로, 대외적인 서비스 측면에서 지역사회 청소년 서비스의 거점으로서의 기능을 말한다.

정보의 네트워크는 청소년문화의 집을 통해서 온라인뿐만 아니라 오프라인상으로 청소년들이 필요한 정보를 제공받는 동시에 자신들의 정보를 제공하는 것을 의미한다. 청소년 네트워크는 청소년들이 청소년문화의 집을 통해 다른 청소년들과 조직적인 연계기반을 확보하는 동시에 지역사회 내의 성인들과 만남을 통해 교류를 하게 되는 것을 의미한다. 지역 내 네트워크는 청소년문화의 집을 통해서 지역사회 내의 청소년 기관 및 관련기관들이 연계협력을 위한 사업을 실행하는 것을 의미한다. 지역 간 네트워크는 청소년문화의 집은 다른 지역사회의 청소년시설 등과의 교류를 통해 지역과 지역 간을 연계하여 청소년들이 다른 지역사회의 청소년과 교류할 수 있도록 통로를 제공하는 기능을 말한다.

네트워크 기능을 통해 청소년문화의 집은 지역사회를 중심으로 하는 정보와 청소년의 교류를 위한 조직적 기반이 되며, 지역사회 청소년정책서비스의 실천을 위한 거점으로서 필요한 기능과 연계망을 확보하게 된다. 이 기능을 수행하기 위해서는 정보서비스를 위한 공간의 설치뿐만 아니라 관련정보를 보유한 기관과의 협력관계 설정 및 홍보, 시설 간의 협력과 공동사업을 위한 지역 내 및 다른 지역기관과의 업무협력 등 기관경영 차원에서의 효율적인 추진체제를 필요로 하게 된다.

이러한 세 가지의 청소년문화의 집 기능이 어떻게 앞서 살펴본 법적 정의와 연결될 수 있는지는 불분명한 면이 있다. 만남과 소통, 네트워크 기능은 정보, 문화, 예술중심의 수련시설의 정의와 어떻게 부합되는지 별다른 설명이 없다. 문화체험기능은 수련시설 정의 중 문화와 관련되지만, 나머지 기능은 다분히 청소년들의 현실적인 요구에 부응한 것이라 할 수 있다.

(4) 청소년문화의 집 이용실태

다음에서는 청소년들이 청소년문화의 집을 어떻게 이용하고 있는지 그 실태를 알아보기로 하자(김정주 · 김혁진, 2002).

청소년문화의 집을 이용하는 대부분의 청소년들은 방과후 집으로 가는 도중이나 특별한 일이 없을 때 2~3시간 정도 이용하고 있다. 청소년들은 청소년문화의 집에 특별한 프로그램에 참석하기보다는 개인의 자유로운 활동을 위해서 방문한다. 일정한 프로그램을 운영하는 청소년 수련관과 달리 청소년문화의 집은 청소년들이 자유로운 공간의 활용과 자유로운 시간에 활용할 수 있다는 장점을 가지고 있어 청소년들이 편안하게 느끼는 청소년전용공간의 특성을 가지고 있다.

청소년문화의 집의 자유로운 활동들은 청소년들이 청소문화의 집에서 활용하는 시설의 활용정도를 통해 알 수 있다. 청소년들이 청소년문화의 집에서 자주 활용하는 시설은 인터넷 · PC, 열린 독서실, 책대여실, 오디오부스 등이다. 인터넷 검색과 열린 자료검색 등의 시설활용은 청소년들이 특별한 목적이 있어 활동하기보다는 여가시간을 개인적으로 자유롭게 활용하는 시설로서의 특성을 가지고 있다. 이런 점은 청소년들이 청소년문화의 집을 이용할 때 집단이나 특정 프로그램에 참여하기보다는 개인적으로 시설을 이용하고 편안하고 자유로운 여가활동을 추구하는 것으로 볼 수 있다. 또한 청소년들이 청소년문화의 집을 이용하면서 좋았던 점을 자유로운 공간의 활용과 저렴한 비용, 자유로운 시간의 이용 등으로 꼽은 것도 개인의 자유로운 여가활동의 추구와 동일한 맥락으로 볼 수 있다.

청소년문화의 집에 대한 청소년들의 만족도는 비교적 높은 편이었으나 시설 자체의 위치나 편의시설 등에 대한 만족도는 낮은 편으로 청소년문화의 집의 낙후성과 노후성을 확인할 수 있다. 청소년들이 청소년문화의 집에서 하고 싶은 활동으로는 문화시설을 자유롭게 이용하며 쉬고 싶다는 의견과 자유롭게 동아리 문화활동에 참여하고 싶다는 응답이 많았다. 또한 청소년문화의 집에서 확충되어야 하는 시설에 대해 청소년들은 카페나 휴게실, 정보화 시설, 체육시설, 전문적인 문화활동 등의 시설이 확충되어야 한다고 응답했다. 이런 점들은 청소년문화의 집이 청소년들의 여가생활과 휴식을 위한 공간으로 중요한 기능을 하고 있으며 청소년의 자유로운 여가활동을 위해 청소년문화의 집의 휴게시설과 문화시설의 개선과 확충의 필요성을 보여준다.

4) 청소년문화의 집 : 시설과 운영상의 문제점

청소년문화의 집은 인구밀집지역에 건립되어야 하는데 무엇보다 부지확보에 어려움이 있다. 기존 공공시설을 청소년문화의 집으로 리모델링하는 경우도 여러 가지 문제점이 수반되고 있다(유진이, 2008). 청소년문화의 집 운영과정에서도 여러 가지 어려움들이 드러나고 있는데, 재정의 취약성, 전문인력의 취약, 상근인력의 업무과다, 열악한 근무환경, 전문성 부족, 지역사회 차원의 프로그램 운영 취약, 중·고생을 위한 프로그램 취약, 접근성, 시설의 노후화, 시설홍보와 자원인력 활용미흡 등이 지적되고 있다(국가청소년위원회, 2007).

청소년문화의 집은 청소년들의 활동공간으로 우선 청소년들이 시간 있을 때마다 자율적으로 제한받지 않고 마음 놓고 편리하게 이용할 수 있어야 하며, 건전한 청소년 여가문화를 만들어주기 위한 장으로 확장되어야 한다. 특별히 육체적인 활동이 왕성한 시기인 청소년기를 고려하여 청소년들이 근처에서 쉽게 접근할 수 있는 곳에 만들어 주는 것이 중요하다. 학업시간 부담으로 여가시간이 많지 않은 주중에는 학교, 학원, 독서실, 도서관, 공원, 쇼핑센터, 거리식당 같은 청소년들의 주 동선 근처나 집 근처 가까운 곳에 청소년시설이 위치해야 한다. 여학생의 경우는 쇼핑센터와 같은 근처에 동선이 차별적으로 발달해 있음을 고려할 필요가 있다.

청소년들이 사용하는 시설공간은 주중에는 스트레스 해소와 기분전환을 위주로 하는 정적이고 소극적인 여가활동 내용을 고려하여야 하며, 토요일에는 자기계발과 발전을 위한 프로그램을 고려해야 한다. 물론 주중에도 적극적이고 동적인 시설을 이용할 가능성은 있지만 가능하면 접근성이 용이하고 개방적이어서 짧은 시간에 이용할 수 있는 시설이 되어야 한다. 또한 주중과 토요일에는 밤 시간대에 이용할 수 있도록 고려해야 한다(유진이, 2008).

5) 외국 청소년문화의 집의 활성화 방안

(1) 집과 같은 장소

청소년문화의 집은 청소년들이 편안하게 휴식을 취하는 안식처이자 집과 같은 공간이 되어야 할 것이다. 여기서 집과 같은 장소라는 의미는 비공식적이고 친밀한 관계가 이루어지면서도 주어진 역할을 수행하고, 적절한 사회적 상호작용이 일어나는 장소를 의미한다.

미국의 경우 청소년센터들은 청소년들이 다양한 사회적 역할을 수행하도록 한다. 청소년센터에서 제공되는 다양한 활동을 통해 청소년들은 다양한 역할을 체험하고 있다. 운동을 할 때는 아동처럼 행동하거나 운동선수처럼 행동할 수 있으며, 어린 아이들을 돌볼 때는 책임감 있는 업무를 수행하는 보호자의 역할을 할 수 있다. 방과후 센터의 지도자들은 다양한 활동을 통하여 청소년들과 다양한 상호작용을 하며 지원할 수 있다. 다양한 역할을 하는 과정에서 성인의 지원을 받음으로써 청소년들은 정체성 통합을 위한 중요한 기반을 얻을 수 있다. 이처럼 다양한 사회적 역할과 지원을 해주는 가정과 같은 장소(home-place)는 청소년들의 정체성 형성과 관련하여 중요한 역할을 한다. 가정과 같은 장소(home-place)가 굳이 가족과 함께 거주하는 집일 필요는 없다. 가정과 같은 장소는 개인에 의해 의미가 부여되는 장소이며, 자기규제와 정체성 유지의 수단이 되기도 하고, 청소년들의 임파워먼트(empowerment) 계기를 제공한다. 이러한 장소를 얻음으로써 개인은 개별적 자아와 공동체 간의 연계를 얻게 된다. 이러한 장소는 특히 도시 빈곤 청소년들에게 특별한 의미를 준다(Hirsch, 2005). 이렇듯 가정과 같은 장소가 특별한 의미를 갖게 됨에 따라 이웃 혹은 지역사회가 청소년에 대한 정책 개입단위가 되며, 이러한 장소가 정책 수행과정에서 중요성이 부각되고 있다. 지역사회 기반으로 청소년활동을 하는 것은 청소년들의 일상생활에 다가가고 이해하는 것을 보다 용이하게 한다.

(2) 학교의 제한적 기능을 보완하는 장소

학교에서 청소년의 다양한 잠재능력이 계발되지 못하는 근본적인 이유는 학습능력 이외의 다른 재능에 충분한 가치를 부여하지 않으며, 그것이 존중되지 않기 때문이다. 학교와 같은 정규 교육기관에서 가르칠 수 없는 부분, 예컨대 창의력, 협동심, 사회성 등을 지역사회의 청소년시설 프로그램을 통해서 개발한다면 청소년들의 여가활동은 의미 있는 시간으로 채워질 것이며, 청소년 성장과정에도 큰 기여를 할 것이다(Hirsch, 2005, 한국청소년정책연구원, 2008 재인용).

청소년기에 형성하는 집단의식과 또래문화를 제대로 표현하고 인정받는 것은 이들의 성장과정에서 중요한 역할을 한다. 10~15세에 이르는 초기 청소년기는 나름대로 사회에서의 독특한 집단을 형성한다. 이들의 문화는 음악, 춤, 의상, 친구들과의 교류, 이성교제, 튀는 행위들을 지향한다. 청소년문화에 관한 한 이들은 전문가이며, 이러한 영역에서 청소년들의 역량이 잘 표현될 수 있다. 이들의 문화가 주류가 아니고 주변화된 집단문화로 표현되지만 이들의 권리와 문화를 인정해 줄 필요가 있으며, 전문가로서의 이들의 재능이 발휘될 수 있는 공간이 필요하다. 청소년문화가 박탈된다면, 청소년들은 역량개발 기회를 잃게 된다. 성인들은 청소년들에게 중요한 것들에 대해 존중하는 태도를 가질 필요가 있다(Hirsch, 2005).

특히 도시의 빈곤지역에서 성장하는 청소년들에게 청소년센터는 외부세계와의 중요한 연결고리가 된다. 사회정책 중 가장 어려운 것 중 하나는 청소년들이 보다 넓은 사회와 연결될 수 있도록 하는 것이다. 지역사회기반 방과후 프로그램은 청소년들이 보다 넓은 지역사회와 연결될 수 있도록 하는 것이다. 이러한 것은 사회적 통합이라고 할 수 있다. 일부의 방과후 프로그램은 도시청소년들에게 기술과 사회자본을 습득하게 하였다. 또 청소년들은 자발적으로 규칙과 규범, 의복 및 행위에 대한 요구사항을 만들어 서로에게 지키도록 하였다. 대부분의 클럽 구성원들은 이러한 규칙이 학교에서와는 달리 제한적이라고 느끼지 않았다. 이러한 상황에서는 사회적 규칙이 학습되며, 자아의식 속에 통합되고 있다(Hirsch, 2005).

(3) 건전한 사회관계 형성의 장

청소년문화의 집의 지도자와 청소년 동료집단 간의 관계는 청소년 성장에 중요한 역할을 한다고 볼 수 있다. 특히 청소년들이 장소애착을 형성하는 과정에서 지도자와의 유대감은 중요한 비중을 차지한다. 청소년들이 학교 밖의 방과후센터나 청소년센터를 집처럼 느끼게 하는 요인으로 구조화된 프로그램이나 레크리에이션 활동보다는 멘토링이 중요한 영향력을 갖는 것으로 나타났다. 청소년과 지도자와의 유대는 학교에서의 선생님과의 관계와 가족이나 친척 간의 관계와 비교될 수 있다. 학교에서 성인들은 전적으로 지식과 관련된 가르침을 주며, 친척들은 거의 비학문적 이슈와 관련하여 멘토가 된다. 반면에 청소년클럽의 지도자는 양자에 대해 균형을 맞춘다. 청소년활동을 지도하는 지도자는 청소년들의 숙제를 돕기도 하며, 학교와 관련되지 않은 이슈들을 지속적으로 다룬다. 더욱이 대화방식은 긍정적인 방식으로 청소년 발달과 조화를 이루고 있다(Hirsch, 2005).

(4) 역량개발의 장

사회환경 변화로 청소년들의 생애성공은 학교교육을 통해 습득한 지식과 기술을 넘어서는 보다 광범위한 역량에 기반한 것이라는 문제의식이 등장하기 시작하였다. 일상생활의 글로벌화는 다양한 사회들 간에 연결된 세계를 만들어가고 있고, 이러한 세계에 잘 기능하기 위해서는 변화하는 기술과 다양한 정보이용능력을 보유해야 한다. 또한 사회가 직면한 여러 가지 도전과 사회적 공평성, 환경문제, 경제성장 등과 같은 도전에 맞서야 하는데, 이러한 상황에서 개인들의 역량은 지엽적인 기술 습득 이상의 것이 되어야 한다. 1997년 OECD의 DeSeCo(Definition and Selection of Competencies) 프로젝트는 장기적 차원에서 측정이 가능한 새로운 영역의 역량을 위한 틀을 제시하고자 하였는데 그것은 첫째, 환경과 효과적으로 상호작용하기 위해 다양한 도구를 사용할 수 있는 능력(정보기술 및 언어 사용), 둘째 다양한 배경을 가진 사람들과 상호작용할 수 있는 능력, 셋째, 자신의 삶을 스스로 책임질 수 있는 능력(자율적인 행위능력)으로 보고 있다(Rychen & Salganik, 2003, 한국청소년정책연구원, 2008 재인용).

6) 우리나라 청소년문화의 집 활성화 방안

(1) 청소년문화의 집 발전방향성 모색

애초의 시설기능인 "간단한 수련활동을 실시할 수 있는 시설 및 설비를 갖춘 정보, 문화, 예술중심의 수련시설"에서 보다 시대적 요구를 반영하고, 변화하는 청소년문화와 관심사를 반영하는 시설로서 방향성을 재정립하는 것이 필요하다. 청소년들의 진로 및 관심분야의 지식습득, 스스로 다양한 활동을 기획함으로써 자율적 행위능력의 향상, 소규모의 사회적 상호작용 및 지역사회에 대한 관심 및 참여증대를 통한 사회적 상호작용 능력 배양, 다양한 프로그램에의 참여 및 경험기회 증가 등이 청소년문화의 집 활동 및 사업 운영과정에 반영되어야 한다. 또 이를 원활하게 가동하기 위해 지역사회 및 학교와의 연계가 강화되어야 한다(한국청소년정책연구원, 2008). 청소년문화의 집의 이용의미와 방향성을 그림으로 보면 다음과 같다(그림 4-1 참고).

시설 이용 계기
① 가까운 거리
② 학교동아리활동
③ 독서실이용 계기
④ 학교 공문
⑤ 학교교사의 권유
⑥ 가족의 권유
⑦ 친구 및 선배 권유
⑧ 인터넷 검색

⇒

청소년 시설 이용 의미	⇒ 방향성
① 진로 및 관심 분야 지식 습득 ② 스스로 하는 것에 대한 성취감	직업역량 개발
③ 사회관계 및 사회성 형성	자율적 행위능력
④ 소통의 공간(청소년 또래 간, 선후배, 청소년과 지도자 등) ⑤ 지역사회에 관심 및 참여	사회적 상호작용능력
⑥ 프로그램 참가를 통한 새로운 경험	체험기반 역량강화
⑦ 라운지문화, 청소년문화 생산에 기여 ⑧ 부적응청소년 변화	문제행동 예방 및 긍정적 청소년성장 지원
• 이용상의 장애 및 어려움 ① 공간 부족 ② 학업 위주의 교육환경 및 교사의 인식부족	학교연계 강화
③ 부모 등 주변의 인식 부족 ④ 청소년 요구 및 사회변화에 부응하지 못하는 여건 ⑤ 시설환경 및 지도인력에 대한 지원 부족	지역사회 연계 강화

(‘이용상의 장애 및 어려움’에서 ‘청소년 시설 이용 의미’ 쪽으로 ⇑)

⇒

긍정적 변화
① 타인에 대한 배려 증가
② 발표력 신장
③ 대인관계 확장
④ 사회에 대한 시각 얻음
⑤ 적극적인 성격
⑥ 자신감 및 리더십
⑦ 태도 및 생활습관 변화

그림 4-1 청소년문화의 집 이용 의미와 성과

출처 : 한국청소년연구원(2008).

(2) 청소년 참여 활성화 방안

① 청소년 중심의 시설 및 공간 구성

청소년문화의 집은 청소년들이 주 사용자임에도 불구하고, 프로그램을 중심으로 하는 기존시설의 계획으로 인하여 근본적인 문제점을 드러내고 있다. 즉, 활동 프로그램, 시설공간, 환경 및 설비 등의 모든 계획이 성인 운영 중심의 사고로부터 파생됨으로써 주 사용자인 청소년의 행태와 이용동선 및 환경, 요구사항 등이 고려되고 있지 않은 상황이다. 이러한 문제점들의 해결을 위하여 사용자 중심의 개념전환을 통한 환경조건의 질적 개선이 필요하다(한국청소년정책연구원, 2008).

청소년들이 청소년문화의 집을 자율적으로 이용하고 활발하게 참여할 수 있도록 하기 위해서는 청소년문화의 집 환경 조성과 공간 구성이 매우 중요하다. 특히 인위적으로 조성하는 부분과 자연적인 환경의 조화를 유도하여 청소년의 여가를 활용하기 위한 행동 및 행위 유발이 가능해야 한다. 청소년문화의 집의 조형적인 환경 조성을 위해서는 다음과 같은 원칙이 적용될 수 있다.

첫째, 프로그램을 다양하게 제공할 수 있는 시설의 유연성을 확보하고 창의적인 여가문화활동의 가능성을 제시하여야 한다. 둘째, 청소년문화의 집은 특별한 기능에 따른 일정한 예외를 제외하고 다양한 기능을 수용하고 요구변화에 따른 환경 및 공간의 변형이 가능하도록 하는 것이 중요하다. 셋째, 청소년문화의 집은 시각적, 공간적으로 개방성과 폐쇄성을 동시에 만족시키는 구조가 되어야 한다. 청소년문화의 집의 인지도를 제고하고 모든 청소년의 접근을 용이하게 하기 위하여 시설과 공간의 개방, 폐쇄 등의 개념을 적용함으로써 이용자에게 방향성을 제시할 수 있도록 하여야 한다. 끝으로 청소년문화의 집이 청소년들로부터 관심을 받기 위해서는 청소년들이 들어가고 싶도록 하는 시설외관을 갖추고 있어야 한다. 대부분 관공서나 기존의 건물을 리모델링하여 들어선 문화의 집들의 경우 청소년시설이라는 이미지는 거의 없다고 보여진다. 결국 청소년들의 시각으로 디자인되고, 고정관념을 깨는 고급화된 시설이 갖추어져야 한다(한국청소년정책연구원, 2008).

② 학교 및 지역사회 연계

㉠ 학교와의 연계 : 청소년문화의 집 이용을 보다 활성화하기 위한 방안으로 학교 및 지역사회와의 연계가 강조되고 있다(한국청소년정책연구원, 2008). 비교적 연계가 잘 되고 있는 시설의 경우 수 년 동안의 지속적인 노력으로 학교의 인식을 바꾸었고, 학교와 공간을 공유하며, 학생들을 지도하고 있다. 하지만 대체로는 학교연계가 활성화되지 않은 편이다.

- **학교와의 협약 체결** : 학교와의 연계강화를 위한 방안으로는 먼저 인근학교와의 협약체결방식을 들 수 있다. 협약을 통해 학교공간 사용, 교사들을 시설의 자문위원으로 위촉하여 중요 행사 및 학교행사들을 연계하여 참여하는 것이다. 학교연계는 단시일에 이루어지는 것이 아니며 지속적으로 주변학교에 관심을 가진 후 나타나는 결과라고 할 수 있다.
- **청소년지도사의 학교방문 활동지도** : 학교와의 연계방식으로 청소년지도사가 학교를 방문하여 학생들을 대상으로 특정 주제의 교육을 하기도 한다. 일부 청소년문화의 집의 경우 특정 분야(폭력예방, 환경 등)의 교육사업으로 전문성을 쌓아온 위탁단체들이 운영을 하고 있고 이러한 배경은 학교에 청소년지도사가 직접 투입되어 교육활동을 하는 계기가 되고 있다.
- **학생들의 청소년문화의 집 방문활동 참여** : 청소년지도사가 학교를 방문하여 연계가 이루어지기도 하지만 학생들이 청소년문화의 집에 직접 방문하여 활동에 참여하는 방안도 있다. 환경교육으로 전문화된 프로그램을 운영하는 문화의 집의 경우 이미 주변학교에서 프로그램의 효과성에 대해 긍정적으로 평가되고 있으며, 매주 청소년들이 문화의 집을 방문하여 직접 환경체험을 통한 교육을 받고 있다. 특히 소집단으로 활동이 이루어지며 직접 만들어 보고 체험해 보는 교육은 학교에서 이루어질 수 없기 때문에 매우 효과적인 활동이 될 수 있다. 이와 함께 '놀토' 프로그램 운영 등을 적극적으로 모색해 볼 수 있다.
- **교사 네트워크 활용** : 학교와의 연계를 위해서 인근 학교교사와의 정기적인 간담회를 개최하거나 지역학교 교장 및 교사들을 자문위원으로 위촉하는 등 교사 네트워크를 만들어 활용하는 방안이 있다. 특히 특정 사업을 시작하거나 소개할 필요가 있을 때 적극적으로 자문위원회를 활용할 필요가 있다. 주변 학교교사들을 자문위원회

등으로 네트워킹하고 지속적으로 연계를 유지하는 문화의 집들은 축제 등 학교행사나 특별활동, 특기적성활동을 학교와 함께 담당하기도 한다.

㉡ **지역연계** : 청소년문화의 집의 청소년 참여를 활성화하기 위해서는 지역의 인적, 물적, 사회문화적 자원을 적극적으로 연계할 필요성이 제기된다(한국청소년정책연구원, 2008). 먼저 지역의 사회적 자원으로 청소년 관련단체 및 기관과의 연계이다. 이러한 연계를 통해 지역사회에서 부족한 자원을 보완하기 위해 상호 연계하기도 하고, 프로그램을 교환하여 제공할 수 있다. 나아가 청소년문화의 집의 활동내용과 관련하여 노인정이나 각종 평생교육센터 및 진로, 상담관련 기관과의 연계도 이루어지고 있다. 뿐만 아니라 민간 상업시설과의 연계를 구축하여 축제 등을 진행하고 있는 시설도 있었다.

또한 지역의 문화 및 활동 자원과 적극적으로 연계할 필요성이 제기된다. 지역의 예술가, 체육인, 과학인 등 지역 전문가 등 인적 자원과 적극적으로 연계함으로써 활동 프로그램의 전문성을 높임으로써 청소년 참여를 증진시킬 수 있을 것이다. 인적자원 연계방안으로 지역사회의 자원봉사자 풀을 구축하고 문화의 집 활동과 연계하는 방안도 모색되어야 할 것이다. 특히 문화의 집을 이용하는 청소년들이 성인이 되어서도 지속적으로 지역의 청소년문화의 집을 위해 자원봉사할 수 있도록 연계망을 구축하는 것이 필요하다.

㉢ **홍보 강화** : 청소년문화의 집에서 활동을 하고 있는 청소년들은 활동에 대한 만족도가 높음에도 불구하고 제대로 알려져 있지 않아서 참가하는 청소년들이 적다. 청소년정책연구원(2008)의 연구결과에 따르면, 학교를 통한 홍보가 절실한데도 불구하고 학교교사들이 적극적으로 협조하지 않다는 사실이 지적되고 있다. 청소년들은 다양한 홍보방법에 대해서도 제안을 하고 있는데, 학교를 통한 문화의 집 홍보를 제시하고 있다. 이를 위해서는 교사들의 의식을 개선하여야 하며,

교사들의 인식개선을 위해서는 청소년문화의 집과 학교의 관계개선, 교사 간담회, 자문위원회 등을 적극 활용해야 할 것이다. 학교를 통한 홍보 외에 방송을 통한 홍보도 제시하고 있다. 청소년들의 일상에 큰 파급효과를 주는 TV 프로그램을 선정하여 청소년문화의 집에 관한 홍보를 하는 것이다. 이와 함께 청소년들은 문화의 집을 알리기 위해 사람들이 많이 모이는 장소에서의 축제나 공연 등을 제안하고 있다. 특히 도심의 대형백화점이나 청소년들이 많이 모이는 놀이공간에서 문화의 집을 홍보할 것을 제안한다. 그리고 청소년문화의 집을 알릴 수 있는 이정표와 표지판을 제대로 설치할 것을 제안하며, 개별 청소년문화의 집 홈페이지를 만드는 것뿐 아니라 청소년문화의 집을 대중적인 검색엔진으로 찾을 수 있게 하는 것을 제안하고 있다 (한국청소년정책연구원, 2008).

2. 청소년문화의 정책

1) 청소년행정의 개념과 성격

(1) 청소년행정의 개념

청소년행정의 개념 정의는 행정을 정의하는 입장에 따라 많은 차이가 있다. 여기에서는 일반적으로 행정을 정의하는 입장에 따라 국가공권설, 조건정비설, 정책집행설 및 행정행위설로 나누어 살펴보고 이를 종합하여 청소년행정을 포괄적으로 정의하고자 한다.

① 국가공권설

국가공권설에서는 행정을 국가 통치권 중의 하나의 작용으로 파악한다. 즉, 행정이란 삼권분립의 헌법체제를 전제로 하여 입법과 사법을 제외한 일체의 국가작용을 의미한다(이를 흔히 공제설이라고 한다). 또한 행정을 법규를 해석하여 적용한다고 보는 점에서 국가공권설의 입장을 법규해석적 정의라고도 한다. 이 입장에 의하면 청소년행정이란 청소년을 대상으로 하여 이미 규정된 법령을 해석하여 실제로 적용하는 과정으로 볼 수 있다. 다시 말해서, 국가의 여러 행정작용 중 특히 청소년에 관한 법규를 집행하는 행정, 즉 '청소년에 관한 행정'이 다름 아닌 청소년행정이라고 쉽게 이해한다.

국가의 행정작용 중에는 국가가 스스로 행하는 관치행정과 지방의 자치단체가 고유의 사무로서 행하는 자치행정이 있는데 청소년행정이란 국가가 주체가 되어 행하는 관치행정에 속하며 지방자치단체가 청소년에 관계되는 행정을 할 때에는 어디까지나 국가의 위임에 의해서 행할 뿐이므로 지방자치단체의 고유사무는 아니라는 입장이다.

따라서 이와 같은 국가공권설, 즉 법규해석적 정의의 청소년행정은 중앙집권적이며 관료적 성격을 띠게 되므로, 행정의 실제에 있어서는 국가에서 정한 청소년에 관한 법규의 충실한 해석과 적용만이 중요한 관심사가 되고 자율적이며 창의적인 행정은 법규위반이 되거나 이단시된다.

따라서 획일적인 통제위주의 행정모습이 불가피하다. 말하자면 '위에서 아래로(from the top down)'의 행정이라는 권위주의적, 비민주적 행정풍토가 일반화하게 된다.

② 조건정비설

청소년행정에 대한 국가공권설의 입장은 국가의 수준에서 청소년에 관한 행정을 한다고 하는, 즉 행정을 앞세우는 행정위주의 성격이 강하게 나타난다. 따라서 대상이 되는 존엄한 인격체인 청소년은 한낱 법규적용의 대상이거나 국가행정권의 테두리 안에 소속하는 존재일 뿐이다. 말하자면, 청소년은 뒷전으로 밀려나고 행정이 위주가 된다.

조건정비설은 이러한 국가공권설과는 아주 대조적이다. 여기서의 청소년행정이란 어디까지나 '청소년을 위한 행정'으로 행정이란 청소년의 욕구와 필요를 충족시켜 주고 청소년이 건전하게 성장 · 발달하고, 그들을 정신적 · 육체적 · 정서적 · 사회적으로 건전하게 육성할 수 있도록 하는 데 요구되는 제반여건을 조성해 주는 것이라는 입장이다. 제반여건에는 인적·물적·재정적인 측면이 다 포함된다. 따라서 행정이 청소년 위에 군림하는 것이 아니라 청소년을 상 위에 놓고 그 밑에서 그들을 위해 봉사하고 지원하는 보조적·수단적 성격을 띠는 것이 청소년행정의 모습이다.

행정의 조직이나 작용은 어디까지나 청소년을 건전하게 육성하고 그들의 활동을 최대한으로 지원하기 위한 봉사활동이라고 본다. 청소년행정은 국가를 위해서, 국법을 적용하기 위해서, 또는 그 자체를 위해서 존재하는 것이 아니라 청소년을 위한 지원체제로서 존재의미를 가지며 청소년의 건전한 성장과 육성에 어느 정도 기여하였느냐에 따라 그 성과가 결정된다고 본다.

조건정비설의 입장에서 파악한 청소년행정은 민주적이며, 지방분권적이며, '아래에서 위로(from the bottom up)'의 행정모습을 띠게 된다.

③ 정책집행설

조건정비설의 입장에서는 청소년행정을 '청소년을 위한 수단'이며 그들의 육성과 활동에 필요한 조건의 정비 또는 봉사활동으로 파악하여 행정에서 권력적 요소를 크게 후퇴시킨 것을 의미한다.

아무리 자유민주주의 국가라 하더라도 권력적 요소를 수반하지 않는 행정이란 생각할 수 없는 것이기 때문에 행정을 실제로 움직이고 있는 여러 사회적 힘을 기초로 해서 파악하려는 움직임과 단순한 법규의 해석·적용이 아닌 정책의 결정까지도 행정으로 보는 입장, 즉 정치와 행정을 이원론적으로 보지 않고 일원론적으로 파악하려는 움직임에서 나온 것이 정책집행설이다. 이 입장에서 청소년행정을 정의한다면 청소년행정이란 청소년에 관한 정책을 수립하고 이를 국가권력을 통해서 실현하는 과정을 의미한다.

그런데 중요한 정책은 일관성과 계속성 및 안정성을 유지해야 하기 때문에 대부분의 경우 중요한 정책은 입법화하기에 이른다. 따라서 국가공권설 또는 법규해석적 정의와 정책집행설은 결국 같은 입장이 되어 이를 구분하기가 어려운 것이 현실이다.

④ 행정행위설

오늘날 행정의 연구동향은 여러 분야의 행정, 예를 들어, 공공행정, 교육행정, 기업행정, 병원행정, 호텔행정 등 특수분야의 행정들이 공통적으로 가지는 속성, 즉 공통성을 강조하는 경향이 있다. 이러한 공통성을 추구하기 위해 행동과학이나 사회과학 등 종합과학적 또는 관련분야 상호간의 협동적 노력에 의해 개념을 규정하려는 접근(interdisciplinary approach)에서 나온 것이 행정행위설이다. 이와 같은 입장을 취하는 여러 학자들의 행정에 관한 정의를 종합해 보면 결국 행정이란 조직이 공동목표를 달성하기 위한 합리적 협동행위를 이룩하려는 작용이라고 간단히 정의된다.

따라서 행정은 반드시 조직을 전제로 한다. 조직이 없는 행정이란 생각할 수 없으며 이때 조직이란 폭도나 군중 또는 관객과 같은 우연적이거나 일시적인 사람의 집합이 아니라 정부, 군대, 병원, 회사, 노동조합, 교회, 학교와 같이 계속성을 지닌 조직을 말한다. 그와 같은 조직은 반드시 추구하는 공동목표가 있다. 이 목표는 조직의 구성원들에 의해서 달성되며 인간은 조직에 참여하여 조직의 목표를 달성함과 동시에 자기의 개인적인 욕구를 충족하기 위해 조직에 남아있는 것이다. 이들 조직의 구성원들은 정력, 시간, 비용, 자원을 될 수 있는 대로 적게 들이면서 목표달성도는 극대화하려는 행위를 조성해야 하는데 이를 가리켜 합리적 협동행위를 이룩하려는 작용이라고 한다.

이와 같은 행정의 해석은 모든 행정에 다 적용할 수 있는 것으로서 청소년행정에 적용해 본다면, 청소년행정이란 청소년을 위해 설립된 조직의 목표를 합리적으로 달성하기 위해 조직 구성원의 협동행위를 이룩하려는 작용이라고 말할 수 있다. 정부기관이든 사설단체이든 청소년을 위해서 그 조직의 목표를 가장 능률적으로 달성할 수 있도록 협동행위를 이루는 작용이라면 모두 청소년행정의 개념에 포함시킬 수 있다.

⑤ 포괄설

이상에서 청소년행정의 개념을 네 가지 입장에서 정의하여 보았다. 그런데 그 어느 하나의 입장만이 배타적으로 타당하거나 최선의 것이라고 주장할 수는 없다. 왜냐하면 청소년행정이라는 하나의 동일한 현상을 각각의 관점과 시각에 따라 그 강조점을 달리하였다고 볼 수 있기 때문이다. 따라서 이들 네 입장을 이해하고 수용하면서 각각의 부족한 점을 상호・보완하여 포괄적으로 파악할 때 비로소 청소년행정의 의의가 분명해질 수 있다.

국가공권설의 입장에서 청소년행정을 정의한 것이 비민주적이고 관료적이며 획일적이라는 비판에도 불구하고 청소년행정이 청소년에 관한 법을 무시하거나 국가의 권력적용 없이 이루어질 수 없는 것은 당연하다.

또한 청소년에 관한 정책집행설에서는 청소년정책이 청소년행정의 지침이 되며 헌법을 위시한 우리나라 실정법 체계에서 청소년의 지도, 육성에 관한 이념이 반영구적으로 규정되어 있는바 이와 같은 이념을 실현하기 위한 구체적 방침을 청소년정책으로 볼 수 있기 때문에 국가공권설과 정책집행설이 상호 불가분의 관계에 있음을 또한 무시할 수 없다.

뿐만 아니라 조건정비설을 도외시한 청소년행정은 생각조차 할 수 없는 일이다. 청소년 집단의 방대성과 그 조직적 성격으로 보아 청소년을 위한 시설과 인적・물적・재정적 지원 등 조건의 정비 및 확충없이 건전한 청소년 육성은 있을 수가 없다. 그리고 이와 같은 조건정비에는 반드시 관련법규의 규정에 따르지 않으면 안 되기 때문에 조건정비설을 주장하더라도 역시 국가공권설을 전연 도외시해서는 안 된다.

그런가 하면 민주국가의 이념에서 보거나 청소년의 특수성으로 보아 청소년행정이 다른 분야의 행정과의 상호관련성을 무시할 수 없고 청소년단체나 기관이라는 조직 구성원의 협동적 노력없이도 소기의 목적달성이나 성과를 거둘 수 없다는 점에서 행정행위설을 또한 수용하지 않을 수 없는 것이다.

이상과 같은 이해를 바탕으로 청소년행정을 다음과 같이 포괄적으로 정의할 수 있을 것이다.

청소년행정이란 청소년 각자의 인격을 완성하고 국가와 사회에 기여할 수 있는 건전한 자질을 육성하기 위해 ㉠ 청소년에 관한 법규와 정책을 집행하고, ㉡ 청소년활동과 지도·육성에 필요한 제반조건을 정비·확립하며, ㉢ 청소년단체나 조직 구성원들의 합리적 협동행위를 조성하는, ㉣ 수단적·지원적 봉사활동의 과정이다.

이상과 같은 정의는 청소년행정이 어느 하나의 입장만으로는 만족스럽게 규정하기 어려우며 하나의 간결한 문장만으로 정의하기가 힘들다는 전제에서 보다 구체적이면서 포괄적으로 정의하기 위한 것이다.

(2) 청소년행정의 성격

청소년행정의 정의에서 고찰한 바를 토대로 유추해 본다면 청소년행정의 성격은 다음과 같이 정리될 수 있다.

첫째, 청소년행정은 궁극적으로 청소년을 위한 행정이란 점에서 그 특수성을 찾아 볼 수 있다. 따라서 청소년행정의 이념이나 목표는 어디까지나 청소년을 위해서 그들의 욕구나 필요를 충족하며 개인적으로나 사회적으로나 유능한 인격을 함양하고 사회공동체의 일원으로서 건전한 자질을 갖추도록 지원하고 봉사하여 그들의 복지를 증진할 수 있도록 조장하는 데서 찾아야 한다.

둘째, 청소년행정은 청소년을 대상으로 하는 행정이다. 청소년행정의 제반 특성은 바로 행정의 대상이 되며 목표가 되는 청소년이라는 제반 속성에서 도출된다. 청소년의 연령 구분에 따라 청소년행정의 범위에 관한 논의가 있을 수 있으나 일반적으로 말하면 청소년기란 아동기에서 성인기로 넘어가는 과도기적 단계에 있고 여기에서 오는 여러 가지 사회심리학적인 특성을 가지고 있는 집단이다. 건전한 이상과 꿈에 부푼 세대로서 미래사회에 대비하기 위해 성실하게 학업이나 주어진 역할에 충실하면서도 반항과 소외, 일탈행위와 비행, 무분별한 외래문화의 모방과 추종, 기성세대와의 가치관의 상이 등 열거하기 어려울 정도로 그들만이 가지는 제반 속성을 이해하지 않고서는 청소년행정의 실질적 효과는 바라기 힘들다.

셋째, 청소년행정은 그 대상의 다양성으로 인해 고도의 탄력성, 비정형성을 특징으로 한다. 청소년기에 처한 그들의 사회심리적 속성의 다양성만큼이나 청소년집단은 또한 다양하다. 청소년집단은 학교 청소년, 근로 청소년, 비행 청소년, 범법 청소년, 각종 시설에 수용되어 있는 청소년, 각종 단체에 가입한 청소년 등으로 유형화되고 있고 그들은 다시 여러 하위집단으로 구분된다. 예컨대 학교 청소년만 하더라도 학교단계에 따라 초등학교, 중학교, 고등학교, 대학교로 나뉘고 고등학교는 계열별에 따라 인문계, 실업계, 특수목적고(체육고, 과학고, 예술고, 외국어고 등)로 다시 구분된다. 따라서 청소년행정은 고도의 다양성과 탄력성, 비정형성을 특징으로 한다.

넷째, 청소년행정은 고도의 협력성을 특징으로 한다. 청소년이 소속되어 있는 집단과 단체, 시설이 다양하고, 이들을 관장하고 있는 중앙의 정부부처와 지방자치단체의 행정부서 또한 다양하므로 이들 관련집단과 단체, 시설 상호간, 그리고 관련 행정부처와 부서와 부서 상호간, 또한 행정기관과 관련단체나 집단, 시설 상호간에 긴밀한 협력체제하에서 영위되는 것이 청소년행정이라 할 수 있다.

다섯째, 청소년행정은 고도의 공개성과 여론에의 민감성을 특징으로 한다. 청소년은 가정, 학교, 사회의 모든 영역에서 관심의 대상일 뿐 아니라 이들이 현재나 미래의 주인공임에도 불구하고, 아직은 미성년이기 때문에 자기들의 권리를 독자적으로 주장하지 못하는 특수한 인생단계에 처해 있다. 그리하여 이들의 행태는 언제나 전체 국민의 관심사이며 이들에 대해 문제를 제기하고 그 해결책을 제안하는가 하면 청소년을 대신해서 그들의 주장과 요구를 옹호하고 대변하는 것을 민주시민의 정당한 권리와 책임으로 알고 있다. 따라서 청소년행정은 청소년 자신들보다도 그들의 보호자의 요구나 사회여론에 민감해야 하고 신속히 대처해야 한다. 뿐만 아니라 청소년행정의 내용은 공개하여 가정, 학교, 사회의 공동적 관심과 책임을 환기하여야 한다.

여섯째, 이와 같은 제반 특수성으로 해서 청소년행정은 전문성을 띠지 않으면 안 된다. 청소년의 발달 특성이나 특수한 사회적 위치와 그들이 처한 다양한 상황과 조건을 전문적으로 이해·파악하여 이에 적극적으로 대처하면서 행정의 능률과 효과를 극대화하기 위해 고도의 전문적인 학문적 배경과 청소년지도나 행정의 실무경험을 겸비한 자가 청소년행정을 맡아야 한다는 것은 당연한 논리이다. 청소년행정을 전문성이 없는 영역이어서 관심과 열성만 있으면 아무나 할 수 있는 영역이거나 다른 분야의 행정에서 소외되고 인정받지 못한 사람이 마지못해 담당하는 한직으로 여겨서도 안 된다.

2) 청소년육성정책의 배경

(1) 청소년정책의 시작

우리나라 청소년정책은 삼국시대 고구려의 경당과 신라의 화랑도에서 시작했다. 고구려의 경당은 우리나라 최초의 민간 청소년 교육기관으로서 고구려의 미혼자제들이 경서를 익히고 무예를 연마하는 수련활동 무대였다. 신라의 화랑도는 국가적 제도로 설치된 청소년단체이다. 이 활동은 세계 어느 나라에서도 찾아보기 어려운 청소년 수련활동의 전형적인 모델이었다.

1910년 이후부터 1945년까지는 학교정책에 청소년정책은 없었다. 이 시기에 청소년들의 대부분은 입시지옥에 빠지거나 근로착취를 당하는 현상이었다. 1960년대에 이르러 청소년들의 끽연, 음주, 풍속저해행위 등의 규제에 의하여 청소년의 보호, 선도, 육성이 가능하리라고 보는 부정적인 청소년정책이 시작되었다.

1964년에 청소년 보호대책위원회, 1977년에 보호를 뺀 청소년대책위원회를 만들어 청소년의 지도, 선도, 보호, 육성, 교정 등 다양한 단어가 출범하여 청소년정책의 방향이나 구체적인 내용이 없이 문제 청소년을 규제·보호하는 수준에서 벗어나지 못했다. 이 시기에도 학교 안에서는 공부중심으로 몰아가고, 학교 밖에서는 단속대상의 청소년정책을 펴가는 것이 일반 현상이었다.

1980년대 이후 우리나라의 청소년정책은 1983년 4월 대구 향촌동 디스코클럽 화재와 1984년 2월 서울 석관동 맥주홀 화재로 춤추며 놀던 10대 청소년들이 대량으로 몰사한 사건을 계기로 청소년정책의 필요성이 활발하게 거론되기 시작했다.

1987년 헌법개정에서 '국가는 청소년의 복지향상을 위한 정책을 수립할 의무를 진다'는 새로운 청소년정책의 헌법적 근거가 마련되었다. 같은 해 '청소년육성법'이라는 이름의 단행법률이 탄생하였다. 1988. 6. 18. 체육부에 청소년업무를 전담하는 청소년국이 설치되었다.

1990년대 한국청소년정책이 구체적으로 탄생되어 청소년정책, 청소년지도자, 청소년연구원, 청소년들이 참여하는 협의체를 구성하였고 지금까지 일부 청소년들을 위한 정책에서 모든 청소년에 대한 장기적, 종합적, 자율적, 긍정적 청소년정책으로 바꾸었으며 이는 한국청소년기본계획과 청소년기본법으로 보장되었다. 청소년기본법은 학교 밖의 청소년에 대한 사회화활동을 활성화함으로써 학교교육에서 할 수 없는 덕육과 체육을 보완하는 의미를 가지고 있다. 궁극적으로는 그들의 조화로운 성장을 도와주는 구체적인 내용을 규정하고 있다. 종래의 청소년 육성, 지도, 선도, 보호, 지원의 산만한 용어들을 청소년 육성이라는 법적 개념으로 정리되었다.

(2) 청소년정책의 구체적 배경

청소년정책이 탄생하게 된 배경은 정부수립 이후 6단계로 나누어 볼 수 있다. 첫째 단계는 청소년문제에 대한 산발적 규제, 보호단계(1948~1964). 둘째 단계는 청소년문제에 대한 규제, 보호 종합조정시도 단계(1964~1987). 셋째 단계는 청소년정책의 예고단계(1987~1990). 네 번째 단계는 청소년육성제도의 확립단계(1990~1998). 다섯째 단계는 청소년보호에의 회귀단계(1998~2004). 여섯째 단계는 청소년육성과 통합(2005~현재)이다.

① 청소년문제에 대한 산발적 규제, 보호단계(1948~64)

미성년자보호법은 미성년자의 흡연과 음주 및 선량한 풍속을 행하는 행위를 제한 또는 금지함으로써 미성년자의 건강을 보호하고 선도·육성함을 목적으로 하고 있다. 미성년자들이 흥행장, 유흥접객업소, 사행행위장, 숙박업소 등에서 풍기를 문란하게 행위하는 것을 금지사항으로 규정하고 있다. 아동복리법은 아동이 그 보호자로부터 유실, 유기 또는 이탈되었을 경우, 그 보호자가 아동을 양육하기에 부적당하거나 양육할 수 없는 경우, 아동의 건강한 출생을 보장할 수 없을 경우, 기타의 경우에 아동이 건전하고 행복하게 육성할 수 있도록 그 복리를 보장함 등을 목적으로 한다.

아동복리법은 청소년육성보다는 아동의 복지에 관한 법이었지만 청소년을 직접 대상으로 한 미성년자보호법마저도 전체 청소년들의 활기찬 성장을 이념으로 하는 법규범이 아니라 질서유지 차원과 풍기문란을 단속할 수 있는 법적 근거를 마련한 것이다.

② 청소년문제에 대한 규제, 보호 종합조정시도 단계(1964~87)

1964년 청소년보호대책위원회를 설치, 대통령령인 청소년보호대책위원회 규정이 제정되어, 1987년 청소년육성법이 제정되기 이전까지를 말한다. 이 단계는 청소년보호대책위원회가 활동하던 전반과 위원회가 폐지되고 보호라는 개념이 빠진 청소년대책위원회규정에 의한 청소년대책위원회가 출범하여 활동한 시기이다.

③ 청소년정책의 예고단계(1987~90)

이 단계에서부터 청소년육성을 위한 법적 체제가 어느 정도 갖추어지기 시작했다. 이 단계에서 국가는 교육면에서뿐만 아니라 복지의 면에서 청소년정책을 체계적으로 추진해야 하는 종합적 내용을 담은 법률을 제정하여 이행할 의무를 가지게 되었다. 1987년에 제정된 청소년육성법은 법의 명칭을 청소년육성이라는 용어로 표현한 최초의 법률이며 법적용대상과 범위를 9세에서 24세로 정하고 청소년위원회, 청소년시설, 청소년단체, 한국청소년연구원, 청소년육성기금 등을 규정한 청소년에 관한 종합적으로서의 면모를 갖추게 되었다.

④ 청소년육성제도의 확립단계(1990~1998)

1990. 9. 10. 정부중앙부처에 체육부가 체육청소년부로 개편되어 청소년정책조정실이 창설되고 한국청소년 기본계획위원회가 구성되었다. 1991. 6. 27.

한국청소년기본계획이 수립되고, 1991. 12. 31. 청소년기본법이 제정되어 청소년육성정책의 근거가 확립되었다. 1998년 청소년육성정책의 일부인 청소년 보호정책이 국무총리실로 승격, 이관되기까지를 말한다.

⑤ 청소년보호에의 회귀단계(1998~2004)

1994년 청소년정책실 산하의 청소년보호위원회가 설치된 것은 두 가지 이유가 있다. 하나는 청소년과 관련된 사회환경을 규제하여 청소년을 보호하는 업무에 현장성을 강화하는 내용이고 다른 하나는 청소년육성의 전체 업무 가운데 혼재하게 하면 모처럼 부정적 시각에서 긍정적 시각으로 전환된 청소년육성정책의 더 큰 부분마저도 보호라는 종전의 관념에 의하여 지연되거나 훼손될 우려가 있다는 점이었다.

⑥ 청소년육성과 통합(2005~현재)

2009년 MB정부 출범 후 청소년보호위원회가 해체되고 청소년정책에 대한 종합적 업무가 보건복지부로 이관되었으나 최근에는 여성부로 업무가 가는 것으로 추진되고 있다.

(3) 청소년문화정책의 혁신적 전환의 필요성

한국청소년개발원 편(2007)은 청소년문화를 혁신적 전환의 필요성을 청소년들이 또래문화를 집단화하려는 움직임으로 팬덤문화, 매니아 문화, 온라인커뮤니티 문화 등으로 구체화되고 있다. 또한 근래에 와서 청소년 하위문화의 부분적인 활동으로 기성제도권의 보수적 도덕관과 충돌하면서 청소년문화는 부정적인 사회병리현상으로 보여지고 있다. 그러나 청소년문화 영역에서 그들은 단순히 소비주체만이 아니라 생산주체로 나서고 있다. 생산적인 양상을 보면서 전국적으로 특수 프로그램이나 청소년관련 수련관, 수련시설이 확충되고 있다. 예를 들면, "미지센터, 하자센터, 문경해보라대안학교, 스스로넷, 청소년문화연구소, 청소년동아리연맹, 청소년문화활동과 연구" 등을 들 수 있다.

따라서 앞으로 청소년문화정책의 변화조건을 ① 청소년문화 개념의 새로운 이해 : 청소년문화를 1990년부터 논의되기 시작한 신세대문화의 일반적인 정의는 포괄될 수 없으며 청소년세대는 소비문화의 중심주체이면서 또한 비주류문화를 생성하는 주체이기도 하고 청소년은 문화세대로서 문화적 자율성을 가진 능동적인 주체이다. ② 청소년을 위한 문화 공공성의 필요성과 문화사회의 출현, ③ 청소년문화와 문화교육의 연계 : 학교문화교육과 사회문화교육으로 구분하여 학교문화가 청소년문화의 현실을 가장 어렵게 만들고 있는 입시교육의 틀을 깨기 위한 대안을 제시하고 공교육을 넘어서 사회문화교육으로 확대되어 대안학교, 평생학습센터, 공공문화기반시설, 청소년문화시설 등으로서의 역할과 문화교육을 의미한다.

3. 청소년문화의 발전방향

1) 한국 청소년문화의 실태와 문제점

(1) 청소년문화의 실상과 허상

우리가 '문화'의 개념을 어떻게 정의하고 규정하든 일반적으로 '청소년문화'라는 의미를 공유한다고 전제할 때 청소년문화는 그 다양성과 이질성에도 불구하고 일관된 몇몇의 전형을 지니게 된다. 연령이 달라도 계층이나 성·거주지역이 달라도 또는 학교라는 공간에 있든 직업의 세계에 있든 심지어는 길거리에서 방황하는 청소년들에게도 공통적으로 나타나는 징후의 문화적 속성들이 존재한다면 우리는 이들 공통분모 부분을 청소년 하위문화의 결집된 유형군으로 유추·해석해 볼 수 있을 것이다.

오늘의 한국 청소년들은 흔히 서구문화를 무비판적·맹목적으로 수용한 신세대들로서 마치 기존의 성인세대 문화의 영향권 밖에 있는 이질적인 문화의 보유집단인 것으로 때로는 매도되기도 한다. 그렇다면 과연 오늘날 청소년문화의 표상처럼 떠오르는 청바지와 힙합, 햄버거와 피자, 팝뮤직과 테크노, 티셔츠와 펑키 헤어스타일이 그들의 모든 것을 해결할 수 있을까?

서구 청소년들의 그러한 문화들과 우리 청소년의 문화들이 같은 이름으로 표출된다 해서 그 본질이 그대로 전수된다고 볼 수 있겠는가? 적어도 외형적인 문화의 일시적인 전수는 쉽다. 그러나 그 문화의 실체가 내면화되어 정착되는 것은 긴 시간을 요하며 또한 그 시간 속에서 이미 수용된 문화는 그 모습을 달리하게 됨을 명심해야 한다.

한국사회의 청소년문화는 아직은 문화접촉과 변용, 전이의 과도기적 단계에 있으며 한국화된 새로운 청소년문화를 전용화하기 위해 애써 그 모습을 형성해나가고 있는 단계이다. 이러한 과정 속에서 부분적으로는 맹종과 무비판적 수용, 왜곡과 편견, 문화적 사대주의 등의 문화적 해독과 부작용이 나타나기도 한다. 서구에서 전래된 신문화와 우리 고유의 전통적 한국문화의 접목과정이 개진되고 있는 것이다.

이 두 가지 요소가 병존하는 우리 청소년문화의 전형들은 다음과 같은 독특한 모습들로 나타나며 이는 긍정, 부정의 양면성을 동시에 지니고 있다.

학교공부와 대학입시가 그들의 인생 전부를 차지하는 '공부 일색의 문화', '학교 속에 닫혀진 문화'가 팽배하고 있으나, 동시에 순수한 이성에의 호기심과 정(情), 사랑을 수줍음 속에서 승화시키며, 시와 편지와 음악과 영상예술을 통해 고귀한 감성을 풍요롭게 하는 낭만과 감성의 문화도 융해되어 있다.

또래집단의 문화가 형성되어 있으나 아직은 선생님과 부모, 선배나 형의 말을 우선시하는 '윗 사람 지향의 문화'가 존재하며 신체적으로나 정신적으로는 거의 성인에 가깝게 성숙·발달했음에도 불구하고 그 행동과 실제 입장은 학생이나 아이의 위상을 벗어나지 못한 데에서 오는 '모라토리엄(moratorium)적 지불유예의 문화'가 나타난다. 타인의 말이나 매스컴의 광고에 쉽게 현혹되는 '타인지향적 레이더 문화'가 존재하는 반면 기성사회와 기성문화에 전격 도전하는 '저항의 문화', '비판과 항전의 문화'도 동시에 존재한다. 적극적으로 남을 이끌고 주도하기보다는 남에게 이끌려 편히 나아가기를 바라는 '길들여진 문화'와 도시나 외국을 농촌이나 내 나라보다 선호하고 맹종적으로 높이 평가하는 '사대주의적 아류문화'도 있다. 그러면서도 다른 한편으로는, 정치·

경제나 사회현실에 쉽게 참여하고 헌신적으로 나서려는 '참여지향의 현실문화'와 이상향을 쟁취하려고 사회 부조리와 부패에 항거하는 '이상주의적 정열의 문화'도 이율배반적으로 동시에 나타난다.

또는 책에서 배운 근검과 절약 대신 사회가 보여주는 가두전시문화와 소비풍토 속에서 '향락과 한탕주의적 문화'에 오염되기도 하고 매스컴이 유혹하는 팝과 테크노 문화, 정치풍자와 해학, 유행 은어의 문화에 몰입되기도 하는데 이러한 모습들이 바로 오늘날 우리 사회 청소년문화의 현장이며 그 실상과 허상이다.

(2) 청소년문화의 문제점

한국 청소년문화 발전의 저해에 미치는 요인은 매우 많으나 여기서는 몇 가지만 기술하고자 한다.

① 학교문화에서 찾아볼 수 있는 문제점

한국사회에서 청소년문제나 청소년문화 발전에 가장 큰 저해요인이 되는 분야는 역시 학교이다. 우리 학교에서는 오로지 공부 잘하는 문화만 존재할 뿐 창의적이고 인간적인 문화는 뿌리내리기가 어렵게 되어 있다. 공부 잘하는 학생들만 가정, 학교, 사회에서 인정받고 공부 못하는 학생들은 어느 곳에서도 인정받지 못하는 험악한 학교풍토이다. 학교폭력 때문에 매일 학교를 그만 두거나 자살하는 청소년들이 발생하고 학교의 교육과정 역시 시험을 잘 보고 공부 잘하는 로봇인간을 훈련하는 곳으로 전락하고 있다. 심지어는 학교교실에서 범생과 날라리로 양분화되는 그룹으로 순응과 방관의 문화를 형성하고 있다. 여기서 중요한 것은 진취적, 발전적, 도전적, 창조적인 청소년문화를 형성할 수 있는 집단이 존재할 수 없다는 것이다. 이러한 현상의 가장 근본적인 요인은 주입식, 암기식, 입시 위주의 지식중심 교육에서 경쟁주의만 존재하고 문화의 욕구는 억압당하고 있으며 창의적, 자발적 개성을 표현할 수 있는 기회는 거의 주어지지 못하고 있다는 점이다. 또한 획일주의, 권의주의와 위계질서에 대한 순종, 형식주의 등을 지적

할 수 있다. 이러한 악조건의 학교문화에서 청소년들이 사회화되고 생활하기 때문에 청소년문화 창조능력을 함양해야 할 학교가 도리어 문화욕구를 억압당하거나 잘못된 가치관과 생활양식을 가르치는 결과를 초래하고 있다. 이러한 학교풍토 속에서 학교에 대한 불만은 가중되고 학교에서 낙오자와 실패자를 양성하고 있으며 학교 중도탈락이 점점 늘어나 대안학교 등으로 빠져나가는 양상은 급격하게 증가하고 있다.

② 도피성 성문화와 탐닉성 성문화

청소년들의 성문화에 있어서도 한편으로는 성문화를 아주 부정적으로 생각하면서 혐오하거나 관심을 갖지 않은 채 성에 대해 무지한 도피적 그룹이 있는가 하면 또한 지나치게 성에 대한 관심이 많아 음성적으로 쾌락과 자극을 추구하며 밝히는 탐닉그룹이 있기도 한다. 또한 이성에 관하여 긍정적으로 인식하면서 건전한 이성교제와 함께 자기발전과 자아실현 면에서 좋은 방향으로 발전하는 청소년들도 많다. 물론 최근에 가장 문제가 되고 있는 내용 중에 하나가 인터넷을 통한 음란물을 자주 보거나 모방하는 경우 등으로 성폭력이나 폭행을 행하는 청소년 그룹도 있다. 사회의 여러 조사들에 의하면 중고생의 경우에 남녀의 차이는 있지만 노골적인 성행위가 묘사된 음란비디오를 본 경험이 있는 학생들이 50% 이상을 차지하고 있으며 이 학생들이 음란성 비디오를 본 후 강한 성충동 및 모방욕구를 느낀다고 했다.

쉽게 표현하면 요즘 청소년들은 성에 대하여 많은 것을 알고 있어 기성세대가 오히려 청소년세대보다 이해의 수준이 매우 낮은 편이다. 중요한 것은 성에 대하여 가정, 학교, 사회에서 기성세대들이 터부시하거나 금기문화적 성격을 띠고 있으면 안 된다. 그럴 경우에 오히려 음성적인 퇴폐향락적 탐닉문화가 자리잡게 된다.

요약하면, 청소년들에게 바람직한 성교육이 제대로 이루어지지 못하고 있으며 성충동을 자극하는 입시 스트레스의 증가와 성적 음란물의 접촉 기회 증가현상과 또한 성적 욕구와 충동을 건전하게 해소할 수 있는 다양한 취미활동 및 스포츠 활동의 시간과 기회의 부족 등이 오늘날 청소년들의 건강하고 생산적인 성문화의 조성을 어렵게 하고 있다.

③ 획일적이고 모방 일색의 대중문화와 상업주의적 소비문화

오늘날 청소년문화는 어느 면에서 대중매체가 주도해가고 있다. 좋아하는 음식, 춤, 노래, 의상, 헤어스타일과 같은 유행성향 등은 주로 TV나 영화 등에 출현한 연예인의 모방으로부터 시작되고 확산되는 추세이다. 여러 조사결과에서도 대중매체가 많은 영향을 미친다는 연구결과가 나와 있다. 이런 청소년 대중문화의 중요 문제점은 창의적인 문화가 형성되지 못하고 모방 일색이면서 취향, 기호, 감각, 정서 등의 다양하지 못하고 획일적인 특성을 보여주고 있다는 점이다. 청소년들이 놀이문화나 여가문화의 기회가 결여되어 있어 개개인의 주체적 판단과 취향에 따라 스스로의 스타일을 다양하게 창출하지 못하고 있는 추세이다.

위와 같은 청소년 대중문화는 바로 소비생활로 연결되고 부정적인 소비문화를 조성하는 주체자가 되기도 한다. 각종 음악이나 유행성향은 청소년들에게 소비를 자극하고 조작하기도 한다. 특히 음반시장이 청소년들에 의해 주도되고 그들이 소비의 주체로 이끌어가고 있는 현상이다. 예를 들면, 연예인을 모방하는 액세서리나 특정한 의상들이 많이 팔려 청소년 대중문화가 곧 소비문화로 연결되고 있는 실정이다. 독일에서 공부한 필자(권이종)가 독일 사회의 청소년들과 비교하여 볼 때 우리나라 청소년들이 메이커를 많이 찾고 유명상표만을 선호하는 경향이 높다. 이러한 문화 속에서 자라고 있는 청소년들은 용돈으로는 해결하지 못하고 별도로 부모로부터 경제적인 지원을 청하거나 심지어는 부모를 속이거나 학교폭력 등을 통하여 돈을 빼앗는 경우 등이 나타나고 있다.

④ 빈곤한 여가문화와 부족한 문화공간

우리나라의 청소년들은 다른 나라의 청소년들과 비교하여 볼 때 공부하는 시간 외에는 여가시간이 거의 없는 실정이다. 여가시간이 주어진다고 하더

라도 대부분이 학교공부에 지쳐서 잠을 자거나 TV시청을 하는 것 외에는 편안한 마음으로 자기주도적 문화활동을 할 수 없다. 독일에서의 청소년들은 하루 중 8시간은 공부하고 8시간은 여가시간으로 보내며 8시간은 잠을 자는 것으로 알려져 있다. 그런데 우리나라에서는 몇몇 연구조사에 의하면 청소년들의 평균 여가시간이 평일에 2시간도 안 된다고 한다. 여가시간마저도 대부분 TV시청을 하면서 시간을 보내는 것으로 나타나 있다. TV시청 외에 여가시간을 보내본 경험이 없는 청소년들은 별로 하는 일 없이 지내거나 부분적인 독서, 운동 등으로 대부분의 여가시간을 보낸다. 외국 청소년들이 비교적 동아리 활동, 사회참여 봉사활동, 각종 문화행사에 참여, 각종 스포츠 활동 참여 등을 통하여 여가시간을 보내고 있는 것에 비하면 우리나라 청소년들은 상대적으로 소극적인 활동, 즉 잠자거나 음반(CD, 테이프)을 듣는 것으로 대부분의 시간을 보내고 있다.

쉽게 표현하면, 우리 청소년들이 정적이고 수동적일 뿐만 아니라 최근에는 지나칠 정도로 퇴폐적이고 소비향락적인 성향을 보이는 총체적으로 문화 및 여가빈곤현상 속에서 살고 있다.

최근에는 중앙정부 및 지방자치단체에서 청소년 공간을 상당히 많이 건립한 실정이다. 그러나 청소년들을 위한 놀이시설이나 문화공간은 접근이 쉬운 곳에 설치해야 하는데 대부분의 시설들이 청소년들이 접근하기에 매우 불편한 곳이거나 소외계층인 청소년들에게는 그림 속의 떡과 같은 문화공간이 되고 만다. 이러한 이유로 청소년들이 문화접촉에 있어서도 빈익빈 부익부 현상을 분명하게 나타내고 있다. 따라서 지역사회에서 쉽게 접근할 수 있는 노래방, 비디오방, 게임방 등 기성세대들을 위해 만든 공간에 들어가 스트레스를 해소하거나 즐기는 경우가 있다. 한국 청소년개발원에서 실시한 연구결과에 의하면 청소년들이 가장 많이 이용하는 장소로 전자오락실, 당구장, 노래방, 카페, 심야만화방 등으로 나타나고 있다.

⑤ 가정환경에서 찾아볼 수 있는 문제점

가정은 애정으로 결합된 부모와 자녀로 구성된 사회의 가장 원초적인 집단으로서, 청소년에 대한 일차적 사회화 과정을 담당하고 그들의 지·덕·체의 조화로운 발달과 사회성 형성에 결정적인 영향을 미친다. 또한 청소년들로 하여금 최초의 정신세계와 문화세계를 창조하도록 하는 중요한 장소이다. 그런데 산업사회로 발전하면서 가족구조의 급격한 변화로 가족구성원 수가 줄어들고 각 구성원들이 뿔뿔이 헤어져 생활함으로써 가정이 본래의 기능을 제대로 수행하지 못하고 있다. 이에 가정에서 공동체 의식이 파괴되면서 공존의식을 상실하게 되었고 이는 청소년들에게 각종 사회병리현상을 가져왔다.

특히 오늘날 부모들은 자녀의 잠재능력 및 특성을 무시한 채 일류학교에 진학하고 우등생이 되기만을 강조함으로써 청소년들은 자율적이고 창의적인 생활을 체험해 보지 못하고 늘 외부의 간섭과 억압에 의해 타율적이고 기계적으로 생활하고 있다. 게다가 부모들의 경우 청소년들의 세계와 문화, 특성에 대한 이해가 많이 부족하여 청소년들이 청소년기의 여러 가지 강렬한 욕구들을 그들만의 문화세계를 통하여 건전하게 충족시켜 나가도록 하는 데 도움을 주지 못하고 있다. 대부분의 경우 부모들은 청소년들에게 개인의 독립된 시간이나 여가를 즐길 수 있는 기회를 허용하지 않고 있다.

⑥ 사회환경에서 찾아볼 수 있는 문제점

그러면 사회환경은 어떠한가? 우리 사회의 환경은 성인중심의 퇴폐·쾌락적·낭비적 문화가 팽배되어 있어 청소년들이 건전한 문화생활을 할 수 있는 사회적 여건과 환경을 조성해 주지 못하고 있다. 물질만능주의, 무사안일주의, 요령 및 편법주의 등 바람직하지 못한 성인문화가 청소년들에게 사회 및 기성세대에 대한 불신감을 형성시켜 그들로 하여금 사회를 거부하고 기성세대에 반항하며 사회에 적응하지 못하도록 하고 있다. 또한 이성적 판단능력이 부족한 청소년들은 그들만의 건전하고 독창적인 문화를 형성하게 되기도 전에 저질적 대중 성인문화에 오염·흡수되고 있다. 이와 같은 모든 문제는 가정, 학교, 사회가 청소년들에게 독창적으로 문화를 창조할 수 있는 기회나 여건을 부여해 주지 않는 데서 초래된 결과이다. 우리 청소년들은 다른 어느 나라의 청소년 이상으로 문화를 창조할 수 있는 무한한 가능성과 잠재력을 충분히 갖추고 있는데도 가정은 가정대로, 학교는 학교대로, 사회는 사회대로 청소년들의 독자적인 문화형성을 방해하고 있는 것이다.

2) 청소년문화의 발전과제

(1) 청소년문화를 생활영역별로 구분하여 그 문화적 특성이 파악되어야 한다.

청소년들의 소비 및 문화생활 측면에서 지금까지의 기성세대들에 의한 의존적 문화에서 독립적 문화로 형성해가는 과정이므로 기성문화와 연계 또는 주도하여 이끌어가고 있는 한편, 경제생활, 직업 및 가정생활 등에서는 여전히 의존적인 특성을 탈피하지 못한 채 준비기로서의 더욱 연장된 청소년기를 맞이하게 되는 경우가 있다. 예를 들면, 성인과 유사한 문화 및 소비생활을 하는 청소년에게는 자립적·자율적 생활패턴과 개별적 생활관리 및 통제방식들이 나타나게 될 것이고 빠른 사춘기 및 성경험으로 인한 다양하고 개방적인 성문화 등이 나타날 수 있다. 반면 경제적 자립시기와 결혼시기 등의 지체로 인해 연장된 청소년기를 보내고 있는 청소년들에게 새로운 고용 시스템이나 직업유형 등이 등장하기도 하며 결혼, 가족, 가정에 대한 변화와 더불어 새로운 형태의 가족의 등장이 예견되기도 한다. 지금까지 청소년들은 주로 미숙한 집단, 준비하는 집단, 보호대상 등으로 간주되어온 경향이 있었으나 지금은 기성세대가 청소년들의 직접적인 모델이 되고 있지 못하고 있다. 오히려 문화 면에서는 청소년들이 주도권을 가지고 새로운 삶을 시도해 보거나 리더십을 발휘하는 경우가 있다. 이제 청소년문화가 사회를 주도해 갈 수 있는 역동적이고 주도적 잠재력을 지니고 있음을 인정할 필요가 있다.

(2) 청소년문화의 현상을 다원화하고, 분화된 시각에서 접근하는 것이 필요하다.

이미 앞에서도 언급한 바와 같이 학교생활에서 공부를 통해 형성되는 문화 속에서는 규율과 질서, 예절과 준법 등의 가치가 중요시되지만 학교 밖에서의 생활은 또래집단, 종교활동, 동아리 활동, 봉사활동, 자기계발활동 등의 비공식적 활동 등이 중요하다. 청소년들이 호흡하면서 살고 있는 현대사회는 모든 면에서 기성세대와는 아주 다른 공간에서 성장하고 있다. 가치관, 생각, 표현 등 모든 분야가 그러하다. 어떤 면에서는 1200만의 한국청소년들이 각기 다른 개성과 특성을 지니고 있다고 보아도 좋다. 이러한 청소년들의 문화를 기성세대들은 이해하지 못하고 있다. 한 청소년들이 가지고 있는 문화의 다양성과 독특성이 무한정하다고 볼 때 우리 기성세대들은 청소년문화를 활성화시키고 양질의 자생적 문화를 꽃피우기 위해서 적극 지원해주어야 한다. 따라서 청소년문화는 지나치게 비행문화, 이탈문화 중심으로 바라보거나 또는 이분법적 가치체계를 탈피하여 가치중립적인 문화의 관점으로 정립되어져야 한다.

(3) 청소년들을 바라보는 시각을 바꿔야 한다.

우리나라의 기성세대들은 청소년들은 모든 면에서 미숙한 인간이라고 평가하기 때문에 항상 그들을 바라보는 시각이 성인들의 종속적 그리고 추종적 관계로 바라보는 데 문제가 있다. 청소년들도 한 독립된 인격체로 동반자적 시각에서 바라보아야 한다. 과거와 같이 기성세대가 무조건적인 청소년들의 모델이 될 수 없고 청소년들의 문화를 전수시키는 시대는 이미 지나갔다. 오히려 문화적 면에서는 청소년들이 주도권을 가지고 새로운 삶을 시도해 보거나 앞서가는 경우도 많다.

(4) 무시, 억압, 소외를 당해온 청소년들을 구제, 해방, 참여시키도록 해야 한다.

한국청소년문화발전의 근본적인 저해요인은 청소년들의 존재를 총체적으로 무시하거나 학대하고 그들의 욕구를 억압하며 사회로부터 격리·소외시키는 데에 있다. 한국 청소년 문제를 해결하고 청소년문화를 활성화하기 위해서는 다음과 같은 과제가 해결되어야 한다.

첫째, 사회적 약자인 청소년 그룹을 육성, 보호해 줄 책임을 수행해야 한다.

예를 들면, 기아, 공포, 학대 및 착취, 유해환경으로부터 보호해 주는 일, 교육, 직업훈련 등 청소년기에 필요한 경험과 기회를 균등하게 제공하는 일 등을 의미한다.

둘째, 억압으로부터의 청소년들을 해방시키는 방법이다. 청소년들을 놀고 즐기고 표현하며 성취하고 자아실현하고자 하는 욕구의 억압으로부터 해방시켜줘야 한다. 우선 그들 욕구를 인정해 주고 욕구충족의 기회를 제공해 주어야 한다. 예를 들면, 학교 교과시간 축소 등을 통하여 통제의 시간으로부터 해방과 문화공간의 확보를 통한 해방, 다양한 동아리활동의 기회, 각종 청소년 프로그램 참여 등을 통하여 청소년문화를 활성화시킬 수 있는 방법이 적용되어야 한다. 더 나아가서 개개인의 생각과 의견을 자유롭게 표현하는 등 자기표현의 경험을 통해서 자아실현의 기회를 가질 수 있도록 하여야 한다.

셋째, 사회 참여방법이다. 청소년들이 사회발전과 사회문제 해결에 능동적으로 참여할 수 있는 기회를 제공해 주어야 한다. 예를 들면, 청소년정책기관의 참여, 청소년문화정책의 집행, 평가 등 각 단계마다 청소년들의 의견이 반영될 수 있는 장치를 마련해야 한다. 물론 최근에 와서 그 어느 때보다도 청소년들의 인권과 참여기회의 폭이 넓어진 것이 사실이다. 청소년들에게 투표권 등 정치적 권한도 부여하는 일, 유해환경 감시활동이나 환경보호활동 등 사회문제해결에 적극 참여시키는 방안이 모색되어야 한다.

청소년들을 이제 사회의 중요한 독립된 인격체로 인정해 주고 사회 안으로 끌어들여서 사회에서 제 목소리를 내고 또 기성세대 못지 않게 사회에 기여할 수 있도록 하여야 청소년문화가 활성화될 수 있을 것이다.

청소년문화의 발전과제를 세부내용 중심으로 소개하면 다음과 같다

① 글로벌 사회를 이끌어갈 청소년 역량을 강화한다.

다양한 문화체험 활동기회 확대, 프로그램 질적 수준 제고, 청소년 활동 프로그램 특성화와 전문화, 청소년 사회참여 활성화, 해외문화체험 및 교류확대

② 사회적 지원이 필요한 청소년에게 복지서비스를 강화한다.
지역사회 취약계층 청소년 지원확대, 위기 및 소수청소년 지원기반 조성, 청소년 건강 및 생활안전 기반 강화, 새터민·다문화 청소년 사회적응 지원

③ 청소년의 건강한 성장을 위한 사회환경을 조성한다.
청소년 유해 사회환경 개선, 건강한 매체환경 조성 및 바람직한 활용능력 제고, 사이버 역기능 해소를 위한 대응체계 마련, 성범죄로부터 청소년보호 및 건전한 성의식 함양

④ 미래를 대비한 청소년 정책기반을 보강한다.
청소년 정책 추진체계 정비·강화, 청소년 시설·단체·지도자 인프라 보강

3) 올바른 청소년문화의 형성을 위한 몇 가지 청소년상

(1) 21세기가 요구하는 바람직한 청소년상

이상적인 새 시대의 바람직한 청소년상 확립에 대하여 언급하는 것은 매우 어려운 일이다. 어느 면에서 본 장은 이 책의 각 주제 중에서 가장 중요한 의미를 가지고 있다.

올바른 청소년상의 확립은 짧은 시간에 형성되는 것이 아니고 긴 시간, 즉 10~20년을 필요로 하며, 청소년을 둘러싸고 있는 주위환경(가정·학교·사회·문화·매스미디어 등 종합적 사회체제)과 사회화의 과정에 따라 형성되기 때문이다. 만일 바람직한 청소년상 형성에 심각한 문제가 있다고 한다면 그것은 청소년 자신의 문제라기보다는 부모, 나아가 기성세대의 문제일 것이다. 기성세대가 책임져야 할 심각한 사회문제나 기성세대의 무질서한 생활양식과 가치규범이 개선되지 않는 한 바람직한 청소년상의 기대는 매우 어렵다.

청소년상에는 본인 스스로가 원하는 청소년상과 기성세대와 사회가 바라는 의도적인 청소년상이 있다. 청소년이 기성세대에게 바라는 청소년상과 기성세대가 청소년에게 기대하는 청소년상 사이의 간격이 클 때, 양 세대 간의 갈등과 문제는 더욱 심각해진다. 청소년상 확립을 위해서는 기성세대와 청소

년세대가 합의된 공동의 가치관을 찾아 바람직한 청소년상을 형성하는 것이 필요하다. 청소년지도나 청소년상 확립은 청소년 자신을 위하는 관점에서 출발되어야 한다.

주제로 돌아와서 '바람직한 청소년상 확립이란 어떤 것이냐?' 하는 물음은 매우 추상적이고 막연한 질문이다. 이 물음에 대한 실마리를 풀어가는 데 이해를 돕고자 먼저 김태길 교수의 '바람직한 한국 청소년상 소묘'를 소개한다.

첫째, 인간을 존중히 여기는 태도가 몸에 배어야 할 것이다. 남의 인격과 권익을 나의 그것 못지 않게 소중히 여기는 태도를 길러야 할 것이다.

둘째, 민주주의를 위한 일꾼들은 사리에 밝고 공정심이 강해야 할 것이다. 좋은 의미의 합리적 정신을 따라서 생각하고 행동해야 할 것이다.

셋째, 민주주의는 강한 공동체 의식과 협동정신을 요청한다. 사회적 존재로서의 인간은 서로 협동하는 조직생활을 통해서만 개인의 행복을 이룩할 수 있으며 공동체가 쇠퇴하면 그 안의 개인들도 불행을 면하기 어렵다.

넷째, 한국의 청소년들이 남의 은혜를 감사히 여기고 기회가 있을 때는 이에 보답하는 미덕을 갖춘 인품으로 성장하기를 염원한다.

다섯째, 한국의 청소년들에게 사랑의 마음이 풍요하기를 염원한다.

여섯째, 한국의 청소년들에게 진취의 기상이 넘치고 창의성이 강하기를 희망한다.

일곱째, 한국의 청소년들이 한국의 문화에 대하여 깊은 관심과 이해를 가지며 나아가서 새로운 민족문화 창조에 적극적으로 기여하는 바가 있기를 희망한다. 우리가 세계문화에 기여하는 올바른 길은 우리의 고유한 문화적 전통을 살리는 방향에서 찾아야 할 것이다. 외국어와 외국 유행가도 좋을 것이나 깨끗한 한국말을 아름답게 사용하며 한국의 고유한 노래를 제대로 소화할 수 있다면 그는 한국의 젊은이로서 더욱 멋있는 사람이 될 것이다.

미래의 올바른 청소년문화의 상은 매우 다양하겠지만 여기서는 그동안 필자들이 청소년의 이해와 육성, 지도라는 관점에서 늘 생각하며 머릿속에 정리한 미래를 위한 청소년문화상을 중요한 주제를 중심으로 기술하고자 한다.

① 자신을 긍정적으로 보는 청소년문화상이 요구된다.

신체적 · 정신적 변화가 가장 많은 청소년기에 청소년이 자신을 긍정적 또는 부정적으로 보는 가치관은 자기개발 및 성장 그리고 행복과 불행, 자신의 성공과 실패와 밀접한 관계가 있다.

필자가 지금까지 살아오면서 가장 중요하게 여겨왔던 가치관은 '나를 항상 긍정적 · 낙관적 · 발전적 · 개척적 · 진취적 · 희망적으로 보자'는 것이었다. 이 긍정적인 가치관이 나의 행복과 성공, 그리고 건강을 가져다주었다.

여러 학문분야의 학자들도 긍정적인 자기상을 가진 사람이 성공하는 비율이 높으며, 인류사에 크게 공헌한 사람들도 대부분 자기긍정적인 가치관을 가진 사람이라고 하였다.

자신을 긍정적으로 보며 자신을 사랑하는 사람은 심리적 · 신체적으로 건강하여 건강한 자아개념을 형성하고 이를 바탕으로 자기실현, 자기성숙, 자기발달을 긍정적으로 인식한다. 자신을 긍정적으로 보는 청소년은 진취적, 생산적, 발전적이어서 어떠한 문제도 해결할 수 있는 능력을 발휘하고 있고 모든 문제를 다른 사람들과의 대화로 풀어나가며 살아가면서 어떠한 문제도 두려워하지 않는다. 또한 이들은 생각과 행동이 비교적 자주적 · 자율적이며 모든 문제들을 능동적으로 대처한다.

자신을 부정적으로 보는 청소년은 정신적으로 불안하여 정신병리현상이 나타난다. 타인에 의한 생활이 많아 주관이 없고 자기주장이 없으며 남에게 많이 의존하며 살아가기 때문에 잘되는 것이 별로 없다. 청소년들 중에서 자기부정적이고 자기를 미워하는 사람들은 항상 불행한 생활을 하며 삶의 의욕이 없고 늘 짜증내며 신경질적이고 공격적이다. 이러한 생활태도는 더 나아가서 청소년비행으로 이어지며, 심한 경우 정신질환 또는 자살행위 더 나아가 우울증, 자폐증까지 이어진다.

중요한 점은 자기긍정적인 청소년상이 하루 이틀에 형성되는 것이 아니고 어릴 때부터 성장과정을 통하여 어떠한 사회적으로 '의미있는 타자'와의 상호관계를 가졌느냐와 밀접한 관계가 있다는 점이다. 자기긍정적인 개념은 선천적·유전적인 것이 아니라 사람들과의 관계 속에서 사회환경을 통하여 형성되는 후천적인 사회산물이다.

특히 긍정적인 환경에서 부모, 형제, 가족, 동료집단, 교사 등으로부터 믿고, 존중하고, 이해하고, 대화하고, 수용하는 경험을 쌓아가며 성장했을 경우 긍정적인 자기상이 형성되고 반대로 서로 무시하고 미워하며 불신하는 사회환경에서 자란 청소년은 자기부정적인 청소년상이 된다. 긍정적인 청소년들은 성장과정에서 어른들의 따뜻한 이해와 사랑을 받으며 서로 신뢰하는 심리적인 환경의 영향을 받으며 자란 청소년들이다. 그들은 자기 자신을 긍정적으로 받아들이고 자신을 믿고 사랑하며 최종적으로 자신의 존재가치를 긍정적으로 보게 된다.

그러므로 기성세대, 교사 그리고 부모들은 청소년들이 자기와 세상을 긍정적으로 보며 살아갈 수 있도록 모범을 보이고 긍정적 사회관계를 형성해야 한다.

② 공동사회건설의 주도자가 되는 청소년문화상이 요구된다.

그동안 우리는 공업화·산업화로 인하여 모든 삶이 분지화되고 분업화되는 세상을 살아오면서 공동체가 깨지는 아픔을 감수하여 왔다. 그러나 이제 세계가 하나가 되는 지구촌 시대를 살아가게 될 우리에게는 함께 더불어 사는 것만이 살아남을 수 있는 유일한 방법이 되었다. 국내적으로 본다면 70년대 산업화의 성공으로 이미 80년대쯤에는 사회복지국가가 되었어야 하는데도 불구하고 그 시기를 놓치고 난 결과 급기야는 가진 자와 못 가진 자 간에 발생하는 사회적 위화감으로 인해 크고 작은 사회적 갈등이 있었다. 80년대 후반 극치를 이루었던 노사분규가 바로 이기주의 또는 집단이기주의로 얼룩진 사회적 위화감의 대명사였으며 사회를 경악하게 했던 각종 살인사건 등도 자본의 편중현상에 대한 이유없는 반항이었다. 94년 성수대교의 붕괴, 삼풍참사 등은 인재라고 불릴 만큼 이기주의와 개인주의의 팽배로 인하여 공동체의식의 결여가 만들어낸 결과였다. 국제적으로 본다면 97년 말 우리에게 닥쳐온 IMF 위기도 이러한 교훈을 잘 알려주고 있다.

국제적으로 신용이 추락한 상태에서는 아무도 도와주지 않으며 이러한 위기를 슬기롭게 대처하지 못하면 우리는 살아남기 어렵다. 또한 북한이 국제적인 상호관계에서 고립되는 바람에 이제 고사할 수밖에 없는 근거도 여기에 있다. 노사가 협력하지 못하는 분규가 그랬고 경제적 분배정의의 실천이 이루어지지 못하는 상황에서 발생하는 공동체의식의 부재는 우리 사회를 파탄으로 이르게 하였다. 살아남기 위해서는 공동체의식이 요청되며 살아남기 위해서 공동체를 주도해야 한다.

③ 민주주의 실현을 위한 청소년문화상이 요구된다.

민주주의란 일부 집단의 의사결정방법과 달리 사회 모든 구성원에게 합법적으로 부여하는 의사결정형태를 말한다. 이는 인간의 개성, 존엄성과 가치, 기본적인 자유와 평등을 존중하는 세계관이다. 이는 타인의 의견을 존중하고 다수의 의견을 따르며 소수의 의견을 최대한 고려하는 일상생활의 원리이다.

민주주의의 기본 이념은 인간에 대한 존경, 인간의 개인가치를 최고의 가치로 여기는 사상이다. 따라서 민주주의 사회란 '자기의 행동을 스스로 결정하는 자유, 외래의 구속이나 통제에 영향받지 않고 자신의 판단에 의해 자기행동을 결정하는 자유가 보장되고 이를 스스로 실천하는 사회, 개인이 평등한 권리와 인격의 소유자로서 균등한 기회가 부여되는 사회, 개인의 독특한 개성이 존중되는 사회'를 의미한다. 독재체제하에서는 타인에 의한 제재로 개인의 행동을 속박하고 남의 의사가 강제로 투입되어 자신의 행동을 스스로 결정할 수 없고 정신적·물질적 평등을 누릴 수 없으며 개성이 말살된다. 우리는 이 사회에 민주주의의 뿌리를 내리려고 많은 노력을 하고 있다. 그러나 현실을 보면 이는 하나의 이상이며 꿈일 뿐 실제 모든 사회체제의 운영 및 조직 관리에서는 민주주의의 이론과 실제 사이의 거리가 먼 생활을 하고 있다. 가정에서의 자녀들의 의사결정 참여 불허, 학교나 사회(직장)에서의 토론문화의 미정착 등이 그 예이다.

민주적 사고, 민주적 질서의식, 민주적 행동양식을 형성하기 위해서는 청소년들로 하여금 민주적인 인격형성과 생활습관을 기성세대를 통하여 형성할 수 있도록 좋은 민주학습환경을 조성해야 한다. 또한 민주생활의 근간인 공동체의식과 협동정신의 발휘를 통해 민주주의 가치관을 형성해야 한다.

④ 늘 연구하고 학문하는 자세의 청소년문화상이 요구된다.

공부하는 사람은 늘 행복하다. 공부하는 사람은 삶의 질을 향상시킨다. 사람들은 무한한 지식과 정보를 소유하며 살고 있다고 자랑하지만 실제로 알고 있는 지식의 양은 극히 일부분에 불과하다. 인간은 개인이 가지고 있는 잠재능력의 몇 분의 일도 개발하지 못한 채 죽는다. 더군다나 급속하게 변화하는 현대사회 속에서 교육적 욕구충족 및 자기개발이라는 측면에서도 끊임없이 공부하는 것이 필요하다. 계속 공부하지 않는 사람은 곧 퇴보하고 만다. 우리 인간은 끊임없이 배워야만 한다.

왜 인간이 늘 연구하고 학문해야 하는가 하는 이유를 계속교육의 필요성과 연관시켜 살펴보면 다음과 같다.

첫째, 학교교육만으로는 현대사회의 급격한 변동에 따른 산업구조의 변화, 가치갈등, 인간소외, 기술의 변화와 혁신, 청소년문제 등에 대처하기 어렵기 때문에 계속교육의 필요성이 나타나게 된다. 교육이 전통적 문화유산을 계승·발전시키는 기능과 사회발전에 적응하는 기능 및 사회변동과 발전을 주도하는 사회재건기능을 수행한다고 하지만, 학교교육의 장기성, 고착성, 보수성 때문에 가속적으로 변동하는 현대사회에서 학교교육은 낙후성을 면치 못하게 된다. 따라서 사회변동에 신속히 적응할 뿐만 아니라 이를 혁신하려면 단기적, 탄력적, 현실적인 계속교육이 요청된다.

둘째, 끊임없는 배움의 중요성은 지식의 양이 계속적으로 증대되고 있는 데에서도 찾을 수 있다. 지식과 기술의 가속적 축적은 믿기 어려울 정도로 빨라지고 있다. 올샌드(Ole Samd) 등은 이와 같은 경향을 '지식의 팽창은 원자적이기 때문에 과거의 지식을 이해하지 못한 채 새로운 지식이 계속 생성되고 있다'고 하였다.

셋째, 열린학습사회(learning society) 및 열린교육사회(educative society)의 구현에 대비하기 위해서도 계속교육은 필요하다. 이는 1995. 5. 31. 교육개혁에서는 잘 반영되고 있다. 열린교육사회와 평생학습사회는 누구나, 언제, 어디서나 원하는 공부를 할 수 있는 열린교육체제의 기반을 구축하는 것이다. 시기, 장소, 기관은 물론 대학과 중등교육이 누구에게나 열린 교육을 의미한다. 한 사회가 경제적으로 발전해감에 따라 산업의 구조는 1차에서 2차, 3차 산업으로 옮겨간다. 나아가 '4차 산업' 또는 '지식산업'이라는 개념이 새로 등장했다. 지식산업이란 새로운 지식을 생산하고 그런 지식을 생산할 줄 아는 사람을 기르며 그런 지식의 소유자를 많이 양성하는 것이다. 그것은 곧 교육산업이며 따라서 학습하는 사회가 된 것을 의미한다. 교육사회란 학습자가 스스로 능동적·주체적 삶을 살아가며 사회변화에 능동적으로 대처해가는 사회를 뜻하는데, 사회환경 그 자체가 계속교육을 위한 동기유발 요소이자 교육 그 자체가 된다. 지식산업이 발달할수록 그 사회는 점차 발전하는 사회로 변모해나가는 것이며 특히 발전도상국들에 있어서는 지식산업에 대한 필요성과 그 실현이 증가되어가고 있다.

넷째, 과학기술의 끊임없는 발전과 그것이 가져온 직업세계의 변화 때문이다. 오늘날 모든 직업인들이 전문직, 기술직, 사무직 등 모든 직종에서 일정 기간에 쌓은 지식과 기술만으로는 자기직업에 관한 역할과 기능을 올바로 수행할 수 없게 되었다. 계속 새로운 지식을 습득하지 않으면 직장을 오래 지킬 수 없는 실정이다. 사실 직업세계에서의 재교육, 계속교육, 기업 내 교육, 연수교육 등은 이미 일반화되어 있으며 국제노동기구(ILO)의 통계에 의하면 1945년 당시 1만여 종에 불과하던 직업의 종류가 21세기 들어 20만 종 이상이 되고 있다. 이러한 통계결과만 보아도 직업세계가 얼마나 빨리 변모하는가를 알 수 있으며 거기에 대처해야만 하는 계속교육의 필요성을 절실히 느끼게 될 것이다.

다섯째, 도시화, 거주지 이동 및 지리적 이동의 확대가 새로운 계속교육의 필요성을 요구하고 있다. 주거지의 이동은 새로운 환경에의 적응, 새로운 문화와 생활방식의 습득을 위한 교육적 욕구를 유발시킨다. 또한 가족구조의 변화는 가정의 교육기능에 새로운 변화를 가져왔을 뿐만 아니라 가정주부의 계속적인 사회진출을 가져와 계속교육의 필요성을 더욱 가중시키고 있다.

마지막으로 여가시간의 증대와 교육과의 관계와 관련하여 계속교육, 평생학습의 필요성이 증대되고 있다. 계속되는 산업화의 과정에서 생산수단의 자동화, 국가적인 사회복지정책의 강화, 경제성장 가속화 등으로 인해 모든 사람들에게 여가시간은 점점 확대되어가고 있다. 사람이 살아가는 전체 시간을 노동시간, 생리적 필요시간, 여가시간 등 크게 세 가지 분야로 나눌 수 있다. 계속교육활동은 주로 여가시간을 활용하여 참여하는 교육활동이므로 여가와 교육과는 매우 밀접한 관계가 있다. 또한 사람이 여가시간을 어떻게 보내느냐에 따라 순기능 생활을 할 수도 있으므로 여가시간을 보다 행복하고 의미있게 보낼 수 있도록 이끌어줄 수 있는 계속교육, 평생학습의 역할이 중요하다.

⑤ 땀 흘려 성실하게 일하는 청소년문화상이 요구된다.

근면, 성실과 땀 흘려 일하는 것은 인간이 갖춰야 할 기본이다.

빠른 산업화・도시화・소비화 과정에서 가장 신성한 일의 미덕이 점점 가치가 떨어지면서 일에 대한 가치관이 변하고 있다. 즉, 청소년들이 일을 기피하고 열심히 땀 흘려 일하고 공부하는 것보다 편하게 살려는 의식이 팽배해지고 있다. 청소년들이 일을 외면하고 일의 가치를 경시하는 것은 곧 자기계발과 자신의 삶을 포기하는 것과 다를 바 없다.

성실하게 일하는 청소년은 어떠한 역경도 극복하여 성공할 수 있다. 또한 일을 통하여 자아발전을 이룰 수 있고 조화롭고 전인적인 인간, 국가・사회발전에 기여하는 인간으로 성숙될 수 있다. 열심히 일한 청소년은 마음도 몸도 건강하다.

필자가 독일 유학 15년 동안 배운 것이 대단히 많지만 세계 어느 나라의 국민도 따라갈 수 없는 독일국민들의 성실성・근면성・절약성・검소성 등 그들의 생활관, 직업관, 가치관을 배울 수 있었던 것이 가장 귀중한 배움이었다. 나의 일만이 아니고 사회나 직장의 일도 자기 일처럼 열심히 하고 또 주인이 있든 없든 자신과 상관이 있든 없든 성실하게 쉬지 않고 계속 일하는 것이 독일국민이다.

십대 청소년은 성실성에 대한 확고한 가치관을 형성해야 한다. 이는 좋은 것과 싫은 것, 옳은 것과 그른 것을 판단할 수 있는 성실성, 물질적인 가치보다 정신적인 가치를 높이 평가하는 성실성인 것이다. 꿈·생각·이상을 실현하기 위하여 성실한 노력을 아끼지 않는 청소년이야말로 가정과 나라의 보배이다.

⑥ 민족의 뿌리를 찾고 나라를 사랑하는 자랑스런 청소년문화상이 요구된다.

외국에 나가면 모두 애국자가 된다는 말이 있다. 실제로 특별한 경우를 제외하고는 국가에 대하여 비판하고 비방하던 사람들도 외국생활을 오래하다 보면 조국이 그립고 조국에 대하여 애착심을 갖게 된다. 이는 바로 민족의 뿌리가 얼마나 소중한 것인지를 알려주는 말이다. 즉, 우리의 경우도 마찬가지이지만 외국인에 대한 차별은 어느 나라도 마찬가지이다. 인종차별, 민족차별, 국가차별은 미국, 영국, 독일 등 선진국으로 가면 갈수록 더욱 심하다. 결국 한국인은 한국인으로서 살아갈 때 가장 행복하다는 사실을 인식하면서 항상 국가와 민족 그리고 사회의 좋은 전통과 문화를 찾아가면서 살아가는 긍정적인 혜안을 가져야 한다.

⑦ 자랑스런 우리 국력에 대한 긍지와 자부심을 갖는 청소년문화상이 요구된다.

오랜 전통과 역사를 가지고 있는 우리나라는 지금까지 특히 경제적으로 약한 국력 때문에 국제무대에서 제대로 인정을 받지 못해왔다. 그러나 최근 들어, 경제·학문·체육·예술 등 다각적인 성장을 이룩하여 국제적으로 눈부신 활약을 함으로써 세계 속에 우리 국력을 떨치고 있다.

우리 선조들이 일본에 문화를 전수한 것이나 세종대왕의 한글창제, 독일의 구텐베르크(J. G. Gutenberg)를 앞선 인쇄술, 이순신 장군에 의하여 만들어진

거북선 등은 우리가 자랑할 만한 아니 세계 문화발전에 공헌한 좋은 예라 하겠다. 또한 약 30년 전에 이룩한 공업화 및 산업화 과정도 지구촌 역사상 그 유례가 없는 일이다.

따라서 이러한 우리나라의 저력 및 국력에 대한 자부심과 긍지는 대대로 전수되어야 할 좋은 전통이며 문화이다. 우리의 청소년들이 이러한 우리의 자랑스러운 역사에 대하여 과소평가하거나 무시할 이유는 어디에도 없다. 훌륭한 전통 및 유산을 가진 한국의 젊은이들은 이를 토대로 보다 위대한 미래를 창조할 수 있는 자부심과 긍지를 가져야 한다.

⑧ 세계화 · 국제화 · 정보화 시대를 주도하는 청소년문화상이 요구된다.

이제 산업화 시대가 종식을 고하고 정보화 시대로 들어서고 있다. 정보통신의 혁명으로 인하여 세계는 탈장벽화되고 하나의 지구촌 시대로 좁혀지고 있다. 국제교역과 상호교류가 개방되고 증대되면서 이제 우리 모두는 국제적인 감각을 갖지 않고서는 살아남기 힘들게 되었다. 정보화 시대는 이러한 현상 모두를 촉발시키고 있다. 이제 사이버 공간을 지배하는 자가 이기는 자이다. 사이버 공간에는 국경선이 없으며 명백한 주인도 없다. 땅 주인이 쉽게 바뀌지 않고 집주인이 쉽게 교체되지 않던 시대가 아니다. 사이버 공간의 주인은 쉽게 바뀌며 집문서도 없다. 누구에게나 언제든지 필요에 따라서 사용이 가능한 곳이 사이버 공간이며 이러한 공간의 활용에도 제한이나 통제가 없는 곳이 사이버 공간이다. 따라서 정보화 · 세계화 시대에 사이버 공간을 지배하고 주도하는 것은 자라나는 청소년들의 몫이다. 돈이 돈을 벌고 권력과 더 큰 세력을 장악하던 시대가 끝나고 모든 것이 수평적인 관계에서 구조화되고 실질적인 능력이 모든 것을 좌우하는 시대가 온 것이다.

⑨ 종교생활, 자원봉사활동 등을 통한 건전하고 건강한 삶을 영위하는 청소년문화상이 요구된다.

세계 도처에서 종교전쟁은 인류사회가 시작한 이후 지금까지 계속되고 있다. 이스라엘과 팔레스타인 간의 전쟁, 아프가니스탄과 탈레반, 이라크전쟁을 포함하여 각 종파 간의 갈등이 일어나고 있다. 최근 아이티 지진과 함께 전 세계에서 자원봉사자들의 참여와 성금운동, 세계 도처에서 자연환경의 파괴 등으로 인하여 우리는 전 세계가 하나로 공존의 의미를 가지고 있다. 오늘날 환경 및 생태계의 파괴로 인하여 각종 질병이 증가하면서 예를 들면 광우병, 신종플루, 조류인플루엔자, 구제역 등이 자라나는 청소년들의 생명을 위협하고 있다. 또한 국제화의 추세 속에서 각종 질병이 국경 없이 유입되면서 이러한 전염의 파급이 급증하고 있다. 결국 청소년들에게 요청되는 청소년문화는 건전한 종교문화, 자원봉사 문화, 건강문화를 형성하는 것이다. 건강한 삶은 자기 자신의 삶도 중요하지만 국가·사회적으로도 중요한 일이다. 각종 종교생활이나 자원봉사활동 등은 자라나는 청소년들에게 건강한 정신문화와 건전한 의식을 형성하는 데 결정적인 요인이 된다.

지금까지 필자는 청소년들이 21세기에 가져야 할 청소년상과 청소년문화상을 소개해 보았다. 그런데 우리 국가와 사회는 언제나 청소년들이 지켜야 하는 의무와 책무만을 요구해서는 안 된다. 기성세대들은 내일의 주역이 되는 청소년들에게 문화창조에 방해가 되는 요인들을 버리고 가능한 한 그들이 활발한 문화활동을 할 수 있는 여러 가지 보완장치와 적극적인 지원이 요청된다.

그래서 청소년들이 그들의 뜻과 이상을 사회·국가·세계와 우주 속에서 학문을 통해 연마하는 과정에 큰 장애를 받지 않을 수 있도록 그들의 문화의 길을 활짝 열어 주어야 한다. 그러기 위해서는 청소년 자신뿐만 아니라 가정, 학교, 사회, 그리고 국가가 청소년문화 육성에 함께 참여해야 할 것이다.

참고문헌

강인애(1997). 왜 구성주의인가?. 문음사.

국가청소년위원회(2007). 청소년백서. 국가청소년위원회.

권용선(2007). "생산의 사회에서 소비의 사회로?". 이진경 편. 문화정치학의 영토. 그린비.

김민(2002). 청소년문화의 이해. 청소년문화복지아카데미 자료집. 품 청소년문화공동체.

김교정 · 서상현(2006). 청소년 인터넷 중독성향에 영향을 미치는 심리적 · 환경변인의 경로모형 연구. 한국청소년연구, 제17호, 1권, 149-179.

김기조(2008). "청소년 성의식 조사 : 대전시 여고." 한남대학교 행정복지대학원 석사학위논문.

김동배 · 권중돈(1999). 인간행동이해와 사회복지실천. 학지사.

김소정(2003). "미래 패션 제안을 위한 디지털 유목민(Digital Nomad) 패션 연구." 홍익대학교 대학원 석사학위논문.

김재일(2000). 생태기행 1. 당대.

김정주 · 김혁진(2003). 청소년문화의 집 시설 공간의 문제점과 개선방안. 한국청소년시설환경학회 2003 추계학술대회발표집, 335-355.

김종길(2007). 사이버공간에서의 자아인식과 복합정체성 수행. 사회이론, 제33호, 201-247.

김종문 외(1998). 구성주의 교육학. 교육과학사.

김진숙(2000). 청소년의 PC중독. 청소년상담문제연구보고서, 39호, 9-133.

김호기(2008.5.14). "쌍방향 소통 '2.0' 세대'". 한겨레신문.

두성균(2008). "전주시내 남녀고등학교 성의식 조사 연구." 광주카톨릭대학교 대학원 석사학위논문.

로버트 딜츠, 앤 디어링, 줄리안 러셀. 알파리더십(원제 : *Alpha Leadership*, 2002, 박정길 역, 2003). 도서출판 싸이더스.

마가렛 휘틀리. 현대과학과 리더십(원제 : *Leadership and New Science*, 1999, 한국리더십학회 역, 2001). 21세기북스.

마우러, 아먼드 A.(2007). 중세철학. 조흥만 역. 서광사.

마이클 마자르(2005). 트렌드(원제 : *Global Trends*, 2005, 1999, 김승욱 역, 2000). 경영정신.

문화일보(2007. 9. 3). '나 IT입었다.'

박미령(2006). 명품브랜드 소비의 사회 · 경제 · 문화적 특성에 관한 연구. 한국의류산업학회지, 제8호, 2권, 183-190.

박은경(2007). "여고생이 이성친구와 겪는 체험에 관한 현상학적 분석." 서울여자대학교 대학원 석사학위논문.

박정자(2006). 로빈스 크루소의 사치 : 소비사회를 사는 현대인의 정경. 기파랑.

박행석(2001, 2003). "인터넷컨텐츠 규제정책결정과정에 관한 연구 : 시민사회중심 거버넌스 이론의 차원에서." 한양대학교 행정대학원 석사학위논문.

밤바카스. C. J.(2006). 철학의 탄생(이재영 역, 2008). 알마.

배영(2006). 사이버 공간의 공론장과 공익의 증진에 관한 연구. 사이버커뮤니케이션학보, 17, 47-46.

백혜정(2008). "혼동과 상실, 행위와 분출." 영남대학교 대학원 석사학위논문.

서희화(2006). “청소년의 이성교제 실태 및 의식에 관한 연구 : 천안·아산시 인문계고등학교.” 호서대학교 여성문화복지대학원 석사학위논문.

손장권·이성식·전신현(1994). 미드의 사회 심리학. 일신사.

송명순(2006). “중학생의 이성교제에 대한 연구.” 동아대학교 교육대학원 석사학위논문.

송정미(2003). 소비자의 자기개념에 따른 패션브랜드 선호에 관한 연구. 한국심리학회지 : 소비자, 광고, 4(1), 41-57.

송혜린(2009). “청소년의 노마디즘적 문화 연구.” 전북대학교 대학원 석사학위논문.

이창호·정의철(2008). 촛불문화제에 나타난 청소년의 사회참여 특성에 대한 연구. 언론과학연구, 제8호, 3권, 457-491.

아모스 H. 홀리. 인간생태학. 지역공동체이론(원제 : *Human Ecology. A Theory of Community Structure*, 1950, 홍동식·강대기·민경희 역, 1995). 일지사.

안토니 기든스. 포스트모더니티(원제 : *The Consequendes of Modernity*, 1990, 이윤희·이현희 역, 1991). 한국사회학연구소 민영사.

유진이(2008). 청소년여가문화시설 모형개발을 위한 기초연구. 청소년시설환경학회, 6(2).

이상오(2004, 2006). 홀로스 사고. 체계사고의 새로운 전략. 지식마당.

______(2008). 교육해석학·이론과 적용. 학지사.

이선민(2009) “2635 세대 여성들의 소비문화담론에 대한 분석 : 케이블TV의 라이프스타일 프로그램을 중심으로.” 경희대학교 대학원 석사학위논문.

이정춘(2000). 미디어 사회학. 이진출판사.

이정화(2001). “청소년의 컴퓨터게임 중독이 가족관계에 미치는 영향.” 한국외국어대학교 교육대학원 석사학위논문.

이혜경(2002). 인터넷상에서 청소년들의 폭력게임 중독 경험에 대한 비교분석. 청소년학연구, 제9권, 제1호, 91-114.

정주원(2006). 몸의 소비문화적 의미와 현상에 대한 고찰. 소비문화연구, 9(1), 83-101.

조윤경(2006). 불문화 : 현대 문화에 있어서 노마디즘과 이동성의 의미 : Attali와 Maffesoli의 논의를 중심으로. 불어불문학연구, 제66호, 325-353.

조정관(2005). 정보화, 세계화의 신유목적 민주주의. 정보통신정책연구원.

조혜영 외(2005). 청소년문화론. 한국청소년개발원.

조혜영(2009). 청소년문화의 집 이용 의미와 향후 방향성 모색에 관한 연구. 한국청소년시설환경학회, 7(2), 17-61.

최미라(2007). “청소년의 블로그 이용이 대인관계 및 자아존중감에 미치는 영향 : 싸이월드 미니홈피를 중심으로.” 중앙대학교 교육대학원 석사학위논문.

최항섭·최영주·배명훈(2007). 디지털사회에서의 노마디즘 현상과 정책적 대응. 정보통신정책연구원 연구보고 2007호, 4권, 1-119.

최향순(2008). “초등학교 성의식에 관한 연구.” 경원대학교 사회정책대학원 석사학위논문.

클리퍼드 기어츠(1998). 문화의 해석(문옥표 역). 까치.

프리쵸프 카프라. 생명의 그물(원제 : *The Web of Life*, 1996, 김용정·김동광 역, 1999).

피오트르 츠톰까. 체계와 기능(*System and Function*, 1979, 조재순·김선미 역, 1995). 한울아카데미.

한국청소년정책연구원(2008). 청소년의 지역사회 청소년시설 이용실태와 주체적 참여방안 연

구 : 청소년문화의 집을 중심으로. 연구보고 08-R04.
한상철(2004). 청소년학. 학지사.
홍일표 외(2005). 정보사회의 이해. 미래 M & B.

Allport, G. W.(1985). The historical background of social psychology. In G. Lindzey & E. Aronson (Eds.), *The handbook of social psychology*. New York : McGraw Hill.
Attali(1999). 21세기 사전(편혜원 · 정혜원 역). 중앙 M & B.
Baldwin, E.(2008). 문화코드[*Introducing Cultural Studies*]. 조애리 외 역. 한울. In Brian Longghust, Scott McCracken, Miles Ogborn, Greg Smith.
Baudrillard, J.(1991). 소비의 사회[*La societe de consommation*]. 이상율 역. 문예출판사.
Bauman, Zygmunt(1992). "A Sociological Theory of Postmodermity," in Peter Beiharz el.(ed.) *Between Totalitarianism and Postmodernity*. Cambridge, MA : The MIT Press.
Bertalanffy, Ludwig von(1945). *General System Theory*. New York : Braziller.
Blumer, H.(1969). *Symbolic interactionism : Perspective and method*. Englewood Cliffs, NJ : Prentice-Hall.
Bourdieu, P.(1995). 구별짓기[*Distinction*]. 최종철 역. 새물결.
Bregha, Francois(1985). *Bob Blair's Pipeline*(Paperback / Subsequent) - The Business and Politics of Northern Energy Development Projects. Formac Pub Co.
Brier, S.(2000). Konstruktion und Information. Ein semiotisches re-entry in Heinz von Foersters metaphysische Konstruktion der Kybernetik zweiter Ordnung. In : Oliver jahraus und Nina Ort(Hrsg.). *Beobachtungen des Unbeobachtbaren, Verbrück Wissenschaft 2000*, 254-295.
Buytendijk, Frederik Jacobus Johannes(1933). *Wesen und Sinn des Spiels*. Wolff, Berlin.
Cooley, C. H.(1956). *Human nature and social order*. Glencoe, IL : Free Perss.(Original work published 1902).
Crone, Patricia(2005). *Medieval Islamic Political Thought*. Edinburgh University Press, 308.
Daniil Elkonin(1980). *Psychologie des Spiels*. Pahl-Rugenstein, Köln.
Darwin, Charles(1859). *On the Origin of Species*(1st ed.). London : John Murray.
De Bono, E.(1990). *Lateral thinking : Creativity Step-By-Step*. NT : Harper Collins Publisher.
Deleuze(1980). 천 개의 고원[*Mille Plateaux*]. 김재인 역. 새물결.
Donath, J.(1999). *Identity and Deception in the Virtual Community*, M. Smith, P. Kollock, Communities in Cyberspace, London and New york : Routledge.
Eisler, Riane(1987). *The Chalice and the Blade*. Harper & Row, San Francisco.
Erler, M.(1993). *Soziale Arbeit*. Ein Lehr- und arbeitsbuch zu Geschichte, Aufgaben und Theorie, Weinheim und München.
Fitzgerald, T. K.(1992). Media, ethnicity and identity. In P. Scannell, P. Schelesinger & C. Sparks (Eds), *Culture and Power : A media, culture & society Reader*. London : Sage Publications.
Flitner, Andreas(1986). *Spielen-Lernen*. Praxis und Deutung des Kinderspiels. München, Zürich.
Gehlen, Arnold(1940). *Der Mensch*. Seine Natur und seine Stellung in der Welt. Frankfurt/ a.M.
George & Pufall, Peter B.(ed.)(1988). *Constructivism in the Computer Age*(Jean Piaget Symposia Series). Psychology Press; Revised & Updated edition.

Giddens, A.(2005). 현대사회의 성·사랑, 에로티시즘[*Sexuality, Love and Eroticism in Modern Society*]. 배은경·황정미 역. 새물결. (원전은 1996년에 출판)

_________(2009). 현대사회학 5판[*Sociology*]. 김미숙 외 역. 을유문화사.

Giroux, H.(2009). 신자유주의의 테러리즘[*Against the terror of neoliberalism*]. 변종현 역. 인간사랑.

Glasersfeld, Ernst von(2009). *Key Works in Radical Constructivism*. Sense Publishers. Forman.

Harding, Stephan(1994). *Gaia Theory, Schumacher College*. Dartington, Devon, England.

Harold Garfinkel(2002). *Ethnomethodology's Program*. New York : Rowman and Littlefield.

Harold Garfinkel, Studies in Ethnomethodology, Malden MA : Polity Press/Blackwell Publishing. 1984.(ISBN 0-7456-0005-0)(first published in 1967). *The classic original statement of the ethnomethodological program*.

Hewitt, John P.(2009). *Self And Society : A Symbolic Interactionist Social Psychology* —(Value Pack w/ MySearchLab) (Paperback) NY : Allyn & Bacon.

Hirsch, B.(2005). *A place to call home : After-school programs for urban youth*. N.Y. and London : Teachers College Press, Columbia University.

Huizinga, Johan(1955). *Homo ludens ; a study of the play-element in culture*. Boston : Beacon Press.

Husserl, Edmud(1965). *Philosophie als strenge Wissenschaft Frankfurt am Main : Vittorio Klostermann*.

Hyde, R. Bruce(1994). "Listening Authentically : A Heideggerian Perspective on Interpersonal Communication." *In Interpretive Approaches to Interpersonal Communication*, edited by Kathryn Carter and Mick Presnell. State University of New York Press.

Jeangros, Erwin(1951). *Maximen zur Berufserziehung*. Kantonales Amt fuer berufliche Ausbildung. Frankfurt/ a. M.

Johan Huizinga(1938, 2004). *Homo Ludens. Vom Ursprung der Kultur im Spiel*. Rowohlt : Reinbek.

Karl Groos(1896, 1930) : *Die Spiele der Tiere. 3*. Aufl., G. Fischer, Jena.

Kierkegaard(1954). *Translated with introductions and notes by Walter Lowrie Fear and trembling and The sickness unto death*. Princeton, N.J. : Princeton University Press.

Lavelle. L.(1988). 존재론입문. 최창성 역. 대한교과서주식회사.

Lovelock, James(1979). *Gaia*. New York : Oxford University Press.

Luhmann, N.(1996). *Soziale Systeme, Grundress einer allgemeine Theorie*. Frankfurt/a.M : Suhrkamp Taschenbuch Wissenschaft(6th).

Mainzer, Klaus(1997). *Thinking in Complexity*. The Complex Dynamics of Matter, Mind and Mankind, Third Revised and Enlarged Edition. Berlin, Heidelberg, New York, etc. : Springer.

Mead, G. H.(1982). *The individual and the social self : Unpublished work of George Herbert Mead* (D. L. Miller, Ed.). Chicago : University of Chicago Press, 107.

Mead, M.(1928). *Coming of Age in Samoa*. New York : William Morrow & Company.

Morris Rosenberg, Morris & Turner, Ralph H.(Eds.)(1990). *Social psychology : Sociological perspectives*. New York : Basic Book.

Ninck, Andreas/ Bürki, Leo/ Hungerbühler, Roland/ Mühlemann, Heinrich(2001). *Systemik*. Integrales Denken, Konzipieren und Realisieren, Zürich : Verlag Indusrielle Organization.

Parsons, T.(1950). *The Social System*. New York : Free Press.

Piaget, Jean and Inhelder, Bärbel(1958). *The growth of logical thinking from childhood to adolescence : an essay on the construction of formal operational structures*. Translated by Anne Parsons and Stanley Milgram. New York : Basic Books.

Prigogine, ILya(1961). *Instruction to Thermodynamics of irreversible Processes*. New York : Wiley.

Rand Europe(2005). *Living Tomorrow : Information and Communication Technology in Germany in 2015*. Research Report.

Roger Caillois, Roger(1958). *Die Spiele und die Menschen : Maske und Rausch*. Ullstein, Frankfurt a. M., Berlin, Wien.

Sachbe, C., and Tennstedt, F.(1980). *Geschichte der Armenfürsorge in Deutschland*. Bd.I. Vom Spä tmittelalter bis zum 1. Weltkrieg. Stuttgart.

Sartre, Jean Paul(1947). *Existentialism*. Tr. by Bernard Frechtman. New York : Philosophical Library.

______________(1948). *Existentialism and humanism*. Translation and introduction by Philip Mairet. 1st English ed. London : Methuen.

______________(1968). *The age of reason Sartre*. Translated from the French by Eric Sutton; Introduction by Henri Peyre. New York : Bantam Books.

Schachter, Stanley(1959). *The Psychology of Affiliation*. Stanford : Stanford University Press.

Schor(2005). 쇼핑하기 위해 태어났다[*Born to buy*]. 정준희 역. 해냄.

Sherratt, Andrew V.(1989) "Gordon Childe : Archaeology and Intellectual History", *Past and Present, No. 125*(Nov., 1989), 151 - 185.

Spranger, Eduard(1914). *Lebensformen*. Geisteswischenschaftliche Psychologie und Ethik der Persö nlichkeit. Leipzig.

______________(1924). *Psychologie des Jugendalters*. Leipzig.

Sutton-smith. Brian(2001). *The ambiguity of play*. Cambridge, Mass. : Harvard University Press.

Thiesen, Peter(2005). *Kreatives Spiel mit Kindern, Jugendlichen und Erwachsenen, Stam, Köln 5*. Aufl.

____________(1993). *Klassische Kinderspiele - Neu entdeckt für Kindergarten, Hort, Grundschule und Familie*. Beltz, Weinheim/Basel.

Tylor, Edward. 1920[1871]. *Primitive Culture*. New York : J.P. Putnam's Sons.1.

Uxküll, Jakob von, Umwelt umd Innenwelt der Tiere, Springer, Berlin, 1909

Veblen, T.(2005). 유한계급론[*The theory of the leisure class*]. 김성균 역. 우물이 있는 집.

White, Leslie A.(1959). The Concept of Culture. In Kliebard, Herbert M.(ed.) *Culture and School. Socio-Cultural Significances*, 3-28. Scranton, San Francisco, Toronto, London : Intext Deucational Publishers.

Williams, R. H.(1958). *Culture and Society*, London, Chatto and Windus, 1958. New edition with a new introduction, New York, Columbia University Press, 1963. Culture. *A Critical Review of Concepts and Definitions*. With Clyde Kluckhohn. Cambridge.

찾아보기

인 명

내 용

저/자/약/력

■ **권이종**
독일 아헨 교원대학교 졸업
독일 초·중등학교 교사 자격증 취득
독일 아헨 교원대학교에서 석·박사학위 취득
대통령자문 새교육공동체위원
청소년개발원 원장
현 포천외국어중학교 교장
한국교원대학교 명예교수

〈주요 저서 및 논문〉
청소년 세계의 이해(1991), 청소년의 두 얼굴(1991), 청소년과 교육병리(1992), 청소년 이해론(2006), 청소년에게 꿈과 희망(2007), 부모교육의 이론과 실제(2008) 외 다수

■ **김천기**
전북대학교 교육학과 학사
전북대학교 대학원 교육학과 석사
미국 Georgia State University 박사
캐나다 University of Toronto 객원교수
국가고시위원(행정고시, 5급 승진시험 출제위원)
현 전북대학교 사범대학 교육학과 교수
한국교육사회학회 편집위원장

〈주요 저서 및 논문〉
교육의 사회학적 이해, 하코미 심리치료와 노자 도덕경(역서), 최신 교육학개론(공저), 교사의 학교만족도 관련요인, 이명박 정부의 공교육정책 지배담론에 대한 비판적 고찰 외 다수

■ **이상오**
연세대학교 및 대학원 졸업(교육학 석사)
독일 에버하르트-칼스-튀빙겐대학교 사회행동과학부 교육학 인스티튜트 졸업(교육학 박사)
현 연세대학교 교육대학원 교수

〈주요 저서 및 논문〉
평생교육의 이론과 실제(공저), 신교육사회학 탐구(공저), 교사와 교육(공저), 위대한 교육사상가들 Ⅰ, Ⅱ, Ⅵ(공저), 평생교육개론 외 다수

청소년문화론

|공저자| 권이종 · 김천기 · 이상오

|1판 1쇄 발행| 2010년 3월 17일
|1판 2쇄 발행| 2011년 8월 30일
|1판 3쇄 발행| 2014년 9월 5일

|발행인| 김동훈
|발행처| 공동체

|주소| 경기도 고양시 일산동구 호수로 358-39 동문타워Ⅰ 905호(백석동)
|전화| 031) 920-8305(대표)
|팩스| 031) 920-8308
|e-mail| compub@naver.com
|출판등록| 2005년 10월 6일
|등록번호| 제396-2005-36호

|ISBN| 978-89-6352-107-7
정가 17,000원